# 媒体名人推荐

一本超棒的书！寓教于乐且鼓舞人心，《一个男人和他的船》这本书带领它的读者穿越时空，徜徉在浩瀚的海洋中。史蒂文·氏房用他那娴熟的语言，通过海量的事实、图片和报道讲述了一个令读者愉悦且有说服力的故事。

——David Macaulay，畅销书 *Cathedral*，*Castle* 与 *The Way Things Work* 的作者

史蒂文·氏房完成了一本意义非凡的书，《一个男人和他的船》通过描述威廉·弗朗西斯·吉布斯打造巨型邮轮的故事，重现了美国造船业的鼎盛时期。从某种程度上来说，吉布斯就是当时的史蒂夫·乔布斯——不善言辞沟通但追求完美，通过自己的远见卓识和无可匹敌的专业能力，单枪匹马地改变了整个业界。我们需要像氏房这样的大众史家多写写这样的经营史。氏房以极高的研究标准，通过此书为我们讲述了一个伟大的故事。

——G. Richard Shell 与 Thomas Gerrity

沃顿商学院教授，*Bargaining for Advantage* 作者

鲜少有人能够拥有像书中主人公与邮轮之间故事那般的传奇色彩，尤其是对跨大西洋邮轮的痴迷。这就是为什么史蒂文·氏房的《一个男人和他的船》如此引人入胜。

——John Steele Gordon

《华尔街日报》(2012 年最佳非虚构类图书)

氏房的这本书在描绘决心的塑造，正如吉布斯历经政治、经济和自身的种种波折，依旧实现着自己的大船梦。如果不是一个专心致志的人，早就放弃了千百次。

——Stephen Heyman

《纽约时报》风尚杂志

从书的一开始，氏房就把读者们带回到了一个男人为真男儿、跨洋船舶为真正生意的年代……此书充满了激情，描述详尽，这是一本向过去致敬的书，致那逝去的时光，那个大船主宰海洋的年代。

——《出版人周刊》星级评论

氏房对船只的建造、大洋旅行黄金时期的描述极为细致，那时的邮轮满载着百万富翁、明星，还有那些绝望的难民们。

——《书目杂志》

史蒂文·氏房把海事建筑师威廉·弗朗西斯·吉布斯介绍给了读者们。他流水线生产的自由轮帮助美国赢得了二战，但是吉布斯对打造世界上最快、最安全和最优雅的大西洋邮轮的痴迷依旧。他终于成功了，但却是在一个过时且赔钱的年代。氏房从技术、政治以及人性的角度向读者们展示了这个悲剧。

——Dennis C. Blair，美国海军上将（已退）

美国国家情报前总监

引人入胜的史实描述……始于20世纪中叶美国梦的剪影。

——《华尔街时报》

对美国最早海运工程历史的非凡叙述。

——Barrett Tillman，*Enterprise* 作者

《一个男人和他的船》惟妙惟肖地重现了邮轮年代，使得老一代读者怀旧，令年轻一代读者羡慕。所有读者都沉浸在威廉·弗朗西斯·吉布斯对美国邮轮的追梦之旅中。丘纳德公司曾经炫耀道：“实现目标已经得到了一半乐趣。”而现在史蒂文·氏房给我们带来了另外一半的享乐。

——A. J. Langguth, *Driven West* 作者

超级邮轮的愉悦之旅，以及一位才华横溢、专注投入的设计师的造船之旅。

——《科克斯书评》

对一位伟大造船工程师的追思。

——《国家评论》

# 一个男人和他的船

Steven Ujifusa
[美] 史蒂文·氏房 著
朱雅兰　刘大鹏　译

人民东方出版传媒
People's Oriental Publishing & Media
東方出版社
The Oriental Press

# 目 录

# 序言

# 邮轮往昔

横跨大西洋的远洋邮轮昔时颇具神秘，而今则已消失于世。20 世纪上半叶，毛里塔尼亚号、不来梅号、诺曼底号以及玛丽皇后号闻名于大西洋两岸，深得千万人的热爱。当一艘巨轮首次抵达纽约，会有上千人站列在哈德逊河两岸注视着一个人造物——似乎拥有生命和灵魂——静静地逆流而上。他们的眼睛跟随着这庞然大物——也许有五个街区那么长、十二层楼那么高，她低沉的汽笛声轰鸣着回应欢呼的人群。附有精美线条的船身、闪闪发亮的漆饰与向后优美倾斜的烟囱传达着美丽、强劲与速度。

纽约的各大报纸上，轮船的新闻总是两倍于社会新闻，以便读者们知晓葛丽泰·嘉宝、嘉里·格兰特、玛格丽特·杜鲁门、文森特与布鲁克·阿斯特，甚至是温莎公爵夫妇是否当天乘船抵达或者离开。每当一艘大船起程前往欧洲，到处充满香槟与欢笑。在船上，头等舱乘客尽情享受公用舱室与私人船舱，那里是世界上最有天分的设计家展现灵感的空间，有着男人和女人们创造出的陆地或海上曾有过的、最美妙绝伦的室内设计。途中，不吝钱财的最有权势的乘客享受着高级服务，悬挂的旗帜昭显着所属国的声望。轮船连接着商人与横跨大西洋的商务，外交官与他们将赴的岗位，爵士艺术家与欧洲听众，学生与未知的冒险，移民与美国的工作，流亡者与自由之路。在两次灾难性的世界大战中，邮轮变成了运兵船，载着数百万的美国大兵到前线，再载着他们凯旋回家。

对公众而言，远洋邮轮——曾经唯一穿越大西洋的方式——是这迷人旅行的缩影。她也代表着技术的顶峰——地球上最复杂、最强劲的机器。船体深处的引擎可以驱动数百英尺长的钢铁庞然大物，并能以40英里的速度在北大西洋上乘风破浪。以最快速度穿越大西洋的轮船将获得蓝丝带奖。获胜者将成为世界上最著名的船只——直到速度更快的对手取代她。

从19世纪60年代到20世纪50年代，所有荣获蓝丝带奖的轮船都飘扬着欧洲旗帜，一向傲慢的美国人似乎只能接受这样的事实：外国的工程技术、制造工艺与管理水平远远高于美国。但有一个美国人不以为然，这就是一个关于他追求梦想的故事，建造有史以来最快、最美、最安全的远洋邮轮，而这艘船会成为美国历史上最伟大的工程里程碑。

# 第一部分

# 远见卓识

# 第 1 章

# 巨大、奢华与速度

第一次看到远洋邮轮的时候，小威廉·弗朗西斯·吉布斯就确定了他愿意为之奋斗一生的目标。

1894 年 11 月 13 日，细雨霏霏，两万五千人站在特拉华河岸边的费城克朗普船厂大门外翘首以盼。他们在那里等待着一个时代的奇迹：圣路易斯号邮轮——世界上最大的远洋邮轮之一，她将开启美国横跨大西洋的客运新篇章。当大门开启时，人们如潮水般涌向圣路易斯号。550 英尺长的船身挂满了世界各国的旗帜，而美国的星条旗则高高飘扬在船头。*

在美利坚合众国总统格罗弗·克利夫兰和年轻优雅的第一夫人弗朗西斯·克利夫兰的率领下，新船的主人、费城商人克莱门特·格里斯康，正前往举行命名仪式的船厂。一辆宾夕法尼亚铁路公司的内燃机车牵引着总统专列径直驶抵克朗普船厂的大门。第一夫人挽着格罗弗款款走出专列，高官显贵们簇拥着船厂主查尔斯·克朗普走向邮轮下水观礼台。

48 岁的老威廉·沃伦·吉布斯站在人群中，他精明、能干，被公认为美国身兼最多董事会职位的投资家。在这个嘈杂的秋日，他带着两个小儿子——8 岁的威廉·弗朗西斯·吉布斯和 6 岁的弗雷德里克·吉布斯，一起观看邮轮

---

* 圣路易斯号几乎相当于两个现代足球场长，满载量 11500 吨，是继 1893 年丘纳德公司 12000 吨级邮轮坎帕尼亚号和卢卡尼亚号之后的世界第三大船只。

的起航仪式。

白手起家的老威廉·沃伦·吉布斯是费城最负盛名的冒险投资家之一。他的容貌与他的气质极为相称：身材瘦削，留着黑黑的山羊胡，犀利的眼睛似乎目空一切。他曾是一个来自新泽西州霍普小镇农庄的男孩，30 年前到费城时除了口若悬河外不名一文，但却通过铺设联合煤气管道和售卖电池变成了千万富翁。美国联合煤气改进及蓄电池公司也造就了许多城市的领军人物。他带着儿子观看圣路易斯号下水时，有传闻说他身家 1500 万美元，这在 1894 年可是一个天文数字。[1] 圣路易斯号的主人克莱门特·格里斯康是吉布斯在天然气生意上的长期伙伴，出身费城一个古老的名门望族，担任国际航运公司（International Navigation Company）总裁——这是他在宾夕法尼亚铁路公司支持下创立的航运公司。

也许在老威廉·沃伦·吉布斯看来，邮轮意味着利润。但对他 8 岁儿子小威廉·弗朗西斯而言，看到这样的大船就像诗一样纯美。夏日里，在他们新泽西海边的避暑别墅，这个男孩每天在地平线上寻找着烟囱、桅杆以及煤烟的黑影，再用画笔勾勒出来。他知道当他眺望北方，年复一年一直在变大、变快的远洋邮轮，正穿梭于纽约的港口。小威利心里殷切渴望有一天能近距离欣赏这些远洋邮轮。

现在，站在父亲的身边，他终于得偿所愿——圣路易斯号是一艘壮美的邮轮，船身飘满了红色、白色和蓝色的旗子。

这个船厂在当时同样颇为壮观。威廉·克朗普父子造船厂 60 多年来一直致力于货船、客船和军舰的制造。作为费城工业力量的佼佼者，克朗普雇用了 5000 多个工人，他们当中许多是爱尔兰和意大利移民。[2] 船厂中间的驳船上耸立着高大的起重机，能够吊起 70 吨重的锅炉并轻松地吊转到 300 英尺外的船身里。强壮的铆工们把火红的铆钉钉进船身钢板中，焊接出坚固的船身。锻造车间迸出橙黄色的火花，在这里，工人们像钟表匠一样造出精细的巨型活塞、推进器和烟囱。

乐队的音乐渐行渐远，小男孩和周围的人群仍在期待着巨轮的首次下水。

走上台后，克朗普递给第一夫人一瓶香槟。涡轮机比预期要早一些开动了大船，船身开始缓缓地滑行。第一夫人惊喜地呼喊道，“我给你命名——圣路易斯号”，然后“啪”地一下，在大船滑出前把酒瓶敲碎在船头。[3] 大船逐渐加速，沿着涂满油脂的滑道向特拉华河轰鸣而去。伴着滚滚浓烟，圣路易斯号冲击着水面，掀起的波浪猛烈拍打着岸边。完全入水后，粗重的锁链让大船停了下来。拖船工缚牢绳索，把巨轮拖到舾装坞。她的姊妹船圣保罗号，正停靠在旁边的滑道，将于来年 4 月举行下水仪式。

在起航后的午餐会上，身着礼服的权贵们频频为美国新旗舰和在北大西洋重振雄风干杯。美国的商船队——在内战前拥有为数众多的快船、捕鲸船和邮轮，数十年来一直日渐衰落。半个世纪以来，美国的轮船从未在横跨大西洋的航行速度上保持过纪录。究其根本，源自政府支持的匮乏、私人资本的缺失，以及通过廉价来获得补贴的国外竞争。

但对克利夫兰总统和克莱门特·格里斯康来说，圣路易斯号昭示着美国海军霸权新时代的曙光。“我们应该感到骄傲，因为我们拥有西半球最大、最强的轮船。”克利夫兰总统宣布，“完全由美国人设计，完全采用美国的技术和原材料。”这两艘船将“重振和发展美国的商业贸易，让美利坚合众国的旗帜再次飘扬在其他国家的海港。”[4]

对小威廉·弗朗西斯·吉布斯来说，在这个飘雨的 11 月，新船的起航意味着一个一生挚爱事业的开始。他发誓长大后一定打造出一艘比宏伟的圣路易斯号更大、更快、更壮美的船。

“那是我第一次看到一艘大船，从那天起，我就决定把我的生命献给轮船。”威廉·弗朗西斯·吉布斯回忆道，“我从未后悔过。”[5]

19 世纪远洋邮轮以巨大、漂亮和奢华吸引着众人，但最诱人的还是速度。“速度是他们唯一所谈、所想、所梦，无论从桑迪岬到安布罗斯灯塔船处之间的任何一个地方。”《纽约时报》在 1883 年谈到美国乘客时如是说。“无论何时，只要他们的船把同一方向的其他船只远远甩在后面，他们就无比兴奋。”[6] 造船商同样热衷于速度。“每一次打破纪录，” 费城克朗普船厂吹嘘道，“都标志着设计者和建造者的巨大成功，举世的荣耀以及真正的惠及人类。”[7]

这个速度纪录被授予大西洋之“蓝丝带奖”，这是一个在 19 世纪中期发展起来的、听起来有些神秘色彩的奖项，用于奖励给在新旧大陆之间航行最快的船只。由于每次航行的实际里程不尽相同，蓝丝带奖并不是奖励给最快航行的船只，而是奖励给平均每小时行驶海里数或节（1.15 英里/时）最高的船只*。季风和洋流使得从欧洲到美洲的西行要比反向的东行困难得多。因此，蓝丝带奖分为两个奖项：一个奖给西行纪录，一个奖给东行纪录；而前者，更为艰巨，也承载了更多的荣耀。那个年代并没有设定好的航线，惯例是在船只离开最后的停靠港并达到巡航速度开始计时，通常是在离开英格兰西南角的时候；而在船只进入纽约港的时候结束计时，无论是在桑迪岬还是在安布罗斯灯塔船处不得不放慢速度的时候。这本是广告商的把戏，却迅速成为竞相追逐的国际竞争，让众多轮船公司、工程师和政府倾注了大量的人力和资金。

蒸汽时代的来临使得远洋邮轮可以保持定期航程，而首例成功工业化生产的轮船由美国人创造。1807 年，罗伯特·富尔顿设计制造的克莱蒙特号轮船穿梭于哈德逊河，使得从纽约到奥尔巴尼的航行时间由原来的 3 天缩短到 32 小时，且不再受制于天气与水流而有了规则的行程。12 年后，一群有魄力的商人，他们来自佐治亚州萨凡纳地区，用原油蒸汽引擎和桨式轮叶装备了一艘小帆船，成功横渡了大西洋。萨凡纳人史诗般的航行，尽管部分采用了蒸汽机，依然注定是海事史上的里程碑，但美国商人们仍然认为蒸汽轮船最好用于内陆河及沿海航线。海洋依然是帆船的天下，尤其是快艇，它们穿梭于好望角

---

* 1 节等于 1.15 英里/时。33 节或 33 海里/时，约等于 37 英里/时。但陆基距离测算方式并不能准确得出在水中的行驶速度。19 世纪最快的帆动力快船时速可达 16 节；二战时期航空母舰的平均时速可达 32 节。丘纳德航运公司的玛丽皇后号因其最快横跨大西洋而把持了 1938 年到 1952 年的蓝丝带奖，其平均速度超过 30 节。

与加州金矿以及东亚的茶叶、香料中心。

对英国来讲，这是一个不寻常的故事，它的命运与其为数众多创造财富的海外殖民地紧密相连。对英国政府来说，固定航班的轮船可以运输乘客、邮件和原材料，支持这项新产业的运输技术，是帝国所必需。不仅如此，统舱还能从去往美利坚和加拿大的移民们身上捞一笔。1839 年，塞缪尔·丘纳德，一个从新斯科省迁到英国的野心勃勃的殖民者，拿到了英国政府每年 6 万英镑的补贴，开辟了一条横跨大西洋的航线，同时运输邮件。[8] 丘纳德的第一艘船——大不列颠号，200 英尺长、木制的明轮蒸汽机、最高时速为 8.5 节（约等于 10 英里/时），于 1840 年 7 月完成了在利物浦、哈利法克斯和波士顿之间的首航。1857 年增加了纽约航线。横跨大西洋的航行在帆船时代需要两个月，而丘纳德的蒸汽机船队将这一时间缩短至两个星期。对丘纳德而言，安全与可靠胜过奢华。狭窄的货舱、朴实的装备、素淡的饮食，都是上佳之选。他的搭档查理斯·马肯维有一次对一个抱怨的乘客说道："出海就是受罪。"[9]

从帆船到蒸汽船的进步让航行更加快捷，但不能让人更愉悦：北大西洋仍可能是这个星球上最危险的水域。除了短暂的阳光明媚的夏日小插曲外，在大部分旅途中，等待从利物浦起程前往纽约的乘客，面对的都是灰沉的天空、汹涌的海面和怒吼的狂风。隆冬时节，连绵的阴雨、咆哮的狂风和滔天的巨浪无情地折磨着船只，家具和衣物颠飞，乘客个个晕船。当抵达远离加拿大海岸线的大浅滩时，浓雾经常汹涌而至，能见度几乎为零。在丘纳德公司船上忍受了两个星期狭窄的客舱和呕吐的航行后，乘客们尽管登岸后踉跄摔倒却依然满怀兴奋，十分开心。

在丘纳德公司称霸北大西洋 10 年后，一个美国人试图在速度和奢华上打破英国人的垄断。19 世纪 50 年代，一个叫爱德华·奈特·柯林斯的新英格兰人从华盛顿政府获取了从纽约到利物浦之间轮船运输邮件的补贴，高达每年 38.5 万美元。他的 3 艘豪华轮船荣获了蓝丝带奖，以 13 节的航速、平均减少

7 小时的航行时间击败了英国轮船。[10]但在他的两艘轮船沉没并造成几百名乘客遇难后，国会停止了这笔补贴。落井下石促成此举的是柯林斯在横跨大西洋商业活动中未受资助的对头——科尼利厄斯·范德比尔特——一个被称为“海军准将”的傲慢纽约人。柯林斯航线因为失去补贴而瓦解，范德比尔特跨大西洋航线也难逃厄运——他出售了船队转而购买了纽约的中央铁路。当时的华盛顿政府拿出数百万英亩土地用于西向铁路建设，而商船队几乎得不到任何资助。

南北战争后，欧洲的公司统治了跨大西洋航线。依靠政府提供的邮件契约和建设补贴，丘纳德和他的竞争对手们从肮脏的移民生意中和富裕的旅行者身上赚取了丰厚的利润。1871 年，托马斯·伊斯米，一个坏脾气的、利物浦精明商人，与合伙人爱尔兰商人哈兰德 & 沃尔夫共同创立了白星航运公司。白星航运公司向美国富人提供顶级的服务，这让挑剔的历史学家亨利·亚当斯都大感惊奇，并惊讶于跨大西洋的邮轮所代表的人类进步。[11]还有一位来自哈特福德的高傲银行家，名叫约翰·皮尔庞特·摩根，这个年轻人被白星航运公司深深地吸引住了，并梦想着有一天能够收购这个公司。

在北海，有两家德国邮轮公司，北德意志劳埃德公司（位于不来梅）与赫伯罗特轮船股份公司（HAPAG），从英国的移民贸易中分了一杯羹。赫伯罗特公司极大地得益于从东欧到美国迁徙的移民，他们中的许多是犹太大屠杀的难民。25 美元的人头费带来了可观的利润。营运这个辉煌的德国船运公司的是一个矮小精干的犹太人，名叫阿尔伯特·巴林。白手起家的巴林在 1899 年被任命为总经理，他努力打造最完美的船只。当他的邮轮，比如奥古斯都·维多利亚皇后号或者美洲号停泊在港口的时候，他会走遍邮轮每一个角落，标记出服务上或者外观上最细小的不足。他甚至邀请了利兹–卡尔顿酒店为船上提供一流的餐饮。[12]

大不列颠、德国以及 19 世纪末期加入的法国，三国之间的白热化竞争极大地推动了技术的进步，邮轮带来的巨大利润也提供了建造更大、更快轮船的条件。进步是惊人的。邮轮的总吨位从 3000 吨跃升到 10000 吨，长度从 300

英尺翻倍到 600 英尺*。

船舶的建造材料从木材变成了铸铁，辅助帆被取消，螺旋桨也取代了明轮。到了 19 世纪 80 年代，头等舱乘客已经可以在公用舱室的电灯下进餐和阅读，并能在房间里享受冷热自来水。引擎技术同样突飞猛进。19 世纪 70 年代，英国工程师已经完善了所谓的复合引擎。蒸汽在被压入冷却器之前会在三至四个气缸中增压，这些引擎能承受更大的蒸汽压力，这也意味着拥有了更快的速度。[13]由此，从利物浦到纽约的航行时间从原来的两周减少到 6 天，最快时速接近 20 节，是第一艘木制明轮船的两倍。现在的轮船配有两个螺旋桨，而以往只有一个。

南北战争后，美利坚合众国仅存一家轮船公司去面对大西洋海域。费城人克莱门特·格里斯康获得了费城宾州铁路公司和洛克菲勒标准石油公司的支持，因为他们更具慧眼，看到了海滨区必将延续铁路结束后的跨越大西洋货运服务。1871 年，格里斯康的美国轮船公司（American Steamship Company）委托克朗普船厂建造 4 艘邮轮用于在费城和利物浦之间运送乘客、石油和散装货物。格里斯康，一个面色红润、有着络腮胡子的费城人，置身于费城所有的权力俱乐部并娶了著名的比德尔家族成员为妻，却仍然热衷于和彼得·韦德纳这样的暴发户交往，哪怕在工作日也会喝下一品脱香槟。厌倦了一直做一个医学或法学行业那样中规中矩的费城人，格里斯康决定带着他的轮船到世界的舞台上去闯荡。为此，他需要大量资金并取得华盛顿政府的支持。

起初，格里斯康几近失败。他的美国轮船公司损失巨大，导致宾州铁路公司也拒绝提供额外资助。到联邦政府的上诉也以失败告终。为了维持生意，格里斯康与比利时政府协商并获取了一年 10 万美元的邮件补贴开始了新的冒险：国际航运公司，也被称为红星航运公司。[14]依靠着成功的商业运作，1886 年格里斯康买下了奄奄一息的英国茵曼航运公司，并向思科蒂斯船厂订购了两艘邮

---

* 船舶的总吨位与重量无关。这是一种测量船舶内部总容积的方法（一些地方免于计算）。一般而言，1 总吨相当于 100 立方英尺。举例来说，移民船五月花号大约为 180 总吨，南北战争时期莫尼特号战舰约为 2391 总吨，而泰坦尼克号为 46329 总吨。

轮：巴黎号和纽约号。每艘净重达到 10000 吨，并能驶出超过 20 节的航速，使他们一跃成为当时世界上最大、最快的邮轮。他们轻而易举地夺得了蓝丝带奖，这得益于保护本国工业的美国航海法，尽管他们是以英国船的名义获得了这个奖项。为从战略上保护美国造船业抵御廉价的国外竞争，国会禁止国外制造的轮船悬挂星条旗。然而，法律却有机可乘，美国的轮船主要么出售了他们的航运业务（如范德比尔特），要么以外国的名义营运国外制造的船只（如格里斯康）。当美国开始建造并运营轮船的时候，仍处于巨大竞争劣势——欧洲政府补贴他们的客运船队，而美国政府则不。

格里斯康并未退缩，他决定用他当时颇有名气的船只从华盛顿政府获取邮件补贴。他告诉国会，如果他的轮船被允许在美国注册，他将关闭英曼航线，并把其作为新组建的美洲航运（American Line）的一部分，然后再在美国的一家船厂建造两艘轮船。国会批准了他的请求并于 1892 年通过了一项法案，旨在给予格里斯康每次航运 12400 美元的邮件补贴。[15]次年，船员们在更名后的纽约号和巴黎号的船尾柱上升起了星条旗，而在威廉·克朗普父子造船厂和费城发动机制造公司，工人们开始铺设圣路易斯号和圣保罗号邮轮的龙骨。

美国公众们期望他们新的横跨大西洋邮轮可以重新夺回蓝丝带奖，当时的纪录是丘纳德公司卢卡尼亚号保持的 5 天 7 小时 23 分钟，仅仅比 1892 年格里斯康的巴黎号快了 5 小时 46 分钟。[16]但无论圣路易斯号还是圣保罗号都不能比肩卢卡尼亚号的速度。英国船只一直持有这个奖项到 1897 年，直至一个德意志帝国的四烟囱怪兽——恺撒·威廉大帝号抢走了蓝丝带奖。这艘北德意志劳埃德轮船平均时速达到 22.5 节，比美国轮船快了几近 3 节，比卢卡尼亚号快了 0.5 节。英国公众为德国人打败了他们国家最好的工程师而惊愕不已。

但德国人的成功并未吓阻克莱门特·格莱斯康。他联手金融家 J. P. 摩根，野心勃勃地妄图买下每一条跨大西洋的航线，无论欧洲的还是美国的，同时在纽约组建一家航运巨头。为此他们打造了一个最佳团队。跟格里斯康和摩根一样，他们都来自历史悠久、世代富足的家族。他强壮的体魄使得他对食物、稀有的书籍、艺术品和情人有着强烈的欲望。他丑陋的酒糟鼻看起来臃肿而略显紫色，这让他尽量避见摄影师。而摩根拥有达成交易的天分。作为美国工业托拉斯的金融策划人，摩根相信兼并是美国商业的未来。对他而言，投资轮船业要比投资钢铁、食用糖和石油更为有趣，这唤起了他类似于对艺术和女人一样的兴趣。横跨大西洋邮轮是那个时代最高社会地位的象征，摩根发誓要尽其所能拥有最多航线。为了开辟航运事业，他需要格里斯康这样的内行。

要打破欧洲对跨大西洋贸易的掌控，格里斯康和摩根需要利用摩根财团的强权把美国与外国的航运集团整合成为托拉斯。这就是国际商船队（International Mercantile Marine，简称 IMM），即将成为最大的也是最伟大的美国航运公司。也正是它，与那个被圣路易斯号命名仪式所吸引的小男孩的命运紧紧连在了一起。

## 注释


1. "Technological Revolutionist," *Time*, September 28, 1942, http://www.time.com/time/magazine/article/0,9171,773637,00.html，访问于2008年11月17日。
2. Gail E. Farr and Brett F. Bostwick with the assistance of Merville Wess, *Shipbuilding at Cramp and Sons: A History and Guide to the Collections of the William Cramp and Sons Ship and Engine Building Company (1830—1927) and the Cramp Shipbuilding Company (1941—1946)* (Philadelphia: Philadelphia Maritime Museum, 1991), p.7.
3. "Launch of the St. Louis: Mrs. Cleveland Christens the New Liner," *New York Times*, November 13, 1894.
4. 出处同上。
5. William Francis Gibbs, "S.S. United States," *Journal of the Franklin Institute*, Philadelphia, December 1953, p.547.
6. *New York Times*, August 12, 1883, 引自 Stephen Fox, *Transatlantic: Samuel Cunard, Isambard Brunel, and the Great Atlantic Steamships* (New York: HarperCollins, 2003), pp. 124—28.
7. Charles MacIver, 引自 Howard Johnson, *The Cunard Story* (London: Whittet Books, 1987), p.55.
8. Johnson, *The Cunard Story*, p.21.
9. 出处同上。
10. Fox, *Transatlantic*, pp.124—28.
11. Henry Adams, *The Education of Henry Adams*, 引自 Fox, *Transatlantic*, p.338.
12. Lamar Cecil, *Albert Ballin: Business and Politics in Imperial Germany 1888—1918* (Princeton, NJ: Princeton University Press, 1967), pp.24—25, 28.

13. Mark D. Warren, ed., *The Cunard Turbine-Driven Quadruple-Screw Atlantic Liner "Mauretania"* (Wellingborough, UK: Patrick Stephens, 1987), p.C.
14. Fox, *Transatlantic*, p.267.
15. "American Line Ends Long Mail Subsidy," *New York Times*, October 26, 1920.
16. "The Blue Riband of the Atlantic, Westbound," http://www.greatships.net/riband.html, 访问于2008年11月21日。

# 第2章

# 远离富家子弟

自1894年11月伟大的圣路易斯号首航之后，书呆子气、病弱的威廉·弗朗西斯·吉布斯所想、所读除了轮船之外别无其他。回到他父亲在北布劳得街的宅第，他的卧室堆满了各种技术类的书籍，他总是静静地读到深夜。多数都是从父亲的书房借的。

小威廉·吉布斯敏感而又内向，对商业来往和父母的访客感到紧张不安而结结巴巴。有一次一位为他父亲工作的工程师来访，发现小吉布斯正在专注于一本杂志。

“你在读什么，弗朗西斯？”工程师问他。

小男孩默默地递过了一本卡西尔期刊，那是一本深奥的工程专业杂志。

“天哪！”来访者惊叫道。

小威廉·弗朗西斯拽回杂志，继续读了起来。[1]

小威廉出生于1886年8月24日，成长在“让孩子远离教育”的背景下，一位记者这样写道。也许是基于这个孩子成年后的回忆，他的母亲似乎过于宠爱他。打一个喷嚏就让他待在家里一个星期，轻微的咳嗽要待一个月，擦破了一点皮就要离开学校一整年。[2]他与弟弟弗雷德里克非常亲密，弟弟出生时他仅仅是一个20个月大蹒跚学步的婴孩。他们不仅痴迷于轮船，同样痴迷于消防设备。他们家中有一位狂热的曾是费城消防员的马车夫，当他听到城里某处发生火灾时，立即唤醒睡梦中的兄弟俩，套好马车，向城市的黑暗中疾驰而去。

“木材场的火灾总是最酷的！”吉布斯回忆道。[3]

另一方面，吉布斯的父母并不愿意向他展示这个城市卑劣的一面，希望他们的六个孩子——吉布斯有四个姐姐和一个弟弟——生活在奢华的镀金年代。父亲威廉·沃伦·吉布斯同样是工程杂志的忠实读者，但他只是简单浏览以获取新的想法。他不是发明家，而是一个推动者，一个投机商，能撮合其他富有并有野心的人。联合他的亲信，企业家彼得·韦德纳和威廉·埃尔金斯，吉布斯狡猾地安插了一些“体面人士”加入美国联合煤气改进公司董事会（在19世纪90年代由费城望族把持），制造了一个臭名昭著的政治腐败事件。[4]他巧舌如簧，拥有传奇般的口才。宾夕法尼亚大学教务长、贵族小威廉·派伯医生，有一次试图从威廉·沃伦·吉布斯那里得到一笔对他常青藤学校联盟的捐赠。一笔五万美元的捐赠可以为吉布斯的社会地位正名，这位名医这样暗示他。然而这个中学辍学生，巧妙地反客为主，成功兜售了一个他的投机品：购买马德森赛鲁斯公司的股票，这是一家出售碾碎的可可壳给战舰做绝缘体的公司。[5]不过据《纽约时报》报道，那些“闻起来发臭的东西，对人体有害并滋生害虫”。[6]

母亲弗朗西斯常常挥霍父亲的巨额财富举办奢华派对。在一次庆祝会，费城酒店的舞厅变成了路易十四时代的华美宫殿，布满了棕榈、蕨草和漂亮的美国玫瑰。[7]为了纪念他们即将结束在新泽西海岸避暑的日子，吉布斯举办了一场“粉末舞会”，客人们都带着撒满粉末的头套和假发。[8]1899年，当吉布斯的长女，奥古斯塔·梅嫁给运动员威廉·汉密尔顿·戴维斯·哈恩的时候，一位记者震惊于吉布斯家中展示的礼物之奢华，写道：“一大间屋子也无法容纳琳琅满目的雕花玻璃、银器、珍稀的瓷器和古董。”[9]

但他们获取社会认可的努力依然徒劳无功：费城有流言蜚语传闻，吉布斯家族在暴发户遍布的北布劳德大街上选择了错误的宅第位置，市场街正是隔离“上层社会”与暴发户的分界线。

世纪之交，对于费城精英来说，家族血统意味着一切，缺少血统往往会让奋斗者游离于城市之外。在市场街的北边，有一个贫穷却才华横溢的哈佛法学毕业生，家徒四壁，由寡居的母亲拉扯大，一位费城老律师这样告诫他："在这里他们认为你不名一文，在纽约你的成绩还值点钱。"[10]年轻的约翰·J. 麦克罗伊听从了这个建议，到纽约企业法律顾问保罗·卡拉瓦什处谋了一份差使，而后成为了洛克菲勒家族支持下的该机构主席。

然而，威廉·沃伦和弗朗西斯·吉布斯依然决定留在费城并让孩子们进入当地的名流阶层。有鉴于此，1899 年吉布斯家族冒天下之大不韪购得了一幢位于利顿豪斯广场前的宅第，与费城最有声望的家族毗邻。在那些高宅大院的门后，行人可听到权贵家里的声音：大理石壁炉上时钟的滴答声，水晶悦耳的叮当声以及爱尔兰女仆轻盈的脚步声。

这座位于沃纳街的三层黄砖宅第建于 1733 年，坐落于广场的东北角，由银行家小安东尼·约瑟夫·德雷克谢尔出售给了威廉·沃伦·吉布斯。[11]此后 18 年，被冠以"显赫无双"的利顿豪斯广场，终于迎来了吉布斯家族。就在那年，吉布斯家族终于首次跻身费城名流社会。

恐惧社交的小威廉·弗朗西斯随即搬到了这座黄色的建筑中，巨大的空间给了他绝佳的隐秘和僻静。一天当中有 12 个小时他都消磨在阅读、涂鸦和各种器具的拆装中。自从威廉·弗朗西斯不再与同学们接触后，他的弟弟弗雷德里克成了他唯一的伙伴。同父亲一样，弗雷德里克有着数学和金融的天赋。在他们新泽西海岸的避暑别墅里，他每天都有好几个小时坐在阳台上看着纽约港进进出出的轮船。他和弗雷德里克也会去日耳曼敦的草地上和梅里昂俱乐部打网球。当他们大些的时候，他们曾经与天才网球手比尔·蒂尔登一起比赛。

"我们同蒂尔登一起打球，有时候也会赢他。"威廉·弗朗西斯多年后回忆同这位未来的温布尔登冠军打球的时候说道。[12]

到他们十几岁时，网球奖杯已经堆满了楼上的卧室。令人丧气的是，母亲弗朗西斯训斥他们摆出所有的奖杯是一种低级的炫耀。[13]一个优秀的草地网球运动员，依规则打球而不失去冷静，某种意义上等同于一个真正的绅士，估计这在某种程度上使吉布斯的父母感到高兴。

男孩们也有机会出国旅行。当小威廉 12 岁的时候，父亲带着他和表兄去了欧洲。但留在他脑海中的并非雄伟的教堂和博物馆，而是瑞士一个装满工程书刊的图书馆。后来乘坐白星航运公司的新邮轮凯尔特人号回家的时候——那是当时世界上最大的轮船，威廉·弗朗西斯和弗雷德里克·吉布斯还在他们头等舱的房间外建了一个小房子。凯尔特人号缓慢而舒适，经历了八天平稳的航行，他们的房子始终屹立未倒。[14]年轻的吉布斯充分意识到更小、动力更强的轮船在不到六天的时间里穿越大西洋一定比凯尔特人号更能成为头条，而新的欧洲邮轮在体积、速度和豪华上已经远超美洲航运的圣路易斯号。

由于身体状况不佳，吉布斯没有被送到主教寄宿学校去接受来自东北部精英们的教育。相反，他进入了离家更近的德兰西学校。学校宣称可以提供严格的格罗顿教育而无须寄宿。[15]对内向的小威廉来说，无疑是一件好事。此外，似乎德兰西学校比起其他一味模仿伊顿公学的教育方式和运动场的新英格兰同行更好一些。

吉布斯一直饱受疾病折磨。快 20 岁的他依然没有从德兰西学校毕业。在他高年级的班里，一半的同学去了哈佛，其余的多数考到了宾夕法尼亚大学。[16]他申请哈佛多半是出于父亲的坚持；当然，哈佛更以培养绅士而著称，并非船舶工程师。

按今天的标准，吉布斯的大学申请毫不起眼。他的高中成绩单满是 C 和 D，而他的拉丁语、法语都不及格，更奇怪的是，高等数学也不及格。然而，哈佛大学劳伦斯科技学院的一名评审委员通过了他的申请卡，条件是入学后必须通过外语考试。[17]这个富家子弟需要果断一些了。或许劳伦斯科技学院以及后来的哈佛大学工程学院，早已知道了他在工程和船舶方面强烈而又浓厚的兴趣。

1906 年 9 月，20 岁的威廉·弗朗西斯·吉布斯已经身高 6 英尺 2 英寸，登上了前往波士顿的火车。他的父亲并不希望他学习工程学，因为他认为工程师都是不切实际、不善言辞的——这不是达官显贵们所欣赏的品质。他期望长子有一个不一样的生活：一个精英式的大学教育，一个受人尊敬的法律专业，以及由此带来的社会地位。简而言之，就是一种作为创业者、冒险家的威廉·沃伦·吉布斯从不曾拥有的生活。

奇怪的是，弟弟弗雷德里克并没有在 18 岁的时候进入大学。一种可能就是他像哥哥弗朗西斯一样是一个大器晚成的学生。也许是他们雄心勃勃的父母有自己的理由存钱给威廉·弗朗西斯去攻读剑桥大学。最终，弗雷德里克也没有读大学。

吉布斯痴迷于远洋邮轮，但似乎不具备制造庞大机器所需的技术才能、金融头脑、坚强意志和远见卓识，就像塞缪尔·丘纳德、阿尔伯特·巴林、克莱门特·格里斯康以及 J. P. 摩根那样。

父母也一定担忧他们内向的儿子在哈佛大学会有一段难熬的日子，因为那里遍是苛刻的教授和呆板的社交氛围。

威廉·弗朗西斯·吉布斯进入哈佛大学的时候，享有盛名的威廉·詹姆斯教授还在担任哲学系的主席。这位伟大的实用主义者宣称："我们专门调教那些不受调教的人，这是我们最大的骄傲。"[18]

但一个新生的日子绝不会好过。

彼时正值查理斯·艾略特任哈佛大学校长的后期，哈佛大学尚未完成它的转型：即从一所教育来自波士顿、纽约和费城的富家子弟的精修学校转变为一所世界级的教学和研究性大学。许多学生轻松通过考试，然后花费大把的时间待在被称为"黄金海岸"的宿舍里饮酒作乐，或者消磨在遍布芒特奥本街的精英俱乐部里。

这个来自费城、有位富爸爸的年轻人立即被接受为体面的"黄金海岸人"。吉布斯住在克拉夫里楼，格鲁吉亚式的砖墙上挂满了木版画，内有一个华丽的楼梯和一个小型电动升降机。但与大多数克拉夫里人不同，吉布斯对世纪骄子哈佛人的狂欢毫无兴趣，他依然像在沃纳街的家中一样度过课余时间，阅读技术类期刊，钻研并描绘出英国战舰的蓝图。这个崭露头角的设计师带着极大的"尊重"去研究这些轮船设计图，他小心翼翼地调整引擎的空间，或者试图增加更多的防水板，设想如何做可以提高速度或在遭受敌方炮弹和鱼雷袭击后仍然可以漂浮在水面的情景。"接下来该做什么呢?"当他检验过每一个设计杰作时总会这样自问。[19]

这个男孩对轮船设计的更多理解在发展强大海军理念之际逐步酝酿。俄国海军在日俄战争中的溃败，显示了过时的设计和毫无准备的舰队的必然遭遇，这一切发生在吉布斯离开大学的前一年。当时的大不列颠帝国正在引领新技术和战略，当然，吉布斯读到的那些美国海军思想家也意识到美国已经远远落后。他们指出海军没有利用英国军舰的进步来提升自己的舰队，与此同时，激进的海军工程师和古板的军队指挥官之间严重缺乏协同。在宿舍里研读最新的文章和轮船蓝图后，有着强烈爱国心的吉布斯开始预感他将在重建美国海军中扮演重要角色。

对他的同学们来说，这个来自费城的专心致志的同学是一个另类。他过分羞涩，后来他在自己的回忆录中说，一些富家子弟的高谈阔论和傲慢的特权让他"充满惊恐"。[20]出于被恐吓的担忧，他总是紧锁着房门，让他的轮船照片和蓝图免于遭到嘲弄和恶作剧。[21]

在哈佛大学时拍摄的照片中，吉布斯身着配以饰带和条纹翻领的长袍，茕茕孑立，形影相吊。在一张站在衣柜前的照片里，他的右胳膊抱着一摞书。另一张照片中，他坐在房间的壁炉旁，双手抱膝。墙壁上挂的并不是校旗，而满是照片和图纸——冒着黑烟的战舰和漂亮的汽车。窗前的书桌上有一个筐子，装满了一卷卷蓝图。[22]

事实上，吉布斯并不是唯一拒绝传统大学生活的人，还有后来参与了俄国1917年十月革命的同学约翰·里德，同学们回忆说他"批判学院未尽教书育人之责，抨击神圣的校际运动会制度，嘲笑大学俱乐部如此之神圣以至于没人敢提起他们的名字"。[23]1910年哈佛毕业生中，还有著名诗人T. S. 艾略特和未来的政治评论家沃尔特·李普曼。

然而对大多数男孩子来说，哈佛大学是一个巩固始于童年的特权关系并维系到拥有更多特权的成年时代的地方。这造就了浓厚专注于排斥异己与整合同类的社会习气。1908级毕业生，后来成为哈佛大学教授的塞缪尔·艾略特·莫里森，描绘大学的社会分类体系就像是一架残忍的机器。他说：“一旦置身于某个‘团体’，你就得重申你的个性，哪怕往往你并不具备。”[24]

作为一个受过预备教育的新教徒，吉布斯有着良好的背景，但最后的俱乐部——设定大学基调的排外社团——对把自己关在房间里的怪人毫无兴趣。而吉布斯却安于与众不同。不过，有几次他也担心“一旦被发现他在忙于改善英国的战舰而被贴上哈佛大学 300 年来一大怪胎的标签”。[25]

在 1910 年班级纪念册中，不曾有吉布斯参加任何课外活动的身影。但他确实也履行了一个社会义务，那就是在周六橄榄球比赛中做过一次引座员。在那里，他把引座员丝带别在外套上，引导那些狂热的球迷到新修建的哈佛体育场的座位上，观看那些时有因剧烈碰撞而致人死亡的比赛。[26]吉布斯唯一参与的运动是网球——无须接触而仅靠个人技巧和决心的比赛。

这位未来的海军设计师在工程学课程中遇到了问题，吉布斯绝不谈及其原因。他绝不是一个合格的大学毕业生，如果以分数论成败的话。就像孩童时代那样多病，吉布斯数年间断断续续地上课，对于照本宣科的课堂对他来说聊胜于无。他孤僻地学习，没有给他工程学教授留下什么印象。第一年结束时，他的“画法几何学”和“机械学——齿轮与齿轮机械研究”得了 $C^-$。最好的是“蒸汽机”课程，成绩是 B，一门他早就从行业杂志中熟知的课程。[27]所有的这一切归于一个基本欠缺：吉布斯简单数学运算太差。一个观察家注意到在后来的生活中：“吉布斯害怕算术。一个 8 岁的孩子可以轻易地在加减乘除四则运算中打败他。他不相信运算少于三次的结果。”[28]

吉布斯后来坚持说他从未在哈佛大学或是其他地方正式学习过海军建筑学，“我都是在晚上从书本之外学习的工程学”。为了强调这一点，他补充道：“这是你自学中能够真正学到知识的方法。”[29]天资聪慧、目光如炬，加上对细节的惊人记忆力，他最终掌握了作为一名工程师所必须具备的数学能力，这需要十二分的专注和意志。

但这个大一男孩并不是一个成功者。1906—1907 学年末，哈佛大学书记官乔治·格朗给吉布斯的父亲写了一封措辞严厉的信，警告他如果威廉·弗朗西斯不能提高工程学分数并满足语言要求，“他不得不重复一年级的学习”。[30]

1907 年 10 月 30 日，在他第二年的学习生涯中，吉布斯从哈佛大学辍学了。“由于疾病”，学校这样记录，但事实完全并非如此。吉布斯和弟弟弗雷德里克对他们这一年的 11 月份有其他计划，而吉布斯认为在经历一个小的冒险之后他可以重拾学业。

威廉·弗朗西斯同样担心他在费城的家人。一直以来父母提供他锦衣玉食的生活，并小心地确保他们的儿子只与本阶层交往。但在短短的数年之内，这个可怜的富家子弟必须面临一个不幸的现实：他父亲的事业并非一帆风顺。

当乔治·格朗的信到达威廉·沃伦·吉布斯桌上的时候，这个伟大的“费城之手”正深陷自己的麻烦中。从 1907 年初开始，美国股市一直在震荡下行。很快，华尔街的危机波及银行和信托公司，酿成了后来著名的 1907 年大恐慌。对于负有债务的公司来说是一个艰难的时期，对吉布斯的父亲来说似乎更为糟糕。

尽管从所有公开的财政数据来看稳如泰山，其实，威廉·沃伦·吉布斯的一生中已多次如履薄冰。早在 1891 年，他由于在费城里丁铁路公司的竞标中失败而负债 300 万美元。但他不仅偿还了债务，而且赚了更多。[31]随后谣言四起，传闻说吉布斯的一家公司并不像看起来那样，《费城问询报》暗示威廉·沃伦·吉布斯已越过竞争策略和欺诈的界线。“这十分可能，”报道这样写道，“记录显示美国碱业公司的一些股东沆瀣一气……造成了这个事件。”[32]

1899 年威廉·沃伦组建了美国碱业公司，生产造纸厂使用的漂白剂和苏打粉。他购买了英国专利，并在加拿大安大略省的苏圣玛丽建了一家工厂。在整合两家工厂并推动公司上市的两年后，他便退居幕后。随即对他的指控来了。在 1902 年 4 月的股东诉讼中，原告宣称威廉·沃伦·吉布斯共套取现金 349597 美元，通过与一家英国公司的秘密交易获取 15900 股优先股及 151800 股普通股的不当利益。[33]“吉布斯谋划了这个骗局，并为自己和受益人挪用了大量的资金。”《纽约时报》1902 年 3 月报道说。最要命的指控是公司的加拿大工厂一无所出，购买的专利一文不名。[34]

美国碱业公司最终以 300 美元的价格破产清算。[35]1905 年 4 月，威廉·沃伦·吉布斯被迫与优先股股东和接收者之间进行清算，他在公司共 5 万美元的资产也被挂牌出售。[36]整个费城都在窃窃私语说威廉·弗朗西斯·吉布斯的父亲是个不折不扣的骗子。

作为儿子却不知道这个丑闻，显得很不可思议。他并不清楚父亲缩水的个人财务状况。沃纳街 1733 号的优雅生活至少在一段时间内似乎一如既往，但在吉布斯离开哈佛之际，他的父母向朋友以 6 万美元质押了宅第来填补家庭支出。[37]他们的家计开始每况愈下了。

当威廉·沃伦·吉布斯前途不容乐观的时候，他曾经在美国天然气公司的合伙人克莱门特·格里斯康却前途光明，这得益于他与 J. P. 摩根的紧密关系。他们的航运托拉斯——国际商船队（IMM），正使美国成为跨大西洋航运的领头羊——如果不是非得使用美国轮船的话。他们的董事会是由这个国家最精明、激进的商人组成的全明星团队。他们当中有彼得·韦德纳，当时的费城首富，发家于他在城市有轨电车、蓄电池、炼油和天然气管道上的投资。韦德纳的大部分财富来自合伙人威廉·沃伦·吉布斯。但无论韦德纳还是格里斯康，都没有邀请这位美国联合煤气改进公司和蓄电池公司曾经的奇才——当下身背美国碱业公司丑闻——参加新的航运托拉斯董事会。

国际商船队被委以重任，出现在美国旅行者和政客们面前，来重整时不时由于价格战而引起的航运系统混乱。因此，格里斯康认为国际航运的垄断是一种“公益”。“公司联合体将在更低的价格上提供更优质的跨大西洋服务”，他还承诺每天都有从纽约前往欧洲的航班准时离港。[38]然而汇率稳定（或者像宣称的那样，迫使竞争者出局）并非摩根与格里斯康唯一所愿。按照 1817 年美国航海条例，只有美国制造的船只才可以悬挂星条旗（并获取补贴）。但在海外建造船只仍然更为廉价，英国船只在雇用船员和营运上远比美国邮轮低成本。背靠摩根雄厚的资本，在建造更大更快的轮船上联合公司拥有独立企业无法比拟的优势。

摩根和格里斯康从此一帆风顺，短短几年，他们收购了多艘跨大西洋邮轮。除摩根与格里斯康最初的美洲航运公司之外，国际商船队的壮大还包括比利时红星航运公司和四家英国航运公司（利兰公司、肖·萨维尔 & 阿比昂公司、多米扬公司和著名的白星航运公司）。

摩根与格里斯康下一个目标是法国和德国的航运公司。法国航运公司之所以能与摩根抗衡是因为它是一个半政府机构。德国两大航运公司则没有这样的庇护，尽管德皇威廉二世一再声明保护德国航运公司。因此，精明的巴林促成了一个协议以确保航运公司的独立及运营成本高昂的移民业务。德国航运公司将从国际商船队的利润共享上分一杯羹，因此也赞同任何一方不得购买其他企业之股票。赫伯罗特公司和他的对手北德意志劳埃德公司，每年按比例分红给国际商船队，而国际商船队则给予两家公司固定年金。简而言之，双方同意互为彼此洗钱。[39]

国际商船队以 32 万美元收购白星航运公司引起英国公众一片哗然。他们目睹了摩根抢劫他们引以为傲的不列颠商业船队——那个曾被认为是英国商业之桂冠的公司。不仅如此，摩根还任命白星航运公司主席 J. 布鲁斯·伊斯梅为新的国际商船队主席。

英国幸存下来的是杰出的丘纳德轮船公司（Cunard Steamship Company），尽管资金捉襟见肘却仍拒绝出售。公司主席劳德·伊福克莱德坚决反对以任何形式对丘纳德航运公司的并购，尤其是被用来当作国家机构的一部分。[40]为使丘纳德公司逃脱国际商船队的魔爪，伊福克莱德转向英国首相贝尔福和海军部求助。公司和英国政府一致认同：“任何外国人无资格作为公司董事掌控公司或被受雇于公司主要负责职位；决不允许任何公司股份被任何外国人、外国公司或者外国控制下的公司所持有、托管或掌控。”[41]现在英国最大的跨大西洋轮船公司是摩根—布鲁夫轮船公司。

丘纳德公司亟须更多的帮助以抗衡摩根公司，英国政府此时雪中送炭，丘纳德公司获取了 260 万英镑的低息贷款，得以在英国船厂制造两艘巨大、快速的邮轮。[42]每艘船长 790 英尺，总吨重 3 万吨，比他们任何一个德国竞争对手都要大三分之一。此外，海军将每年支付丘纳德公司一笔为数 15 万英镑的可观补贴。丘纳德表示一旦爆发战争，这两艘巨轮可以交给海军并改装成巡洋舰。这两艘船不仅成为最大、最快的邮轮，还将是潜在的海军战舰。在危如累卵的国家荣誉面前，英国纳税人表现出了极高的爱国热忱。[43]

丘纳德公司开始着手打造世界上最大的两艘轮船。其龙骨于 1904 年铺就，1906 年下水。两艘船被命以王者的名字：卢西塔尼亚号，以葡萄牙的罗马行省命名；毛里塔尼亚号，以北非的罗马行省命名。

一年后，威廉·弗朗西斯·吉布斯摆脱了大学的桎梏，在弟弟弗雷德里克的陪同下乘坐这两艘船航行。不知为什么，尽管家庭陷于财务危机，他们总能从父亲那里得到足够的钱用于去购买欧洲的往返船票。

## 注释

1. Alva Johnson, "The Mysterious Mr. Gibbs—II ," *Saturday Evening Post*, January 27, 1945, p.20. 重印于 *The Saturday Evening Post* magazine, C 1945 Saturday Evening Post Society. 经许可重印。
2. 出处同上。
3. Winthrop Sergeant, "Profiles: The Best I Know How," *New Yorker*, June 6, 1964, p.73.
4. E. Digby Balzell, *Philadelphia Gentlemen: The Making of a National Upper Class* (Glencoe, IL: Free Press, 1958), p.125.
5. "The Man in the Street," *New York Times*, September 21, 1902.
6. "Cellulose in the Navy: Objections to Its Use to Keep Water Out of Ships," *New York Times*, January 23, 1893.
7. "Some Happenings in Good Society," *New York Times*, January 7, 1900.
8. "Spring Lake," *New York Times*, September 10, 1899.
9. "Elegant Wedding at St. James: Miss Augusta M. Gibbs Becomes the Wife of Mr. W.H.T. Huhn," *Philadelphia Inquirer*, April 9, 1899.
10. 1983年6月23日 Kai Bird 对 John J. McCloy 的采访，刊登于 Kai Bird, *The Chairman: John J. McCloy and the Making of the American Establishment* (New York: Simon & Schuster, 1991), p.57.
11. Stuart Wells, "The Residence at 1733 Walnut Street," HSTVP 600 Documentation and Archival Research, Dr. Roger Moss, December 12, 1986, Philadelphia Athenaeum, HR 86. 4., p.8.

12. Sergeant, "Profiles: The Best I Know How," p.73.
13. 出处同上, p.74.
14. Frank Braynard and Robert Hudson Westover, *S.S. United States: Fastest Ship in the World* (Paducah, KY: Turner, 2002), p.13.
15. *De Lancey School, The Blight School Merged, Philadelphia 1914*, collection of the Episcopal Academy, Merion, PA, p.16.
16. 出处同上, p.53.
17. Application of William Francis Gibbs, Harvard University Archives, UAIII 15.75.12.
18. 引自 Ronald Steel, *Walter Lippmann and the American Century* (New York: Vintage Books, 1980), p.13.
19. Johnson, "The Mysterious Mr. Gibbs—II ," p.96.
20. 出处同上。
21. Frank O. Braynard, *By Their Works Ye Shall Know Them: The Life and Ships of William Francis Gibbs 1886—1967* (New York: Gibbs & Cox, 1968), pp.10—11.
22. 四幅照片来源于 William Francis Gibbs Collection, MS 179, Mariners' Museum, Newport News, VA.
23. John Reed, "Almost Thirty," N/R 4/29/36, 引自 Samuel Eliot Morison, *Three Centuries of Harvard* (Cambridge, MA: Harvard University Press, 1936), pp.434—35, 后引自 Steel, *Walter Lippmann and the American Century*, p.13.
24. Morison, *Three Centuries of Harvard*, p.442.
25. Johnston, "The Mysterious Mr. Gibbs—II," p.96.
26. "Football Ushers Appointed for Year," *Harvard Crimson*, October 9, 1909.
27. Transcript of William Francis Gibbs, Harvard University Archives, UAIII 15.75.12.
28. Alva Johnson, "The Mysterious Mr. Gibbs—III ," *Saturday Evening Post*, February 3, 1945, p.32. 重印于 *The Saturday Evening Post* magazine, C 1945 Saturday Evening Post Society. 经许可重印。
29. William Francis Gibbs, 引自 Winthrop Sergeant, "Profiles: The Best I Know How," *New Yorker*, June 6, 1964, p.73.
30. 1907年7月30日 George W. Cram 写给 W. W. Gibbs 的信, July 30, 1907, Harvard University Archives, UAIII 15.75.12.
31. Mitchell Charles Harrison, *Prominent and Progressive Americans* (New York: New York Tribune, 1901), p.130.
32. "Skylarking Over; Now for Business," *Philadelphia Inquirer*, December 9, 1901.
33. "Suit Against W. W. Gibbs," *New York Times*, April 20, 1902.
34. "Seek Dissolution of American Alkali Co, Four Stockholders of the Corporation Charge Fraud," *New York Times*, March 12, 1902.
35. "Receivers Named for American Alkali," *Philadelphia Inquirer*, September 12, 1902.
36. "A Buoyant Market at the Close," *Philadelphia Inquirer*, April 13, 1905.
37. "Gibbs Mansion May Go Under the Hammer," February 19, 1911, 出版不详, Perkins Collection, Walnut Street, Walnut Street Volume III , from West of Broad, Historical Soci-

ety of Pennsylvania, Philadelphia.

38. "The Merger of the Steamship Lines: Clement A. Griscom Gives a Description of the Combination," *New York Times*, April 21, 1902.

39. Lamar Cecil, Albert Bullin: *Business and Politics in Imperial Germany, 1888—1918* (Princeton, New Jersey: Princeton University Press, 1967), 57.

40. Mark D. Warren, ed., *Lusitania* (Wellingborough, UK: Patrick Stephens, 1986), p.12, 重印于 *Engineering*, 1907.

41. Cunard Agreement with British Admiralty, 引自 Mark D. Warren, ed., *The Cunard Turbine-Driven Quadruple-Screw Atlantic Liner "Mauretania"* (Wellingborough, UK: Patrick Stephens, 1987), p.14.

42. 出处同上, p.13.

43. Warren, ed., *The Cunard Turbine-Driven Quadruple-Screw Atlantic Liner "Mauretania,"* pp.2—3.

# 第3章

## 毛里塔尼亚号

1907年11月7日，位于英格兰纽卡斯尔的斯旺·亨特&威格姆·理查森公司完成了丘纳德公司新旗舰毛里塔尼亚号的试航。约翰·普里查德船长沿着304英里的苏格兰海岸进行了12个小时的系列航行测试。这艘新的轮船和船员们与大西洋怒吼的狂风搏斗中，风力一度达到7级，即风速达到每小时40英里。在船桥上，毛里塔尼亚号首席设计师安德鲁·莱恩在船长普里查德身边紧张地转来转去。在顺风和逆风行驶两个回合之后，莱恩渐渐笑逐颜开。经过接近48个小时的试航，拥有四个烟囱的毛里塔尼亚号平均速度达到26.06节，航程超过1216海里。[1]这比它的德国对手近乎快了3节。

苏格兰人莱恩，大不列颠最出色的海事工程师，在过去的25年为屡破纪录的丘纳德船厂设计引擎。他希望他的船只能夺回蓝丝带奖。他的情绪感染了每一个人，从驾驶舱的官员到汗流浃背正在添煤的锅炉工。现在，这已经不仅仅是打败德国人的问题。一个月前，毛里塔尼亚号的姊妹船卢西塔尼亚号（由莱昂纳德·派科特设计，由竞争对手苏格兰约翰布朗船厂建造）在她的第二次航行时已经夺得了两次蓝丝带奖：东向行驶，打败了北德意志劳埃德船厂的恺撒·威廉二世号；西向行驶，打败了赫伯罗特公司的德意志号。

毛里塔尼亚号的船员们认为他们拥有更好的船只。“我们必将打败卢西塔尼亚号！”在纽卡斯尔到南安普顿的航线上，一位锅炉工挥舞着他的铲子喊道，“哪怕让我们毁了玛丽号，也得实现它！”[2]

1907年11月16日，试航后的第九天，威廉·弗朗西斯和弗雷德里克·吉布斯趴在毛里塔尼亚号的栏杆上，一阵急雨洒落在船头。他们俯瞰着利物浦的栈桥，那里簇拥着数以千计的支持者、挥着手的欢呼者。

这种场景他们似曾相识，那是不到一个月前他们乘坐卢西塔尼亚号离开纽约的时候。尽管从孩提时代就已经开始乘坐巨轮旅行，这两艘丘纳德公司的邮轮仍然给巨大和奢华重设了标准。吉布斯兄弟享受着卢西塔尼亚号的速度带来的新奇和激动。他们转遍了整条船，或许他们在跟藏在宿舍里的英国战舰蓝图相比较。当其他乘客流连在温暖的格鲁吉亚式沙龙中的时候，他们连续几个小时趴在栏杆上，任海风吹在脸上，一动不动地盯着卢西塔尼亚号刀一般的船头以30英里的时速劈开大西洋灰色的海水。

此刻，在更大、更强劲的毛里塔尼亚号的西向首航中，他们期待着新纪录的诞生。这将是一个值得铭记的跨越。

吉布斯兄弟的脚下，毛里塔尼亚号数以百计的灯束照向拥挤的人群，洒在灰色的海港水面上。四个红黑相间的几层楼高的烟囱耸立在明晃晃的顶层甲板上，一缕缕的黑烟从中懒懒地盘旋而上。在船上，头等舱乘客打开房门，步入公用舱室，里面到处都是镶金的胡桃木、无花果木和桃花心木的装饰，这些都是300名来自巴勒斯坦工匠们的杰作。[3]她看起来就像一个出航的英国乡村房屋。19世纪木制明轮蒸汽机时代一去不返了，一同逝去的还有僵硬的床铺，便壶和到处渗透的恶臭污水。在毛里塔尼亚号上，绅士们身着燕尾服，系着白色领结参加晚宴；女士们从保管员那里取回漂亮的珠宝首饰，头等舱的厨房可以媲美伦敦利兹大酒店。床单每天更换，休息室鲜花盛开，船上的印刷机为三个舱位的乘客提供菜单和报纸。二等舱乘客享有旧时头等舱乘客一样宽敞明亮的空间。那些统舱乘客同样拥有不同于开放式宿舍的私密空间和甲板。

这艘远洋邮轮，轻快而豪华地漂过城市，如期而来。

当毛里塔尼亚号驶向大海的时候，吉布斯兄弟俩就开始审视这艘丘纳德公司的超级邮轮。他们惊奇于两个甲板高的头等舱豪华餐厅，新式的电动升降机和磨砂玻璃的圆顶大厅，晚宴上流动着施特劳斯的《蓝色多瑙河》和雷哈尔的《风流寡妇》圆舞曲。至少有一个吉布斯兄弟可以在晚宴上与之聊天的费城人——小安东尼·德雷克谢尔，那个出售沃纳街1733号给他们父亲的银行家；德雷克塞尔预订了邮轮上一个豪华套房，单程1500美元（相当于今天的3.5万美元）。[4]毛里塔尼亚号的头等舱极尽奢华，也是吉布斯兄弟自小享受惯了的。

即使毛里塔尼亚号如此华丽，吉布斯兄弟更感兴趣的是脚下的平稳。卢西塔尼亚号与毛里塔尼亚号不仅是世界上最大的两艘邮轮，也是蓝丝带获得者中唯一使用了新型发动机的邮轮：蒸汽涡轮发动机。见识了这个领先于时代的发动机，威廉·弗朗西斯后来回忆说，简直如同欣赏巴赫的音乐一样振奋人心。[5]

世纪之交德国四艘蓝丝带奖得主——恺撒·威廉大帝号、德意志号、威廉王子号以及恺撒·威廉二世号——无一例外都使用了四冲程往复式活塞发动机，这种发动机的四个气缸产生强大功率推动传统的活塞引擎。到了1900年，往复式发动机在提高马力上遇到了瓶颈——过于巨大和笨重，而23节的速度看起来似乎到了大型轮船所能达到的极限。更糟糕的是，当巨大的活塞推动双螺旋桨轴的时候，德国船开始摇晃起来，毫不夸张地说是从头到尾摇晃起来。玻璃杯从桌子上掉下，床铺颤抖了一整夜。许多睡眠不足的旅行者戏称德意志号为“鸡尾酒调酒器”。[6]

而另一方面，英国轮船则借助了一座由查尔斯·帕森斯1884年建造的试验电厂之力。蒸汽涡轮的工作原理类似于风车，锅炉的高压蒸汽推动数以千计的叶片组成的轮组，旋转的叶轮连接到一个螺旋桨轴，组成一个更快、更强劲、体积也更小的发动机。

帕森斯闯进在斯匹特海德举行的海军评审会，展示了他的发动机是如何地优异。这原本是为庆祝维多利亚女王执政60周年而举办的大庆，却变成了查尔斯·帕森斯推销他100英尺长的透平尼亚号的展示会。傲慢的帕森斯驾驶他的快船敏捷地穿梭于海军战舰和巡洋舰之间，以不可思议的34节（约等于39海里/时）速度躲避了领航船的追逐，以至维多利亚女王都惊讶于这艘怪船的性能。尽管皇家海军的许多人被大大地激怒了，但有人注意到海军已经开始调研将涡轮机应用到新战舰上的可能性。[7]

蒸汽涡轮机被证实是工程史上伟大的突破，它使得轮船能够达到前所未有的速度。1906 年，首次亮相的大英帝国无畏号战列舰，是世界上首次摒弃了传统往复式发动机的大型战舰，赢得了当时英德之间的海军军备竞赛。通过涡轮连接的四叶螺旋桨，无畏号可以保持 21 节的巡航速度，这使得它成为当时世界上最快的战舰。甚至在无畏号下水之前，英国工程师已经把涡轮技术应用到了民用轮船上。1905 年，丘纳德公司建造了两艘姊妹船：一艘装备往复式发动机，另一艘装备帕森斯式涡轮机，后者速度上要快 1 节，并且操作起来更安静、更经济。[8]

丘纳德公司依然热衷于涡轮发动机。卢西塔尼亚号与毛里塔尼亚号都采用了涡轮发动机，此外还增加了一些创新。这是涡轮发动机第一次应用在商业邮轮上，并且配备了四个螺旋桨，而非两个。如此设计意味着引擎分布更加均匀，降低了发生故障的风险。设计师采用了来自德国轮船强大外表的灵感，设计了四个倾斜的烟囱，每一个都足够大、足够长，足以容纳一个蒸汽引擎。北德意志劳埃德公司的旗舰船只恺撒·威廉二世号额定功率为 45000 马力，而丘纳德公司的轮船额定功率则超过 70000 马力。

卢西塔尼亚号的建造合同被约翰·布朗和苏格兰的克莱德班克船厂获得，毛里塔尼亚号的建造合同给了泰因河上游的斯旺·亨特 & 威航船厂，而其发动机合同则分包给了沃尔森德的安德鲁·莱恩公司。这两份合同的分包燃起了安德鲁·莱恩的竞争之火。从一开始，似乎斯旺·亨特在轮船制造方面更具有机械制造优势。为使发动机比卢西塔尼亚号更轻，安德鲁·莱恩使用了一种称作惠氏流体轧钢的合金来铸造发动机，同时减去多余装置并确保“以最小的重量获取最大的强度和刚度”。每一个直径 10 英尺的转子都由 300 万个小叶片组成，整个转子装在一个铸铁的套管里。[9] 因为哪怕是十分之一英寸的缝隙，长达 45 英尺的转子上最细微的缺陷都会使轮叶撞击缸壁，从而摧毁整个发动机。而它在首次试验前不到一周的第一次运行，表现得十分完美。[10]

* * *

毛里塔尼亚号上的每一个人，包括吉布斯兄弟，都坚信他们的船在1907年11月首航时必会夺取蓝丝带奖。但在她刚一离开爱尔兰海岸之后，一次可怕的热带风暴袭击了邮轮。滔天巨浪把船头举向60英尺的高空，再重重地摔落，激起巨大的浪花四散。尽管涡轮发动机运行平稳，但在试航时工程师们已经注意到四个螺旋桨的震动传给了整个船身，因此他们在整个船尾加装了加固杆来解决这个麻烦。这次首航中风暴带来的麻烦与她的乘客无关——毛里塔尼亚号相对娇小的水下船身让她摇晃相当地剧烈。

大约60年前，查理斯·狄更斯在丘纳德公司首次跨越大西洋的邮轮上遭遇了一次冬天的狂风，那还是木制明轮时代的大不列颠号。"如果可以在继续写这本小说前能做点什么的话，那么，让船平稳下来吧！"严重晕船的可怜的小说家写道，"在一个人可以说出'谢天谢地'之前，她又错了……浪头巨大无比，一切的骇人和惊恐都是前所未有的……只有一场梦才能再次唤醒她的狂暴、愤怒和激情。"[11]即使轮船设计已经有了数十年的进步，狄更斯描述的在船上惊心动魄的四个大风天正是毛里塔尼亚号此时的境遇。一个滔天巨浪击碎了船头一排头等舱的窗户，浸泡了所有的衣物。头等舱休息室里，一个胡桃木展示柜从船舱板上摔落下来，到处都是散落的玻璃碎片。[12]而对于统舱里700多位爱尔兰移民来讲，这经历绝对是一场噩梦。他们拥挤在船舱的前部，忍受着毛里塔尼亚号颠簸起伏导致的最坏结果。母亲们紧紧抱着尖叫的孩子，麦片粥和呕吐物飞溅在桌上和地板上。最糟糕的是底部黑暗的锅炉室，数十个饱受烟熏的锅炉工正奋力往蒸汽炉中添煤。当普里查德船长发现蒸汽压力表数下降的时候，就命令手下朝着电话大喊："加煤！加煤！"总工程师约翰·库里不停地在锅炉房走来走去，大声地给司炉工鼓劲，让他们把煤炭扔进熊熊的火光里。"稳住！"他叫喊道，"一起加油让她继续前进吧！"[13]

第二天晚上，风暴越来越大，乘客们从"砰"的一声巨响中惊醒。担心轮船撞到了什么，他们爬上甲板看到巨浪弄脱了重达10吨的备用锚并使它滑过甲板撞向水手舱。普里查德船长不得不放慢船速，从船桥走到狂风暴雨中面对这个糟糕的境况。在奋斗了一个半小时后，船员们终于在备用锚把甲板凿出一个洞之前重新把它安置好。湿透的普里查德回到船桥，毛里塔尼亚号也继续她的西行。[14]

“把我介绍给船长吧，你会看到我是一个虔诚的追随者。”吉布斯后来如是说，“在那个糟糕的天气里，你会发觉你什么都不是，而你不得不相信他。”[15]也许他也是那个晚上其中一个充满敬畏的乘客，看着毛里塔尼亚号船员与备用锚搏斗；很难想象这个 21 年来一直沉迷于轮船的年轻人，在整个航行中大部分时间都待在他的船舱里。他早已知道了关于毛里塔尼亚号的一切；这是他获取第一手数据的绝佳机会。研究其他设计师的轮船，哪怕不得不偷偷摸摸，也是他毕生保持的习惯。

第四天，风暴终于平息了，温煦和暖的阳光洒在波澜不惊的大西洋上。普里查德下令全力前进，毛里塔尼亚号犹如蛟龙般劈开水面，四个烟囱拖出了长长的白烟。那一天，毛里塔尼亚号航行了 624 英里，平均时速 25.83 节，创下了单日航行的世界纪录。

第五天，一场浓雾卷来。为确保安全，普里查德船长把船速降至缓行，打破卢西塔尼亚号纪录的期望彻底破灭。当她 11 月 22 日抵达纽约港的时候，那是一个潮湿、沉闷的下午，已经历时 5 天 5 小时 10 分钟，比卢西塔尼亚号首航整整多了 4 个小时。平均速度只有 21.22 节，仅仅比十年前老圣路易斯号的速度快了一点点。[16]

为表达他们的感激之情，乘客们共筹得了 900 英镑给锅炉工们和工程师。毛里塔尼亚号并没有获得蓝丝带奖，但她证明了她具有一流航海能力的潜质。当她停泊在纽约港 54 号码头的时候，斯旺·亨特船厂老板夸口道：“发动机无一钉一铆不对，在她之后的航行中终能一点点地迫近并打破纪录！”[17]

他的预言终于成真。1909 年，在与姊妹船交替保持纪录的两年后，毛里塔尼亚号以压倒性的优势夺得蓝丝带奖，纪录为 4 天 10 小时 51 分钟，时速达 26.06 节。毛里塔尼亚号成为当时远洋邮轮中的翘楚，深得成百上千旅行者的喜爱。对于伟大邮轮爱好者来说，无论外形还是功能，她都是优雅的典范。

“毛里塔尼亚号总是让我着迷。”纽约年轻的律师富兰克林·德拉诺·罗斯福如是说，“游艇般的流线，四个巨大黑色高耸的烟囱，她的外表展示着力量与良好的血统。”[18]

年轻的吉布斯与未来的总统共享着他们对轮船设计的领悟。同样作为轮船爱好者的罗斯福，与这个哈佛小伙子在不久的将来就会一起重建美国海军。

1907年11月22日，当毛里塔尼亚号缓缓驶入纽约港的时候，一场金融风暴正在几个街区外的地方酝酿。华尔街即将永远改变吉布斯在世界上的归属感。当疲惫的旅客从54号码头上岸的时候，装卸工悄悄地从毛里塔尼亚号的保险库里取出价值1290万美元的金条，并运往财政部位于华盛顿的地库，无疑是当时国际金融恐慌最好的例证。[19]

1907年大恐慌始于那一年的早些时候，伴随着工业瘫痪和股市急剧下跌。到了秋天，著名的尼克托克信托公司倒闭，一个又一个银行紧随其后。震荡开始波及金融市场。愤怒的储户成群聚集在银行外面，希望能够在现金短缺之前取回他们的存款。对吉布斯的父亲来说，作为一个大冒险家，恐慌意味着致命的打击。

对于吉布斯父亲涉及的数百万美元的美国碱业公司丑闻和恐慌究竟后续如何尚不明确。表面看起来一如既往，吉布斯家族仅仅在生活支出上显得支绌。1908年9月，吉布斯重新登记入学回到哈佛，回到了克拉夫里大楼。他把注意力从工程学转移到经济学，并且表现突出。事实上，他一直表现得很好，并得到了部分期末课程的免考资格。[20]在第三学年末，经济学院推荐吉布斯获取经济学方向的理学学士学位，并以优异成绩毕业——条件是他必须完成他厌恶的语言学课程。看起来他终于从学术上发掘了自己。

但1910年春天成了吉布斯哈佛大学时光的终点。4月8日那天，吉布斯寓所一个巨大的铁门挣断了锈迹斑斑的铁链，倒向了大街，砸死了一个8岁的小报童。第二天，报纸刊登了一幅照片，一个精心设计的卷轴门立在公寓入口的石头上。一个小男孩，也许是报童的小伙伴，站在门边，脸上满是悲伤。[21]在那事故后不久，吉布斯一家搬离了他们在沃纳街的宅第，住进了哈弗福德郊外的一个租来的小房子。尽管那场悲剧提供了一个借口，但费城坊间遍布的流言却说威廉・沃伦・吉布斯并非自愿离开那引以为傲的豪宅。

1910 年 7 月，吉布斯从所在班级毕业。但一位哈佛大学教务长提醒他仍未修完德语学分。但他并未理睬，后来他宣称离开哈佛大学是因为拉丁文不及格。事实上，最有可能的缘由是父亲再也无力负担他的学费和他在克拉夫里寓所豪华的宿舍。

吉布斯家族的出事在 1910 年 12 月 2 日得到证实，费城治安官办公室查封了沃纳街 1733 号，并以 18 万美元（相当天今天的 400 万美元）的价格转移给第一抵押人。吉布斯夫妇仍然拖欠一笔 6 万美元的朋友借款。[22]吉布斯家族曾炫耀拥有的 1500 万美元财富如今荡然无存。他们富有的朋友没有一个站出来解其燃眉之急。

那年的早些时候，父亲曾与长子吉布斯进行了一次长谈。蒙羞的父亲希望儿子能够成为一个体面的律师，得到稳定、可观的薪水来支撑家庭。并不开心的儿子与父亲达成了一份协议，他将在哥伦比亚大学完成他的本科学位，并进入法学院学习。为了支付学费，他同时必须开始工作。随后他同意了为期一年的律师工作，并寄钱回家。一年后，经过深思熟虑的父亲告诉他，他可以去做自己想做的事了。[23]

1910 年到 1913 年，正值吉布斯在哥伦比亚大学的几年中，他们从前位于沃纳街 1733 号的宅第一直空置。曾经偶尔经过的路人记得当年可以从窗户看到水晶吊灯的流光溢彩，如今里面漆黑一片。这个废弃的房屋最后卖给了一个开发商，他打算在这重建一幢豪华住宅。[24]工人砸掉砖墙，扯掉镶板，拆除会客室的喷泉，根据一个报道说，那个喷泉曾经“产生流水与灯光交相互映的炫美景象而令宾主大悦”。[25]

26 岁的威廉・弗朗西斯・吉布斯似乎并没有理会这些。他从法学院毕业后去了纽约一家小公司从事不动产法务工作。每个月，他寄钱回家供父亲和其他家庭成员的花销：母亲弗朗西斯，弟弟弗雷德里克——由于家庭财政困难而未上大学，还有两个未嫁的妹妹——贝莎和吉纳维芙。即便他此时恰如一个孝顺的儿子，但他一直在寻找一个机遇在兑现承诺之后不再从事律师职业。

“我父亲是一个企业家。”多年后吉布斯向朋友透露说，“你知道这意味着什么吗？他希望我从事一份稳定的职业——律师。他认为工程师不够稳定——并说他认识的工程师都是不切实际的人。”朋友注意到当提及父亲的时候，吉布斯的声音带着一点敌意和冷淡。吉布斯同时也承认，如果父亲没有破产而导致他必须工作来养家糊口的话，[26]他不会计较任何东西。吉布斯清楚地意识到，如果想做些自己的事情，他必须变成一个斗士。“要经受得起身体的打击，战斗最后仍然屹立不倒的才是胜者。”他说。[27]

那个时间，吉布斯展现了超越父亲的商业天赋。但他仍然努力保持诚实本分，对利益驱动的社会睁一只眼闭一只眼。他知道，财富与外表，都不过是昙花一现。

当吉布斯家族财富缩水的时候，北大西洋历史上发生了一起最大的灾难，让美国最有权势的金融家蒙羞，因为他们所声称是世界上最好最快的轮船，酿成了人类历史上最大的灾难，现实狠狠嘲笑了美国大亨的傲慢。

## 注释

1. Mark D. Warren, ed., “The Trials of the Mauretania,” in*The Cunard Turbine-Driven Quadruple-Screw Atlantic Liner “Mauretania”* (Wellingborough, UK: Patrick Stephens, 1987), p.vii.
2. John Maxtone-Graham, *The Only Way to Cross* (New York: Macmillan, 1978), p.39.
3. Warren, ed., *The Cunard Turbine-Driven Quadruple-Screw Atlantic Liner “Mauretania,”* p.iii.
4. “Giant New Liner Gets Here in Fog,” *New York Times*, November 23, 1907.
5. Alva Johnson, “The Mysterious Mr. Gibbs, Part I,” *Saturday Evening Post*, January 20, 1945, p.10.
6. Deutschland (1900), http://www.passagierdampfer.de/Schiffe/Liner/Deutsch land_ 1900 _ /deutschland_ 1900_ .htmla，访问于2008年8月14日。
7. Warren, ed., *The Cunard Turbine-Driven Quadruple-Screw Atlantic Liner “Mauretania,”* p.vii.

8. Mark D. Warren, ed., *The Cunard Turbine-Driven Quadruple-Screw Atlantic Liner "Lusitania"* (*Wellingborough, UK: Patrick Stephens*, 1987), p.15.
9. Warren, ed., *The Cunard Turbine-Driven Quadruple-Screw Atlantic Liner "Mauretania,"* pp.ii, 31.
10. 出处同上, p.28-29.
11. Charles Dickens, *American Notes* (New York: Fawcett, 1961), pp.15—47, 引自 Stephen Fox, *Transatlantic* (New York: HarperCollins, 2003), p.96.
12. "Giant New Liner Gets Here in Fog," *New York Times*, November 23, 1907.
13. 出处同上。
14. 出处同上。
15. Winthrop Sergeant, "Profiles: The Best I Know How," *New Yorker*, June 6, 1964, p.58.
16. "Giant New Liner Gets Here in Fog," *New York Times*, November 23, 1907.
17. 出处同上。
18. Franklin Delano Roosevelt, "The Queen with a Fighting Heart," 1936, 刊登于 *Sea Breezes*, 1950, 引自 Warren, ed., "The Trials of the Mauretania," in *The Cunard Turbine-Driven Quadruple-Screw Atlantic Liner "Mauretania,"* p.v.
19. "Giant New Liner Gets Here in Fog," *New York Times*, November 23, 1907.
20. Transcript of William Francis Gibbs, Harvard University Archives, UAIII 15.75.12.
21. "18th Street Entrance to Gibbs Mansion Where Boy Was Killed," Walnut Street, Volume III, Perkins Collection, 由 Helen C. Perkins 编制, Pennsylvania Historical Society, Philadelphia, from Stuart Wells, "The Residence at 1733 Walnut Street," HSTVP 600 Documentation and Archival Research, Dr. Roger Moss, December 12, 1986, Collection of the Philadelphia Athenaeum, HR 86.4, p.11.
22. "Gibbs Mansion May Go Under the Hammer," February 19, 1911, 出版不详, Perkins Collection, Walnut Street, Walnut Street Volume III from West of Broad, Historical Society of Pennsylvania, Philadelphia, from Wells, "The Residence at 1733 Walnut Street."
23. Sergeant, "Profiles: The Best I Know How," p.73.
24. Philadelphia Deed Book ELT 324, p.28, Historical Society of Pennsylvania, Philadelphia, from Wells, "The Residence at 1733 Walnut Street," p.12.
25. "Mr. Gibbs' Fountain: The Financier Startled by a Bill from the Water Bureau," *Philadelphia Inquirer*, April 3, 1900.
26. Sergeant, "Profiles: The Best I Know How," p.73.
27. Frank O. Braynard, *By Their Works Ye Shall Know Them* (New York: Gibbs & Cox, 1968), p.197.

# 第 4 章

# J. P. 摩根的泰坦尼克号

美国迅速从财政危机中复苏，但稍后几年又一个重大事件引起了民众的恐慌。一场海上的悲剧证明了即使最大的轮船，即使由最雄心勃勃的人建造，也不会像公众认为的那样不可战胜。泰坦尼克号的灾难一直困扰着吉布斯，因为有一位与此有关的人在后来的某一天成为他梦想之船最大的财政支持者。

1912 年 4 月 15 日，当夜幕开始笼罩纽约，一个身材高大、表情严肃的 21 岁哈佛大学二年级学生——文森特 · 阿斯特，径直穿过白星航运公司外拥挤的人群，这间公司由克莱门特 · 格里斯康和 J. P. 摩根名下的国际商船队运营。他在剑桥听到的流言让他放下一切，搭乘第一班火车来到纽约。

北大西洋上空的电波炸开了锅：世界上最大、最豪华的轮船在前一天晚上撞到了冰山。但白星航运公司管理层信誓旦旦向公众表示，尽管他们的新旗舰出了一点小状况，但仍然运行良好。然而随着铺天盖地的消息传来，那不可思议的事情似乎已经确然发生。

文森特 · 阿斯特是克罗内尔 · 约翰 · 雅各布 · 阿斯特四世的儿子，据说身家 8000 万美元。他也是凯罗琳 · 舍默霍恩 · 阿斯特的孙子，他的祖母是一个蛮横无理、珠光宝气的女人，交际于她所认可的纽约“四百富豪家族”之间。如果追溯到约翰 · 雅各布 · 阿斯特一世，一个目不识丁的德国移民，通过在曼哈顿精明的不动产投资成为这个国家第一个百万富翁。到了 1912 年，除了拥有华丽的华尔道夫酒店外，阿斯特家族还是恶名远播的纽约最大房东，拥有为数众多的被嘲弄为“阿斯特公寓”的房子。[1]

文森特·阿斯特喜欢汽车和飞机更甚于高尚的生活，因此视祖母在第五大道的别墅为梦魇一般的地方。[2]他的父亲是一个冷漠、古怪的花花公子，据说女人的一只鞋子或者一条腰带都能把他的魂勾住。[3]他的母亲艾娃，总是对年幼的文森特恶语相向。在寄宿学校的日子里，他折腾着摩托车度过了大部分的少年时代，文森特盼望能进入美国海军学院。但父亲却把他送到了哈佛大学。在哈佛的第一年，他不得不忍受置家庭于上流社会之外的丑闻：他 47 岁的父亲抛弃妻子娶了一个 19 岁名叫梅德林·福丝的姑娘。上流社会感到震惊，但公众饶有兴趣。小报读者们得知约翰·雅各布·阿斯特四世与新婚妻子梅德林将要前往欧洲度蜜月，并将搭乘白星航运公司豪华新旗舰：皇家邮轮——泰坦尼克号。

一进入白星航运公司大楼，文森特·阿斯特径直走向 LMM（国际商船队）副总裁菲利普·富兰克林的办公室。出来时泣不成声。文森特的父亲已被确认死亡，而他怀孕的新婚妻子侥幸存活。收起眼泪，文森特走进父亲办公室，给贫困的幸存者捐了 1 万美元。[4]

泰坦尼克号诞生于国际商船队与其英德对手的血海世仇中。1907 年，丘纳德公司的毛里塔尼亚号和卢西塔尼亚号试航，彼时，国际商船队创始人 J. P. 摩根与克莱门特·格里斯康联合白星航运公司董事会主席 J. 布鲁斯·伊斯梅以及哈兰德 & 沃尔夫船老板劳德·皮里尔开始着手反击。三方梦想着打造一艘超级巨轮，要远比现有的轮船更大、更美、更豪华。

国际商船队亟须新的船只。这个巨大的控股公司基于整合众多国际航线以兼得稳定回报率以及独立运营非信托业务的理念而建立。结果却事与愿违。国际商船队一成立，丘纳德公司与赫伯罗特公司便向之宣战。1904 年，丘纳德公司宣布全面降低东向行驶邮轮的头等舱和二等舱票价。[5]摩根的白星公司几乎立刻遭遇到了丘纳德公司的价格战。紧接着，克莱门特把美洲航运公司的头等舱票价降到 55 美元。德国的赫伯罗特公司显然与摩根同气相求，紧随其后降低了票价。对所有的公司来说，此时可谓是糟糕至极。1907 年大恐慌严重影响了前往美国的移民潮，那一年总共才有 170 万名乘客。

丘纳德公司使用英国政府的资金建造了毛里塔尼亚号与卢西塔尼亚号姊妹船羞辱了摩根的自负，而价格战成为压垮对手的最后一根稻草。作为美国最大的托拉斯集团掌舵者，他习惯自己的方式。不仅如此，似乎他正与巴林以及恺撒商讨为赫伯罗特公司建造新的邮轮。如果他愿意，丘纳德公司可以保有一个愚蠢的纪录，但摩根立志于装载更多的乘客。但他不能像合伙人克莱门特十年前那样从国会获取补贴，他决定自力更生建造这艘更大的轮船。1908 年，国际商船队旗下白星航运公司的轮船奥林匹克号，在爱尔兰的贝尔法斯特铺设了龙骨。三个月后，她的姊妹船——更大、更精致的泰坦尼克号开始建造。她的巡航速度是 21 节，这不足以击败丘纳德公司来获取蓝丝带奖，却更为廉价。白星航运公司便以最现代、最华丽，连同最安全作为卖点。

1912 年 4 月 10 日，泰坦尼克号从英格兰的南安普顿开始她的处女航，当时共载有 2228 名乘客和船员，相当于运力的三分之二。但她仅配有 20 个救生艇，包括 16 个木质平底船和 4 个帆布可折叠救生艇——这是起航前不久英国海外贸易局通过的法案所要求必须搭载的设备。四天后，她撞上了一座冰山，16 个水密舱有 6 个灌满了海水。如此多的海水把船头压向海底，经验丰富的船长爱德华 · J. 史密斯和首席设计师托马斯 · 安德鲁斯清楚地知道泰坦尼克号在劫难逃了。他们也知道救生艇只能容纳 1200 人。

泰坦尼克号遇难的消息像一柄锤子重重地打击了国际商船队的领导层。到了 4 月 15 日午夜，泰坦尼克号沉没后的 24 小时，丘纳德航运公司的卡帕西亚号营救了幸存者，也证实了这个最坏的消息。国际商船队副总裁富兰克林最终承认死亡人数超过一千人。“我以为她是永不沉没的。”他哽咽着，失声痛哭起来，“我坚信我的观点，基于最好的专家的建议。但现在我不明白了。”[6]

卡帕西亚号直到 4 月 18 日才抵达纽约。在那个雨夜，官员们、记者们和无数个家庭等候在她停泊的 54 号码头。美国灾难调查负责人，密歇根州参议院威廉·奥尔登·史密斯密切注视着每一个走下船的乘客。最先走出来的是卡帕西亚号原有的乘客，衣着光鲜却瑟瑟发抖。之后陆续走过来的是面色苍白、衣衫褴褛的人，多数是女性。幸运的人见到了亲属，他们相拥而泣。不幸的人孤独潦倒，蜷缩在统舱。他们是 705 名泰坦尼克号的幸存者。

J. 布鲁斯·伊斯梅——白星航运公司与国际商船队主席，据说是泰坦尼克号沉没前爬上最后一艘救生艇的生还者。当发现他并不在下船的人群中，史密斯参议员不得不登船去找他。他询问卡帕尼亚号船长亚瑟·H. 罗斯特朗有没有看见伊斯梅，罗斯特朗指了指船长休息室。史密斯敲了敲门，蓦然发现在他面前的是菲利普·富兰克林憔悴的脸。这位国际商船队副总裁在卡帕尼亚号停泊时便第一时间赶来。他的任务就是保护白星公司主席远离无孔不入的媒体。

当发现面前不是记者而是美国参议员时，富兰克林依然坚持伊斯梅先生因“重病”而不能会客。

“很抱歉，”史密斯不耐烦地打断了他，“我一定要立即见他。”他推开富兰克林，看到面色苍白的 J. 布鲁斯·伊斯梅瘫躺在船长的大床上。这个体型瘦削的英国人像是被打过麻药似的木了。史密斯生硬地自我介绍后宣布，伊斯梅必须在第二天早上前往华尔道夫酒店就泰坦尼克号灾难接受质询。伊斯梅低声地请求回英格兰，但史密斯拒绝了他。所有幸免于难的船员也收到了传票，以阻止他们回到英格兰而免于美国法律的处罚。[7]

第二天，伊斯梅第一个接受质询。当被问及救生艇数量是否符合英格兰惯例标准，伊斯梅回答道：“我不能告诉你，先生。这受海外贸易局规定所保护。据我所知，她所携带的救生艇数量多于海外贸易局的规定。”[8]

随着诉讼的继续，史密斯参议员和他的同僚们了解到无论船长还是官员并未对乘客们就泰坦尼克号的下沉发出明确警告，直到为时已晚的时候。更糟糕的是，许多官员们担忧救生艇会因搭载超过 65 名成人的定员超了重，导致艇上的人由于船体破裂而落水。更坏的是，许多乘客拒绝下船。他们以为待在更大、更温暖的大船上似乎更安全，而不愿去掉落进 60 英尺下冰冷的海水中。

许多救生艇仅搭载了半数的定员乘客。直到船头开始直立，许多乘客才争先恐后地争抢救生艇上宝贵的座位。就在这时，一群惊恐的统舱乘客从下面涌了出来。最后一艘救生艇，搭载着伊斯梅，在泰坦尼克号沉没前 15 分钟离开，时值凌晨 2：05。船长、首席设计师以及超过 1500 名的男人、女人和儿童丧生。

50 英里外的地方，卡帕尼亚号在刚过午夜的时候收到了白星航运公司关于泰坦尼克号遇难的消息。卡帕尼亚号船长立即调转船头全力开往现场，并避开了所有的冰山。4 月 15 日清晨，当第一缕金色的阳光照在灰色的北大西洋水面上，卡帕尼亚号船员开始营救幸存者。当幸存者划近救生船的时候，卡帕尼亚号上的人惊奇地注意到许多摇摆的救生艇上并不满员。至少 500 人本来是可以获救的。

之后质询的便是事发时泰坦尼克号的速度。与媒体的猜测相反，泰坦尼克号根本无法企及毛里塔尼亚号的速度纪录。但谣言四起，据说当泰坦尼克号穿越一片已知的冰山区域时伊斯梅依然向船长施压，要求保持 22.5 节的最高时速以力争少于其姊妹船奥林匹克号首航时所用的五天时间。最重要的是，史密斯希望查出泰坦尼克号是否行驶得太快。

随着听证会的继续，菲利普·富兰克林意识到他的英国老板说得越多，情形对他越不利。而此时，威廉·兰多夫·赫斯特名下的《纽约时报》已经登出国际商船队主席的名字“J. 布鲁斯·伊斯梅”。[9]

当证人站起来的时候，菲利普·富兰克林发誓说他是在 4 月 15 日下午 6 点 16 分才得知沉没的消息，那是在沃纳梅克百货公司一位名叫大卫·萨尔诺夫的年轻话务员，收到一条来自奥林匹克号的模糊信息后的不到两个小时：“请澄清流言，弗吉尼亚号并没有收容任何泰坦尼克号的幸存者。我相信他们都登上了卡帕尼亚号。”[10]卡帕尼亚号船长不愿意多谈关于在返航纽约时收到的广播消息，并决定公布获救者名单。

听完富兰克林的陈述，史密斯参议员认为国际商船队副主席菲利普·富兰克林并未隐瞒关于泰坦尼克号沉没的消息。

5 月 25 日，当听证会的风口浪尖已过，奥林匹克号船长赫伯特·詹姆斯·哈多克在白星航运公司总部致电富兰克林。史密斯毫无征兆地出现在码头上。他想检查奥林匹克号。

富兰克林答应尽快赶到 59 号码头。同时，他叮嘱奥林匹克号船长和船员满足参议员的一切要求。

那天早晨，史密斯不是一个人前往。同他一起的还有美国海军首席设计师少将理查德·M. 瓦特，和一名速记员。在听完奥林匹克号官员和船员的誓词后，参议员走上了甲板。他注视着甲板上整齐排列着的 43 个救生艇和木筏。而在泰坦尼克号沉没之前，奥林匹克号仅携带 16 个救生艇。史密斯指着一个救生艇问哈多克船长是否可以把它荡出去。他照做了，在所有人的注视下，救生艇在哈德逊河 60 英尺高的地方摇摆。哈多克希望参议员能够满意，但却没有。史密斯要求哈多克挑选 65 名船员进入救生艇并放到哈德逊河上。

哈多克迟疑了一下，随即想起富兰克林的命令：服从参议员的一切指示。一个接一个，奥林匹克号船员鱼贯进入救生艇并在摇摆不定的船中坐下。参议员掏出了他的怀表。当救生艇“砰”的一声掉入哈德逊河中，史密斯看了一下怀表，从荡出救生艇，装入船员，到放入河中，共 18 分钟。他似乎满意了。

当史密斯和瓦特继续检查奥林匹克号的时候，气喘吁吁的菲利普·富兰克林一路小跑着登上了舷梯。他冲过楼梯，经过寓意着“神圣”“荣耀”和“时间”的大钟。站在甲板上，他可以看到流动的灯光穿过玻璃圆顶，落在精致的面板和白色的大理石地板以及镶金的栏杆上，这一切像极了泰坦尼克号。再往前，他看到一群人围着正在调查的史密斯参议员。

这一群人下到轮船的深处，首先穿过奢华的公共大厅和休息室，走过铺着厚厚地毯的走廊，再走进简陋的服务区域。最后，他走下一段铁制楼梯进入其中一个锅炉室，这时已经位于水平面以下 30 英尺了。当他们走进这高耸而又昏暗的空间时，因为刺鼻的煤尘钻进喉咙都大口喘息起来。锅炉依旧烧得通红，气温徘徊在 100 华氏度上下。透过黑暗，参议员看到数十位汗流浃背、满面煤灰的工人排成一队正在工作。他们把铁铲插进煤堆，再把煤扔进熊熊的火光中，在每一次铲煤之后都在隔栅上换一下铲子。尽管停泊在港口中，锅炉工依然需要为维系轮船的机械系统提供电力支持。

"我见到了泰坦尼克号的锅炉工班长。"史密斯回忆道，"在遍是润滑油和高温中，透过昏暗的灯光，看到周围是他的同伴，他发誓说他是第一个看到海水涌进失事船只的人。他说被撞开的裂缝从前端一直延伸到锅炉室。海水来自海平面20英尺下的一个大洞，就像爆发的山洪冲进轮船。"[11]

弗雷德里克·巴瑞特是为数不多的获救锅炉工之一，他已经被安排到奥林匹克号从事同一工作。他告诉史密斯，撞击时泰坦尼克号的29个锅炉有24个正在工作，彼时轮船正以"所曾展现的最快的速度"行进。[12]

史密斯最终获得了直接的证言："泰坦尼克号以全速驶入冰山区域。"

三天后，即1912年5月28日，史密斯参议员向国会两院联席会议展示了他的调查成果。尽管伤亡严重，但美国政府无法举证任何国际商船队的罪由，因为他们没有违反任何现行法律。但这并没有停止史密斯打击泰坦尼克号设计者和拥有者的傲慢。

史密斯呼吁重建美国商船队，极力主张"美国人必须重新投入此项事业；他们必须成为海洋的卫士……他们的权利必须得到尊重，他们的工作必须尽善尽美"。[13]

此后，参议院抛出一项法案：建立一个新的海事委员会，旨在推动保障所有使用美国港口船只的海上安全的立法工作。国会迅速通过了这项法案。[14]

史密斯的法案还创建了《国际海上人命安全公约》，要求缔约国为客轮建立安全标准。在灾难中丧失了一位顾问的塔夫特总统，很快签署了史密斯法案，使之成为法律。

当《国际海上人命安全公约》（SOLAS）1913年11月在伦敦召开会议时，美国以及其他海运国家都同意了关于所有轮船为旅客和船员配备足够救生艇的要求。SOLAS公约同时要求船长在遇到冰情警报时必须减速改道，装载超过50名旅客的船只必须配备24小时专人看管的无线电收发机。最后，公约还要求建立国际冰情巡逻队。由缔约国出资，巡逻船只将向接近的邮轮发出漂往大西洋航线的冰山警告。[15]

英国公众被激怒了，他们对美国人罔顾事实地说泰坦尼克号是一艘英国船而大感不满——那只是为了逃避美国高昂的运营成本税而悬挂了英国旗帜的隶属于 J. P. 摩根的邮轮。《星期六评论》写道，密歇根的史密斯参议员“在我们英国人看来就是一个蠢货”。[16]

灾难重创了国际商船队的投资人。泰坦尼克号灾难的七个月之后，克莱门特·格里斯康，这位与沃伦·吉布斯一道发起了美国联合煤气改进公司和劝说摩根成立国际商船队的基督教徒大亨，突患中风，因医治无效而撒手人寰，享年 72 岁。彼得·韦德纳承受了巨大的打击：他的儿子乔治与孙子哈里（比威廉·弗朗西斯·吉布斯高三个年级的哈佛学生）在灾难中不幸丧生。

摩根在最后一分钟取消了泰坦尼克号的预订，1913 年春天在世人的诽谤中郁郁而终，享年 76 岁。在他人生的最后一年，不仅目睹了泰坦尼克号的灾难，也面临着在华盛顿召开的普尤听证会的反托拉斯指控，一个白宫的委员会对摩根银行的商业运营展开了调查。他的儿子杰克，一直陪伴在父亲的病榻前，对那些所谓的调查怒不可遏。

最终，由于摩根掌管着营运泰坦尼克号的公司，公众认为他理所当然得对这场灾难负全责。“对这个垂老的人来说，海洋太大了。”一位记者这样写道。[17] 但这位财阀的儿子，小 J. P. 摩根——在父亲去世前就掌管了摩根财团的日常业务。他强迫已满怀愧疚的伊斯梅辞去国际商船队主席的职务。但这个庞大的航运托拉斯巨头仍没有逃脱灾难的惩罚，1915 年，公司陷入债券危机宣告破产，很大一部分是源于泰坦尼克号灾难对公司财务的打击。

纽约衡平法院指定 IMM（国际商船队）副总裁菲利普·富兰克林为负责人重组公司。长时间地工作以及频繁地登船考察，他竭尽全力重振公司。富兰克林工作得如此尽心尽责，终于将 IMM 从崩溃的边缘拉了回来，也赢得了杰克·摩根的认可，被任命为公司主席。

1912 年 4 月 22 日，泰坦尼克号灾难后的一个星期，麦基·贝内特号的船员在菲利普·富兰克林的授权下打捞灾难中的尸体，在残骸中发现了一具漂浮着的尸体满是煤灰。尽管300具尸体中的大部分已臃肿不堪、惨不忍睹，而这一具与众不同。在经过防腐处理后，尸体被放入一具棺材，殡仪员在卡片上这样记载道：

124号，男性，约50岁，浅色须发。

衣着——蓝色哔叽外套；绣着A. V. 的蓝色手帕；金扣皮带；红色橡胶底的棕色靴子；褐色法兰绒衬衫；衣领后绣着J. J. A.。

财物——金怀表；镶钻金袖扣；镶嵌着三颗钻石的戒指；225英镑纸币；2240美元纸币；5枚金币；7枚银币；5个十法郎硬币；金笔；笔记本。

头等舱——姓名：J. J. 阿斯特。[18]

当麦基·贝内特号抵达新斯科舍省哈利法克斯港的时候，文森特·阿斯特迎回了父亲的遗体并运往纽约三一教堂墓地安葬。他留下了父亲口袋里发现的金怀表，重新修好后，他一直贴身佩戴着。

21岁的文森特·阿斯特现拥有7000万美元的遗产，他从哈佛大学辍学回家以管理家族财产。他的第一个决定便是卖掉所有的家族不动产。[19]

在随后的日子里，阿斯特将成为威廉·弗朗西斯·吉布斯设计的一艘邮轮的主要投资商，这艘邮轮不仅比泰坦尼克号更快、更漂亮，也更为安全。对吉布斯来说，邮轮的海上安全成为他毕生的心结，远比尺寸、美观和奢华更让他痴迷。

## 注释

1. "Vincent Astor Dies In His Home at 67," *New York Times*, February 4, 1959.
2. 出处同上。
3. Jack Alexander, "Profiles: The Golden Spoon II," *New Yorker*, March 12, 1938, p.23.
4. 出处同上，p.26.
5. "Hamburg-American in Shipping Rate War," *New York Times*, August 20, 1904.

6. 引自 Wyn Craig Wade, *Titanic: Death of a Dream* (New York: Rawson, Wade, 1979), p.32.
7. 出处同上, pp.103-4.
8. 出处同上, p.112.
9. John p. Eaton and Charles A. Haas, *Titanic: Triumph and Tragedy* (New York: Norton, 1995), p.206.
10. Wade, *Titanic*, p.37.
11. 1912年5月28日参议员 William Alden Smith 的演讲, *United States Inquiry into the Titanic Disaster*, http://www.titanicinquiry.org/USInq/USReport/ AmInqRepSmith01.php, 访问时间2008年5月14日。
12. "Titanic's Engines Were At Full Speed," *New York Times*, May 26, 1912.
13. 1912年5月28日参议员 William Alden Smith 的演讲。
14. Wade, *Titanic*, p.293.
15. 出处同上, pp.304-5.
16. *Saturday Review*, 引自 Wade, *Titanic*, p.294.
17. Murken, *Linienreederei-Verbande*, p.240, 引自 Lamar Cecil, *Albert Ballin: Business and Politics in Imperial Germany 1888—1918* (Princeton, NJ: Princeton University Press, 1967), p.58.
18. "Colonel John Jacob Astor IV," *Encyclopedia Titanica*, http://www.encyclopedia-titanica.org/titanic-biography/john-jacob-astor.html, 访问于2008年7月1日。
19. Jack Alexander, "Profiles: The Golden Spoon II," *New Yorker*, March 12, 1938, p.26.

# 第5章

# 追梦人在路上

当公众的目光聚焦于泰坦尼克号灾难的时候，威廉·弗朗西斯·吉布斯也在兑现着自己对父亲的承诺——就读哥伦比亚法学院并到纽约当律师。当然，他两者都不喜欢。

在课上，他大多数时间都在笔记本上解工程方程式。令吉布斯苦闷的是，自己的数学水平成了他对船舶热爱的瓶颈。高中时数学就一直困扰着吉布斯，对数学的恐惧也影响了他本科的工程学成绩，时至今日依旧如此。他对法律毫无兴趣，但是却因此激发了他对数学的坚持，而那是本来已经被他从收集的工程期刊里剔除的学科。此外，泰坦尼克号灾难唤起了公众的想象力。头版头条充斥着邮轮安全的话题，也激起吉布斯另寻出路的想法。

在哥伦比亚的前三年，他开始展现出自己的幽默感，甚至开始与人们一起玩乐。有一次一位法学教授问他如何看待某位同学对一个案子的解析，他放下铅笔站起身，用教授曾经耻笑那些没有做好功课学生的语气说道："上位发言人的评论很有趣，但是毫无依据且完全没有关联性。"

全班哄堂大笑，就连教授也忍俊不禁。

吉布斯转身坐下，继续学他的工程学。[1]

1913年，吉布斯从哥伦比亚法学院毕业，随后在纽约的房地产法律事务公司找了份工作。相比专业学习，他更讨厌法律实践，但他还是尽责地给拮据的家里寄钱。周末的时候，他终于能够远离单调的工作。每周五，他搭上开往费城的火车，回到位于主干道旁的父母家。在那儿，他跟弟弟弗雷德里克一起开始设计梦想之船：一艘长达 1000 英尺长、有史以来最快最好的美国超级邮轮，各方面都超过“短命”的泰坦尼克号。在分析了当时所有先进邮轮的缺陷后，吉布斯设计出了船身和发动机的草图，他修长的手指在蓝图上飞快地画着。不远处，弗雷德里克坐在打字机前，敲击出一页页的财务分析。他们在狭窄的阁楼里忙碌着。夏日，在灼热的屋顶，他们耳边响起从哈弗福德车站驶出的火车轰鸣声，还有街对面梅里昂板球俱乐部传来的球棒撞击声。

然而，哈弗福德的生活并不一直平静如水。1911 年 7 月，父亲病倒了，并被送去急救。据《费城问询报》报道，他们的父亲“经历了一次重大的内科手术”，他的家人由于“主治医生认为会消耗病人的体力，因此没有被获准探望或问候”。[2]父亲威廉·沃伦·吉布斯康复后的两年，家庭又遭遇不幸，他们位于哈弗福德的租赁房起火了。路过的司机纷纷下车，帮他们往外抢搬东西。家，最终是保住了。[3]吉布斯兄弟重整旗鼓，再度开工了。

跟电脑时代的“车库”发明家比尔·盖茨一样，兄弟俩并没有受到周遭的影响。一年左右的时间，他们已经有了两艘邮轮的初步设计。用吉布斯兄弟后来的标准来看，当时的设计的确是太糟糕、太乏味了，更像是大杂烩，深受英国影响的四层邮轮。设计的雏形大概有 1001 英尺长，比泰坦尼克号还长 119 英尺。真正让吉布斯兴奋不已的是邮轮发动机，那时他 29 岁，首次尝试设计超级邮轮。即便用现在的标准衡量，这些发动机也都强劲十足。这些船不仅巨大，而且航行起来速度很快——比毛里塔尼亚号还快。

要想得到资助实属不易，尤其是他们在船只设计方面没有接受过正式的培训。但是，吉布斯兄弟坚信这就是改变自己命运和整个国家商用船只方向的机遇。让美利坚旗帜飘扬在客船上，正如近 20 年船龄的圣路易斯号一样，不可动摇、坚不可摧。为了实现他们看似不可能的梦想，兄弟俩必须向有钱人推销他们的计划和商业秘密来获取用来建造和运行的资金。

全美只有一家公司能够这样做——国际商船队，但也处于破产的边缘。鉴于公司另外一个创办人、老约翰的商业伙伴克雷蒙·格里斯康已经去世，兄弟俩还是争取到与公司负责人小约翰·皮尔彭·摩根——短命的泰坦尼克号出资人的儿子见面的机会。

当吉布斯兄弟的超级邮轮刚刚在图纸上成型，一场机械化的世界大战在欧洲已迫在眉睫。英国和德国深知他们的大型快速客船可以转化为强大的军事资产——可以用于军事运输和医疗船只。大洋彼岸，像国际商船队这样的美国航运公司，担心即将到来的世界大战将扰乱已有的贸易秩序，引起对欧洲船舶的抢夺。

世界笼罩着战争阴云，强大的德国赫伯罗特公司，并没有意识到北大西洋将成为战区，造出了比英国已有轮船还要大、还要奢华的三大超级邮轮中的第一艘。尽管阿尔伯特·巴林知道欧洲即将燃起战火，他的三艘船依然都冠上了带有些许挑衅甚至军事意味的名字：帝王号、祖国号和俾斯麦号（德国 19 世纪铁血首相）。第一艘 52000 吨级的帝王号是世界上最大的邮轮。在泰坦尼克号沉没后的一年里开始服役，帝王号为船上的 5000 名乘客配备了足够的救生衣，以及大量用于定位冰山的探照灯。但是评论家很快就指出，上层甲板所用的昂贵大理石和沉重的木头使得船只行驶缓慢。

建造了帝王号和另外两艘船只后，巴林单方面撕毁了一直以来令德国爱国者们恼怒的、与 J. P. 摩根公司的利益分享协议。德皇威廉二世将该协议称之为“美国财阀瓦解德国，要不就是瓦解欧洲的阴谋”。[4]

1914 年 5 月，第二艘姊妹船祖国号首次抵达纽约，纽约海运学院的预备军官们在斯凯勒堡迎接了这艘邮轮的到来。祖国号的船长汉斯·鲁泽准将从他们身边经过，用德语跟身边的一位官员戏谑道：“这些孩子们，肯定不会有这样的大船。”[5]

预备军官中来自德国的哈利·曼宁听到了鲁泽的戏谑，十分愤怒。准将的自大和嘲讽深深地印在他的脑海。多年之后，他对能够帮助威廉·弗朗西斯·吉布斯实现梦想而深感满足。

当他准备把祖国号返航汉堡的同时，鲁泽准将也许会对自己的自大而后悔莫及。当船上的乐队为新泽西码头成千上万前来送行的人送上小夜曲时，祖国号尾部的汽轮机在加速时出现了机械故障。这艘载着两千乘客的大船在哈德森河上竟然倒着开。鲁泽的船员们最终还是在船尾撞击到对面的纽约河岸前把船停了下来。[6] 当祖国号 7 月底回到纽约时，公司总部命令她就停靠在那里。大战临近。德国旗舰的最佳之选是停在中立的美国港口，不要冒险穿越大西洋，至少他们是这样认为的。

当 1914 年 8 月初第一次世界大战爆发时，英国海军上将命令大多数的邮轮履行备战和医疗职责。同年底，英国仅有的大型商用邮轮——丘纳德的远洋快船卢西塔尼亚号为了节约燃煤缓速慢行。对于做游客生意的大型邮轮来说，战争使发财的希望变得十分渺茫。[7] 尽管如此，杰克 · 摩根国际商船队依旧在热衷于高风险海运业的菲利普 · 富兰克林手里蓬勃发展。菲利普认为，只要谨慎管理，国际商船队也许能够在战争经济危机中求得生存。公司的多元资产使得它能够抵消征用船只带来的损失。事实上，战时运往英国的货运也是个利润不小的生意。1916 年，货运净利达到了 2600 万美元，较前一年前翻了两番。[8]

尽管如此，富兰克林始终认为国际商船队应避免摩根曾经犯下的错误——基于超高的年收入预测未来的财务状况。出于国际商船队长远考虑，富兰克林决定把公司中心从欧洲移走，成为一个“美国”而不是“国际”商业海运公司。

丘纳德公司，国际商船队最大的英国竞争对手，也遇到了麻烦。他们的大多数船只被战事征用，但是两艘最大的邮轮由于巨大的燃料消耗也令人伤透脑筋。因此，卢西塔尼亚号仍照常运行，而毛里塔尼亚号成了医用船只，后来彻底成了军船。这两艘船原来都是依照英国海军部的技术规范设计的，有与龙骨平行的纵向隔音壁和横向的隔断。至少有一位英国贸易局的官员曾经指出，这样的分区使得船只破裂时不够稳定，根本无法放下救生艇。[9]

事实证明他说对了。1915 年 5 月 7 日，德国潜艇 U-20 的沃尔特 · 施维格船长在爱尔兰西海岸发现了卢西塔尼亚号，在以 18 节的速度向利物浦方向缓缓而行。施维格发射了一枚鱼雷，直奔卢西塔尼亚号，激起了层层浪花。一轮攻击后，船舱底部发生巨大的爆炸。大船的发动机和驾驶舱瞬间瘫痪，致使数十人困在已经挤压变形的电梯里。短短20分钟，卢西塔尼亚号就遭到严重毁坏，沉向海底。48只救生船只逃出来6艘。全船2000名乘客船员中近1200人魂归大西洋。其中128名是美国人，这些人当中就有百万富翁阿尔弗莱德·范德比尔特。

究竟是什么引起了第二次爆炸仍存在争议。英国媒体指控（不确切地说是"证明"）是因为德国鱼雷。德国人认为是军需品——很有可能是通过英国中介摩根财团购买的——在自家的货船上爆炸了。无论怎样，卢西塔尼亚号纵向分区——即它那与龙骨平行的隔音壁——加速了她以及船上乘客们生命的完结。

卢西塔尼亚号的沉没激起美国民众对德国人的愤怒，也刺激了美国政府立法支持造船业的需求。1916年，伍德罗·威尔逊签署生效的《航运法》授权建造可在战时投入运输美国物资的商用船只。该法案提议建立了一个由五人组成的管理机构，即美国航运局，负责运营国有船只以及调整货运和客运率。[10]

对飘扬美国国旗超级邮轮的渴望，在1916年11月21日泰坦尼克号姊妹船不列颠尼克号沉没后变得更为急切，这艘曾经是当时最为安全、拥有超长船舱和加高外壳的邮轮。还没有搭载过一名乘客的不列颠尼克号被征用为战时医用船只，在横渡爱琴海时接收加里波利战役受伤战士时遇到了水雷。大船倾覆后不到一个钟头的时间就被大西洋吞没，1100个船员和医务人员中，有30人瞬间被海水吞没了生命。

不列颠尼克号的沉没，对国际商船队财务状况可是个巨大的打击。公司本来还指望着靠挣乘客的钱来平衡战事带来的债务。美国出资建造的船只再也不会因英国海军部的指令而出战欧洲了。

随着世界大战的战火在欧洲和公海迅速蔓延，吉布斯兄弟还在哈弗福德自家狭窄的阁楼上埋头苦干，地上杂乱地丢弃着杂志、书籍和作废的图纸。当他们最初的设计将要完工时，弟弟弗雷德里克·吉布斯正弓着腰在打字机前忙着敲打财务预算。内向的弗雷德里克，现在已经完全辍学，决定全力以赴帮助哥哥实现梦想。他认为最好的办法就是把哥哥缺乏而自己却独有的数学和商业天赋用在这个计划里。

吉布斯以后肯定会这样说弗雷德里克："我所做的每一件事情都有他的一臂之力。"[11]

弗雷德里克认为吸引那些谨慎的潜在投资商的办法，在于用修建铁路跟他们谈生意。他发现，在蒙托克长岛东边有足够的地方修一条完整的海边铁路设施。旅客、邮政和货运可以快速地转至宾夕法尼亚铁路的火车上，以便运输到纽约或其他地方。建立长岛站将节省近 12 小时的跨洋航运时间。

在弗雷德里克忙于财务的时候，他的哥哥还埋头于工程计算。要想让他的大船以 30 节的速度航行，引擎至少需要 18 万马力——相当于毛里塔尼亚号最大功率的两倍。之前没有任何工程师建造过如此强大的蒸汽装置，她每次航行所要耗费的大量燃料，注定将把这艘大船变成一个耗煤费钱的怪物。

只有电驱动系统能行之有效，而纵观全国只有一个人可能愿意听听这样的系统如何用在一艘船上，那就是通用电气的总工威廉・勒罗伊・埃米特——美国电力装置 GE 柯蒂斯汽轮发电机系统的推广者。高效的柯蒂斯汽轮机对英国帕森斯又大又慢的汽轮机构成了挑战，而后者最近才取代了活塞式发动机。尽管柯蒂斯汽轮机还没有应用到邮轮，但是毕业于安纳波利斯海军学院的埃米特可能愿意尝试一下。

埃米特的雄心更大：打破帕森斯对船只发动机的垄断，并把他自己改进后的系统推销给美国海军。他像传教士般热情吹捧的就是涡轮电力系统。与用蒸汽驱动船只不同，柯蒂斯汽轮机用蒸汽以每分钟 2000 转的速度驱动巨大的发电机。这样可以带起强大的电力机推动船里的螺旋桨轴。发电机可以以一定的低速运转保证螺旋桨流水效率，也能避免"振动现象"即气蚀现象——船只的螺丝旋桨转动过快在周围的海水中形成气泡，从而产生了非均匀介质。

埃米特争论道，电推力最适合那些"需要大功率和高效减速的船只"，即战舰或跨大西洋邮轮。[12]但是对两艘采用汽轮机的海军战舰进行验证后，埃米特并没有说服华盛顿的官员。威尔逊总统的海军部长约瑟夫斯·丹尼尔斯警告埃米特别再打扰他了。海军助理部长富兰克林·德拉诺·罗斯福也如是说。

作为汽轮发动机的替代，海军工程师们尝试用类似汽车变速箱工作原理的齿轮传动式汽轮机。轮子高速旋转产生的动力马上传给一组齿轮，以减少转速、防止气蚀。海军给出的设计得到了官僚们的赞同。但是一位高层更加高瞻远瞩，并且最终给了埃米特在美国军舰宾夕法尼亚号上试用新技术的机会。她的姊妹船亚利桑那号将使用齿轮涡轮机。直到 1916 年试航成功后，埃米特才知道他的汽轮发动机为海军的未来打开了一扇大门。

吉布斯的大学朋友把他引见给了埃米特。[13]

当吉布斯兄弟要求见面时，埃米特已经做好与他们讨论的准备。电力驱动战舰的前景让埃米特感到兴奋，而跨洋超级邮轮的想法更令他着迷。1915 年的某天，他把兄弟俩邀请到位于纽约斯克内克塔迪的通用电气公司总部坐坐。埃米特对兄弟俩的姓氏非常熟悉，他们的父亲威廉·沃伦·吉布斯成立了埃克塞德公司，向通用电气公司销售电池，至于他有没有替儿子们写介绍信就不得而知了——当然，假如他写的话就更好了。戴着眼镜、满脸胡须的埃米特对面坐着威廉·弗朗西斯·吉布斯。

就算吉布斯以前很害羞，现在也不能表现出来。这是他真正的机会，这位急切的年轻追梦人开始展示他的计划。吉布斯告诉埃米特，根据他的计算，一艘使用通用电气公司电驱动的船只，可以比以 26 海里速度闻名的毛里塔尼亚号快 20%。[14]

埃米特很吃惊。他跟海军打了多年交道，没想到坐在自己面前的年轻人不仅十分了解船舶设计，而且愿景十分远大。这位紧张不安的哈佛辍学生兼职业失败的律师，却展现出真正的造船天赋。与其他工程师不同的是，他毫不惧怕打破惯例。这次见面呈现给埃米特的已经超出了船舶本身，还有吉布斯本人。[15]

吉布斯兄弟俩兴高采烈地从通用电气公司总部走了出来。埃米特告诉兄弟俩通用电气公司愿意帮助他们的超级邮轮设计 18 万马力的电涡轮发动机。通用电气公司的承诺也为他们带来了最为合适的投资人：海军少将大卫・W. 泰勒，海军建造与维修局局长。

让泰勒将军来判断军舰设计好坏最为合适不过了。这位弗吉尼亚州路易莎县贫农的儿子，由于才华出众，13岁就进入兰道尔夫・麦肯学院学习。五年后，他进入美国海军学院学习，并以全班最优异的成绩毕业。服役后，海军部选派他赴英国格林尼治皇家海军学院学习船舶工程，并以该校有史以来无论是本土还是外国学生中最高成绩毕业。[16]

回到美国后，这位前途无量的海军军官设计出一套精细完备的系统来计算船只稳定性和浮力，并成为了全军的应用标准。同时他还首创了美国海军船体设计的实验模型——寻求一个可以优化从船宽到气流以及速度到长度比率的简单而又设计准确的船体计算公式。通过他的实验，泰勒产生了球状船首的想法，从水线开始在船舱头部扩展而成的一个凸起。与过去直接将海水劈开的方式不同，球状船首可以把海水从船身推开，以减少阻力。在其他条件不变的情况下，一个设计合理的球状船首将把船只发动机的效率提高5%。[17]1910年，泰勒出版了名为《舰船速度与功率》一书。威廉・弗朗西斯・吉布斯肯定在阁楼上认真研读过泰勒的著作。而现在，首次与这位知名工程师见面，他把自己的设计图纸交给了大师来评估。

泰勒少将一下子就看出来这些设计出自爱好者之手，但是他仍然为吉布斯兄弟对船运行业的渊博知识感到吃惊，并对通用电气公司的威廉・埃米特提出要设计船只的动力装置而打动。泰勒发自内心地深深羡慕这两个年轻人希望打败欧洲巨舰的勇气。众所周知，少将对一直落后于德国和英国的美国造船业不满。

在对图纸进行了微调之后，泰勒表示他愿意在华盛顿海军工厂的美国海军试验模型基地，按照吉布斯兄弟设计的船只建造一个二十四分之一大的模型用于测试，当然还有少将属下的工程人员为邮轮船身做技术支持。1898年，在泰勒的亲自监督下，模拟实验舱长为470英尺，船内框架由桁架和玻璃顶构成。平行轨道上机械化的横梁牵引着微型船舱从尾部的人造波浪中穿过。窄道旁的工程师们则根据多重海洋模拟评估计算模型的性能。泰勒还与已经多次断然拒绝自己的海军部长丹尼尔斯召开了一次重要会议。[18]

满脸自信而又带着热切目光的泰勒少将很快成了威廉·弗朗西斯·吉布斯的日常导师并充当了教父的角色，给了他连亲生父亲都没给过的帮助和指导。吉布斯，这位有抱负的船舶设计师也十分仰慕泰勒，用他的话讲："（泰勒）拥有罕见的聪明才智，是能用简明科学语言表达的天才。他对自己的想法不达到完美从不满意，他尽量避免表达事实不够充分的意见。"[19]

与埃米特和泰勒见面后，吉布斯终于从律师事务所辞职，全部时间用来跟弟弟弗雷德里克一起设计超级邮轮。他也算是按照与父亲的约定，完成了在律师事务所让人不快的工作。打点好行李，他离开了纽约，与弗雷德里克在费城会合。

一个月后，威廉·弗朗西斯·吉布斯走进了华盛顿海军工厂的试验模型基地。由吉布斯设计、41.7 英尺长的拟提名为"美国客运轮船"静静地漂浮在内池里。它被编号为海军 S-171 号计划。[20]

从模型可以看出，泰勒少将对吉布斯的设计进行了修改——船只看上去有点扁，线条很优美，更现代一些。这个超级建筑现在有三层甲板而不是四层。旋钮状的巡洋舰型尾取代了悬伸尾，船首向前略微凸起。但是船身还是保留了吉布斯的设计——与其他圆形满载的大型客船不同，为了减少水下体积，船首和尾部下端都是尖形的设计。也许是没有做好在大船上应用的准备，泰勒没有采用球状船首。

测试开始了！模型根据平静、微浪和大风等不同情形在内池里被牵引移动。测试中没有出现诸如毛里塔尼亚号这艘破纪录船只遇到的令人讨厌的曲折航行，也没有出现像笨重的德国船只那样的剧烈摇摆。更为重要的是，当模拟输出功率为 180000 马力时，模型竟然可以以 33 节的速度在水中轻松前进，比毛里塔尼亚号最高速度还快了 6 海里。[21]

但是模型测试只是迈出了万里长征第一步。美国海军对建造商用船并不感兴趣。兄弟俩需要一个人的资助。手握埃米特和泰勒修改后的设计，吉布斯兄弟决定去见见拉夫·彼得斯，长岛铁路公司的总裁，这家公司是宾夕法尼亚铁路公司的子公司。兄弟俩觉得一封无名之辈的去信只能是石沉大海，所以他们决定直接到彼得斯办公室面谈，反正等运不如撞运。

“彼得斯先生今天很忙。”秘书告诉来访的陌生人，头都没从打字机上抬起来。

“告诉他有人想跟他谈谈从蒙托克到英格兰的船只。”吉布斯坚持道。

秘书让吉布斯兄弟在外面等着。

过去的十年间，各种想法怪异的人忽悠彼得斯在蒙托克建一个新站点。那时，彼得斯正忙着宾夕法尼亚站和东河隧道尽快竣工。到 1916 年隧道通车后，彼得斯就想着要搞一个新工程了。他一直坚持这个设想：如果码头能够直接与宾夕法尼亚铁路和长岛铁路贯通起来，那么他将垄断进入纽约的所有货运和客运。

当秘书告知他有两位不速之客以这个借口求见，彼得斯马上站起来，大步迈出办公室，通红着脸、咧着嘴笑。

彼得斯快速翻阅了黑皮文件夹里的提案书后，说他爱极了建蒙托克站的主意。但是当他看到超级邮轮的设计，两只眼珠都快瞪了出来。这个计划太大了。不仅如此，提案书还提到了威廉·埃米特提供的涡轮电力设备，以及由大卫·W. 泰勒同意的船只设计。

这位铁路大亨马上盯着两个年轻人，询问他们的工程资质。

结果是，没有任何资质。

彼得斯拿起电话，打给 J. P. 摩根办公室，说他要跟杰克·摩根通话。[22]

到 1916 年就快 60 岁的杰克——或者说小 J. P. 摩根——生活得丰富多彩。1889 年毕业于哈佛大学，他顺风顺水一路做到了摩根公司的高层。尽管与父亲老摩根不亲近，他还是在 1913 年老摩根去世时继承到了 6900 万美元家财，同时又拿到了上代人放在新英格兰和纽约银行的遗产，并获得与各国领导人和商业巨头的人脉关系网。

彼得斯去电时，杰克·摩根没心情见任何人。他刚从一次刺杀中脱险。1915 年 7 月 3 日，一名叫弗兰克·霍特的康奈尔大学前教授驱车冲破小 J. P. 摩根位于长岛格伦科夫的住宅。手握两把左轮手枪，霍特袭击了杰克·摩根和英国大使塞西尔·斯普林·赖斯伯爵。子弹打中了杰克的屁股，另外一颗子弹则打穿了他的大腿。管家从霍特身后用一个煤块猛击他的后脑勺，随后警察赶到并逮捕了这名自称是刺客的罪犯。

读过报纸的人都知道霍特去长岛之前在美国国会大厦引爆了一枚炸弹。这位前教授，一名亲德分子，在获知摩根财团作为资助大不列颠的美国机构后十分愤怒。[23]多数通过船只跨越大西洋运送的战时物资都归摩根海运信托所有：即国际商船队（IMM）。

杰克·摩根完全恢复了。“这次经历令人十分后怕，”杰克在给他的朋友欧文·韦斯特的信中写道，“不过，我真的是太幸运了。”[24]

杰克·摩根的办公地点是华尔街 23 号。摩根财团隐身于曼哈顿南端的摩天大楼丛林里，一栋低调的灰色石灰岩五层楼建筑，看上去不像银行，更像是座庙。但是它认购的包括国际商船队在内的全球最大的信托证券，令整个华尔街受到近乎宗教式的膜拜。

就在这里，吉布斯兄弟俩拜会了康复后的杰克·摩根和菲利普·富兰克林。

“哥哥和我马上展示了我们的关键设计和蓝图，”弟弟弗雷德里克之后回忆道，“就这样，哥哥（向他们）解释了每一个特性。”

这些图纸展示的是两艘从未建造过的世界上最大最快的轮船。每艘造价在 3000 万美元左右，这比几年前老 J. P. 摩根花钱造的泰坦尼克号还贵三倍。

这位年轻的设计师紧接着开始他的第二部分介绍：将蒙托克海陆终端投资 1500 万美元，以便提供便利的地面交通，将来也会有很大的拓展空间。

突然，杰克·摩根站了起来，走出了办公室。富兰克林紧跟着老板，把门从身后关上。

吉布斯兄弟坐在摩根办公室，疑惑逐渐转为焦虑。“等待好像变成了永恒，”弗雷德里克回忆道，“大概 20 分钟的时间，但是每一分钟都像一个小时那么长。我俩就这么站着，看着对方。我开始卷设计图，我哥哥一直盯着手表。谁也没有说个一个字。我一生中从来没有忍耐过那样的等待。”[25]

摩根和富兰克林走回办公室的时候，吉布斯兄弟胃里翻江倒海似的。杰克在办公桌后面坐下，盯着吉布斯两兄弟。

威廉·弗朗西斯·吉布斯刚要开口说话，摩根举手打断了他："好吧，我会支持你。最终方案还需要多少钱?"[26]

29岁的威廉·弗朗西斯·吉布斯和27岁的弗雷德里克·吉布斯，竟然说服了国内最为精明的两位商人投资一个耗费巨大的超级邮轮项目。他俩恨不得马上开工。

吉布斯兄弟从哈弗福德的家里搬到位于东49街31号的纽约公寓里，离第五大道不远。几个月后，他们又去了华盛顿海军工厂，一艘修改过设计的模型在测试槽里漂浮着。这次，海军模型建造师们加了四个螺旋桨包套（翼状结构的轴）用于带动船内16个螺旋桨的引力。测试再次证明了180000马力、30海里时速船只的可行性。

有了摩根的资金支持，吉布斯招募了一个工程和设计团队在富兰克林的国际商船队S-171上作业。随着工作向1917年推进，吉布斯从位于百老汇11号的办公室望出去，看见了几艘大型德国游船停靠在哈德逊河畔。海鸥在桅杆周围盘旋，德国水手们在甲板上无所事事地来回踱步，寻思着何时才能回家。赫伯罗特和劳埃德·罗特的船只三年前大战爆发后就一直在新泽西霍博肯码头停泊着。在所有船只里面，只有德国船吸引着威廉·弗朗西斯·吉布斯的注意力。祖国号是世界上最大的船只，无所不能的赫伯罗特旗舰号，也是阿尔伯特·巴林财团和德意志帝国的骄傲。

## 注释


1. Frank O. Braynard, *By Their Works Ye Shall Know Them: The Life and Ships of William Francis Gibbs 1886—1967* (New York: Gibbs & Cox, 1968), pp.10—11.
2. "W. W. Gibbs Seriously Ill but Improving," *Philadelphia Inquirer*, July 25, 1911.
3. "Home of W. W. Gibbs Damaged by Fire," *Philadelphia Inquirer*, September 15, 1913.
4. Lamar Cecil, *Albert Ballin: Business and Politics in Imperial Germany 1888—1918* (Princeton, NJ: Princeton University Press, 1967), p.51.
5. 1969年11月30日对 Vice Admiral Harry Manning (USMS) 的采访，引自 Frank O. Bray-

nard, *The World's Greatest Ship*: *The Story of the Leviathan*, vol.1 (New York: South Street Seaport Museum, 1972), p.184.

6. 出处同上, pp.85-86.
7. 1914年9月16日 Sir Edward Grenfell 写给 J. p.Morgan Jr.的信, International Mercantile Marine Folder, J. Pierpont Morgan Library, New York.
8. *Report of the International Mercantile Marine Company for the Fiscal Year Ended December 31, 1916*, Proof No.4 of July 16, 1917, 9104A-EB-1, International Mercantile Marine Folder, the J. Pierpont Morgan Library, New York.
9. Edward Wilding 的证词, examined by Mr. Rowatt, Titanic Inquiry Day 19, pp.20223—24, 20227, http://www.titanicinquiry.com/BOTI nq/BOTI nq 19 Wilding01.php, 访问于2008年2月28日。
10. Andrew Gibson and Arthur Donovan, *The Abandoned Ocean*: *A History of United States Maritime Policy* (Columbia: University of South Carolina Press, 2000), pp.109—10.
11. Richard Austin Smith, "The Love Affair of William Francis Gibbs," *Fortune*, August 1957, p.158.
12. William L. R. Emmet, "Propelling Machinery for Collier Jupiter," *International Marine Engineering* 17, no.8 (1913), p.324.
13. Braynard, *By Their Works Ye Shall Know Them*, p.11.
14. Frank O. Braynard and Robert Hudson Westover, *S.S. United States*: *Fastest Ship in the World* (Paducah, KY: Turner, 2002), p.17.
15. 出处同上, p.17.
16. William Hovgaard, "Biographical Memoir of David Watson Taylor, 1864—1940," *National Academy of Sciences of the United States of America Biographical Memoirs*, vol. 22, 7th memoir, presented to the academy at the annual meeting, 1941, p.135.
17. Waldemar Kaempffert, "The Race for Ocean Supremacy: What Is the Limit?" *New York Times*, August 18, 1929.
18. Braynard and Westover, *S.S. United States*, p.16.
19. Hovgaard, "Biographical Memoir of David Watson Taylor, 1864—1940," p.139.
20. Model and Notes, "1000 - Foot Superliner, 'Project S - 171,' Proposed American Passenger Ship," 1916 (?), accession 1971.0074.000001, collection of the Mariners' Museum, Newport News, Virginia.
21. 出处同上。
22. Alva Johnson, "The Mysterious Mr. Gibbs—II," *Saturday Evening Post*, January 27, 1945, p.97.
23. "Intruder Has Dynamite," *New York Times*, July 4, 1915.
24. 1915年8月18日 J. p.Morgan Jr.写给 Owen Wister 的信, Letter Press Book 17, p.94, International Mercantile Marine Folder, J. Pierpont Morgan Library, New York.
25. Braynard, *By Their Works Ye Shall Know Them*, p.15.
26. 出处同上。

# 第6章

# 战利品

当吉布斯兄弟成功赢得摩根财团支持的时候，美国也临近世界大战的旋涡。1917年1月31日，饥荒遍地、遭受封锁的德国宣布重新开始无限制潜艇战，这意味着所有驶往大不列颠的补给船将会被击沉而无须事先警告。3月份的一天，德国潜艇击沉了三艘悬挂着美国旗帜前往英国的补给船，公众对此群情激愤，希望美国政府立即展开报复。在霍博肯，在赫伯罗特公司旗舰祖国号上举办的亲德慈善舞会，曾因反德的出版商威廉·兰多夫·赫斯特的突然出现而中止。富丽堂皇的大厅顿时鸦雀无声。

1917年4月6日，威尔逊总统要求国会向德国宣战，随后，200名美国士兵冲上船控制了祖国号，祖国号被认为是美国政府的战利品。60名警察占据了码头入口。其他部队则缴获了几艘停靠在霍博肯和波士顿的大型德国邮轮，逮捕了已经成为敌人的船员并在船尾升起了星条旗。[1]

"你们永远无法开动她！"当祖国号首席工程师奥托·沃尔夫被拖去埃利斯岛同其他船员关押在一起的时候喊道。当被问及他是否已经毁掉了祖国号的引擎时，他轻蔑地笑了："毁掉引擎？不，我没有。实际上，在她第一次驶出汉堡港的时候已经坏掉了。如果那些美国佬工程师能够让这个废物运转起来，我将向他们脱帽致敬。"[2]

事实上，德国人的确做了一些蓄意破坏，船上的一些机器被钢锯切开，电报机被砸碎，图纸被毁坏掉。但是来自布鲁克林海军船坞工厂的专家认为引擎本身设计就有缺陷，“遭到破坏的主要部分是由于操作不当”。而公众却不得而知，三年前哈德逊河上的一场意外使得船只受损严重，靠着祖国号仅剩的三个螺旋桨开了回来。[3]

尽管状况如此糟糕，美国政府还得靠着它把军队运送到前线。在随后的几个月，施工队对祖国号的引擎进行了整修，重新安装了船舱布局，把原来隔开的区域重造成开放的寝室，撤走了几货车的家具。工人们把船中以前的东西洗劫一空——桌布、银器、绘画、水龙头、大理石水槽、铜床架，还有可恨的威廉二世半身铜像。德国皇室成员的画像被画得不成样子。[4] 愤怒的德国人认为美国人盗走了德国的国家财富。

被问及怎么给这个美国战利品取个新名字时，威尔逊总统答道：“哎呀，太容易了，利维坦号……《圣经》里面有，海中的猛兽。”[5] 这艘德国前旗舰被改装成一艘能够运送 120000 美国士兵到西方战场的军用船，有时候一次航运就能够运载 14000 个人。船员、步兵、军官和码头工人都亲切地称她为“大火车”。

负责监管运送军队和物资到欧洲的是一个新的政府机构——船运控制委员会。为了给它配备领导，威尔逊总统找到了一名资深的工业界的元老——菲利普·富兰克林，刚刚从国际商船队离开到了赫伯罗特位于纽约的办公室，就被政府“征用”了。他花了大量时间伏案工作，研究地图和图表，仔细分派需要运到欧洲前线的军队和物资。

富兰克林不仅仅把运送美国大兵当作职业兴趣，1917 年春天，他 21 岁、即将完成哈佛大学三年级学习的大儿子约翰，决定辍学参军。约翰在校园活动很受欢迎，但在学业上却一塌糊涂。当大学给那些愿意当兵的人发证书时，约翰·富兰克林发现了另一条出路。他就这样选择拿了证书离开，连头都没回。“这是我仅有的证书了。”他后来说。[6]

菲利普·富兰克林希望军队生活能够给儿子带来生活的启示。

约翰·富兰克林跟其他纽约显赫家庭的孩子们一起，在纽约的普拉茨堡军营接受了基本训练。随后，他被派往密西西比州哈蒂斯堡的部队，“一个糟糕的地方”，富兰克林中士在那里负责一群顽固分子。“当下达收起右脚或者左脚命令时，”他写道，“总能听见上上下下一阵脏话。”[7]

为了逃避责任，富兰克林主动提出转去军队坦克部队第301营。与普拉茨堡军营不同，那里没有来自显赫家庭的富家子弟。在驾驶那些新奇装备在马里兰州米德营的泥泞土地里窜来窜去的同时，富兰克林开始逐渐了解那些顽强的坦克兵们——那是一群“高大强壮非凡的士兵，有家境好的，也有出租车司机、流浪汉——但都具有某种共同的特征，所有人都非常热情，都被灌输了值得赞赏、却又有些愚蠢的‘好好在战争结束前’教训一下德国人的想法”。有的人以前还受过牢狱的惩罚。简而言之，这些人跟在他父亲船上工作的人有些相似。但是富兰克林热爱着这只坦克部队，并对301营一位名叫德怀特·艾森豪威尔的年轻上校崇拜不已。

整个营都做好了随时被派遣的准备，可是当艾森豪威尔得知没有船只运送他的士兵们去欧洲时，他十分沮丧。“我得去一趟纽约，看看能不能想办法把咱们的部队运出去。”他对士兵们说。

富兰克林中士建议道：“长官，如果你要去纽约办这件事，最好把我也带上。”

“但为什么要我带上你？”艾森豪威尔上校问道。

“长官，我的父亲跟运输军队有很深的关系。”

“他是军队的人吗？”

“不是，长官。但是他与军队关系非同一般。”

“他是干什么的？”

“他是船运控制委员会的主席。”富兰克林回答道。

“那是个什么玩意儿？”

“我也不知道，长官，”富兰克林中士答道，“但我知道他跟运送军队有很大关系。”

艾森豪威尔和这位属下搭上了去往曼哈顿的火车。

菲利普·富兰克林惊喜地看到儿子，当然更惊讶看到儿子的上校，他把二人邀请到办公室。“孩子们，请坐，”他说，“我能为你们做些什么？”

27岁的艾森豪威尔向他解释了301营是“美国军队中最为重要的一支”。他想把部队直接领进柏林，他继续说道：“为了战争结果考虑，要赶紧把部队运送出去。”

富兰克林随即打电话给夫人：“劳拉，杰克和一个叫艾森豪威尔的上校在我这儿。他们晚上跟我们一起吃饭。看上去，你得准备一顿丰盛的晚餐了。”

艾森豪威尔拒绝道，他天黑之前要回到米德军营。

“上校，”菲利普·富兰克林坚持说，“我从与你的谈话中得知，你此次来访的目的就是要把部队运出去。不到晚饭时间，我可给不出你要的答案。六点见吧。”

两位士兵很快就出现在富兰克林位于东区61街的客厅里，陪着富兰克林夫人喝茶吃饼干。从小在堪萨斯州阿比林木屋子长大、直率的艾森豪威尔，在看到穿着制服的男管家时着实吓了一跳。

菲利普·富兰克林6点准时回到家里。“嗯，上校，”他宣布，“奥林匹克号今天早上刚回来……我安排了她来负责运送你所高度评价的这支部队。”

1918年3月28日，第301重坦克营还有6000名其他部队士兵一起登上奥林匹克号，前往欧洲。在儿时，富兰克林中士就随着父母搭乘白星邮轮频繁往返于欧洲，但是当他亲眼看到这艘宏伟、有着四个烟囱的战需邮轮时，还是被震撼到了。对于富兰克林来说，“这个老伙计，”泰坦尼克号的姊妹船，“对我来说弥足珍贵。”[8]

战争意味着公共空间里也不得不挤满了持有站票的乘客，而厨房也改为供应行军的餐饮伙食。一间已经腾空的头等舱包房装载了富兰克林中士七天的旅程。他的战友则没有那么幸运，不得不在泳池里打地铺，紧挨着厕所和澡房。

艾森豪威尔上校并没有登船。回到米德营地后，他接到命令要求他继续留在那儿，因为他作为教官训练其他人更能彰显他的价值和伟大。约翰·富兰克林仍记得艾森豪威尔满是泪水的眼睛。“我想一个西点人在战事激烈时却不能远渡重洋参加战斗，他一定会认为他的生涯完蛋了。”富兰克林回忆道。[9]

从纽约起程后的第六天，当奥林匹克号抵达德国潜艇出没的大不列颠群岛海域时，约翰·富兰克林被叫到了船长指挥室。他看到了伯特伦·海耶斯。这位和平时期大名鼎鼎的白星航运公司的船长，看起来惊恐万分。

海耶斯从桌上推过来一封电报。上面命令他立即调转船头并与几十英里后的驱逐舰会合。“你意下如何呢？”海耶斯用他那惯有的水手腔询问这个年轻的中士。“我已经告诉他们见鬼去吧！我绝不会去与他们会合。”

海耶斯依旧保持既定航线，尽管在 22 节的最高时速，熟练的潜艇指挥官仍然能够击中这艘超载的邮轮。午夜时分，富兰克林听到一位士兵在走廊里跑来跑去大声呼喊：“所有人到甲板就位，准备弃船！”如果轮船被击中，富兰克林知道他的上百位战友都要溺亡。夜幕渐渐散去，大海变得汹涌，极度缺少睡眠的士兵们在摇摆不定的大船上奋力站稳脚跟。

直到早晨 7 点钟，富兰克林和他的战友们才看到法国海岸上的山丘。直到驶入了布雷斯港的保护圈，海耶斯船长才关闭了发动机让邮轮缓缓滑行正常停止。

接下来的几个月里，约翰·富兰克林中士亲眼目睹了在法国的激烈战斗。9 月 29 日，他参加了在索姆运河上的攻破德军兴登堡防线的战事。富兰克林晋升为中尉，并被授予英国军人十字勋章，缘于那次兴登堡战役中的“勇敢和忠于职守”。[10]

战后，富兰克林一直跟着美国在巴黎的驻军，直到他的父亲要他回纽约接手轮船生意。但他并没有在父亲的国际商船队旗下起步，而是如同他父亲当年那样，他用自己的方式在这个领域闯出了一片天地。

军旅生涯让这个成绩糟糕的哈佛辍学生重拾自信并积累了足够的为人处世经验。最终，约翰·富兰克林继承了父亲的衣钵，成为美国最优秀的航运指挥官，他清楚地懂得跨大西洋邮轮如何在另一个世界战争中平衡权力。

当年轻的富兰克林战斗在法国的战场上，威廉·弗朗西斯·吉布斯正在曼哈顿狭小的办公室拼命工作。尽管在国际商船队有一份固定的薪水，31岁的吉布斯却备感沮丧。随着美国卷入世界大战，摩根和富兰克林无限期搁置了超级邮轮的项目。尽管坚持继续超级邮轮的工程，但他却不得不被琐碎、不感兴趣的战时工作分散了精力。

吉布斯想知道战争结束后他所从事的超级邮轮项目将何去何从。不过他有了另一个兴趣。有一天在浏览轮船新闻时，他在《世界晚报》上读到了一个故事，说如果在和平时期，如果由美国船员驾驶利维坦号的话，将会打败毛里塔尼亚号夺得蓝丝带奖。[11]

战争结束后，吉布斯认为大显身手的时候到了。不仅他要建造一艘或者两艘1000英尺长的巨轮，而且美国也获取了令人难以置信的战利品：世界上最大的船，还有从德意志帝国俘获的数十条精良轮船。半个世纪以来美国一直忽视商业航运，在战后蓦然发现他们已经拥有可以和领头羊英国竞争的现代船队。

对吉布斯来说，从德国俘获的船只简直是天上掉下来的馅饼。如果由一个有能力的美国公司营运，利维坦号可以创造足够的现金流和公众支持以建造美国自己的上千英尺长的超级邮轮。

当吉布斯满怀梦想，另一个人却陷入绝望。

那是1918年11月，强大的赫伯罗特公司的头儿耳闻目睹了德意志帝国在他身边分崩离析。阿尔伯特·巴林眼睁睁地看着他的超级邮轮祖国号服务于敌军。其他的船只不是被击沉，就是困在美国的港口。国王号停在了汉堡，锈迹斑斑，无人问津。他的三艘大船的最后一艘，已经损毁的俾斯麦号，注定要作为战争赔款。同时，追求社会公平的社会主义者们也游荡在汉堡的大街小巷。作为轮船的指挥官，巴林这样描述海事工会："这是与我工作相交的最令人厌恶的部分。而现在，正是同一批人，在吞噬着赫伯罗特公司主席的血。"[12]

1918年11月9日，心碎、绝望的巴林吞服了足以致命的安眠药；德皇威廉二世，听从劝说放弃了皇位。"恐惧是更好的结局，恐惧永远没有尽头。"巴林这样说过。[13]

两天后，德国投降了。

## 注释

1. Frank O. Braynard, *Leviathan*, vol. 1 (New York: South Street Seaport Museum, 1972), p.113.
2. Edward Hungerford, *Saturday Evening Post*, November 22, 1919, 引自 Frank O. Braynard, *The World's Greatest Ship: The Story of the Leviathan*, vol. 2 (New York: Fort Schuyler Press, 1976), p.15.
3. Commander E. p. Jessop, "Repairing German Vandalism on Interned Vessels by Electric Welding," *Journal of the American Society of Naval Engineers*, March 18, 1918, p.124, 引自 Frank O. Braynard, *The World's Greatest Ship: The Story of the Leviathan*, vol. 1 (New York: South Street Seaport Museum, 1972), p.120.
4. *The North American* (Philadelphia newspaper), July 5, 1923, 引自 Braynard, *The World's Greatest Ship*, vol.1, p.121.
5. Herbert Hartley, *Home Is the Sailor* (Birmingham, AL: Vulcan Press, 1955), pp.78—70, 引自 Braynard, *The World's Greatest Ship*, vol.1, p.125.
6. General John M. Franklin, *Recollections of My Life* (Baltimore: Reese Press, 1973), p.5, courtesy of Laura Franklin Dunn.
7. 出处同上，p.10.
8. 出处同上，p.22.
9. 出处同上，pp.11-19.
10. 出处同上，p.29.
11. Braynard, *The World's Greatest Ship*, vol.1, p.212.
12. 1907 年 4 月 12 日 Ballin 写给 Ernst Francke 的信，引自 Lamar Cecil, *Albert Ballin: Business and Politics in Imperial Germany 1888—1918* (Princeton, NJ: Princeton University Press, 1967), p.32.
13. 引自 Douglas R. Burgess Jr., *Seize the Trident: The Race for Superliner Supremacy and How It Altered the Great War* (New York: McGraw-Hill Professional, 2005), p.265.

# 第 7 章

# 涅槃的巨人

1919 年 12 月，在停战后的几个月，吉布斯兄弟俩登上了停泊在霍博肯港口的利维坦号，并带着菲利普·富兰克林和美国航运委员会的指示：“给那个巨轮做出一整套的修复计划。”

此时的利维坦号已经从繁重的运兵任务中退役两年，从内到外一团糟。她灰色的外壳已经锈迹斑斑，内部也被掏空，构件都已严重磨损。很难想象这艘船仅有 6 岁，曾是当年海上最大的轮船、曾经风光无限的德国旗舰祖国号——阿尔伯特·巴林的掌上明珠。

在那个寒冷的 12 月的清晨，吉布斯兄弟在轮船上的甲板上集合队伍，脚下是厚厚的鸟粪。邮轮的三个巨大的烟囱竖立在他们瘦削的身后，威廉·弗朗西斯·吉布斯发表了一番振奋人心的演讲——慷慨激昂，就像他的兄弟仍存留的惊奇印象，他说了一些“非比寻常的脏话”。这位年轻的设计师开始分派他的团队各赴岗位。[1]

对吉布斯来说，像利维坦号这样的轮船不仅仅是技术上的难题。他不得不从轮船设计者同一的思路出发，去理解当时设计师的喜恶和怪癖。

“没有谁能给出答案，除了轮船本身。”他这样说道，“我们对她一无所知。我们甚至不知道她的重心在哪儿，我们也就无法得知如何分配船体的重量。因此我们必须测量轮船的每一寸地方，由内而外，步步攻破。”[2]

从 1919 年的 12 月到 1920 年的 4 月，吉布斯的团队几乎每天都在努力工作，以获取建造图纸和技术参数。100 名绘图员接管了位于上层甲板的利兹卡尔顿餐厅，在磨损的地板上架设了工作台，在胡桃木的镶板上别满了图纸。有着蜂窝状穹顶的房间，曾是德皇卫士的居所，冬天时风冷刺骨，而进入春天则闷热至极。肮脏的军毯，撕破的窗帘，零碎的管件，扔满了整个客舱，弥漫着发霉的臭味。地上是散落的灰泥和破碎的玻璃，刺刀划破的名画耷拉在镀金的相框上。

轮船下部的机舱里面状况更糟。由于当时美国没有足够大的干船坞容纳利维坦号，因此无法确定其水下船身的形状和重心。当工人躺在狭窄的燃料舱和双层船底的地面上仰面测量每一个角落和缝隙时，水不断地滴在他们的脸上。

吉布斯，总是戴着老式的礼帽，逡巡在现场，陶醉在这个残骸中。他厌倦于络绎不绝的参观请求，但对于投其所好的听众他又侃侃而谈，深入浅出的讲解让门外汉也能对船只了如指掌。

他向一群前来参观的国会议员解释如何确定船只的重心。“你看这艘船，长 921 英尺，确切地讲是水位线的长度是 921.8 英尺，然后你把它分成 20 个部分。”他继续说道，“在每一部分所对应的船只内部，都要测量水位线上的船体宽度和水位线下某个既定距离的宽度。然后在图纸上把它标出来。长话短说，你就可以借助这 20 个部分知晓船体的形状和重心。”[3]

国会议员们惊讶于吉布斯不凡的见识，过目不忘的能力和他展现出的巨大魅力。他们见识了这个看起来古板的年轻人如何深深地把握住了国际商船队设计师和工匠们的忠诚。这个看上去病恹恹的年轻人成了这帮人的头。

吉布斯不仅忙于国际商船队分配给他的任务，同时仍然在完善他超级邮轮的设计，他让国会议员们知道他的激情和努力，而这远比这艘德国战利品更加振奋人心。当有人问起新设计一艘船和改造已有的船只哪一个更难时，吉布斯坦然回答说在利维坦号上的工作更难。“我有足够的证据这样说，”他补充道，“因为我们已经设计了一艘差不多大小的轮船，事实上，比利维坦号还要大一点点。”

“你设计的什么轮船竟然比利维坦号还要大？”一位国会议员问道。

“这些轮船长 1000 英尺，航运委员会前段时间曾经谈及。”

“所有的规格都已经明确了吗？”瓦尔什询问说。

“还没有最终确定。”吉布斯回答说，“但已万事具备。”

“这些船是由国际商船队设计的吗？”

“我设计的。”吉布斯坚定地回答道。

“为航运委员会设计的？”

“最初我是为国际商船队设计的，”吉布斯说道，“已经四年了。”[4]

吉布斯一直憧憬：让美国的旗舰邮轮再次成为世界上最大的远洋邮轮。之后，依据他的 S-171 号设计图纸，他监造了两艘更大的轮船。最终，他所重造的利维坦号，这个著名的一战战利品，使他获得了巨大的荣誉，也给了他急需的职业尊重。

然而，当他在重造利维坦号时，吉布斯意识到他的雇主——国际商船队，逐渐对按照他的设计建造一艘新的邮轮丧失了兴趣。如果此时国际商船队临阵退缩，吉布斯也将另寻东家，他已决意孤注一掷，哪怕赌上他毕生的事业也在所不惜。

威廉·弗朗西斯·吉布斯在停战后的几个月里都十分忙碌。1919 年的春夏，利维坦号装载着美国士兵凯旋回家，吉布斯则反向而行，搭上去往巴黎和会的轮船。老板把他借给了航运委员会的头儿爱德华·赫特利，而后者被这位对欧洲远洋邮轮有着深厚认识的年轻人深深吸引。四年前还是一个在阁楼里面画着轮船草图的门外汉，而今吉布斯已经在决定美国最大的战利品命运上占有一席之地：决定这艘被俘德国客船旗舰的命运。

他也第一次目睹了位于汉堡的德国博隆福斯船厂，在少年时代就已经知道这里建造了许多伟大的日耳曼邮轮。吉布斯见到了“巴林三部曲”的第三艘也是最后一艘船——俾斯麦号——船上的每一个人都知道在不久的将来会被以战争赔款的形式交给英国。德国工人依然在这艘未完工的巨轮上忙碌，他们看到走来了一群英国和美国的轮船管理人员。吉布斯听到了“叮当”一声巨响，一个铁扳手掉在不远处的人行道上。他觉得这是个意外，吉布斯继续往前走。没过多久，另一个扳手几乎就砸在他的身上。工人们显然对于战争的结果颇为不快，更不愿在船厂见到美国佬。

在脑袋差点被打破之后，这位美国造船工程师终于见到了博隆福斯船厂的高管们，他希望他们能够把利维坦号的原始建造图纸交给国际商船队。他们却狮子大开口要吉布斯拿出 100 万美元购买。吉布斯拒绝了，随后踏上了回纽约的返程。[5] 与此同时，菲利普·富兰克林正与航运委员会谈判，希望能够从其手中获取利维坦号的控制权。在从海外运回军队之后，海军便一直将这艘前德国邮轮扣在霍博肯港，就是她 1914 年到 1917 年一直瘫痪的地方。1919 年 11 月 5 日，航运委员会宣布将利维坦号和另外两艘小一些的邮轮交由国际商船队代管和营运。[6] 为此，美国航运委员会将每月支付国际商船队相当可观的 15000 美元。[7] 对富兰克林来说，政府实际上将这些船出售给了国际商船队，从而打造了一个新的横跨大西洋营运核心。

但富兰克林认为修复利维坦号将使公司的资金链吃紧。他宣称收购利维坦号意味着 S-171 超级邮轮的建造计划将会无限期延迟。作为替代，他更希望修复两艘中型的前德国邮轮乔治华盛顿号和亚美利加号，这两艘船已服役 15 年了。

吉布斯有些愤怒了。为什么要使用三个又老又慢的破船而不是建造两个更快更现代的新船呢？

尽管如此，吉布斯兄弟依旧投入到修理利维坦号的工作，这艘曾经名为祖国号的前德国旗舰依然是当时世界上最大的邮轮。

当威廉·弗朗西斯·吉布斯和他的团队在这艘曾经的运兵船上辛勤耕耘时，利维坦号却成了美国公众争议的焦点，这几乎摧毁了他们雄心勃勃的计划。1920 年 1 月 17 日，国际商船队主席富兰克林给美国航运委员会送去了 2800万美元的首付款，以确保对利维坦号和其他几艘前德国邮轮的所有权。为迎合当时甚嚣尘上的言论，民粹主义记者威廉·兰多夫·赫斯特更是推波助澜，他认为国际商船队得到了一个大有甜头的交易，而这必须归之于所有的纳税人，他们才是这艘船的主人。这个亲德、亲爱尔兰、反英的赫斯特对伍德罗·威尔逊一直深恶痛绝。对赫斯特来说，威尔逊掌控的航运委员会和 J. P. 摩根的国际商船队之间秘密的、没有经过招标程序的交易，具有一个令人厌恶的丑闻的所有因素，这将有助于售出更多的报纸，也能助长他竞选总统的野心。赫斯特计划这样讲述这个故事：美国政府将国家最大的战利品、俘获的德国舰队赠送给了国际商船队，而这家公司是英国白星航运公司的所有者，除了名字外，彻头彻尾是一家英国公司。八年前，赫斯特在泰坦尼克号灾难后就曾经猛烈抨击过国际商船队。

在富兰克林的首款支付后的一个月，赫斯特的杀手锏《纽约美国》指责说，利维坦号的售卖将导致“巨大和不可挽回的国防损害和摧毁美国军队运输储备”。[8] 赫斯特还针对航运委员会写了一份纳税人诉讼，声称航运委员会无权以 2800 万美元的低价出售利维坦号和其他 29 艘不同型号的德国船只。

富兰克林展开反击。当赫斯特抛出诉讼的当天，国际商船队把利维坦号和其他少数几艘德国邮轮的报价减少到 1400 万美元。“我们将再次同意负责修复这些船只，恪守相关规定，遵守操作规则，这一切依然会以美国的名义。”富兰克林宣告说。[9]

富兰克林的愿望落空了。2 月 19 日，站在赫斯特一边的大法官正式颁布了禁令：禁止出售轮船给国际商船队。第二天，威尔逊总统出面否认了将售卖所有船只给大英帝国的流言。[10]

僵局还在持续。威廉·弗朗西斯·吉布斯还在领着国际商船队的薪水，还在继续利维坦号的修复工作。“这让我抓狂，”他愤怒地对一名记者描绘赫斯特是如何把威尔逊政府领向牛角尖的，“这是有史以来美国航运上最明智的机会去竞争并超越英国，在其引以为傲的领域：跨大西洋贸易……这是美国驾驭地球上最快邮轮的机会，这一切，仅仅只需要几百万美元。”[11] 出于对火灾和载客的担忧，他拒绝削减维护费用。“考虑到她的价值和不可替代的事实，”他写信给一位政府高官，“我强烈地感觉到这笔维护费用必有所值。”[12]

1921 年，事情有了转机，新的总统入主白宫走马上任。面对凄惨的现状，沮丧的吉布斯，决定向哈丁政府伸出求助之手。尽管沃伦·G. 哈丁总统全然不具备伍德罗·威尔逊那样的才智，但他作了一个明智的任命：一个名叫阿尔伯特·拉斯科的广告公司经理、俄亥俄州政客，几乎凭借一己之力把哈丁送入白宫。拉斯科，这位一所颇具影响力的广告学校的创始人，提议哈丁采用一个简短的竞选口号“回归常态”。这是美国在一战前所畅想的国家状态，却被一种狂热的思想所颠覆，那就是理想主义者伍德罗·威尔逊的“铸世界和平，为世界民主”。[13]

心怀感激的哈丁总统任命拉斯科为国家航运委员会主席。尽管他更想成为商务部长，拉斯科还是接受了这个任命。他立即解聘了威尔逊任命的六人委员会中的四名，取得了控制权。拉斯科对轮船几乎一无所知，但他却被利维坦号迷住了，决定不将利维坦号出售给国际商船队，而要保留政府的所有权，并将她出租给私人营运。

拉斯科的决定使国际商船队在利维坦号上的投资陷入困境，也威胁到了吉布斯的工作。威廉·弗朗西斯决定动用一些自己的公共关系。1921 年 7 月 16 日，他向这位新主席展示了整艘邮轮，一同参加的还有菲利普·富兰克林和一大群记者。拉斯科看到了一群努力工作的制图员，也看到了修复一新的头等舱实物模型。

曾是广告人的拉斯科非常欣赏吉布斯兜售计划的方式：坚定的信念、真挚的诚意和高昂的爱国主义。峰回路转，拉斯科觉得他可以向公众出售这个计划。“建造这样大型轮船的欧洲公司，”拉斯科对记者说，“他们并不指望赚钱，而是认为拥有这样的船只是美国商船队最好的广告。”[14]“如果改造为美国的邮轮，”拉斯科说，“利维坦号将是世界历史上最好的轮船，无论机械制造与奢华程度……一个向全世界的宣示：美国的船厂、美国的机械师究竟能做些什么。”[15]

“是否这意味着她仍将悬挂英国旗帜？”一个记者追问。

“绝不可能，”富兰克林反驳他，又说道，“这表示她不仅悬挂的是美国旗帜，还将成为美国迅捷的邮政系统的核心。”[16]

拉斯科随后回到了航运委员会曼哈顿办公室，着手制订出售利维坦号的计划。

但拉斯科和富兰克林之间的关系渐渐变得僵化。1921 年 8 月，拉斯科开始与其他航运公司秘密谈判。他的目标是打造一个团队来营运利维坦号、亚美利加号、乔治·华盛顿号以及其他航运委员会所属的船只。拉斯科觉察到国际商船队由于赫斯特的抨击，背负了太多的政治包袱。作为替代，“美国航运（United States Lines）”计划由三家私营船运公司共同管理：罗斯福轮船公司、摩尔-麦科马克轮船公司和美国联合轮船公司，这三家公司由四个富有的、关系紧密的年轻人所掌管：科密特·罗斯福（刚去世的西奥多·罗斯福总统的儿子）、艾米特·麦科马克和阿尔伯特·V. 摩尔（两人共有一个利润丰厚的南美轮船公司）以及 W. 艾夫里尔·哈里曼（联合太平洋财产继承人）。[17]

1921 年 10 月 4 日，菲利普·富兰克林被要求前往航运委员会纽约办公室接受一下午的质询，质询人包括拉斯科和六个参议员，其中包括威斯康星州民粹主义者罗伯特·拉福莱特。这位国际商船队的主席，本以为利维坦号的合同已是十拿九稳，但很快意识到拉斯科希望他和他的公司出局，并且要留下吉布斯兄弟。

当威廉·弗朗西斯·吉布斯全神贯注于利维坦号改造图纸，以赶在 10 月份最后期限前完工时，同样也在谋划自己和弟弟弗雷德里克的离开。仅为一家轮船公司服务，似乎在每个回合上都会招来政治方面的责难，如此下去，对他的辛勤付出全都适得其反。也许最好的做法是成立一家新公司去推动利维坦号的改造，不过他需要强力的政治支持和雄厚的财力支撑，以确保利维坦号不会埋荒于垃圾场，他的艰辛工作不会尘封于阁楼。他的老板富兰克林也许是一个精明的商人，但缺少大胆的远见卓识。吉布斯决定投入大部分精力给予政府：也许有机会让拉斯科筹出资金给吉布斯去造一艘或许两艘他自己设计的邮轮。

* * *

利维坦号的整修计划，1024 页详细的图纸，在 1921 年年底全部完成。这不仅包含修整的具体规格，也包括了所需要的材料和工艺。如同这个计划一样让人印象深刻的还有它的法律影响。留在浩如烟海典籍中的，当然必须是对威廉·弗朗西斯·吉布斯的赞美。作为政府的代理人，他有着对材料和工艺最终的话语权。一个又一个条款中都包括这句话"根据这些规范和计划"。这个"根据"是由设计师决定，而不是船厂。"根据"意味着吉布斯的随心所欲。这些文件确保了任何同意使用这些计划的契约人都必须接受吉布斯的监管。凡是他觉得不满意的工作都会被推倒重来，并且不会额外多支出承包商补偿的费用。

计划还包括了一些条款，用来防止由于疏漏而导致船厂增加额外费用——这是低价竞标者惯用的不当竞争伎俩。最后，邮轮"净化"的最后一步是要求船厂必须"做必要的改变以彻底清除德国人的设计主题"。[18]这包括重新雕刻木质壁炉架，重新替换 24 扇头等舱吸烟室的有色玻璃，以及重新印刻在作为运兵船时期的所有标记。[19]到 1921 年 12 月 29 日，共有八家船厂竞标利维坦号的修复工程。最低的竞标价来自纽波特纽斯造船厂：559.5 万美元用于修复和翻新工程，50 万美元用于煤转油燃料改造。这家船厂由于战后削减海军预算而元气大伤，船厂老板荷马·弗格森希望以较低的竞价中标从而咸鱼翻身。[20]

为了监督竞标，威廉·弗朗西斯·吉布斯不得不暂时离开国际商船队。在拉斯科的授意下，他与一家新的海军工程公司一起工作，这家公司唯一的目的恐怕就是改造利维坦号。在 1922 年 2 月，拉斯科宣布成立吉布斯兄弟股份有限公司，威廉·弗朗西斯·吉布斯任董事会主席，弗雷德里克·吉布斯任副主席。新船厂将作为航运委员会的"官方代理"，而吉布斯就是利维坦号设计和建造中的唯一官方代表。作为酬劳，吉布斯兄弟和他们的工人们将得到 182000 美元。[21]

面对政府，富兰克林无能为力，只能眼睁睁地继续出借他的首席设计师。吉布斯夹着利维坦号改造计划走出了国际商船队办公室。许多顶尖设计师纷纷要求加入他的行列，而他们绝大多数不会再回原来的公司了。

记者招待会后，富兰克林宣布放弃所有对利维坦号的主张，表示国际商船队“决定遵照拉斯科的要求并同意解除合同”。[22]

距离利维坦号移交给纽波特纽斯船厂还有几个月，此时的威廉·弗朗西斯·吉布斯为能够负责战后美国最大的海军建设工程而兴奋不已。4 月 7 日，在利维坦号将要移交给纽波特纽斯船厂的前一个晚上，吉布斯盯着眼前这艘巨轮，哈德逊河水轻轻拍打着船身，顶层甲板上几盏昏暗的灯光显得朦朦胧胧。“人们的忍耐已是极限。”他对记者说，“利维坦号属于全体人民，而我们的责任更加重大。”[23]

到纽波特纽斯船厂仅 270 英里，一天多一点的航程，但吉布斯兄弟担心会在海上出现问题，因此足足准备了 400 名船员一个月的储备。他们还担忧邮轮早已磨损、多年未曾维护的单线电力系统，所有的照明路，电桥控制的设备都是单线连接到邮轮主电气配电板上的，而回线或者说地线，则是直接接到了轮船的钢结构上。这是一个麻烦，很可能是致命的设计。一次短路就有可能点燃外面包裹的易燃保温的布线。[24]电气工程师诺曼·齐普勒已经设计出了更为安全的双回路电力系统以消除危险，但在抵达船厂之前无法安装。为确保航行顺利，吉布斯要求在整条船都安装新的消防胶管，50 台如同城市里一样大小的消防龙头确保在发生紧急情况时万无一失。[25]

1922 年 4 月 8 日拂晓之前，浓烟三年来首次从利维坦号的烟囱中喷发出来。拖船把利维坦号拖离哈德逊河，螺旋桨翻滚着，驶向了大海。吉布斯兄弟此行作为签约船员随同。两天后，利维坦号以 17 节的匀速在黎明时分抵达位于弗吉尼亚的纽波特纽斯船厂。“一切都是严格按照计划，”吉布斯对记者说，“没有一点故障。发动机运行棒极了。”[26]

随后的 15 个月吉布斯一直在这里工作，周末的时候乘火车返回纽约。他总戴着圆顶的礼帽，穿着工作服，在邮轮上走来走去，施工图纸永远都夹在胳膊下，“铁帽子”，工人们都这样称呼他。与此同时，随着一天天地过去，船厂主席荷马·弗格森变得日益紧张起来。吉布斯拒绝了所有对最初设计变更的建议。而改造费用正是弗格森原本打算用于弥补其较低的竞价。这两人开始变得势不两立，水火不容。[27]

吉布斯毫不在乎。他有航运委员会的全力支持，工程进展很快。一支两千人的队伍一起装钉门板，一起拧紧螺旋灯泡，一起撤掉废旧的电线，每天山一样的物资被运到甲板上。有厨房用的约克式布丁平底锅，有邮轮上利兹·卡尔顿餐厅的芦笋钳，孩童游戏室的圣诞老人钟，还有为乘客准备的 20 个打字机和 160 个唱片留声机。[28]曾在 1917 年被抢走的四幅 17 世纪弗兰德油画，也已经购回又重新悬挂在头等舱的交谊大厅中。从图书馆银质的墨水台到流苏罩的餐桌灯，无不独具匠心，改装完全不遗余力。

船舱的下部，机械师们小心翼翼地把邮轮的 46 个锅炉更换为燃油锅炉。此举不仅能提升船速，也能减少几百名船员。四个巨大的涡轮也被打开，数以千计的扇叶被修复、更换和清洗，不再是落满了煤灰也不再涂满了油脂；大教堂般的引擎锅炉房中，不再遍布管道和楼梯，如今雪白的墙漆隐隐散发出微弱的光芒。工人们站在脚手架上，认真细致地在船身上刷上黑色的油漆，而主甲板以上则刷成白色。邮轮的烟囱依然是红色的基底，直到 1923 年春天，在利维坦号试航之前，吉布斯下令将烟囱刷成代表美国邮轮的颜色：底部红色，中部白色，顶部蓝色。

这个时候，富兰克林和他的国际商船队从英国赔款委员会手中购买了利维坦号的姊妹船俾斯麦号，修复后重新注册为一艘英国船只，并命名为庄严号，这艘白星航运公司的新旗舰成为当时世界上最大的远洋邮轮。

作为回应，吉布斯耍了一个公关上的花招。1923 年 4 月 22 日，航运委员会宣布当利维坦号于 7 月 4 日开始服役时，她将超越庄严号的尺寸。吉布斯清楚地知道庄严号总吨重是 56551 吨。在船舶术语中，如前所述，这是一个尺寸的测量，而非重量，它是由船舶体积乘以一个常数计算而来的。在赫伯罗特公司建造利维坦号时，她比庄严号小 2000 吨。但使用另一种不同的计算方法，按照美国的吨位乘数，吉布斯测得利维坦号总吨位是 59956. 65 吨。[29]在得知这条消息时，白星航运公司主席哈罗德·桑德森轻蔑地说道：“随便一艘船就吹嘘是世上最大的轮船，真像用打气筒给橡皮人打气一样。”[30]吉布斯强硬地反击了。在一次拉斯科主持的记者招待会上，他刻意地贬低国际商船队的新旗舰。“哪怕是崭新的庄严号……也不能与利维坦号相提并论。”[31]

美国航运委员会为这艘新旗舰安排的跨越大西洋首航的日子是1923年7月4日。但最初的几次航行，是由吉布斯兄弟股份有限公司而不是新成立的美国航运公司来训练船员和操作邮轮的。而纽波特纽斯船厂的管理层一直在抗议吉布斯对合同的牢牢控制。当被一个国会委员会问及他是如何说服船厂签订利维坦号的修复合同时，吉布斯答道：“规则是如此的明确，没有一个承包商可以确信给出一个价格他就可以无须附加合同就能获得利润。”

“这样说吧，如果我是一个承包商，”一个议员问道，“为什么这看起来并不像是我被诱导去签订这样的合同。我几乎是把自己的身家孤注一掷地交到了所有者手中。”

“的确是的，”吉布斯骄傲地回答说，“我这样说吧，你不能把我置于美国政府和一个私人承包商中间，尤其是像这样涉及巨额资金的，除非规则透明。”[32]

吉布斯同样面临对他薪水的指责。这次，他与拉斯科商议的182000美元对于吉布斯兄弟作为代理人这一角色而言显然是一笔巨款。“这个问题自然而然地激怒了吉布斯。”1923年5月出版的《海洋日报》这样写道，“吉布斯究竟是何方神圣能够有如此的魅力，或者他究竟掌控着多大的影响力能够使得航运委员会付给他如此可观的报酬？”批评止于真相，最终有报道说所谓的182000美元并非只给吉布斯兄弟，而是给整个设计团队。[33]

试航的日子一天天临近，荷马·弗格森日渐紧张不安，此时的他面临着多达125万美元的工程损失，在约见船厂老板克利斯·亨廷顿时，弗格森递上了辞呈。但亨廷顿并没有接受。“我妻子拥有船厂大部分的股票，”他说，“她最近觉得不是很好，也许我们可以不再说这件事了。”[34]

1922年9月，菲利普·富兰克林听说吉布斯兄弟股份有限公司并非一个单一工程的公司，而是美国航运公司公私合营的一部分。富兰克林从报纸上得知威廉·弗朗西斯·吉布斯“窃取”了六年前他早已向杰克·摩根提及的计划，并把计划出售给了阿尔伯特·拉斯科和美国航运委员会。流言四起，据说——利维坦号、吉布斯的两艘计划中的邮轮以及一个蒙淘克海陆终端码头，最终都由政府财政负担——这能轻松地把私人控股的国际商船队挤垮。拉斯科暗示他将雇用“一个有邮轮管理经验的人并支付其报酬”。[35]这肯定不是指国际商船队，而是吉布斯兄弟股份有限公司。

感到被出卖的富兰克林火冒三丈，恼羞成怒的他当面对质这位前首席建筑师。

“你已经并仍在与航运委员会谈判，获取了管理或者操控一艘或者多艘邮轮参与跨大西洋贸易，我对此表示理解，”富兰克林写信给威廉·弗朗西斯·吉布斯，“但我很遗憾地说，这样的行为违反我们之前的协定精神，当时我们同意你和你弟弟离开公司是为了完成修复利维坦号，并且是在航运委员会主席诚挚的恳求下。”

他又加了一句：“如果我的理解正确，我必须要求你和你弟弟提交辞呈。”[36]

几天后吉布斯回信了。他的回复自信满满，甚至有些口气强硬。“当您允诺我们开始着手利维坦号修复工作的时候，我们并不理解您执意限制我们服务于政府，继而阻止我们给面临问题的航运委员会和利维坦号提出建议。我们确切地意识到，您和您的同事让我们强烈地感觉到，当时与国际商船队的任何联系都应该终止。我们从未感觉我们兄弟俩与航运委员会的对话与违反你我之间的约定有一丝一毫的关系，也就不存在任何违背与国际商船队合约精神。”他还补充说，如果富兰克林还继续“执迷不悟”的话，他们将“消除任何可能隐含的约束”。[37]

在这次争论后不久，吉布斯兄弟便遭受了一次重创，可以肯定这次挫折的噤口不言与敬而远之。尽管被利维坦号的工程将他折磨得筋疲力尽，威廉·弗朗西斯依然在不断改善他为航运委员会所做的设计。此时，吉布斯所设计的轮船已超过7万总吨（几乎比利维坦号大四分之一），每一艘的造价也高达3500

万美元。这使得他们建造的船将成为世界上在运的最大邮轮，这有所有在报纸上出现的统计数据为据。一个修订过的样图表明，吉布斯对他最初构想的设计做了极大的变动。她变得更长，更低，更具有流线型，三个粗矮的烟囱取代了曾经四个高耸的烟囱，上层的建筑显得更为弯曲。尽管其体积巨大，却有着可以媲美海军驱逐舰的细腻线条和极快速度。吉布斯设想他可以把利维坦号的奢华与毛里塔尼亚号的速度结合在一艘船上，并且比以往任何一艘船都更为安全。

然而，这个野心勃勃的年轻设计师有点夸大了他的实力。1922 年 10 月 17 日，阿尔伯特·拉斯科告诉吉布斯说航运委员会恐怕不会单独给他的两艘船提供 2500 万美元的营运补贴，要有也只能是提供给与利维坦号一起的“三船组”的设计工作。但是，虽然哈丁总统一再敦促，国会还是拒绝花这笔钱，因为共和党成员向白宫施压，指责他们将国有的舰队转手给了私人所有。

缺少了政府的支持，建造新邮轮几乎没有任何国家支持的可能。于拉斯科而言，早已对政府工作感到心神俱疲，渴望重新回到曾经的广告生意上去，根本无心参与政客的讨价还价以提高两艘邮轮的要价。他决定一旦利维坦号正式投入运营就辞去航运委员会的职务回到自己的老本行去。但是，心怀沮丧的吉布斯不愿意失去政府补贴和支持者，他不想让任何事情影响到已在掌握之中的工作，那么他必须在 1923 年 5 月 1 日这个最后期限之前完成利维坦号的修复，并交付给航运委员会。他做到了，那一天兴奋不已的吉布斯对着记者们讲了一些经典的美国哲理：“只要拥有准备、主动和信念，在美国没有什么不可能。”[38] 唯一存在的问题是在缺少两艘应有的同伴，孤军作战的利维坦号能否与欧洲的对手抗衡，以应对每周横跨大西洋的日常任务。

尽管吉布斯建造自己设计的邮轮的梦想被束之高阁，但利维坦号的重建仍是他职业生涯的辉煌，足以让邮轮界的每一个人对他刮目相看。吉布斯把毕生所学——无论是从各种工程出版物还是师从海军上将泰勒所得，都成功地托付给这艘世界上最大的邮轮。他缺少正规学习与社会经验，但这些都被他的天生魅力和组织能力所弥补，他还有不错的口才，赢得了像阿尔伯特·拉斯科这样的支持者。

在他满满的自信下培育出来的管理能力，在付诸实际之后却得到了他一直逃避的东西：招来嫉妒。吉布斯意识到如果他依旧害羞、温顺，他将会遭到反对者们无情地碾压。冲突是建造邮轮不可或缺的一部分。为达目的，他必须骁勇善战，然后获胜。为了胜利，他必须独裁地控制一切。

吉布斯同样明白了保密的价值。当他腋下夹着利维坦号修复计划从国际商船队办公室走出来的时候，那并不是最后一次保护他艰辛的成果免于竞争对手的窥伺，无论敌人是真实存在的还是凭空想象的。他还尽可能地避免接触媒体，他对于社交中的尴尬几乎无从忍受。

古代的隐者知道他与世人道不同不足为谋。“所有人都认为我也是这样‘吝啬’，因为我喜欢船胜于喜欢人。”他曾这样开玩笑说。[39]

当利维坦号试航期日益临近，吉布斯越发恐惧将要到来的跟踪、报道与采访。但他知道，他必须面对媒体，让美国的公众信服，这个国家去竞争北大西洋航线控制权的时候到了。

他殷切地希望，一艘高傲地飘扬着美国国旗的超级邮轮将能够驰骋于天地之间。

## 注释

1. Frank O. Braynard, *The World's Greatest Ship: The Story of the Leviathan*, vol.2 (New York: Fort Schuyler Press, 1976), p.18.
2. *New York Herald*, March 20, 1921, 引自 Braynard, *The World's Greatest Ship*, vol.2, p.19.
3. *Shipping Board Operations*, *Hearings Before Select Committee on U.S. Shipping Board Operations*, *House of Representatives*, *Sixty-Sixth Congress*, *Second Session*, *Reconditioning of U.S. S. Leviathan*, *Part 4* (Washington, DC: Government Printing Office, 1920), pp.1346—47, National Archives, Washington, DC .
4. 出处同上，pp.1349-50.
5. Braynard, *The World's Greatest Ship*, vol.2, p.11.
6. 1919年11月13日，J. J. Flaherty(Secretary, U.S. Shipping Board)给 Major Cushing 的备忘录，引自 Braynard, *The World's Greatest Ship*, vol.2, p.11.
7. U.S. Shipping Board, *Fourth Annual Report*, p.129, 引自 Braynard, *The World's Greatest Ship*, vol.2, p.18.

8. *New York American*, February 14, 1920, 引自 Braynard, *The World's Greatest Ship*, vol.2, p.24.
9. October 4, 1921 statement by p.A. S. Franklin, in *Marine Journal*, November 12, 1912, 引自 Braynard, *The World's Greatest Ship*, vol.2, p.25.
10. U.S. Senate, Document Number 231, 66th Congress, 2nd Session, 引自 Braynard, *The World's Greatest Ship*, vol.2, p.28.
11. *New York Evening Sun*, September 10, 1920, 引自 Braynard, *The World's Greatest Ship*, vol.2, p.61.
12. 1920年9月17日 W. F. Gibbs 写给 R. D. Gatewood(USSB)的信, 引自 Braynard, *The World's Greatest Ship*, vol.2, p.62.
13. John A. Morello, *Selling the President, 1920: Albert D. Lasker, Advertising, and the Election of Warren G. Harding* (Westport, CT : Praeger, 2001), pp.1 - 2.
14. 出处同上。
15. "Lasker Says Loss on Wartime Fleet Was Four Billions," *New York Times*, July 17, 1921.
16. 出处同上。
17. Braynard, *The World's Greatest Ship*, vol.2, p.90.
18. William Francis Gibbs 关于重建利维坦号轮船的计划和建造规范, 引自 Braynard, *The World's Greatest Ship*, vol.2, p.46.
19. 出处同上。
20. Braynard, *The World's Greatest Ship*, vol.2, p.106.
21. 出处同上, p.112.
22. p.A. S. Franklin, 引自 *New York Journal of Commerce*, February 16, 1922, 后引自 Braynard, *The World's Greatest Ship*, vol.2, p.113.
23. 吉布斯档案中1922年4月8日未识别的报纸, 引自 *The World's Greatest Ship*, vol.2, p.118.
24. Braynard, *The World's Greatest Ship*, vol.2, p.18.
25. "The Leviathan's Coming Trip," *New York Times*, March 26, 1922.
26. *New York Journal of Commerce*, April 11, 1922, 引自 Braynard, *The World's Greatest Ship*, vol.2, p.121.
27. Braynard, *The World's Greatest Ship*, vol.2, p.128.
28. 1921年12月 William Francis Gibbs 准备的利维坦号建造规范, collection of Frank O. Braynard, 引自 Braynard, *The World's Greatest Ship*, vol.2, p.50.
29. *New York Journal of Commerce*, April 13, 1923, 引自 Frank O. Braynard, *The World's Greatest Ship: The Story of the Leviathan*, vol.4 (Newport News, VA: Mariners' Museum, 1978), p.179.
30. "Southampton Keen to Greet Leviathan," *New York Times*, July 10, 1923.
31. W. F. Gibbs, 引自 *New York Journal of Commerce*, February 16, 1922, 后引自 Braynard, *The World's Greatest Ship*, vol.2, p.111.
32. *Shipping Board Operations, Hearings Before Select Committee on U.S. Shipping Board Operations, House of Representatives, Sixty-Sixth Congress, Second Session, Reconditioning of U.*

*S.S. Leviathan*, *Part 4*, p.1366.
33. *Marine News*, May 1923, 引自 Braynard, *The World's Greatest Ship*, vol.2, pp.216—17.
34. Frank O. Braynard and Robert Hudson Westover, *S.S. United States: Fastest Ship in the World* (Paducah, KY: Turner, 2002), p.25.
35. *New York Journal of Commerce*, September 7, 1922, 引自 Braynard, *The World's Greatest Ship*, vol.2, p.132.
36. 1922年9月19日 p.A. S. Franklin 写给 William Francis Gibbs 的信, 引自 Braynard, *The World's Greatest Ship*, vol.2, p.133.
37. 1922年9月22日 William Francis Gibbs 写给 p.A. S. Franklin 的信, 引自 Braynard, *The World's Greatest Ship*, vol.2, p.133.
38. William Francis Gibbs, "America's Ability To Do," *Management Engineering* 4, no.5 (May 1, 1923), 引自 Braynard, *The World's Greatest Ship*, vol.2, pp.212 - 13.
39. Winthrop Sergeant, "The Best I Know How," *New Yorker*, June 6, 1964, pp.52 - 53.

# 第8章

# 新贵

1923年5月15日，翻新后的利维坦号离开纽波特纽斯，驶向波士顿海军工厂新干船坞——美国第一个能够容纳超级邮轮的船坞。5万名观众迎接她的到来。“人群疯狂了，”48岁的赫伯特·哈特利准将如是说，“最后美国海军应紧急维持秩序的请求出来维护治安。”人群过于拥挤，有些来表达欣喜与热爱之情的人在春日的暖阳中晕倒了。[1]

6月19日，利维坦号搭载着456名旅客和1135位船员从波士顿离开驶往佛罗里达。速度测试将在三天后进行。邮轮上，旅客们分散在七架钢琴旁歌唱着，玩着沙壶球，在船上罗马式的游泳池中嬉戏。船员们对辅助机械设备进行大量的测试。关于海运一直有这样一个迷信，如果一艘船的初次航行有女性在船上的话将意味着会招致厄运，所以利维坦号没有女乘客。[2]

7月22日7点17分，太阳从东方缓缓升起，佛罗里达的丘比特灯塔也从西边慢慢显现。吉布斯跟哈特利说了几句鼓励的话，随后跟着弟弟去了引擎室。

醒来的旅客们发现整艘船由于加速在不停颤抖。90000马力的引擎震得瓷器乒乒乓乓地响，满船都是散落的床架。站在甲板上的人们看到船尾撅了起来，还有黑烟涌出。他们都等着通知看看发生了什么事儿，但是广播系统却迟迟没有声响。

上午10点，威廉·弗朗西斯·吉布斯走下楼梯。他拿出一张纸，钉在船上交际厅外的主要告示板上，上面写道："上午7点17分至10点，我们的船已经走了75海里。"

当记者们问起这是什么意思时，吉布斯面无表情地答道："这意味着我们时速达到了28节，打破了世界纪录。这意味着我们能打败英国最好的船只甚至是海上航行的任何大型商船。"[3]

吉布斯之后又发了封电报，刊登在次日的《纽约时报》上。"如果世界第二大的邮轮庄严号还在的话，利维坦号每次会比她快1.5节。"但在常规服务中，他补充道，利维坦的运营商们不会尝试从毛里塔尼亚号手里抢过蓝丝带奖，"除非后者另起炉灶。那我们会动用一些'隐秘的手段'。"[4]

吉布斯并没有指出顺行的墨西哥湾暖流或许给利维坦号增加了2—3节的速度。与18年前毛里塔尼亚号试航不同，利维坦号的试航并没有计算顺风顺流或者逆风逆流。对于英国人来讲，只有在英国群岛和纽约之间以最快的均速前进，速度与距离才有意义。

吉布斯和他的团队只有做到万无一失，确保利维坦号的首航能够引起轰动。一本印刷着精美模型的宣传册子吹嘘道："利维坦号内部一眼看去通风好且宽敞舒适。没有炫富的低级品位。"[5] 报纸广告宣称利维坦号是"全球最大最漂亮的船"。[6] 查尔斯顿的狂热横扫全国，邮轮的管弦乐队还出了一系列舞曲唱片。首行计划于7月4日起程。

这一天终于到来了，哈特利船长和引擎室人员精神振奋，十架陆军和海军双翼飞机停在邮轮红白蓝三色烟囱旁的岸上，一万名挥舞着旗子的观众冒着大雨涌向码头。另外还有几万名怀着美好愿望的人聚集在街道两旁的栏杆外。随着邮轮驶入哈德逊河，欢呼声和叫喊声混杂在利维坦号三个震得玻璃直响的汽笛鸣响中。

在沸腾的20世纪20年代初期，吉布斯兄弟花了数年的时间把大型德国邮轮改造成飘扬着美国星条旗的、最为出色的巨轮。作为美国战时运输船，利维坦号为一战老兵所熟知。现在，公众眼里的她，从船头到船尾已经完全美国化，并且做好了在大西洋上竞争的准备，尽管暂时还缺少对手，那些船的船坞挡板还干着呢。

作为美国邮轮旗舰的首航，利维坦号承载了1700名旅客和1100名船员。收取了52万美元的船费，运载的邮件运费价值2万美元，这次横渡将获利匪浅。[7]

九年前建造她的美国可没有分享到民众的喜悦。签署《凡尔赛条约》后，美国没有掌控的船只全部被英国掠夺作为战备物资。德国曾经强极一时的蓝丝带获奖者德国号商船也仅剩有机械缺陷的汉莎号以及一些小货船而已。受通货膨胀和政局动荡的影响，以祖国号为代表的北美造船业的鼎盛时期似乎结束了。逝去的还有它那不可一世的工业和军事力量。

第一天下午，数千人聚集在一等舱的交谊舞厅，满是爵士乐队的欢快乐曲和水晶器具的清脆碰击声。西奥多·罗斯福的女儿爱丽丝·朗沃斯在礼貌的掌声中为霍华德·钱德勒·克里斯蒂制作的和真人同样大小的哈丁总统肖像揭幕。犹他州参议员里德·斯穆特被报道说这是他第一次在跨洋航行中没有晕船。人群中还有文森特·阿斯特，准备去英国见证部分家产转移给妹妹。夜幕降临，人们转向一等舱的餐厅，柔和的灯光扫过长长的楼梯，一直延伸到装饰奢华、可容纳700人就餐的餐台。[8]

那还是禁酒的年代，哈特利船长坚持认为政府所有的利维坦号必须“绝对禁酒”。他说他会盯着，防止任何酒精类饮品被带上船。《纽约时报》的一名记者对此表示怀疑，“在私人包厢里面有些同性聚会，如果有人用餐时拿出来一瓶酒，也不会引起公众注意”。[9]

当晚，哈丁总统给船上的阿尔伯特·拉斯科致电。“我希望这艘邮轮给美国商船队带来的声誉，能够作为你20年来予以政府全身心、无私奉献的补偿，”他写道，“请接受我个人最热情的问候。”[10]不到一个月，哈丁病重将不久于人世，他的政府也随之陷入丑闻。

利维坦号于1923年7月9日早上在法国瑟堡抛锚。哈特利船长以平均速度23.65节行驶，在5天17小时7分钟的航行中走了3239英里。这比14年前毛里塔尼亚号的纪录多了一天，慢了3节。[11]根据计划，美国邮轮并没有打算借此行程打破任何纪录。

在英吉利海峡的对岸，南安普顿市的居民正在翘首以待利维坦号的到来。7 月 12 日，当拖船把利维坦号缓缓拖进码头，服务员已经在一等舱的餐厅准备好 600 人的午餐，南安普顿市的市长作为贵宾应邀出席。为了给城市带来更多的收入，市长希望美国造出更多的利维坦号，而南安普顿市的港口，如市长承诺的，将做好迎接她们的准备。[12]

“我们将全力以赴迎接挑战，”威廉·弗朗西斯·吉布斯告诉身边的人，“但是我们可不会在不公平的英国足球场上干活。”[13]这样的描述当然与他引以为豪的利维坦号大船不相符。

尽管没有美酒相伴，而且夏日的太阳把餐厅晒得犹如蒸汽浴室一般，人们还是站着为吉布斯兄弟股份有限公司董事长鼓掌喝彩。但是威廉·弗朗西斯没有被突如其来的名望冲昏头脑。在现实的重建工作中，他尽量避开媒体。他没有在造船贸易报纸大版面地宣传自己的成就。吉布斯认为宣传太“过火”，他不愿媒介跑来“挑鼻子挑眼”。[14]

吉布斯名声大噪后确实遭受同行的嫉妒，那些海运建筑师们认为他没有接受过正规培训、光靠跟政府官员拉关系。那些内行人认为他就是个外行的“无照营业者”，背地里管他叫“暴发户”。在他印象中童年时的“费城当地人”也许会说他是“北边市场来的”。

在返回纽约时，利维坦号承载了 1174 名旅客，也就相当于乘客量的三分之一。她也没有开得很快。7 月 23 日，她回到了母港，返程用时 5 天 12 小时 11 分，均速 23.9 海里，比毛里塔尼亚号获得蓝带奖时的西行速度慢多了。[15]

吉布斯兄弟股份有限公司在美国运输委员会强制公司把利维坦号——这一现在我们认为世界上最伟大的轮船转让给有政府背景的美国航运公司前，让她完成了两个往返旅程。吉布斯兄弟完成的三趟旅行正值 1923 年旺季，利维坦号净赚277406.01美元。[16]

但是在其后的十年，很少有能带来高利润的航行了。战后世界对客轮提出了新挑战，尤其是对美国船只。先是有禁酒令，这对哈特利船长的利维坦号首行带来了不少麻烦。美国对酒类的禁令于1920年的元旦起变为法令。不仅是利维坦号，所有挂有美国国旗的船只都被禁止提供酒类饮品，这迫使许多游客选择其他能够提供满意膳宿的外国邮轮。

随后又对来美国的移民进行约束。翻新后的利维坦号可以搭载4505名乘客，近半数乘三等舱和统舱来美国——这是美国反移民势力最反感的移民对象。1924年，美国立法对东欧和南欧人实行禁令，对跨大西洋邮轮业来讲是个巨大打击。为了生存，为了吸引那些虽然廉价出行却自认为很体面的游客，许多邮轮把统舱改成"游客三等舱"或"游客舱"。"装配当然不太奢华，但至少还算令人满意。"[17]

公众仍然希望在首航就超过28节速度的利维坦号，能够充分发挥威廉·弗朗西斯·吉布斯吹嘘的航行能力。美国首家海军建筑日报《海洋工程与船舶消息》主编想看看这艘表现"世界上从未有过的海上最伟大的竞技本领。"这就是利维坦号和庄严号之间的较量。"所有会说英语的人们都有机会参与这场竞技，"主编写道，"为了不引起同属盎格鲁撒萨克逊民族两方之间的敌意，虽然这肯定在所难免，但是我们就当是游戏一场吧。"[18]

这两艘船是由德国人造的，但这似乎没有打消人们大肆宣扬竞赛的念头。杂志对毛里塔尼亚号还是公主号也不在意，特别是后者还获得过蓝带奖。1920年整修后，毛里塔尼亚号航行得更快，能够迅速达到27节的速度。但是没有任何一个船长想过在利维坦号和毛里塔尼亚号之间来一场竞争。德国造的大船无法以25节的速度顶着大浪逆行很长距离。尽管吉布斯兄弟已经对大船进行了改良，但是她的上部延伸接合处设计不完善，烟囱外壳与烟道有设计缺陷。与原来从锅炉到烟囱顶的一条烟道不同，利维坦号的德国设计师们把烟道一分为二并挪到船身的两端。两个烟道在甲板上重新合并在一起，烟雾随即从烟囱喷射而出。这样一来，头等舱的公共空间虽然变得更大，能承载更多的乘客，彼此之间也相互不受打扰。[19]但是，这样的创新大大降低了船的整体可视性。

WILLIAM WARREN GIBBS' RESIDENCE, Rittenhouse Square, Walnut Street, N. E. corner 18th

Located on North Rittenhouse Square, the home of W. W. Gibbs, capitalist and organizer of industrial corporations, is the very center of the fashionable residence section. Formery the home of Alexander Brown, of Brown Bros., and later of Col. Anthony J. Drexel. Remodelled by Albert Kelsey, Arch't

图1: 核桃街1733号, 吉布斯一家在费城的宅邸。这是城里最为豪华的住宅之一, 位于显赫的利顿豪斯广场东北角。

WILLIAM WARREN GIBBS
Capitalist and Financier
Founder, President & Director many Companies

图2: 威廉·沃伦·吉布斯, 威廉·弗朗西斯与弗雷德里克·吉布斯之父。白手起家的威廉·沃伦·吉布斯, 精明、能干, 被公认为美国身兼最多董事会职位的投资家。

图3：1894年11月12日，圣路易斯号缓缓滑出克朗普船厂。8岁的威廉·弗朗西斯·吉布斯就在人群中。"那是我第一次看到一艘大船，从那天起，我就决定把我的生命献给轮船，"吉布斯后来回忆道，"我从未后悔过。"——水手博物馆

图4：1910年，威廉·弗朗西斯·吉布斯在哈佛大学。——哈佛大学档案馆（HUD310.870）

图5：丘纳德公司邮轮毛里塔尼亚号，一直掌控着1907—1929年的蓝丝带奖，被拖到了干船坞。威廉·弗朗西斯·吉布斯和弟弟弗雷德里克在其首航时乘船旅行。船身修长，且被设计成可以改装为海军辅助战舰，毛里塔尼亚号和其姊妹船卢西塔尼亚号是首批装有蒸汽涡轮机的快速邮轮。——Corbis Images

图6：白星航运公司的奥林匹克号邮轮，悲惨泰坦尼克号的姊妹船。被誉为“可靠的老伙计”。1918年运载“美国军队中最为重要的一支”第301重坦克营还有6000名其他部队士兵前往欧洲。——水手博物馆

图7：大概时间1915年，学习中的威廉·弗朗西斯·吉布斯，展示他的设计初稿和草图。——水手博物馆

图8：大概时间1919年，威廉·弗朗西斯·吉布斯超级邮轮设计原型。1000英尺长、70000吨重，预计速度30节，估计是当时世界上最大最快的邮轮。与其他船只的烟囱和甲板相比，吉布斯的设计更矮一些、船身更具流线型，传达的是速度与力量。这一基本概念之后衍变成了美国号。——The Frank O. Braynard 藏品

图9：大卫.W.泰勒上将，是他开启了威廉·弗朗西斯·吉布斯的造船事业，并给予了他在大学时从未接受的正规训练。——由Naval Surface Warfare Center, Carderock Division 提供

图10：1912年J.P.摩根出席华盛顿的普尤听证会（Pujo Hearing，首次将华尔街的部分顶级银行家带入公众的视线），陪在身边的是女儿路易莎（左）和儿子小J.P.“杰克”·摩根。杰克·摩根资助了威廉·弗朗西斯·吉布斯的第一艘超级邮轮项目。——J.P.摩根图书馆

图11：菲利普·富兰克林，国际商船队董事长，同时也是杰克·摩根在船业的左膀右臂。他与威廉·弗朗西斯·吉布斯的决裂促成了吉布斯兄弟有限公司的成立，而公司后来变成了吉布斯&考克斯公司。——Laura Franklin Dunn 友情提供

*John M. Franklin beside one of his tanks in World War I. His battalion was the only unit of American Heavy Tanks at the front and was longer in the line than any British battalion of Heavy Tanks had ever been.*

图12：约翰.M.富兰克林中尉，菲利普·富兰克林之子、未来美国航运主席。一战期间在坦克营时的照片。——Laura Franklin Dunn 友情提供

图13：1922年搭乘毛里塔尼亚号时，年轻时的文森特·阿斯特。因为父亲在泰坦尼克号灾难中丧生，所以从哈佛辍学回家以管理家族财产，继承了7000万美元的遗产。日后成为美国著名风险投资家，美国航运公司最大股东。——Corbis Images

图14：重建利维坦号，该船前身是德国帝国旗舰祖国号，1922年在弗吉尼亚州纽波特纽斯船厂从一艘破旧的运兵舰改造成一首豪华邮轮。威廉·弗朗西斯·吉布斯的职业生涯也由此开启。——The Frank O. Braynard 藏品

图15：1923年5月，重建后的利维坦号驶入波士顿海军工厂的干船坞。——The Frank O. Braynard 藏品

图16：利维坦号头等舱吸烟室，一战前典型的奢侈内饰。——The Frank O. Braynard 藏品。

图17：大概时间1913年，保罗·卡拉瓦什和他十几岁的女儿薇拉。1927年，她与威廉·弗朗西斯·吉布斯的闪婚惊动了整个纽约社交圈。——Encore Editions

图18：威廉·弗朗西斯·吉布斯（右边），1926年在费城克朗普船厂监督美森航运公司马洛洛号的建造。——水手博物馆

图19：西奥多·费里斯，20世纪20年代美国海事建筑师院长、威廉·弗朗西斯·吉布斯超级邮轮的参谋。——水手博物馆

图20：不来梅号，德国邮轮，1929年打破毛里塔尼亚号创下的记录，夺得蓝丝带奖。二战期间，希特勒原计划在入侵英国时把不来梅号及其姊妹船欧罗巴号用于军备运输。但1941年，被一个船舱服务员放火烧毁。——水手博物馆

图21：1934年9月8日，着火沉没的莫罗城堡号搁浅在新泽西州艾斯拜瑞公园（市），成千上万人聚集在海滩。这场灾难造成124人死亡，不到泰坦尼克号的十分之一，但也是连续数周的头条新闻。莫罗城堡号灾难终结了她的建造师费里斯的职业生涯，但让吉布斯在日后的造船事业上更加重视轮船的安全性。——水手博物馆

图22：停靠在纽约港的法国邮轮诺曼底号。当时最为奢华的跨大西洋邮轮，以创新、流水线的船身设计以及涡轮电力推进著称。尽管号称是20世纪30年代最美的邮轮，诺曼底号很少搭乘半数以上的乘客。1935年首航抵达纽约后，威廉·弗朗西斯·吉布斯以及助手诺曼·齐普勒在诺曼底船上进行了一些商业间谍活动。1938年，她把蓝丝带奖输给了玛丽皇后号。——水手博物馆

图23：诺曼底号的头等舱休息室。在上层甲板上，头等舱的沙龙大厅、吸烟室和咖啡室，被一个完整的大楼梯和拱形的开口连在了一起。休息室的墙上装饰满了杜帕斯的玻璃画，红色奥布松的椅子雕满了装饰花卉。除了一个室内泳池，头等舱的乘客还拥有一个冬季花园，里面养着珍稀的候鸟和出自异国的花草，也有世界上第一个船上影院？影院还包括一个现代舞台和更衣室。——Corbis Images

图24：玛丽皇后号全速前进中，船首激起层层浪花。1938年刷新诺曼底号创造的纪录，夺得蓝丝带奖。且在整个20世纪30年代，在大西洋上所有的大型邮轮中，玛丽皇后号是唯一盈利的，由此确立了明星船的地位。二战期间，她及伙伴伊拉莎白皇后号每次航行可以运载16000名士兵到英国，并参加了名垂青史的诺曼底登陆。——水手博物馆

图25：玛丽皇后号头等舱休息室，以英国装饰艺术作为修饰。皇后号邮轮号称嵌板来自每一个大英帝国的殖民地。这样的空间也遭到了批评，被认为是“柔和但昂贵庸俗。”——Corbis Images

图26：美国航运公司新旗舰美洲号模型运抵。尽管没有同等级的欧洲巨轮大和快，但这艘中型邮轮却是吉布斯为了打造超级邮轮美国号的一次尝试。——The Frank O. Braynard 藏品

图27：威廉·A.理查德森号自由轮。被罗斯福总统称为“丑小鸭”，但这些流水线生产的“丑小鸭”，二战期间，运载了四分之三的美国战需供给到欧洲和亚洲。——The Frank O. Braynard 藏品

图28：1942年2月10日，已经燃尽的美国海军拉斐特号（前身是法国航运公司的诺曼底号）倒向一旁，沉入了哈德逊河的淤泥。曼哈顿岛上空被浓烟笼罩着。最后她被拆卸，切割成了废料。——水手博物馆

图29：1942年《时代》周刊封面，威廉·弗朗西斯·吉布斯被誉为“技术革命家”。之后，他把自己的窄边礼帽换成了棕色软呢帽。两年之后，他被免除了谋取战争暴利指控。——《时代》周刊友情提供

图30：威廉·弗朗西斯·吉布斯（左）和弗雷德里克·吉布斯在西街21号的“玻璃动物园”。——The Frank O. Braynard 藏品

图31：吉布斯超级邮轮的松树模型。最顶和中间的模型是20世纪40年代为美国号设计的船身。最底部的模型是1916年S-129的原型。——The Frank O. Braynard 藏品

图32：1946年约翰·M.富兰克林准将重返美国航运公司担任董事长一职，准备把公司打造成世界级客运和货运公司，拥有全球最快最为现代的超级邮轮。——Laura Franklin Dunn 友情提供

图33：美国号设计团队中唯一的女性工程师伊莱恩·斯克利·卡普兰。善于计算，卡普兰负责船只的螺旋桨设计。——Susan Caccavale 友情提供

图34：装潢师多萝西·马科瓦尔德在格莱斯航运公司的圣罗莎号上，旁边是公司董事长路易斯·拉帕姆。马科瓦尔德认为美国号的内饰应该是新颖现代的，但是她也发现吉布斯对于防火的执着有时候令人很厌烦。——Gordon Ghareeb 友情提供

图35：1950年2月8日，铺设美国号龙骨。站在栏杆旁右起第六位是威廉·弗朗西斯·吉布斯。——水手博物馆

图36：工人们正在组装大船双层底部。——The Frank O. Braynard 藏品

图37：停在铝质烟囱前的车辆，随后烟囱将被吊起放入船甲板。这是客船有史以来最大的烟囱。——水手博物馆

图38：美国号在安装绝对机密的船舵。——水手博物馆

图39：美国号的两个右舷螺旋桨。装有五个叶片的船内螺旋桨可以降低高速下的气穴现象和振动。——水手博物馆

设计缺陷直到 1924 年才显现出来，利维坦号的姊妹船庄严号上的船员们在上层甲板发现了压裂的痕迹。管理层们对此持视而不见的态度。同年 12 月，庄严号在暴风雨中全速前进时遭到猛烈撞击，乘客们听到了巨响“像发射大炮一样”。在第二个烟道下的主板完全裂开，船身舱门也完全裂开。庄严号小心翼翼地驶回港口，在哈兰德 & 沃尔夫船厂进行了代价昂贵的修理。当吉布斯听到消息后，命令利维坦号也停运修整，以便对同样设计的烟道和延伸接口再次进行电焊加固。[20]

“这个设计太差了，”吉布斯的电力工程师后来谈及利维坦号的烟囱设计时说道，“太多尖锐的拐角。直到我们全力驾驶她的时候才发现。”[21]

利维坦号首行中的一位官员最终成为了公海上最为出色的美国船长。他深爱脚下涡轮机的轰鸣声，以及飘扬在每一艘船上的红白蓝星条旗。跟威廉·弗朗西斯·吉布斯一样，他认为这一艘艘大型邮轮不仅仅是机械，而是一个个真实的存在。“你像认知每个人一样去认识每一艘船，”他说道，“他们都有自己的特性和品质，每一艘船都有自己的性格。”[22]

脾气火爆且自信爆棚的哈利·曼宁并不缺少性格。1923 年夏天，他被任命为利维坦号的大副时才 26 岁。1914 年 5 月他随着纽约海事学院的学员们首次登上了祖国号，也正是这次参观，让他听到了德国海军准将汉斯·鲁泽对美国从来没有过如此大的邮轮的嘲笑给他留下了至深的记忆。

现在，归功于威廉·弗朗西斯·吉布斯，美国终于有了。

曼宁原名叫哈利·陆尔科，生于德国。后来，哈利的母亲离婚后与一名派往海外的外事服务官员结婚，哈利就跟了继父的姓。哈利 10 岁的时候，他随家人搬到了纽约城。[23]邻居家的孩子们觉得这个头大、看上去弱弱的、连话都说不清楚的小男孩特别好欺负，哈利回到家时总是流着鼻血。[24]高中毕业后，哈利选择了位于布朗克斯的斯凯勒堡的纽约海事学院——它被誉为航海界的哈佛大学，坐落在长岛湾上。

曼宁身高 5 尺 6 寸，是班上个子最小的学员。但那时，他已经能够保护自己了。他终于在一场跟嘲笑自己的学员们赤手空拳的打斗后一鸣惊人。曼宁毕业后先在一艘小邮轮上干活儿，后来以每月15美元的工资被老化的美洲航运圣保罗号雇用为水手。[25]1922年美国航运公司成立时，曼宁有机会跳槽到该公司成为乔治·华盛顿号的大副，该邮轮后来也跟利维坦号一样在一战爆发时被征用。而后，他被任命到飘扬着美国国旗的利维坦号——最大最快的邮轮就职。作为二副的曼宁，所有的时间要么待在船桥上，要么待在图标室，他甚少与游客交往。他滴酒不沾，也从不抽烟，但是他自学了探戈，还上了拳击课。拳击，如他自己所说，就像冬天里的北大西洋。“一不留神，她就会侵袭你，”他说道，“你一定要时刻紧盯，否则她就会戳你、刺你。”[26]

二副曼宁打得一手好拳，令他名声在外，也有利于他管理船上1000名船员。这些船员挤在黑暗狭小、又脏又乱的过道小屋里，住在利维坦号船舱最底部的机舱里。曼宁跟这些船员们保持着心理上的距离。他痛恨那些随着船业兴起而发起的激进左翼工会运动，他也拒绝加入美国劳工联合会的雇主、同仁与先锋工会。“估计我还没加入就已经饿死了。”他如是说。[27]

不如意的船员们可能会很具攻击性。一次航行中，曼宁刚把咖啡递到嘴边，结果一阵恶心，把肚子里所有东西都吐个一干二净。一个乘务员把蟑螂药倒进了他的咖啡。他的手布满了跟偷渡者，还有那些憎恨他“独裁管理的顽固分子”打斗的伤疤。[28]

然而曼宁跟管理层也有矛盾，尤其是利维坦号的老板赫伯特·哈特利准将。几次交锋后，他们彼此非常鄙视。对于曼宁来说，哈特利是一个顽固的崇尚名利者；对于哈特利来讲，曼宁则是一个孤僻的利己主义者。

一天晚上，大副林德通知哈特利准将，前桅端面生锈了，需要检修。于是两人开始爬向望台。检查过后，准将和大副爬上望台，凝望着利维坦号的船头。一阵冷风袭过，撕扯着他们的皮外套，刺痛了他们的脸颊。

二副曼宁此时站在船桥上看着。

斜眼一望，哈特利看见一艘大船正快速驶向他们。“肯定是巴黎号！”他朝林德喊着，而林德马上捡起望台的电话打给船上，告诉曼宁法国邮轮的旗舰号正朝着他们驶来。

“告诉那个狗崽子，我知道自己在干什么。”曼宁咆哮着。

震惊的林德告诉曼宁，船长就站在他身旁，电话里的内容听得一清二楚。

透过船桥的玻璃窗死死盯着望台，曼宁大喊道：“我能看见那个王八蛋！”

“你可知道哈特利听见了你说的每一个字。”林德说道。

从桅杆上下来，沉默即将爆发的哈特利让林德通报船桥，让曼宁不用值班了。

“但是曼宁先生还没到时呢，才三点半，准将。”

“按我说的办。”哈特利说。

林德敬了个礼，爬上了船桥，曼宁正挑衅地站在那里，他身材矮小、单薄，倚着擦着锃亮的铜管和闪闪发光的门框。这个戴着鸭舌帽、戴着眼镜的小个儿，瞪着林德，仿佛在提醒他：他还是自己手下而已。

“你被解雇了，”林德通知曼宁，又加了一句，“你这次全是自找的！”

在他的宿舍，哈特利从座椅转过来，直直地盯着他的二副。“曼宁先生，”哈特利缓缓说道，“我不傻，我也不是狗崽子，我更不是王八蛋。”

曼宁什么也没说。

“现在，”哈特利继续道，“这艘船通往 86 号码头有 11 条舷梯。我不在乎你走哪个，但是你必须选一个，再也别回来了！”[29]

曼宁顽固不化，“你这些天就是个狗崽子。”他得意地说道。

曼宁从其中的一个舷梯离开了利维坦号，但是他作为一名高水平的船员“留在滩上”确实可惜了，其他水手如是说。1927 年 1 月，他得到了第一次指挥机会：指挥美国小型邮轮罗斯福总统号。

登船的那天，哈德逊河被冰雪覆盖，灰色的乌云给曼哈顿码头带来了雨夹雪。但是，曼宁站在这艘狭小却又装备齐全的邮轮的船桥时十分高兴。“在恶劣天气航行是我的强项，”作为船长首次航行的他说道，“我们完成任务完全没有问题。”[30]

两年后，曼宁船长冒死搜救一艘下沉意大利货船的光荣事迹，令他成了国民英雄。那时他是美洲号的大副，收到被困在大西洋季候风中货船的求救信号。在暴风雨中，大型邮轮几乎不可能靠得太近去营救，所以曼宁带领着一艘小救生船，在风雨中奋战一个小时，向正在沉没的意大利货船上的船员们靠近。

20世纪20年代的法国、英国和美国，还有一些一战前建造的船只在运行。战胜国英国很快地吞并了在战争中截获的德国邮轮的精华，并使它们成为自己海军势力的标志。丘纳德在运营前赫伯罗特巨轮帝王号时还纠结了半天——这艘邮轮是作为卢西塔尼亚号的赔偿给了他们——每次航行都得赔5万美元。巨轮的新主人还是坚持了下来，为了纪念英格兰“狮心王”理查德的妻子，他在1921年初把船重命名为伯伦加莉亚号。巨轮，以及她的伙伴毛里塔尼亚号和阿基塔尼亚号，被改装为燃油动力而不是燃煤动力，也由此成为了大西洋上每周往返于纽约和欧洲港口、最能赚钱而知名的“三重唱”邮轮船队。国际商船队的白星号邮轮，也跟德国制造的庄严号和奥林匹克号一同兴盛起来。但是随着20世纪20年代的结束，进入30年代，造船师们和国家缔造者们开始谋划未来。

曾经拥有大量战需船的德国只剩下一个选择，即从头开始。到20世纪30年代中，位于不来梅的北德意志劳埃德公司筹集了足够的私人资金和政府资助，准备建造两艘具有革命性意义的船只，其设计完全保密。亏得20年代的经济大繁荣，英国人、法国人和意大利人备感阔绰，也开始准备自己的宏伟计划。

吉布斯猜想，这些新船将淘汰掉包括利维坦号在内的现役邮轮。1927年，关于美国船只他写道：“就算她退役了，也没有船只能够取代利维坦号的地位——我用最为严谨的技术工程态度来说。”[31]

重建利维坦号所花费的巨资并没有给吉布斯兄弟股份有限公司带来财务上的效益。威廉·弗朗西斯·吉布斯和弟弟弗雷德里克四处寻求船只设计工作，但是所获甚少。诸如西奥多·费里斯和厄内斯特·里格这样专业出身的设计师却从他们手里抢走了许多大订单。

经历了喧嚣的初始年代，美国造船业横跨大西洋的贸易也停滞不前。美国的船业公司满足于坐在德国战前建造的邮船水平上，继续使用旧船航行，而不是建造新船。要打造自己的超级邮轮，吉布斯认为只有一条路，那就是重新谋划建造船只的格局，找到伙伴从政府手里把美国航运公司买过来。

除去财政上的烦恼，家人更让威廉·弗朗西斯·吉布斯担忧。他的母亲弗朗西斯在 1921 年去世。在她死后，年迈的威廉·沃伦·吉布斯和他的两个女儿搬进了格莱斯顿的一个富人们曾经喜欢的简陋费城公寓。威廉·沃伦随后又搬到了普林斯顿，跟小女儿乔治安娜及她的家人住在一起。他还是勇敢地寻求新鲜事物。《费城问询报》1917 年 1 月曾记载，一位名叫雷斯特·巴罗的前水手改良了一种“航空鱼雷”，这种鱼雷能够从一架升空高度达到 200 米的飞机上扔下鱼雷，并让它轻而易举地在距离地面目标 8 英尺爆炸。报纸随即写道：“威廉·沃伦·吉布斯，一位知名的金融家，对巴罗的发明很感兴趣。”[32]

1925 年 10 月 25 日，威廉·沃伦·吉布斯在肯伍德精神病疗养院逝世，享年 79 岁。[33]

当威廉·弗朗西斯·吉布斯和弟弟弗雷德里克整理父亲留下的文件，处理后事时，发现父亲的财产中有一条人寿保险以及一笔巴罗诉麦金泰尔案的庭外和解费用。一共价值 3555. 02 美元。威廉·沃伦·吉布斯去世时没有任何美国联合煤气改进公司的股份，而这些股份令许多所谓正派的费城人变得富有。他也没有任何其他成功投资的股份，如蓄电池公司，在他去世时已经成为了埃克塞德公司。

更惨的是，威廉·沃伦·吉布斯死后还留下了一笔债。当财产清理完毕后，根本没有给他的孩子们留下任何东西。[34]

曾经名噪一时、富有的费城公司发起人最后长眠在家乡新泽西的哈克斯特镇。

父亲去世后的两年，威廉·弗朗西斯·吉布斯仍与弟弟弗雷德里克住在纽约的小公寓里。那些了解他的人们猜想这个腼腆、富于个性的工程师估计要一直孑然一身了。他不擅长聊天，不喝酒不吸烟，在女人面前总是别别扭扭。威廉·弗朗西斯有时候甚至呵斥她们远离他。

"如果说有什么我不能忍受的，"他曾经说，"那就是坐在两位女士中间，说些无聊的话。她们总是问，'你是干什么的？'我回答说，'我是一名工程师。'她们继续问，'什么工程师？'我说，'我设计垃圾驳船。'事实上，我确实也是做这个的。然后她们马上走掉了。女人太没意思了。"[35]

但是在1927年，40岁的威廉·弗朗西斯·吉布斯做出了令纽约各界震惊的举动——他结婚了。他娶了一位有文化、佩服他的干劲并欣赏他的怪癖的妻子。这样的组合给他带来了经济上的稳定和社会的接纳，但是并没有影响他一心建造超级邮轮的追求。

## 注释

1. Herbert Hartley, *Home Is the Sailor* (Birmingham, AL: Vulcan Press, 1955), p.83.
2. Frank O. Braynard, *The World's Greatest Ship: The Story of the Leviathan*, vol.2 (New York: Fort Schuyler Press, 1976), p.271.
3. *New York Sun and Globe*, June 25, 1923, 引自 Braynard, *The World's Greatest Ship*, vol.2, p.274.
4. "Leviathan Breaks World Speed Record in 25 - Hour Spurt," *New York Times*, June 24, 1923.
5. "The S.S.*Leviathan*—Views and Information on the Ritz-Carlton Room, Library and Winter Garden," Gjenvick-GjØnvik Archives, http://www.gjenvick.com/UnitedStatesLines/1923-TheSteamshipLeviathan-Section-2.html, 访问于2009年10月19日。
6. *New York Times*and *New York Tribune*, May 6, 1923, 引自 Braynard, *The World's Greatest Ship*, vol.2, p.215.
7. "Leviathan Sails with 1, 700 Aboard as 10, 000 Cheer," *New York Times*, July 5, 1923.
8. Oran McCormack, *The World as Oran McCormack Saw It* (Boston, MA: printed by author, 1939), pp.77—78, 引自 Braynard, *The World's Greatest Ship*, vol.2, pp.310—11.
9. "Cheer Leviathan at Southampton," *New York Times*, July 11, 1923.
10. President Warren G. Harding, 引自 "Leviathan Twice Passes the France," *New York Times*, July 6, 1923.
11. "Cheer Leviathan at Southampton," *New York Times*, July 11, 1923.
12. "Leviathan Guests Marvel at Change," *New York Times*, July 13, 1923.

13. William Francis Gibbs，引自 *New York Herald Tribune*，n.d.，probably July 12，1923，后引自 Frank O. Braynard，*By Their Works Ye Shall Know Them*：*The Life and Ships of William Francis Gibbs 1886—1967*（New York：Gibbs & Cox，1968），pp.189—90.

14. "U.S. at War：Technological Revolutionist，" *Time*，September 28，1942，http://www.time.com/time/magazine/article/0,9171,773637-5,00.html，访问于2010年8月4日。

15. William Francis Gibbs，引自 *New York Herald Tribune*，n.d.，probably July 12，1923，后引自 Braynard，*By Their Works Ye Shall Know Them*，pp.189—90.

16. *Proposed Sale of Certain Ships by the United States Shipping Board*，*Hearings Before a Subcommittee of the Committee of Commerce United States Senate*，*Sixty-Ninth Congress*，*Second Session Pursuant to S. Res.294 Requesting the Shipping Board to Postpone the Consummation of the Sale or Charter of the "Leviathan" and Certain Other Vessels Operated by the Board*，*Part 8*（Washington，DC ：Government Printing Office，1927），p.251.

17. White Star Advertisement，ca. 1925，引自 John Maxtone-Graham，*The Only Way to Cross*（New York：Collier Books，1978），p.169.

18. "Leviathan Awakens American Interest in Shipping，"*Marine Engineering and Shipping Age* 28，no.8（August 1923），p.455.

19. Frank O. Braynard，*The World's Greatest Ship*：*The Story of the Leviathan*，vol.4（Newport News，VA：Mariners' Museum，1978），p.364.

20. Edward Ellsberg，"Structural Damage Sustained by S.S. Majestic，"*International Marine Engineering* 29，no.8（August 1925），p.430.

21. 1969年11月26日 Frank O. Braynard 对 Norman Zippler 的采访，引自 Braynard，*The World's Greatest Ship*，vol.4，p.364.

22. George Horne，"Skipper of the Blue Ribbon Liner，"*New York Times*，July 13，1952.

23. Florence Manning 2010年11月14日写给 Steven Ujifusa 的信。

24. "Invasion，1952，"*Time*，June 23，1952，http://www.time.com/time/magazine/article/0,9171,859829-6,00.html，访问时间2008年12月12日。

25. 出处同上。

26. 出处同上。

27. 出处同上。

28. 出处同上。

29. 1969年12月26日 Frank O. Braynard 与 Captain J. Linder 之间的采访，引自 Frank O. Braynard，*The World's Greatest Ship*：*The Story of the Leviathan*，vol.3（New York：Fort Schuyler Press，1976），p.161.

30. 1969年11月22日 Frank O. Braynard 对 Harry Manning 的采访，引自 Braynard，*The World's Greatest Ship*，vol.4，p.134.

31. William Francis Gibbs，文章标题不详，*Nautical Gazette*，early 1927，引自 Braynard，*By Their Works Ye Shall Know Them*，p.47.

32. "Invents Aerial Torpedo with Uncanny Precision，"*Philadelphia Inquirer*，January 22，1917.

33. *Social Register*，*Philadelphia 1924*，vol.38，no.3（New York：Social Register Association，1923），p.102；*Social Register*，*Philadelphia 1926*，vol.40，no.3（New York：Social Regis-

ter Association, 1925), p.106.

34. Letters of Administration for the Estate of W. W. Gibbs, Register of Wills, City of Philadelphia, Number 465, Book 27, p.113.

35. Winthrop Sergeant, "Profiles: The Best I Know How," *New Yorker*, June 6, 1964, p.56.

# 第 9 章

# 名媛太太

尽管一直被教导成为一个纽约名媛，薇拉·卡拉瓦什却绝不注重那些令人眼花缭乱的时尚八卦。她生于 1896 年，从没去过学校，从小在家中接受私人教育。不怯马鞍，她是美国东北地区闻名遐迩的骑手。[1] 她讲着一口流利的法语，也是一个杰出的钢琴家。一头流云般的卷发衬着她稍显长的脸庞，脸上总是挂着微笑。她酷爱音乐，无论不落俗套的还是天马行空的抑或阳春白雪的各种乐曲，她都喜欢。许多年以后，音乐教师奥尔加·萨玛洛夫·斯托科夫斯基，也是指挥家的前妻，说到薇拉“熟知勃拉姆斯如同熟悉哈姆雷特中的角色一样”。[2]

生活中她也是“胆大妄为”。当 1925 年到访巴黎时，薇拉草拟了与她当马球手的丈夫詹姆斯·拉金的离婚协议。她的诉求获得准许，如愿以偿得到了年幼儿子艾德里安的监护权。

她的父亲是纽约超级律师保罗·卡拉瓦什。卡拉瓦什有着宽厚的肩膀、壮硕的身材，总是告诫在他的卡拉瓦什·德格里斯多夫·斯旺 & 伍德律所工作的员工们，必须致力于保护华尔街的生意和摩根财团（托拉斯）才能赚取薪水。事实上，多数的曼哈顿精英们都认为保罗·卡拉瓦什是美国法律界的 J. P. 摩根，说他拥有“骄人的财务知识和扫除一切障碍的狂妄自大”。[3] 俄亥俄州州长的公子，也是纽约重要的社会仲裁者，是他的挚友，卡拉瓦什帮助他开发了位于蝗虫谷的高档社区和极端排外的匹坪摇滚俱乐部（Piping Rock Club）。卡拉瓦什膨胀的自我和社会奋斗也搭上了他与艾格尼丝也就是薇拉母亲的婚姻，她曾经是一位女歌剧家，那一年是1926年。

在他们分居后不久，卡拉瓦什搭乘朋友的邮轮前往阳光明媚的地中海度假，而把女儿留在了纽约。

威廉·弗朗西斯·吉布斯在一个舞会上遇见了薇拉，而那次舞会他几乎是被拖去的。他穿着老式的黑色燕尾服，像是一个维多利亚时代的遗老被包围在一个时髦的圈子里。他厌倦交际，在这场合中总是变得暴躁，认为社交场合中的女人让人厌恶。

起初，薇拉一直被敷衍着。"我想他简直奇怪极了，"薇拉回忆说，"但我却被他迷住了。"他们就一直交谈着。

"弗朗索瓦"，薇拉这样戏谑地称呼他，而他，慢慢地对她敞开了心扉。"这听起来也许有些老土，但是他知道他的余生要去做些什么，"她说，"他要建造轮船——如果这意味着成为最棒的造船工程师，那么的确是这样——但建造轮船对他来说是这个世界上最重要的事情。"

舞会后的第二天，薇拉和年轻的艾德里安按原计划乘船前往欧洲。当抵达罗马的时候，一封电报在酒店的前台正等着她。吉布斯说他现在伦敦，不知可否来拜访她。

"我被感动了，你知道，他费尽周折只为了来看我，"她说，"这让我陷入了沉思。"

几天后吉布斯来到了罗马，依然是穿着那身黑色的燕尾服西装，提着一箱子脏衣服。薇拉却显得非常平静。在把脏衣服送去洗衣店之后，吉布斯雇了一辆马车载着薇拉和艾德里安慢跑在罗马街道上的阳光里。之后，吉布斯匆匆地说了句再见就回到了美国，极有可能是乘坐利维坦号。薇拉和艾德里安不久也回到了美国。[4]

几周之后，薇拉的一些朋友在她父亲的公寓里举办了一场小型宴会。客人们一直在等他们的女主人出现。而时间不断地流逝，等待变得尴尬。

最终等到的是他们女主人的消息：薇拉·卡拉瓦什·拉金在前一天已经秘密结婚了。晚宴后，这位纽约最著名律师的女儿邀请她那些吃惊的朋友们前往华道夫·阿斯多里亚酒店来见见她新的丈夫——造船工程师威廉·弗朗西斯·吉布斯。

紧接着，他们结婚的细节开始在公众视线里传播。威廉·弗朗西斯·吉布斯和薇拉·卡拉瓦什·拉金在麦迪逊大道的长老会教堂举办的婚礼，仅有一位见证人，而当天早些时候他们出现在纽约市政厅申请结婚证，那一天是1927年1月6日。[5]

在纽约和费城，无论是见惯风月的女人抑或初入社交场合的少女，都被这个消息惊呆了。“这婚姻，在纽约和费城都是街头巷尾的谈资。”《纽约时报》如是说。[6]

薇拉并没有告诉父亲她的计划，毫无疑问，当保罗·卡拉瓦什归来时，看到他的女儿嫁给了一个41岁的工程师时疑惑不已。但他毫不犹豫地马上就把他的新女婿推介给了纽约的社交圈。卡拉瓦什以新婚夫妇的名义在圣瑞吉斯酒店举办了一场午宴，当天晚上又在长岛北滩奢华的湾流俱乐部举办了一场晚宴。[7]

这给威廉·弗朗西斯·吉布斯打开了多姿多彩的社交生活的大门。他不时出席观赏歌剧，流连于饭店和私家晚宴之间，也要作为东道主回请社会名流。他加入了一些精英俱乐部。最后，这些纽约的富贵名流们都乘坐他的邮轮旅行。但他始终未成为其岳父社交界的宠儿。他惊讶于并用他刻薄的、尖酸的才智极尽所能地羞辱曼哈顿晚宴的繁文缛节。当这种情绪涌起，他坐在椅子上就忽而像是一块“破旧的地毯”，忽而变成“聚会中的狮子”，[8] 一位旁观者这样描述道。

当薇拉和他在一起的时候，这种情形是她喜闻乐见的。这对夫妇欣赏彼此的优点，除了一起参加奥尔加·萨玛洛夫执教的音乐课程之外，他们几乎保持独立的社交日程。他追求薇拉时的狂热，似乎在婚后蜜月期一结束就冷却了下来。尽管他娶了一个富有的女人，但他的雄心壮志从未泯灭，反而日益变得强烈。

当多年以后被问及他们的关系时，吉布斯回以不耐烦的表情，好像答案如此显而易见：“我的太太美丽而聪慧，温柔而体贴。我们相处愉悦。她走她的路，我过我的桥，所以我们谁也不缠着谁——也许这也是（相处愉悦的）原因吧！”[9]

薇拉的确对丈夫的形象影响颇深。婚后，吉布斯的行头焕然一新：他扔掉了圆礼帽，换上了软呢帽；他黑色的蝶形领结换成了黑色蝙蝠领结；完全抛弃了他僵硬的翼领西装。薇拉知道她嫁给了一个为了工作而生的人，一个将工作置于生命最重要位置的人，而她恰恰就欣赏他的偏执。“他对待自己就像一个训练师对待一匹赛马。”她说，“他六点半准时起床……他的早餐只是加了很多糖的淡茶和尤尼塔饼干。他每天只吃一次正餐——晚餐。”[10]

在她的时代，薇拉是个独立的女人，无须为了丈夫活着。至少在公开场合，她总是把婚姻描述得很幸福。威廉·弗朗西斯总是把时间放在工作上，薇拉的空闲时间都被各种文化和音乐活动占据，慈善晚宴常常就在他们坐落于东 79 街 170 号的公寓里举行。她积极推进非洲裔美国艺术家的发展，在他们职业生涯遇到阻碍的时候。她曾为著名的女高音多萝西·梅诺在市政厅举办过晚宴；宾客名单上有哈莱姆文艺复兴中著名的卡尔·范·维克腾以及其他的社会名流。[11]

吉布斯的世界里，工作总是战胜了社交。但他承担起了收养薇拉的儿子——艾德里安的任务。在 1928 年 3 月 24 日，薇拉生下了他们自己的儿子。原本想取名为威廉·弗朗西斯·吉布斯二世，但她改变了主意。“我觉得有一个他父亲这样的人就够了。”她说。[12]因此，她从丈夫和父亲的名字中各取了一个字——弗朗西斯·卡拉瓦什·吉布斯。第二个儿子，克里斯托弗出生于 1930 年 9 月 2 日。

吉布斯不是一个居家好男人。当他伏案绘图时，他的两个儿子大部分时间都在祖父卡拉瓦什位于蝗虫谷的住所里玩耍。也许是母亲的遗传，弗朗西斯和克里斯托弗都喜欢骑马，穿梭在祖父的庄园。他们有一次给父亲的圣诞卡片就是他俩骑在马上的照片。年轻的弗朗西斯长得颇像父亲，长下巴，高颧骨和细长的双腿。[13]孩子们有着贵族般的童年，但骏马和财富无法弥补父亲缺少的陪伴。后来有一位家族成员描述吉布斯家族的育儿经为“迥然独立”；薇拉是“一个社交名媛，在大都会歌剧协会会议后安排与贝尔蒙特夫人共进午餐”；而威廉·弗朗西斯则是“大部分时间待在曼哈顿的办公室里，确保一切邮轮设计工程都井然有序”。[14]

如果说吉布斯家庭的生活不那么理想而完美，但至少音乐成为这个家庭中的父亲、母亲和祖父的共同爱好。卡拉瓦什也是美国对外关系委员会的创始人之一，这是一个旨在促进威尔逊国际主义政策的组织，也对吉布斯的职业生涯有着极大的帮助。一向苛刻的卡拉瓦什也逐渐变得喜欢女儿的新丈夫。同样，他也喜欢轮船：每当有邮轮拉响了汽笛经过他的办公室，这位纽约最著名的律师总是打开窗户大喊着回应。[15]他最大的兴趣依然在于纽约的社交圈。卡拉瓦什是从一个小镇上白手起家的人，他一直清楚地知道自己的天分何在。他的律师事务所，不同于其他顶级机构，管理员工主要基于等级和天赋，而不是家庭背景，他会分配给年轻的律师复杂案件的一部分以锻炼他们的才干。[16]这也给他从法律转行到工程的女婿做了一个很好的榜样。

弗雷德里克在哥哥婚后便开始独自生活，却从未感觉受到家庭的冷落。事实上，吉布斯兄弟每天大部分时间还是待在一起，当弗雷德里克需要打理吉布斯兄弟股份有限公司账务的时候总是和哥哥共用一张办公桌。薇拉同样很关心弗雷德里克，称呼她的小叔子为“菲力兹男孩”。[17]

薇拉的财富并没有对吉布斯面临的残酷市场有太多帮助，吉布斯也一直在极力招揽生意。在丧失了利维坦号的管理合同后，吉布斯兄弟以支付最低佣金来确保公司免于债务危机。终于，在翻新和维修了两年轮船后，吉布斯接到了一份订单，在龙骨架上建造一艘自己的邮轮。如果能如约建成，这艘美森轮船公司的马洛洛号（以一种夏威夷飞鱼命名）将成为有史以来美国本土建造的最大邮轮。马洛洛号将由在吉布斯家乡的威廉·克朗普父子公司建造，这也是建造 1894 年威廉·弗朗西斯·吉布斯 8 岁时看到起航的圣路易斯号的同一家船厂。马洛洛号配有 693 个头等舱座位，将在太平洋上服役，往返于旧金山、夏威夷和东亚地区。

“她将会是同类型邮轮中的佼佼者，”吉布斯断言，“我们的目标是应用一切现代理念，但必须通过严格的实用性筛选。”[18]

果不其然，这艘船几乎要了吉布斯兄弟的命。

## 注释

1. “Dinner Guests Hear Mrs. Larkin is Wed,” *New York Times*, January 7, 1927.
2. Olga Samaroff Stokowski, *An American Musician's Story* (New York: Read Books, 1939), p.259.
3. “Profiles: Public Man,” *New Yorker*, January 2, 1932, p.21.
4. Richard Austin Smith, “The Love Affair of William Francis Gibbs,” *Fortune*, August 1957, p.154.
5. “Dinner Guests Hear Mrs. Larkin is Wed,” *New York Times*, January 7, 1927.
6. 出处同上。
7. “Notes of Social Activities in New York and Elsewhere,” *New York Times*, August 14, 1929.
8. “U.S. at War: Technological Revolutionist,” *Time*, September 28, 1942, http://www.time.com/time/magazine/article/0,9171,773637-5,00.html, 访问于02010年8月4日.
9. Winthrop Sergeant, “Profiles: The Best I Know How,” *New Yorker*, June 6, 1964, p.62.
10. Smith, “The Love Affair of William Francis Gibbs,” p.158.
11. 1939年11月14日 Vera Cravath Gibbs 写给 Carl Van Vechten 的信, Carl Van Vechten Correspondence, JWJ Carl Van Vechten, Beinecke Library, Yale University, New Haven, CT.
12. Sergeant, “Profiles: The Best I Know How,” p.64.
13. Francis C. Gibbs 送给 William Francis Gibbs 的圣诞贺卡 (n.d.), William Francis Gibbs Collection, Mariners' Museum, MS 179 Box 16, Newport News, VA.
14. Paula Gibbs, “Dogs I Have Known and the People They Have Loved,” *Wiscasset Newspaper*, January 15, 2004.
15. 2010年9月21日对 Lawrence W. Ward 的采访。
16. Robert T. Swaine, *The Cravath Firm and Its Predecessors, 1819—1948*, vol.2 (privately printed, 1948), p.4, 引自 Kai Bird, *The Chairman: John J. McCloy, The Making of the American Establishment* (New York: Simon & Schuster, 1992), p.62.
17. Sergeant, “Profiles: The Best I Know How,” p.64.
18. Durward Primrose 进行的采访, 引自 Frank O. Braynard, *By Their Works Ye Shall Know Them: The Life and Ships of William Francis Gibbs, 1886—1967* (New York: Gibbs & Cox, 1968), p.36.

# 第10章

# 马洛洛号

在利维坦号惊艳亮相后的数年里，在美国，是建造新邮轮的糟糕时间。尽管由于禁酒，利维坦号仍很受乘客欢迎，可还是连续亏损，而她的小伙伴乔治·华盛顿号和美洲号对辉煌的丘纳德公司、白星航运公司和法兰西舰队的竞争几乎无招架之力。美国政府支持的美国航运公司也是举步维艰。更糟糕的是，菲利普·富兰克林，现在俨然是一个对他充满仇恨的敌人，他不仅关闭了美洲航运的大西洋航运线，还要把白星航运公司回售给英国投资者。吉布斯如此的傲气，当然不会请求富兰克林再次接纳他，再把他招至麾下。

这位建造了美国最大轮船的人，发现他卷入了近岸船舶和拖船合同的竞争，包括像西奥多·费里斯等竞争对手。费里斯，一位天才工程师，也是一个精明的商人，十分注重培养并维系与船厂之间融洽的关系，当然，他也不介意极力自我推销。同行认为他是“一个能力与声望并著的造船工程师”，也是“一个多年保持着高额利润的人”。[1] 费里斯和其他一些造船工程师早已锁定了与沃德航运公司的合同，而国际商船队控制了巴拿马太平洋航线，这都是运送货物和邮件前往南美洲和加勒比海地区的必经之路。

马洛洛号的合同几乎是雪中送炭，这得益于吉布斯的良师益友，而正是这个合同让公司得以持续运营。海军上将大卫·泰勒，在1914年就支持吉布斯的第一艘超级邮轮，赫然发现如今他也需要寻找一份工作。自从1923年从海军建设局负责人职位上退休之后，他担任造船和轮机工程师协会主席，这是一份享有声望却不会令人满意的职位。如同其他人一样，他也明白当时不是建造轮船的绝佳时机。因为在1921年召开的华盛顿海军会议旨在限制海军军备竞赛，结果就是英国、法国、意大利、日本和美国同意退役服役多年的军舰继续服役，并限制新建战舰。

但泰勒上将无法离开轮船设计，也绝不愿眼睁睁地看着在华盛顿条约的限制下陷于无能为力、无所事事的窘境，而对于阻止日本成为东亚地区主导地位的海军势力的发展他也根本找不到机会。

吉布斯抓住了雇用泰勒上将的机缘。"考虑到泰勒上将的声望和地位，在面临一个如此艰难的时期而我们也缺乏经验。"他后来回忆道，"我们没有一点自信，于是建议组建一个可能的联盟。"[2] 泰勒开始操刀商业轮船的设计。这位退休的海军上将依然坚信在某一天威廉·弗朗西斯·吉布斯能够建造一艘上千英尺的美国邮轮，一如十年前他遇见这个年轻人的那一天。对吉布斯来说，拥有一位海军前首席设计师有助于公司吸引大的合同和招徕优秀的工程师。

从1925年开始，泰勒成为吉布斯兄弟股份有限公司的全职合伙人，那一年正是马洛洛号开始建造的时候。龙骨铺设于1925年6月1日，差不多一年后举办了首航仪式，商务部长赫伯特·胡佛出席了那次仪式。泰勒建议吉布斯兄弟在建造轮船的时候注意增加军事性能，包括为船员配备手枪的细节，以便将来可以成为海军运兵船，甚至航空母舰。

但这个工程迎来了一个又一个难题。在开始建造后的几个月，一名毛手毛脚的铆工掉落了一个炽热的铆钉，脚手架燃起的大火几乎烧光了轮船所有的内部结构。没有被烧坏的地方也惨遭水浸和烟熏。吉布斯要求费城克朗普船厂对此承担责任。他坚持对方应支付20万美元（相当于2012年的250万美元）的修复费用。

克朗普船厂只能勉强同意了。像纽波特纽斯船厂一样，克朗普船厂在一战后几乎陷入了订单荒，寄希望于马洛洛号700万美元的大订单重新赢利。然而，事与愿违。正如他监工改造利维坦号一样，吉布斯拒绝允许任何订单的改变，并且要求任何材料质量的缺陷都将由克朗普船厂赔偿。当马洛洛号完工之时，400 万美元的意料外支出最终导致了克朗普船厂的破产。[3]

1927 年 5 月 26 日，也是吉布斯大婚之年，他的马洛洛号邮轮完成试航成功抵达楠塔基特岛，但测速航行却被推迟了。浓雾使得马洛洛号无法在繁忙的航道里达到最快速度。吉布斯和弗雷德里克以及船长站在船桥上，而泰勒上将则回到了大厅休息室中。一场细雨轻轻地洒落在甲板上。

突然，泰勒听到从船桥传来匆忙的脚步声和歇斯底里的喊叫声。从舷窗望去，从浓雾中窜出来一片光亮。不知哪里冒出来一个黑色的不明物体，径直向马洛洛号左舷冲来。

泰勒上将的心一下子提到了嗓子眼儿。他们说那是一艘小船，他回忆说："但我负责任地告诉你，那船足足有 20000 吨。它飞速冲过来，张牙舞爪，像一个大雪锥。"[4]

在几层甲板之上，吉布斯兄弟都看到了一艘货轮的船头正正地撞在了驾驶室的翼桥正下方。

泰勒从撞击中艰难地撑坐了起来。他听到从迎面而来的船角传来两声剧烈的爆炸声。这艘挪威货船雅各·克里斯琴森号的船头像锋利的斧刃一般插入马洛洛号的侧面。猛烈地撞击让船上的人都跳了起来。在船舱下面，一位接线员正忙着计算他应得多少加班费，而绿色的海水冲破船舱把他从桌子边冲飞了出去。他使劲地撞击办公室的木门，最终成功逃了出去。

吉布斯听到下面传来刺耳的声音：钢板的撕裂声、铆钉的脱落声、电线的扯断声和玻璃的破碎声。吉布斯没有慌乱，镇定地走到水密门控制系统，打开了警报开关。警报声立即响遍整条船。在水位线附近，原本用来向外泵出污水的孔——"啪"的一声关上了。

但冰冷的大西洋水已经浇熄了锅炉。随着电力的中断，船上所有的灯光都熄灭了。应急发电机开始工作，船桥上红绿色的应急灯闪亮了起来。已经漆黑一片的走廊和公共休息室里，几个应急灯闪烁着朦胧的光亮。

这艘挪威货船笔直地撞向了马洛洛号，撞烂了两个锅炉房，在马洛洛船身上撕开了一个两英尺宽、15 英尺高的口子。泰勒认为马洛洛号命中注定大难不死。这位经验丰富的轮船专家从未见过一艘腹部“被撞穿一个大洞依然能够漂浮的船”。[5]

泰勒和吉布斯都清楚地知道11年前爱尔兰皇后号邮轮被撞击后发生了什么。那天是1914年5月30日，这艘中型豪华邮轮——隶属于加拿大太平洋铁路公司，正驶在魁北克前往利物浦旅程的第一站。在船上有大约1400名乘客和船员，还包括一个来自英国救世军的先遣队。当她驶入繁忙的圣劳伦斯河时，浓雾掩盖了一切。凌晨两点时分，亨利·肯德尔船长从右舷望去，发现不远处有一组灯光，这灯光笔直地冲向他的轮船。在肯德尔来得及采取规避行动之前，这艘挪威货船斯托斯泰德号的船头已经撞上了爱尔兰皇后号的船身，刺穿了船舱，分离了锅炉房和引擎室，海水迅速涌了进来，邮轮失去了动力，乘客们在黑暗中仓皇夺路而逃。水密门此时已经无法关闭，海水从阀门和舷窗倒涌进来。仅仅10分钟之后，爱尔兰皇后号已经完全侧翻了。数百名乘客紧紧抓住船身，另外的几百名乘客受困在已被淹没的船舱内。最终，邮轮摇晃着沉入了冰冷的圣劳伦斯河，1014名乘客和船员遇难。

如今，海水不断地涌进马洛洛号的锅炉室，威廉·弗朗西斯也知道他的新船可能会很快侧翻，像曾经的爱尔兰皇后号一样沉入海底。

离开船桥之后，威廉·弗朗西斯和弗雷德里克飞快地跑下几层楼梯，直到他们的鞋子和裤子浸到冰冷的海水，最后他们跑到了一个水密门前。这扇水密门还在大开着——这是他们在深思熟虑后的设计，自动的延迟关闭以确保船员们能够逃到顶层甲板上。

吉布斯抓住一个把手，关闭了这扇门。“就在那个时候，”弗雷德里克回忆道，“这扇水密门缓缓地关闭了。”预留的延迟时间结束后，马洛洛号的12个水密门隔室都缓缓地关上了。弗雷德里克发觉等待水密门关闭的过程竟是如此地痛苦。[6]

海水终究还是灌满了马洛洛号底部的每一寸空间。但甲板依然能够挺住，让轮船的其他地方免于水患。不同于泰坦尼克号水密舱只是通到了船身的一部分，马洛洛号的水密舱直达顶层甲板，将两个锅炉房与引擎室隔离开来，货舱顶着强大的压力，但依然坚挺。

马洛洛号在努力自救，却阻止不了她的下沉。在其中一个被撞破的锅炉房旁边，连接室内泳池的排水管也已被冲破，这也使得海水迅速淹没了两层甲板高的空间。如果海水持续灌入，马洛洛号将失去仅有的平衡能力而迅速沉没。一名克朗普船厂的工人赤裸着上身，一猛子扎进了水里。在几次深呼吸下潜之后，他设法关闭了那个排水管。

最终马洛洛号停止了下沉。她依然笔直地站着，装着6000吨的海水，吃水深度为36英尺。但她是安全的。

虽然无须疏散，马洛洛号的船长还是发出了遇险信号，请求救援。古夫兰号邮轮和比勒陀利亚号邮轮赶到了事故现场，但他们的船长希望得到一份可观的救援费。马洛洛号的汽笛已无法鸣响，但船长靠着敲响船上的铜钟引导着这两艘救援船穿过浓雾。当两艘邮轮抵达时，他们各派出了一艘救生艇，艇上都是最强壮的水手。"这些船员，"《纽约时报》报道说，"奋力拉船，就像是哈佛大学赛艇队员那样充满了活力。"当一艘邮轮试图在已经变得波涛汹涌的海面上拖拽马洛洛号时，马洛洛号开始颤抖并发出"嘎嘎"的响声。最后，三艘大功率的拖船一起把受伤的马洛洛号拖到了纽约。[7]

1927年5月29日清晨，马洛洛号停靠在了斯塔滕岛。从水面上看来，她是如此地低矮，像是一艘驳船，而不是一艘豪华邮轮。好奇的看客们站成一排，围观马洛洛号被拖船拉进布鲁克林海军船坞，在那里她将被晾干和修补。在船坞里，摄影师给在船桥上的设计师们拍了一张照片。吉布斯兄弟并肩站在一起，帽子早不知道被吹到哪里去了。威廉·弗朗西斯，穿着深色的羊毛外套，稀疏的头发在风中飞舞，他盯着镜头，满脸愤怒。[8]

尽管已经破产，克朗普船厂还是由衷地称赞了轮船的设计师。当记者问到是否满意轮船的设计师，克朗普船厂的主席——J. 哈利·马尔说："是否满意？我怀疑卢西塔尼亚号上的洞是否和这个一样大。现在我们待在纽约港。这不言而喻。"

唯一的伤情是一位船员扭伤了脚踝。

对威廉·弗朗西斯·吉布斯来说，马洛洛号几乎沉没的报道把他的名字和海上安全画上了等号。对他来说，没有比偷工减料来节省主顾的金钱却搭上乘客的性命更糟糕的了。这是一个轮船设计师必须有的素养，不仅仅是遵守规则，更要超越，不管主顾或是船厂怎样为额外增加的隔间、自动延迟关闭系统和救生设备的成本抱怨。1927 年 7 月，吉布斯在《海洋工程与船舶信息》杂志上发表了他的第一篇文章:《碰撞检验安全措施》。吉布斯骄傲地指出，他的设计团队已不仅能达到美国的需求标准，也能够达到 1914 年国际海上人命安全公约所设定的标准，尽管美国政府拒绝批准这一条约。哪怕在史密斯参议员发现了泰坦尼克号灾难的真相之后，在短时间内制造出最安全的船也许是“一门好生意，只有那些不顾伦理和道德的投资商才会做这样缺少人性的投资”。[9] 修改泰坦尼克号设计的缺陷，事实上是吉布斯整个设计过程中的“咒语”。这无疑解释了为何马洛洛号在遭受如此的撞击之后能够幸存，而更大的船只却有可能遭受沉底之灾的真正原因。

然而，搭上了另一场灾难，才让整个世界来兑现泰坦尼克号沉没后对海上安全的承诺。1928 年，英国客轮维斯特里斯号在弗吉尼亚州海岸的暴风雨中倾覆，127 人遇难。滑动的货物使她倾斜，随后一个装煤口涌入海水而无法关闭。悲剧发生后，航海国家在伦敦召集了会议，重申早在 1914 年泰坦尼克号灾难后就已确立的国际海上人命安全公约。国际海上人命安全公约大会批准了 1914 年提出的总纲和细则，但由于一战爆发就被抛之脑后。直到 1933 年，威廉·弗朗西斯·吉布斯制造的马洛洛号的安全标准才被公认并批准成为国际法律。

马洛洛号成为太平洋上最成功、最受欢迎的邮轮。遗憾的是，如马洛洛号般优异而又安全的邮轮，却稍显太小而从未打破过航行纪录。20 世纪 20 年代后几年，公众的兴趣已经转移到英法意德等国所描绘的新一代远洋巨轮上面。美国的轮船早已陈旧不堪，美国航运公司也被私人收购，看起来只要美国的经济在那个时候持续繁荣，美国重新建造一艘新的邮轮会很快提上日程。

问题是，谁来设计？

吉布斯知道他有许多强有劲的竞争对手，而且在预算上和时间上船厂更喜欢生产沿海贸易的船只。西奥多 · E. 费里斯在那个时间并不引人关注，但他比吉布斯拥有更为稳固和丰富的实战经验。而且，他树敌不多。

吉布斯决定，找到意气相投的合伙人，再尝试收购美国航运公司售卖的船只。

## 注释

1. Pacific Marine Review，引自 Theodore E. Ferris，in *Hearings Before the Commerce Committee*，*United States Senate*，*Sixty-Fifth Congress*，*Second Session*，*on S. Res.170*，*Directing the Committee on Commerce to Investigate All Matters Connected with the Building of Merchant Vessels Under the Direction of the United States Shipping Board Emergency Fleet Corporation and Report Its Findings to the Senate*，*Together with Its Recommendations Thereon*（Washington，DC：Government Printing Office，1918），p.2311.
2. Hilliam Hovgaard，"Biographical Memoir of David Watson Taylor，1864—1940，"*National Academy of Sciences of the United States of America Biographical Memoirs*，vol. 22，7th memoir，1941年在美国国家科学院年会上的报告，p.143.
3. Richard Austin Smith，"The Love Affair of William Francis Gibbs，"*Fortune*，August 1957，p.139.
4. "Malolo Docks Here with Gash in Hull，"*New York Times*，May 29，1927.
5. 出处同上。
6. Frederic Gibbs，引自 Frank O. Braynard，*By Their Works Ye Shall Know Them*：*The Life and Ships of William Francis Gibbs*，*1886—1967*（New York：Gibbs & Cox，1968），p.39.
7. "Malolo Docks Here with Gash in Hull，"*New York Times*，May 29，1927.
8. William Francis Gibbs，"Malolo Collision Vindicates Safety Measures，"*Marine Engineering and Shipping Age*，July 1927，p.400.
9. 出处同上，pp.499-500.

# 第 11 章

# 德国海上猛兽

20 世纪 20 年代对于跨洋航运业来讲是繁荣的时代。大型邮轮都拥有自己的昵称：伯伦加莉亚号是“浆果号”，庄严号是“魔法棍”，奥林匹克号则是“可靠的老伙计”。在夏日高峰期，身穿运动夹克衫的男士和头戴遮阳帽的女士站满了码头，朝缓缓驶进哈德逊河的大邮轮挥动着手帕，汽笛轰鸣，浓烟从烟囱滚滚冒向天空。

五到六天的旅途满满地安排了活动：化装舞会、旅客的才艺表演、推圆盘比赛和吸烟室里面的桥牌比赛。入夜后，酒吧舱里人头攒动，热爵士乐队在大厅的舞台上近似疯狂地演奏着。“威尔士亲王”和“罗马尼亚玛丽女王”“科尼利厄斯·范德比尔特三世”和“文森特·阿斯特”同坐在船长主题餐桌旁，享用着烤羚羊、鹌鹑蛋和鱼子酱。纽约市的腐败市长吉米·沃克开创了一个船上风尚：行李箱一定装满 44 套西服，20 件纯棉背心（用来搭配燕尾服），12 条裤子和 100 个领结。在船长主题餐桌旁，丘纳德邮轮的准将詹姆斯·查尔斯爵士命令所有男性客人必须穿上晚礼服，佩戴上勋章和世袭奖章。一位传奇的美食家，就这样于 1928 年死在了阿基塔尼亚号的饕餮盛宴上。[1]

随着股票市场行情飞涨，更多的人能够享受前往欧洲的“豪华游”，当然，也有人抱怨风靡大型邮轮的舞会“太累人”。“如果你热爱海洋和航行的邮轮，”一位旅客在写给富兰克林·罗斯福的信中说，“那么庄严号也就是个住满了嘈杂人群的高级酒店……服务员会告诉你，头等客人花三等舱的钱在二等舱度过旅途。”[2] 许多老水手觉得大型邮轮已经失去了原有的活力和最初的目的，堕落成为了迎合美国有钱游客而建的行宫。“伯伦加莉亚号上的每个人，甚至连狗，”一位船长不屑道，“都是‘社会名流’。”[3]

在所有大型邮轮中，只有美国邮轮的利维坦号一直在赔钱。原因很简单：由于禁酒，美国人都涌去外国邮轮了。“我学会了一件事，”船长赫伯特·哈特利调侃道，“那就是通过沃尔斯泰德法（实行禁酒令）的时候，美国人投了同意票，但是他们在旅行的时候都成了酒鬼呢。”

每次利维坦号结束航行驶进纽约港口，纠察长们都会从行李箱里搜出大量的烈酒，然后从船舱中扔到了大海里去。

“我敢肯定，至少 100 多万美元的世界顶级威士忌被倒进大西洋了。”哈特利回忆道。[4]

一些人怀疑这样的鼎盛能持续多久，但是到了 20 世纪 20 年代末，在经济繁荣中发了大财的欧洲船业公司，又开始了建造新一代邮轮的宏伟计划——这其中还有很大的政府支持。

法国飞达轮船公司抢先一步。与富有的美国人相比，这家公司因考究的服务和顶级的餐饮而闻名。公司董事长让·达·皮亚兹就有一条不建造姊妹船的原则：“生活，不能被拷贝，只能被创造。”他宣称到了[5]1927 年，达·皮亚兹将为一艘排水量达 43000 吨重的法兰西岛号剪彩。从外观上看，她四四方方很传统，也没有创造过航行纪录。但是她的内饰却令世界震惊：她是第一艘采用了所谓“装饰风艺术”的大型邮轮。这艘法国旗舰并没有模仿欧洲宫廷风格，而是采用了爵士乐时代的风尚，满是明亮的颜色，间接光源，流线型家俬。这艘时髦的法兰西岛号迅速把美国游客从过气的丘纳德号和白星邮轮抢了过去。

与此同时，德国人开始建造有可能竞争蓝丝带奖的两艘巨型邮轮——不来梅号和欧罗巴号。

连华盛顿都开始留意了。“毫无疑问，”1927 年年初，航运委员会听证会上一位来自纽约的国会议员宣称，“由于没有可以媲美利维坦号或者更大型号的邮轮，美国邮轮业将严重受挫。”[6]

新一轮的竞争已初露端倪，威廉·弗朗西斯·吉布斯可不想当个局外人。

如今的他已经40出头。在对跨洋客运船队进行了一番调研后，他发现1914年以前建造的大型邮轮开始显出老态。丘纳德的毛里塔尼亚号——蓝丝带奖获得者——已经有了20年的船龄。尽管仍是海上航行最快的邮轮，但与其他大型竞争者相比，她还是小了些，没有独立的浴室，也没有现代游客所需要的享乐设施。买票搭乘毛里塔尼亚号对于希望在5天时间里穿越大西洋的游客来讲可不是一种享受。其他的战前巨轮——奥林匹克号、庄严号、利维坦号、阿基塔尼亚号和伯伦加莉亚号虽然速度都无法与之媲美，但这些巨轮也随着船龄的增长，出现了机械或结构上这样或那样的种种问题。

吉布斯敏感地察觉新一代欧洲邮轮——尤其是两艘德国船只——将会淘汰这些老船，而年久力衰且又受政府控制的美国航运公司也没有财力与之抗衡。1920年代末，由拉斯科创办管理美国邮轮这一公有企业的团队也逐渐分崩离析。在掌权方共和党人强大的政治压力之下，航运委员会决定把利维坦号和其他客船出售给一个私营船运老板。

考虑到过往的历史，吉布斯兄弟猜想自己最有可能收购美国航运公司。吉布斯兄弟迅速决定与纽约的J. H. 温切斯特船运公司合作，共同竞标。在讨论中，他们想到要与海外邮轮公司在洲运行计划上竞争，仅有利维坦号一艘邮轮是不够的，得要有两艘匹配的高速邮轮。但他们也发现，再建造两艘邮轮是不可能了，因为政府不会给予津贴补助。吉布斯兄弟提出：以1000万美元从美国航运公司收购利维坦号，同时收购两艘一战后一直闲置的德国邮轮：芒特弗农号和蒙蒂塞洛号进行现代化改造。兄弟俩认为，两艘老旧的四烟囱邮轮装了新引擎后，能够成为速度达到23节、与大型旗舰相当的中型邮轮船组。吉布斯在大学时候就很喜欢这两艘船只——前身是威廉二世和王太子妃茜茜莉号，他觉得这两只造型优美、外观轻巧的快船该换个租主了。一旦这三艘邮轮能够稳步增收，兄弟俩觉得他们有能力去游说政府支持建造一艘或者更多的超级邮轮。

尽管吉布斯兄弟的提议开始反响不错，但是一个更有政治背景却毫无船业经验的人参与了竞标：保罗·沃兹沃思·查普曼，一位纽约的商人，刚刚出资建造了有史以来最大的客机，但对船业几乎一无所知。他希望通过收购美国航运公司的所有船只，缔造美洲与欧洲之间海上及天上的交通网。

查普曼想用仅仅 1600 多万美元收购利维坦号和其他小一些的船只，给的优惠条件是承诺首期付款 400 万美元现金，其他随后补齐。他还提议向政府申请 4200 万美元的贷款，用于建造两艘时速 25 节的新超级邮轮，与利维坦号大小一样但却能与在建的两艘德国超级邮轮相抗衡。查普曼承诺，不出几年，他拥有的美国航运公司将有三艘飘扬着美国国旗、每周往返于大西洋两岸、搭载着欧洲富豪的邮轮。[7]

1929 年 2 月，吉布斯在参议院商务委员会答辩时指出，查普曼所说的两艘利维坦号级别的超级邮轮，需要从政府贷款 4200 万美元，但是会给国家造成每年数百万的损失。查普曼的出价，吉布斯说："就好比一个人提出如果能够借到 4200 万，他可以拿 400 万偿还贷款。"[8]

另外，吉布斯答辩说，查普曼一旦违约，将大大削弱投资者对船运业安全的信任，从而导致美国整个商船行业受到损害。[9]

对自己的分析信心满满，吉布斯死死守住自己的 1000 万美金出价价位。但是他发现航运委员会主席不好对付：托马斯·V. 奥康纳，国际码头工人协会前任负责人，船主们对他奉若神明。奥康纳早与查普曼结伙，并把买卖交给了他。第二天，奥康纳在媒体上炮轰吉布斯。对于吉布斯的陈述，奥康纳说："就是在支持我们的外国竞争对手并给他们以宽慰。"[10]

查普曼，现在利维坦号和所有美国航运公司舰队的所有者，聘用了一个吉布斯都看不上的船舶设计师：西奥多·费里斯，曾经给一个失败的一战紧急造船项目做过首席设计师，这个项目计划建造数以千计的木制货船用来运载军人和运输前线的供给。事实证明这个耗资巨大的项目完全是个灾难，费里斯被指控受贿。费里斯在一片质疑中引咎辞职，从此自己单干。以前在负责应急舰队公司时，他每个月轻轻松松拿着 2500 元的薪金，根据参议员报告所示，"该职位给费里斯先生带来的声誉能够确保他成为全球获利最多的从业者，这样的行业只要他愿意，本来可以一直做下去，没想到他竟会自己恶化了与政府的关系”。[11]

出于设计自己的超级邮轮的渴望，费里斯视吉布斯为竞争对手，有时更视他为敌人。反之，对方也如此。但与吉布斯不同，费里斯是一位接受过良好培训的工程师，早年间一直在船厂和制图室工作，对出没梅里昂板球场和哈佛礼堂没什么兴趣。这位美国海军建筑师学院院长设计了近 1800 艘船只，其中还有欧洲皇室订购的价值不菲的游艇。个子高肩膀宽的费里斯，浑身上下都散发出自信，而这正是情绪易于波动、脾气古怪异常的吉布斯所缺乏的气势。

除了抢下美国航运公司超级邮轮项目外，费里斯还通过媒体发布要为沃德航运设计两艘新型沿海轮船的消息，即莫罗城堡号和东方号，将用于往返纽约和哈瓦那之间的客运和货运。两艘轮船相对较小，每艘 10000 吨的排水量，长 508 英尺，但是却装备了许多费里斯计划打造在超级邮轮上的创新之举。均速 21 节，这两艘轮船将成为飘扬着美国国旗行驶最快的船只了。

两艘“哈瓦那渡船”于 1930 年年底首次亮相，马上取得商业成功；在美国籍船只上对禁酒令的解除，意味着船上 500 名旅客能够享受不打烊的酒会。渡船很奢华，公用舱室以舶来木材和毛绒织物打造。在酷热的热带旅途中，一套精心设计的通风系统通过专门的管道把冷气送到游客区。

媒体报道说：“在建造这些船只的时候就已经把所有的安全细节考虑了进去，确保她们能够成为当时海上最为安全的邮轮。”[12]莫罗城堡号装备了 10 艘铁制救生艇，配置了两套防火预警系统。安放在关键两区之间的防火门由船长直接控制，用来防止火势蔓延。[13]

仅有的不足是公共舱室没有安装火灾与烟雾感应器，只能靠轮班的巡夜者眼观或者用鼻子闻。[14]

费里斯的胜利令丧失了从船只设计者转为船只拥有者机会的吉布斯十分难堪。此外，德国也公布了竞争蓝丝带奖的两个有力竞争者的名单，由此验证了吉布斯的预测。别的大船，速度一艘比一艘更快更先进，真是青出于蓝而胜于蓝。

*　　*　　*

1929 年 7 月 28 日，数以万计的人们聚集在德国威悉河畔，欢送北德意志劳埃德旗舰不来梅号从不来梅港出发，远赴法国的瑟堡。公司总经理炫耀不来梅号说："它象征着德国重新出现在世界经济要素中。"[15]邮轮在瑟堡搭载上 2000 多名兴奋不已的乘客离开法国，驶向纽约。船长利奥波德·蔡根拜恩决心要从丘纳德的毛里塔尼亚号手里夺走已经被对手占据 20 多年的蓝丝带奖。

看上去更像是海洋巡洋舰，而不是豪华游轮，51000 吨的排水量、950 英尺长的不来梅号以及比她略小点的欧洲号从头到尾都是特订定制的：两个短而粗的烟囱，惹眼的上层客舱，圆形的驾驶台，配备了世界上最为强劲的引擎。不来梅号还采用了十年前泰勒上将的一项创新：美国舰艇所用的为了减少阻力的球鼻首，首次被用到了跨大西洋的商用邮轮上。[16]她的引擎比旧船的效率更高，不来梅号只需要 20 个锅炉就能达到 28 节的速度，省了 20%的燃料但是产出的马力比利维坦号多了 50%，而后者需要 45 个锅炉才能达到 23 节的速度。[17]

就连她的汽笛都有着日耳曼人的傲慢。那时的邮轮通常有三个汽笛。不来梅号有 5 个。"不来梅号唯一一次五笛齐鸣的时候，"《纽约客》作者评论道，"在不来梅港口，船长一声令下，五笛齐鸣，连放三个延长音，这是船用的'你好'或者'再见'的意思。他们在美国可从来没有这样做过，恐怕是大洋彼岸的人们被吓倒吧。"[18]

不来梅号从里到外都十分现代。如约翰·马尔科姆·布朗宁所描述，"设计师很仔细地顺着她的结构，使所有室内装饰能够适应所有犄角旮旯的细微需求……是一种与英国船只舒适乡村传统截然不同的海军风格，有'船味儿'……"[19]设计师们的灵感来自于法国航运公司最受欢迎的法兰西岛号那现代、时髦的室内装饰。轮机舱内，《纽约时报》记者费迪南德·库恩盯着呼呼作响的涡轮机惊叹道："从外部根本看不出来这就是至今行驶最快的海洋邮轮的发动机。"[20]不来梅号强大的发动机，相当于一辆超负荷运转的梅赛德斯奔驰的引擎，超过 10 万马力，比老旧的毛里塔尼亚号还快上三分之一。

不来梅号的烟囱也给人们带来了谈资。7月23日8点整，德国邮轮飞速驶过南塔科特灯塔，早上正在邮轮甲板散步的旅客们听到了飞机引擎的咆哮，还带着巨大的嘶嘶响声。抬头一看，一架亨克尔水上飞机裹着烟囱冒出的团团浓烟从邮轮上空呼啸而过，准备停靠纽约。飞机装载了部分不来梅号客人们寄出的邮件。“如果顺利，”库恩写道，“邮件将在11点整抵达纽约海关，1000个纽约人将在邮轮驶抵前收到信件和明信片。每件邮件的邮费是65德国芬尼，邮件上将盖上色彩鲜明的‘航空邮件’蓝色印章。”[21]

离开法国后第4天17小时47分，不来梅号掠过纽约的安布罗斯灯塔，黑烟从她黄色烟囱排出，船鼻首激起层层浪花。在这场3164海里的旅行中，她的时速达到了27.83节，完胜毛里塔尼亚号1909年创下的26.06节的纪录。她比毛里塔尼亚号的航行时间少用了7个小时。

次年，不来梅号的姊妹船欧罗巴号在同样的航行中时速达到了27.92节，比不来梅号的记录还缩短了半个小时。事隔20年，令人垂涎的蓝丝带奖重新回到了德国人手中。[22]

为不来梅号和欧罗巴号的速度和现代所倾倒的美国民众极为羡慕德国人的成就。“在提速的这几个纪录背后，记载的是对速度的国际竞争、惊人的工程成就，是对科学的研究，是愿意出资1500万美元建造一艘足以以节为单位的速度打败毛里塔尼亚号的勇敢商人。”《纽约时报》专栏作者瓦尔德玛·肯普弗特写道。[23]诸如现代派瑞士建筑师勒·库布希耶这样的先锋设计师将1920年代的船只视为新型的、以技术见长的艺术品，对功能的重视彻底打败了不知所云的胡乱装饰。

但也有人对这艘看上去精美却又似曾相识的风格可没有这么喜欢了。当不来梅号全速在英吉利海峡超越利维坦号时，一些上了年纪的美国旗舰船员意识到，一个新纪元到来了。“我们自我安慰道，毕竟海运业已经经历了20年的大发展，”利维坦号的船长回忆说，“还是‘等待吧，总有一天’，但还是令人难以接受。”[24]

英国和法国航运公司在不来梅号和欧罗巴号首次亮相就反应迅速。1929

年，法国航运公司开始建造一艘新船，希望她能成为蓝丝带奖的有力竞争者。这艘船的船身设计十分新颖，她由俄国籍军舰设计师弗拉基米尔·亚科维奇设计。他的邮轮，简称 T-6，跟不来梅号和欧罗巴一样在船首底部有个球状体。水面线以上，船头曲线向前延伸，跟 19 世纪快船的船首相似。但是与饱满圆形船身的老船不同，这艘船的船身呈精美的锥形。排水量为 79000 吨，1029 英尺长，117 英尺宽，能够达到 30 节的续航速度。她的动力不是来自于齿轮减速涡轮机，而是来自涡轮电力装置，这一装置早在 20 世纪初期就被威廉·埃米特倡导而应用在大型邮轮上。这艘船只的设计师们希望能够有可以达到 15 万马力的动力输出。

亚科维奇最初拿自己的设计给丘纳德看，但是却被这个保守的公司拒绝了，而法国人独具慧眼，十分喜欢亚科维奇的眼界。1931 年，在卢瓦尔河畔圣纳泽尔的工人们完成了新邮轮龙骨的建造，这也成就了未来伟大的诺曼底号邮轮。

关于新法国船只的传言让正扬扬自得的丘纳德一下子清醒过来。曾经的“三重唱”毛里塔尼亚号、阿基塔尼亚号和伯伦加莉亚号，建于一战前，已经该淘汰了。毛里塔尼亚号丢了蓝丝带奖之后，丘纳德的游客收入骤减。丘纳德也只好开始了不择手段的营销：“所有美国最高尚的家庭宁愿错过赛马会，宁愿错过首日狩猎红松鸡，他们也不会乘坐任何一艘在运的邮轮出行，除非毛里塔尼亚号。”[25]但是收效甚微。这艘带有古板爱德华时代装修风格的老船，没有独立的浴室，注定要亏损。

丘纳德开始计划建造一艘超级邮轮，配以她的姊妹船搭档，每周往返于南安普顿和纽约之间。跟诺曼底号一样，她将有三个烟囱。长 1019 英尺、宽 118 英尺、排水量 81000 吨，她比法国邮轮还要大。引擎是传统的帕森斯蒸汽轮机，而不是涡轮电力。

威廉·弗朗西斯·吉布斯只能痛苦地看着德国、法国和英国邮轮锐意进取，而美国邮轮在查普曼糟糕的管理之下举步维艰。至于美国邮轮夺取蓝丝带奖的承诺，也只能是悄然逝去。

随后，1929年10月末，美国股市崩盘。这场灾难使得大批百万富翁倾家荡产，普通游客的存款也分毫不剩。冬天的船票销售开始下滑，业绩随着经济疲软直线下降。邮轮公司为了仅剩的一杯羹争斗不已，许多轮船公司面对现代不来梅号、欧罗巴号和法兰西岛号只能勉强维持。

经济大萧条使得整个国家陷入瘫痪，久经考验的保罗·查普曼发觉运营像利维坦号等级的大船不仅需要钱，还要有专业技术和判断力。1929年12月11日，不来梅号获得蓝丝带奖后的六个月、股市崩盘的六周后，利维坦号搭载着845名旅客向东旅行。当船驶近用英国海岸时，一阵东北狂风袭来。老船“吱吱”作响，发出不祥的吱嘎声。二副谢尔曼·里德站在高出海面90英尺的位置，越来越担心船速过高。里德给船长哈罗德·坎宁安打去电话，要求他减速。

“保持速度，”船长厉声说，“船能够准时进港。”

几分钟后，一个40英尺高的大浪朝船头猛砸过去。驾驶台上的船员们只能抱作一团瑟瑟发抖。一声巨响，船头被卷入水中，溅起巨大的浪花。整艘船发出强烈的隆隆声，随后发生了断裂。

利维坦号的上层甲板在船中间的接合处已经裂开，这个脆弱区域处于双层电梯间轴和分体式上升烟道垂直通过的位置。她的船身承受着巨大的打击，尽管船没有马上沉没的危险，但是她的顶舱已被撕开，很大一部分已经暴露出来。

船停止了前行，破裂导致墙体变形，包房门堵死了打不开。“整只船已经乱作一团！”里德回忆道，“驾驶台的电话疯狂地响着。”[26]

不管怎样，利维坦号还算保持着一个整体，缓缓驶入南安普顿港，那里的工人把裂开的大口焊上。她于12月16日返回纽约，整个冬天都在波士顿海军工厂进行彻底检修。这一意外花了保罗·查普曼近50万美元。[27]

意识到船的结构性缺陷，吉布斯知道利维坦号为了满足旅客对空间的需求，而放弃对船身结构整体性安全性的考虑，他的总电力工程师，诺曼·齐普勒说，在知晓这个意外后，老板决定未来邮船设计也不能用分体式上升烟道了。[28]

* * *

不来梅号凭借四天半大西洋的航行夺得蓝丝带奖后，马上有人提出了新目标。《纽约时报》的瓦尔德玛·肯普弗特提出了与吉布斯同样的问题："有没有船能在三天半完成航行？"[29]吉布斯认为有可能——如果设计师们能够改进机械推动力的话。当然，要实现新目标仅有效率是不够的，还得有创新的技术。

许多设计师认为决定速度的关键在于对动力系统中高压高温蒸汽的探索：高温高压将会使小涡轮机产生极大的速度。采用了英国帕森斯涡轮机专利技术的不来梅号，由蒸汽驱动，以每平方英寸 338 磅的压强输出 10 万匹马力的动力，成为当时客轮功率的冠军。但也有人说蒸汽压力还可以增加一倍甚至两倍，使用更小更高效率的引擎。"通过增加蒸汽压力，假设每平方英寸能达到 735 磅，"一名德国军舰建筑师写道，"同时提高涡轮机转速，例如 2300 到 2500 转……就有可能在一艘比欧罗巴号和不来梅号还小的船上装置 15 万马力到 17 万马力的动力，同时就可实现 30 节的航行速度。"[30]有了这样的引擎效率，原来引擎和锅炉占据的空间能够用来运载赚钱的东西：邮件、值钱的货物或更多的旅客。

科学家们曾经在实验动力装置上试过高蒸汽压。德国瓦格纳高压涡轮机公司制造的一种小引擎，用蒸汽以每平方英寸 735 磅的高压达到每分钟 21000 转数，产出 400 马力的动力。[31]但是没有一位军舰建筑师敢在商用船上应用，没人敢投入测试，因为太危险。这同时也意味着造船厂不用再根据船用汽轮机的发明者——帕森斯授权的英国专利制造引擎了。新引擎将使用新的专利许可。

但吉布斯另辟蹊径，根据另外一项未经检验的技术来设计自己的第一艘超级邮轮，那就是柯蒂斯电力涡轮技术。他决定在超级邮轮设计中采用高压高温蒸汽，彻底改变美国造船厂对英国技术的依赖。看事情的发展，再不冒险尝试，他们就没有机会打造自己的邮轮了。在军舰建筑师中，西奥多·费里斯的名气大增，而吉布斯名声则是日落西山了。

为了使公司增收，吉布斯兄弟招募了丹尼尔·考克斯，美国最为德高望重的游艇设计师作为合伙人。但经济大萧条也给游艇市场带来了致命打击。到了

1931年吉布斯 & 考克斯公司仅剩下12名员工。弗雷德里克给单身男士周薪25美元，已婚男士50美元。[32]

如果市场形势再不能改观，威廉·弗朗西斯·吉布斯的公司将会倒闭。尽管日子不好过，但是吉布斯拒绝在报刊上发布广告或消息宣传自己的公司，而更倾向于口碑或营销。“如果你雇用广告人，那你就会开始相信他口中的你，你也将迷失自己。”他对员工如是说。[33]

1931年，在造船和轮机工程师协会的晚宴上，西奥多·费里斯公布了美国航运公司将要建造两艘跨大西洋超级邮轮的计划。在一大群军舰工程师和海军官员面前，费里斯展示了两艘970英尺长、108英尺宽的邮轮设计图纸，能够在三个舱区搭载3000位游客和1050名船员。费里斯保证航行速度将达到30节，比不来梅号和欧罗巴号快2节，最快速度可以达到顺流32节。[34]客舱布局设计也极为出色，大概有两个华尔道夫酒店这么大。费里斯还打算把他的超级邮轮建造成世界上最安全的邮轮，即使18个水密舱中有任意4个发生破裂的情况下也能继续航行。与吉布斯的超级邮轮设计不同，费里斯的船只船身更丰满，船鼻首更大，费里斯希望借此提高速度和稳定性。

邮轮的名字不仅仅与美国民众产生共鸣，同时也与威廉·弗朗西斯·吉布斯的职业联系紧密：利维坦二世和利维坦三世。[35]

在问答环节，吉布斯的商业伙伴泰勒上将指出，费里斯计划的邮轮与法国和英国新建的船只相比，已经落后了。泰勒补充说，计划的船只太宽，无法驶过巴拿马运河，将大大减少其军用价值。“如果我们无法建造蓝丝带奖的有力竞争船，”泰勒上将总结道，“那么更小、造价更低的船只对于我们的第二次腾飞就足够了。”[36]

费里斯的回答既刻薄又带有防御性。他针对这位上将所言，“肯定有着别人不知的关于英国和法国超级邮轮的速度信息”。而他计划的船只速度，费里斯嗤之以鼻，“必然是在建或者现有船只中首屈一指的。”[37]

随着会议渐入尾声，一位造船师也是船舶工程师协会委员会的委员起身予以了罕见的赞美之词。* “我提议，让我们起立，为了费里斯先生的杰出努力表示感谢，” 他宣布，“也为了他对造船艺术和对我们协会年鉴的宝贵贡献。”

所有观众起立报以雷鸣般的掌声。[38]

然而美国船舶业依旧是动荡不安。受经济大萧条的打击，保罗 · W. 查普曼无法偿还政府贷款，正如威廉 · 弗朗西斯所预言。美国政府扬言要收回他的船只，尽管西奥多 · 费里斯在 1931 年公布了他的超级邮轮设计计划。在费里斯大力推进新船计划的同时，意志消沉的查普曼和文森特 · 阿斯特，以及国际商船队的代表们为美国航运公司做了一次交易。

国际商船队方是 36 岁的约翰 · 富兰克林，公司总裁菲利普 · 富兰克林的儿子。曾经支持吉布斯第一艘超级邮轮设计的老富兰克林现在状态不佳。约翰 · 富兰克林在哈佛读书平平无奇，但打仗却是好样的，在船舶业发展也向他的父亲证明了自己。从前线归来，约翰 · 富兰克林在诺顿莉莉航运公司初试牛刀，周薪只有 25 美元。[39]在这儿，他开始赢得业界领袖们的尊重。约翰 · 富兰克林在坦克团的经历使得他平易近人，后来有机会在海事联盟工作，也成为海事执行主管们青睐有加的人才。但是直到约翰在诺顿莉莉取得成功后，菲利普才把他招回国际商船队。

1931 年逐渐过去，科密特 · 罗斯福（自己成立了邮轮公司），约翰 · 富兰克林，以及他们的大学同学巴泽尔 · 哈里斯合伙创建了充满朝气的美国运通公司。据《纽约时报》报道，他们计划组建有 181 艘船队将会成为 “本国历史上最伟大的轮船公司联盟，形成世界上最为强大的船运联合体”。[40]

罗斯福–国际商船队表明他们将出让海外标志性公司，而一直在赔钱的客运服务，将只占据公司运营的一小部分。

这将是年轻的约翰 · 富兰克林的第一个商业转折点。阿斯特的影响力加上富兰克林的商业头脑，美国航运公司将开始建造新的客船。在耗时甚长的谈判

---

* 据委员会成员威廉 · 迪巴里 · 托马斯 2008 年 10 月给作者来信中描述，对于造船师和轮机工程师来讲，起身鼓掌表示感谢十分少见。

过后，1931 年 10 月 30 日，美国邮轮船队以极低廉的区区 300 多万美元的价格卖给了罗斯福-国际商船队——比 1929 年查普曼所付的 1500 万美元相比跟拣来的一样。[41]一些老旧的邮轮退还给美国航运委员会并搁置起来；两艘在建的小点的邮轮——曼哈顿号和华盛顿号，已经完工并投入使用。

然而，令公众浮想联翩的并不是美国航运公司的财务问题。随着西奥多·费里斯的利维坦二世和利维坦三世梦想渐行渐远，20 世纪最为悲惨的海上灾难使得他身败名裂。而吉布斯对新技术的着迷将改变公司和他人生的命运。

## 注释

1. John Malcolm Brinnin, *The Sway of the Grand Saloon: A Social History of the North Atlantic* (New York: Delacorte Press, 1971), pp.441, 471.
2. William H. Miller Jr., *The Great Luxury Liners, 1927—1954: A Photographic Record* (Mineola, NY: Dover, 1981), p.10.
3. Brinnin, *The Sway of the Grand Saloon*, p.446.
4. Commodore Herbert Hartley, *Home Is the Sailor* (Birmingham, AL: Vulcan Press, 1955), pp.147—48.
5. Jean dal Piaz, 引自 John Maxtone-Graham, *Normandie* (New York: Norton, 2007), p.34.
6. *Proposed Sale of Certain Ships by the United States Shipping Board, Hearings Before a Subcommittee of the Committee of Commerce United States Senate, Sixty-Ninth Congress, Second Session Pursuant to S. Res.294 Requesting the Shipping Board to Postpone the Consummation of the Sale or Charter of the "Leviathan" and Certain Other Vessels Operated by the Board, Part 8*, January 4, 1927 (Washington, DC: Government Printing Office, 1927), pp. 248—50.
7. "Full Board Votes Ships to Chapman," *New York Times*, February 15, 1929.
8. "Proposed Ship Sale Hit by Rival Bidder," *New York Times*, February 14, 1929.
9. 出处同上。
10. *New York Times*, February 15, 1929, 引自 Frank O. Braynard, *The World's Greatest Ship: The Story of the Leviathan*, vol.4 (Newport News, VA: Mariners' Museum, 1978), p.256.
11. Pacific Marine Review, 引自 Theodore E. Ferris, in *Hearings Before the Commerce Committee, United States Senate, Sixty-Fifth Congress, Second Session, on S. Res.170, Directing the Committee on Commerce to Investigate All Matters Connected with the Building of Merchant Vessels Under the Direction of the United States Shipping Board Emergency Fleet Corporation and Report Its Findings to the Senate, Together with Its Recommendations Thereon* (Washington, DC: Government Printing Office, 1918), p.2311.

12. "Morro Castle: Turbo-Electric Ward Liner," *Marine Engineering and Shipping Age*, September 1930, p.474.

13. 出处同上，p.486; *Investigation of the Burning of the Steamer Morro Castle: Copy of Testimony, Report, and Recommendations of Dickerson N. Hoover, Assistant Director, Made to the Secretary of Commerce*, Department of Commerce, Bureau of Navigation and Steamboat Inspection, New York, September 10—28, 1934, p.11.

14. *Investigation of the Burning of the Steamer Morro Castle*, p.10.

15. Wythe Williams, "Giant Bremen Sails on Maiden Voyage," *New York Times*, July 17, 1929.

16. Waldemar Kaempffert, "The Race for Ocean Supremacy: What Is the Limit?" *New York Times*, August 18, 1929.

17. Dr. Ernst Foerster, "Speed and Power of Ships: The Effect of Recent Progress in Shipbuilding upon Speed, Power, and Economy in Propulsion," *Marine Engineering and Shipping World*, May 1930, pp.257—58.

18. "Talk of the Town: Toot! Toot! Toot!" *New Yorker*, January 19, 1935, p.11.

19. Brinnin, *The Sway of the Grand Saloon*, p.454.

20. 出处同上。

21. 出处同上。

22. "The Blue Riband of the North Atlantic, Westbound," http://www.greatships.net/riband.html, 访问于2008年11月28日。

23. Kaempffert, "The Race for Ocean Supremacy."

24. Archibald Horka, 引自 Frank O. Braynard, *The World's Greatest Ship: The Story of the Leviathan*, vol.5 (Newport News, VA: The Mariners Museum, 1981), p.233.

25. Cunard advertising brochure, ca. 1930, 引自 Brinnin, *The Sway of the Grand Saloon*, p.446.

26. 1969年10月16日 Captain S. Reed 日写给 Frank O. Braynard 的信，引自 Braynard, *The World's Greatest Ship*, vol.5, pp.363—64.

27. Braynard, *The World's Greatest Ship*, vol.5, pp.8—9.

28. 1969年11月26日 Frank O. Braynard 对 Norman Zippler 的采访，引自 Frank O. Braynard, *The World's Greatest Ship: The Story of the Leviathan, vol. 4* (Newport News, VA: Mariners' Museum, 1978), p.364.

29. Kaempffert, "The Race for Ocean Supremacy."

30. Foerster, "Speed and Power of Ships," p.259.

31. 出处同上，p.260.

32. Richard Austin Smith, "The Love Affair of William Francis Gibbs," *Fortune*, August 1957, p.153.

33. Braynard, *By Their Works Ye Shall Know Them*, pp.191, 195.

34. Theodore E. Ferris, "Design of American Super Liners," *Transactions of the Society of Naval Architects and Marine Engineers* 39 (1931), p.327.

35. John Emery, "Theodore Ferris: Portrait of a Naval Architect," *PowerShips*, no.275 (Fall

2010), p.20.

36. Ferris, "Design of American Super Liners," p.341.

37. 出处同上, p.348.

38. 出处同上, p.349.

39. John M. Franklin. *Recollections of My Life* (Baltimore: Reese Press, 1973), p.38.

40. "Huge Ship Merger May Unite 12 Lines," *New York Times*, October 9, 1931.

41. John J. Miller, Acting Director of Finances, United States Maritime Commission, to Haskins & Sells, February 11, 1937, RG 178, Records of the U.S. Maritime Commission, File 130—29, Box 926, HM 2005, National Archives, College Park, MD.

# 第12章

# 地狱之火

1934年9月8日清晨，住在新泽西北部海岸的人们起床后，只见东北风带来的海浪在不断地冲刷着们宽阔的沙滩。这个时候五一劳动节刚过，放眼望去只见空空的栈道，无人的沙滩，已经谢客的村居。但当地的居民往海上看去，可以看到远远的有一柱黑烟。在距离海岸大约10英里的地方，惊恐的乘客在着火的船尾乱作一团。船身上依稀可见莫罗城堡号的船名标志。

灾难的信息通过无线电迅速传给了岸上的当局，这个消息立即炸开了锅。随即，一架直升机载着记者飞临失事船只上空。不久，这些影片出现在了在全世界的影院。“当我们靠近那个燃烧的地狱，热浪扑面而来，”低沉的解说声音夹着悲伤，“水里的人在挣扎，滚滚的浓烟随着雨点漂浮在海面上。”[1]

英国百慕大帝王号邮轮的船员们救起了在波涛汹涌的海面上随波逐流的救生艇中的幸存者。帝王号船长杰弗里斯试图将缆绳固定在莫罗城堡号上面，但滔天的巨浪拍碎了邮轮，将这个燃烧的葬礼推向新泽西海岸的时候，顶层甲板依然冒出滚滚浓烟。“那可怕极了”，仍在颤抖的杰弗里斯告诉记者说。[2]

晚上7点30分，莫罗城堡号的残骸搁浅在了新泽西州艾斯拜瑞公园市的沙滩上。

翌日早上，人群围住了仍在冒烟的残骸，从里面散发出来阵阵焦木和尸体的臭味。登“船”的海岸警卫队员发现一切都已经葬身火海，莫罗城堡号只剩下钢甲板和防水壁，所有的家具、镶板、电线都已成灰烬。在船尾，循着丢弃的衣物，他们还发现了一个烧焦的男孩尸体。[3]

一个记者扛着摄影机进入了船舱。炽热的甲板把他的双脚都烫起了血泡，但他留下了这可怕的一幕："高温把玻璃烧得千疮百孔，烧焦的躯壳……吞噬一切的烈火扭曲了横梁，猛烈地爆炸弯曲了钢轨，没有融化的一切都拧在了一起。"[4]

随后，他把摄影机对准了一排仍挂在吊艇柱上被烧焦的救生艇。火势蔓延得如此迅猛，大多数的救生艇都没来得及放下。

莫罗城堡号起火的原因已经永远无法考证，但后来的质疑仍然发现了问题。在起火前的几个小时里，在抱怨胃痉挛发作后罗杰·威尔默特船长被发现死在自己的船舱里。大副威廉·F. 沃莫斯担负起了船长职责，以便指挥完成从哈瓦那到纽约的剩余航程。凌晨3点的时候，一位管家闻到从头等舱书房里传出烟味。他打开了一个装满香料、油漆和清洁剂的储物柜，蓝色的火苗蹿了出来，迅速蔓延到天花板，几秒钟就吞没了整间屋子。[5]

有人指责管理工作的疏忽，又有人猜测是无线电报务员乔治·罗杰斯用火灾来掩饰他谋杀船长的罪证。许多船员都在嘀咕，说他是一个有前科的精神病患者。当恐慌在人群中蔓延开时，罗杰斯仍然待在他的工作间上，尽管火焰已经充满了无线电发报室。事后他一直吹嘘自己是灾难中的英雄。灾难之后的第20个年头，罗杰斯因两个与此事毫不相干的谋杀罪行被囚禁，最终死于监狱。

当西奥多·费里斯建造莫罗城堡号的时候，他设计的防火门可以在当某个区域达到一定温度的时候自动关闭以封闭燃烧区域。但沃德航运公司的管理层下令破坏了触发线，或许是为了防止防火门被意外关闭。不过，就算防火门被关闭了，在钢甲板和可燃天花板之间仍然有6英寸的缝隙。穿过缝隙，火焰点燃了相邻的船舱。[6]

按照规定，费里斯在货舱和船舱内安置了热感应器，却忽视了公共空间。火苗已经把书房储物柜燃烧殆尽，但代理船长威廉·沃姆斯仍然未从船桥的火灾控制板上发现火情警报。当沃姆斯发现时，已经失去了救火的时机，大火蔓延了两层甲板高的空间，浓烟充斥了轮船所有的通道。

此外，用于抛射绳子到另一艘船来帮助逃生的抛绳枪置于休息室的上部。而令人不解的是，抛绳枪的旁边放着的却是超过 100 磅的炸药！强烈的爆炸照亮了夜空，把整艘船的中部撕裂得粉碎。狂风透过破碎的玻璃和舷窗吹进，风助火势最终造成灭顶之灾。

是火药的爆炸声而非火警唤醒了沉睡的乘客，他们许多人在前一天晚上还喝得酩酊大醉，庆祝他们在海上的最后一个夜晚。越来越多的物品加入了燃烧的行列：木质镶板、棉布床单、绸缎窗帘。火苗钻过弯弯曲曲的通风井，进入了每一个船舱。动力彻底消失，弥漫着烟雾的走廊顿时陷入黑暗。几个惊慌失措的船员跑向还没有燃烧的救生艇，将乘客留在了燃烧的地狱。留下来的勇敢的船员试图打开消防水栓阻止蔓延的火势。依据那个年代的标准，费里斯估算船上的 42 个水龙头每次仅有 6 个能派上用场。当水龙头全部被打开时，事实上水管中也没有那么大的水压，也就是说这一切都变成了摆设。[7]

在莫罗城堡号搁浅的两天后，《纽约时报》报道说共有 491 人获救，183 人遇难或失踪。后来死亡数修正为 124 人，不到泰坦尼克号的十分之一，然而火灾却一直都是接连几周的头条新闻。9 月 18 日，美国轮船检查局负责人迪克森 · N. 胡佛指出“当时没有一个防火门被关闭”，也没有留下任何证据来确认沃姆斯是否关闭了轮船的通风系统。[8]

设计界对轮船上是否应该装备华丽、时髦的器具也提出了疑义。美国最著名的海军建设出版物——《海洋工程杂志》，刊登了一张漂亮的木质镶板的轮船中庭大厅的照片。“尽管这样的空间是‘现代轮船装饰艺术的典范’”，作者写道，却证明了新建的美国轮船必须采取“消除火灾隐患”的装饰方案。[9] 一味追求奢华，木制的家具和毛绒的帷帐，却是火灾使邮轮致命的元凶。解决的方案是在易燃物上加以防火涂料并最大限度地减少木材的使用。

莫罗城堡号的股东们正急于自保。“沃德航运公司没有忽视任何一项检查，没有人可以预见会发生这样的灾难。”富兰克林 · 穆尼如是说，他是沃德航运公司的母公司大西洋湾 & 西印度群岛轮船公司的主席。“我们对使用钢材替代木材建造轮船深以为然，” 他又补充说，“这已在我们的考虑之中。”[10]

富兰克林·穆尼还面临着一项参议院商业调查，尽管是面向全美国的商船而非仅仅他的公司，但他依然忧心忡忡。也许他曾寄希望于对代理船长沃姆斯和另外两名船副过失罪的指控会满足公众对司法的渴望，沃姆斯发出紧急求救信号已为时过晚，也未能成功疏散乘客以致大火将乘客逼到了远离救生艇的船尾。更糟的是，逃离的救生艇上绝大部分都满载船员而非乘客。数百名困在船上的乘客只有两个出路：留在燃烧的船上或者跳入海中。对沃姆斯的指控最终被推翻了，几年后，他重新回到了海上。[11]

直到灾难发生后的半年，一艘拖船拖着莫罗城堡号的残躯离开了那片沙滩，驶到了位于巴尔的摩的一家轮船拆装厂。[12]

1935 年，国会开始调查政府的政策与灾难发生的关系。因为费里斯的轮船，包括两艘沃德航运公司的近岸轮船以及为美国航运公司设计的超级邮轮，都是由美国政府支付拨款的。批评者猛烈指责轮船公司滥用建造补贴[13]，更过分的是，沃德航运公司给莫罗城堡号投保了 263000 美元的灾难险，这一数额远远高于邮轮的实际价值，以及公司还拿到了美国政府价值 50 万美元的邮件合同。[14]

除了滥用政府资金之外，莫罗城堡号还暴露了美国船只所提供的恶劣工作环境。莫罗城堡号和她的姊妹船东方号在水手中有一个特别的恶名“不幸之船”，因为船东们总是让他们拼命工作。在这里做过船员的水手们，留下的是对美国航运业挥之不去的悲惨记忆。

费里斯基于出色的邮轮设计而被造船和轮机工程师协会奉为名人，但仅仅两年，现在他发现自己的名字已经被绑在了莫罗城堡号的惨剧上。背负的众怒让他不能喘息，国会调查结束之时，也是他建造两艘超级邮轮的计划终结之日，他的造船生涯已到末路，他已失去了再设计任何新客轮的资格。

“我为轮船贡献了所有，” 费里斯痛苦地倾诉道，“她有着防火所需的所有设计方案，也有着彻底的隔离空间。她设计优良、结实、大气、现代，和我如出一辙。她的灾难全是因为我，我常常为此自责。”他又补充道：“也许真的全是我的错吧……”[15]

费里斯的名声轰然倒塌，威廉·弗朗西斯·吉布斯则是声誉鹊起。从孩提时代起就着迷于防火和用火的安全——这要归功于家里的马车夫在深夜带着兄弟俩去观看贮木场的火灾现场——吉布斯对莫罗城堡号的灾难时时引以为戒。相比于沉船或者碰撞，海上的火灾更为致命和恐怖。威廉·弗朗西斯希望终有一天他可以制造出一艘绝对防火的轮船，可以保护她的乘客免于火灾，尽管这意味着他的船舱远没有竞争对手那样的舒适和奢华。

莫罗城堡号灾难之后，吉布斯决定把他的赌注押在并不稳定的客轮市场上，尽力去做一些稳定市场和人心的事情。当罗斯福政府用大把的资金去重建落伍的美国海军时，吉布斯也逐渐跻身于改革的中心。20 世纪 30 年代中期，他濒于破产的公司成为美国海军最大的建造承包商。吉布斯懂得获取支持的最好途径是日益扩建的海军而非投机倒把的轮船公司，尤其一艘快速的超级邮轮将是未来战争中的重要军事财产。

## 注释

1. *Tragic Disaster Which Befell the American Liner "Morro Castle,"* British Pathe Limited newsreel, September 17, 1934, www.britishpathe.com, 访问于2008年9月19日。
2. 出处同上。
3. Brian Hicks, *When the Dancing Stopped: The Real Story of the Morro Castle and Its Deadly Wake* (New York: Free Press, 2006), p.163.
4. *Morro Castle Aftermath*, British Pathe Limited newsreel, September 20, 1934, www.britishpathe.com, 访问于2008年9月19日。
5. Hicks, *When the Dancing Stopped*, p.89.
6. Harold B. Burton, *The Morro Castle: Tragedy at Sea* (New York: Viking Press, 1973), p.151.
7. Hicks, *When the Dancing Stopped*, p.103.
8. "Lack of Discipline in Emergency Contributed to Morro Castle Disaster," *Marine Engineering and Shipping Age*, October 1934, p.386.
9. Franklin D. Mooney, 引自如上出处, p.387.

10. 出处同上。
11. Hicks, *When the Dancing Stopped*, pp.218, 283.
12. 出处同上, p.212.
13. "Saturnalia," Time, July 1, 1935, http://www.time.com/time/magazine/article/0,9171,770043,00.html, 访问于2008年9月1日。
14. Hicks, *When the Dancing Stopped*, p.209.
15. Durward Primrose 对 Theodore Ferris(editor of *Marine Journal*)的采访, 引自 in Burton, *The Morro Castle*, p.180.

# 第 13 章

# 罗斯福的新海军

20 世纪 30 年代初期，美国轮船业陷入了困境和挣扎，而此时的欧洲轮船业则是昂首前进。1932 年，法西斯时期的意大利凭借着两艘崭新的超级邮轮跻身跨大西洋竞争而震惊了世界：雷克斯号和康特迪萨沃亚号。这两艘邮轮排水量都是 5 万吨，修长的船身十分轻快，有两个烟囱，将意大利式的奢华延伸到公海，她们从地中海的港口热那亚出发，跨越南大西洋抵达纽约。康特迪萨沃亚号有着引以为傲的拱形头等舱休息室，这种贵族的风格第一次走出波居榭宫。

为了建造这两艘邮轮，墨索里尼强令意大利最大的三家轮船公司合并成拥有政府背景的意大利航运公司。他断定雷克斯号在 1932 年 9 月离开热那亚的首航便会夺得蓝丝带奖。不料当雷克斯号抵达直布罗陀海峡时，发动机却出了故障。当修复完成的时候，大部分的头等舱乘客已跳上了前往法国的列车，去赶乘西行的欧罗巴号。

一年后，无法忍受凄惨客运量的意大利政府下令雷克斯号船长增加一倍的燃煤量以获取更快的速度，这已超过了引擎最大的负载。当雷克斯号抵达纽约港的时候，疲惫的塔拉波托船长下令在乘客告示区张贴如下消息："尽管遭遇了狂风和浓雾，雷克斯号打破了有史以来穿越大西洋最快的纪录……雷克斯号有资格荣获蓝丝带奖。"[1]

雷克斯号从直布罗陀海峡到安布罗斯灯塔的西行航线共 3181 英里，用时 4 天 13 小时又 58 分钟，平均时速 28.92 节。这个速度比欧罗巴号整整快了 1

节，用时也少了三个多小时。

船长的桌子上是墨索里尼发来的电报："好，很好！"[2]

1933年雷克斯号夺得蓝丝带奖之后，一位英国议员——哈罗德·基特斯·哈尔斯爵士，提议设立实物奖品——镶有黑玛瑙的金银奖杯——奖给获得这一殊荣的船只。与此同时，欧洲轮船公司通过了一项蓝丝带奖的航线官方提案：从毕晓普岩灯塔经英格兰岛西南端再到纽约港入口安布罗斯灯塔。夏季的时候，船只会沿着北部航线行驶，航程2886英里。冬季的时候，船只为了躲避冰山会走稍远一些的南部航线，航程2958英里。由于从欧洲出发前往美国的轮船不得不面对墨西哥湾流和季风的影响，因此，西向行驶的均速被设定为蓝丝带奖的官方标准。[3]

墨索里尼的轮船只是昙花一现。1935年，雷克斯号已被一艘法国轮船远远地甩在了身后：诺曼底号。排水量79000吨，是当时世界上最大的轮船，她能搭载828位头等舱旅客，670位二等舱旅客，454位三等舱旅客以及1345名船员。[4]如同利维坦号和不来梅号一样，诺曼底号为两个烟囱设计了相互独立的上风井。这也使得诺曼底号的头等舱餐厅超过300英尺长，法国航运公司宣称这一长度超过凡尔赛宫的镜厅，可以同时容纳700人就餐。在上层甲板上，头等舱的——沙龙大厅、吸烟室和咖啡室——被一个完整的大楼梯和拱形的开口连在了一起。休息室的墙上装饰满了杜帕斯的玻璃画，红色奥布松的椅子雕满了装饰花卉。除了一个室内泳池，头等舱的乘客还拥有一个冬季花园，里面养着珍稀的候鸟和出自异国的花草，有世界上第一个船上影院，影院还包括一个现代舞台和更衣室。

在船长勒内·普耐特的指挥下，1935年5月29日诺曼底号从勒阿弗尔起航，搭乘了1000名乘客，法国总统阿尔伯特·弗朗索瓦·勒布伦赫然也在其中。诺曼底号劈开洋面，她是如此地平稳，几乎波澜不惊。但达到每小时29节的巡航速度时，乘客们体验到了试航时就困扰邮轮的难题：剧烈地震动。头等舱乘客懒洋洋地躺在休息室或者在轻歌曼舞，似乎毫无察觉，拥挤的二等舱和三等舱的乘客则几乎难以入眠。

数以千计的人们在哈德逊河列队欢迎世界上最美的邮轮，而这饱受赞誉的背后却是对震动的无计可施。人们清楚地知道诺曼底号从雷克斯号手中夺取了蓝丝带奖，从毕晓普岩到安布罗斯灯塔间的航行共用了 4 天 3 小时零 2 分钟，平均时速 29.98 节，比她的意大利对手整整快了 1 节。高高飘扬在主桅杆上的蓝色旗子象征着速度界的最高荣耀。

诺曼底号停靠的 88 号码头，拥挤的人们摩肩接踵，只为一睹世界上众人难以想象的美好。对他们的绝大多数来说，诺曼底号上售价 91 美元（相当于 2012 年的 800 美元）的二等舱都是遥不可及。[5] 但大萧条时代贫困、失业和坏消息——或许就是因为这些东西——美国的公众依然为超级邮轮而疯狂。在百老汇，1934 年科尔·波特的著名音乐剧《万事成空》的背景便是一艘神秘的超级邮轮：美洲号。应热情的观众所求，法国航运公司开放头等舱沙龙大厅供公众参观，大厅里依然弥漫着法国香烟混杂着白兰地酒和香水的味道，票价 50 美分。

在这些排队参观的人群中，有一个毫不起眼的男人，他穿着破旧的黑西装，戴着邋遢的软呢帽。威廉·弗朗西斯·吉布斯，带着他的首席电气工程师诺曼·齐普勒，一起来窥探内情。当领队转向另一边时，他俩偷偷下到了底层甲板，完全不顾忌舱壁上挎着的“游人止步”的警示牌。

他们的兴趣在引擎室，诺曼底号四个独立的涡轮增压发动机，是迄今为止应用在商船上最大、最强劲的发动机。在达到巡航速度时，引擎可以为四个螺旋桨提供高达 16 万马力的推动力，几乎超过最接近的竞争对手 50%。

在和诺曼底号船员数个小时的捉迷藏后，疲倦的齐普勒询问是否可以坐下来休息一会儿。他是如此的疲惫，非常担心会被暴怒的法国航运公司的人抓住然后扔下船去。

吉布斯点头同意，然后他们找到了一个隐蔽的角落。

“拿出你的记事本，按照我说的记下来。”吉布斯轻轻地说。在接下来的三个半小时，吉布斯飞快地复述他所见到的一切：仪表读数，尺寸和装备。[6]

吉布斯对诺曼底号赞不绝口，她创造性地赋予了先进的工程以魔力、优雅和魅力。1916 年，当时吉布斯还是一个业余级的新手，他和弟弟一起设计的第一艘船与诺曼底号有许多相似之处：超过了 1000 英尺的船长，突出的船身，外飘的船头以及电涡轮增压引擎。诺曼底号的动力装配让他印象深刻，锅炉的蒸汽推动涡轮增压机为四个电机产生 33400 千瓦的动力。[7]

但即使在他偷潜到诺曼底号之前，他早已分析了诸如通用电气、巴布科克·威尔科克斯和福斯特·惠勒等美国公司的造船能力，他坚信他们可以造出比欧洲更好的发动机。"美国的大型发电厂，"他说，"要远远好于其他国家……这些耗费了巨资的技术和经验完全可以在海军的轮船上得到实施。"[8] 然而，美国的大型船厂，譬如纽波特纽斯船厂、纽约造船厂和伯利恒造船厂却拒绝使用。为节约成本起见，他们更愿意从英格兰帕森斯公司购买各项专利——帕森斯于 19 世纪 90 年代发明了蒸汽涡轮，然后把这些廉价的陈旧设计用在他们的商船和海军舰艇上。

吉布斯早已遥遥领先。在诺曼底号服役的五年前，吉布斯得到了一个机会，格莱斯航运给他抛出了难以置信的橄榄枝——设计四艘高质量的客货两用轮船，要在美国人设计的轮船上使用美国人设计的涡轮机。

格莱斯航运的生意集中在纽约、加勒比海港口和西海岸。他们希望建造四艘 1 万吨级的客货两用轮船。由于要使用在远距离航线上，他们希望新船能够兼顾舒适性和速度，就像所有经典的轮船之所需。在把订单付给吉布斯 & 考克斯之前，格莱斯航运的主席斯 D. 图尔特·英格勒哈特希望吉布斯能够给公司董事会做一次陈述。当吉布斯出现时，他们纷纷向他发难，直到一个问题难住了他。

"我不知道这个问题的答案，"他平静地回答，"但我会找出来的。"

英格勒哈特随后致电吉布斯，告诉他董事会的投票结果和缘由。"我们给你这个合同是因为你在这个问题上没有故弄玄虚。"他说，"那是一个陷阱。我们知道答案。当你走后，我们说，'这是一个我们值得信赖的人'，这就是原因。”[9]

这四艘船将被命名为圣罗莎号、圣保拉号、圣埃伦娜号和圣卢西亚号，于1932年交付使用。带着马洛洛号的印记，吉布斯设计了流线型的上层建筑，使用了两个不来梅式的矮烟囱，向外展开的船头伸向前方，并在第一个排烟管的后面加装了一个水平鳍来避免顶层甲板遭受烟熏。相比于西奥多·费里斯的保守设计，吉布斯 & 考克斯的设计更显得精雕细琢、优美华丽。

“圣之系列”给吉布斯 & 考克斯设计团队带来了新的合作伙伴，一位经验丰富、极其自信的室内设计师：多萝西·马克瓦尔德。格莱斯航运和吉布斯希望设计简约而优雅的风格，并可以提供250个头等舱位。出身于纽约上层社会的马克瓦尔德，成功，未婚，虽然理解格莱斯航运和吉布斯的设计，但最终她使用了内敛的、有着殖民地灵感的装饰风格。最壮观的公共空间是一个两层甲板高的圆柱形晚餐沙龙，漆成奶油色，彰显着柔和的气质。在热带温暖的夜晚，天花板可以收起，乘客们可以在星空下享用浪漫晚餐或翩翩起舞。

马克瓦尔德最大的优势就是她对轮船设计的特殊要求洞若观火。在时髦的休假风格面前，她拒绝随波逐流，无论是来自新港的富人别墅还是当时风靡一时的阿迪朗达克山中小屋。她说：“我坚信埃尔克霍恩风格很快就会过时。”她对色彩同样独具慧眼。“只有一件事情我们不做，”有一次她说，“就是使用黄绿色。你知道——任何这种色彩的东西都会让旅行者的胃部起连锁反应。”[10]

尽管对女性持有保守的态度，吉布斯依然非常欣赏马克瓦尔德所设计的一切，并决定在未来的合同中继续采用她的设计。他非常尊重她的天赋和敢于表达思想的意愿。对马克瓦尔德的充分信任，也让他得以专注吉布斯 & 考克斯可以跨越式前进的重中之重——引擎室的设计与建造。

这样对待一个格莱斯航运老板的妻子，事实上，是吉布斯绅士风度和厌女症的奇怪混合物。在一次与他们夫妇共进午餐后，吉布斯写道：“这太离谱了。世界上没有任何女人可以沉默如此之久。”“我不明白，为什么你不按吉布斯先生说的那样去做呢？”她对丈夫说，“他是世界上最棒的男人。”

吉布斯随后给她寄了12枝玫瑰，并附有一张卡片：“如你之知性，世上之唯一。”[11]

回到办公室，吉布斯潜心研究20世纪20年代初期德国工程师所创新的引擎新技术：高压高温涡轮机。吉布斯相信这些由美国人设计和制造并改良后的大功率涡轮机，将会胜任在这四艘船上的使命，他也找到了一家能完成这项工作的美国工厂。锅炉可以产生743度的高温和每平方英寸375磅的高压，借此，轮船时速可达到20节。美式小型涡轮机不仅可以增加货运空间，也比费里斯用于莫罗城堡号的电涡轮机更具有燃油经济性。[12]

“圣之系列”的优良设计让吉布斯名声大噪，由此而吸引了美国海军的目光。格莱斯航运的横空出世对美国海军来说正是最佳选择。1933年，随着德国纳粹政权的建立和日本入侵满洲里，重组美国海军的重要性迅速提上日程，海军也迫切希望更新并扩充已经老旧的舰队，而在白宫方面，还有一位熟知海军需求的总统。富兰克林·德拉诺·罗斯福总统坚信，就像修建大坝和桥梁一样，一支新的海军舰队可谓一箭双雕：强大的国防和亟须的就业。

在“新海军”的拥护者中，没有比海军副司令哈罗德·鲍文更为支持摒弃帕森斯方案的狂热分子了，这位副司令被奉为海军工程局的指路明灯。在他的职业生涯早期，曾作为1916年建造的美国军舰亚利桑那号的首席工程师，亚利桑那号采用了英国齿轮减速涡轮机，最终被证实那是一个错误。鲍文十分愤怒，如果发动机未曾用到极致，美国军舰几乎无法完成一次航行。事后，他开玩笑般地说：“这些发动机应该放进博物馆，让年轻的工程师们知道在柯蒂斯涡轮机出现和我们知道如何对付减速齿轮之前，发动机是个什么鬼样子。”[13]

对鲍文来说，美国海军的命运掌握在保守和精打细算的船厂手中就是犯罪。“这些海军承包商，”用他的话说，“与帕森斯公司一脉相承，在工程学中无疑也继承了英国人天生的保守主义。”[14]

如同威廉·弗朗西斯·吉布斯，鲍文副司令相信美国的大公司完全可以为美国海军设计并建造更好地推进系统。通用电气和西屋公司早已开发了适合高压蒸汽的涡轮机，“它们高速度，小体积，构造简单……适应高温，坚固而不失真。”搭配上技术已完全成熟的双减速齿轮，正像吉布斯 & 考克斯在“圣之系列”上所做的那样，鲍文坚信，新的海军舰艇将比任何轮船的速度都要快。[15]当他看到“圣之系列”轮船时，他知道他们就是美国需要的设计师。“这些轮船，”鲍文说，“呈现了美国海军从未尝试的超前设计。”[16]

罗斯福总统时代大规模的海军重建蓝图终于获得批准并付诸实施。鲍文的好友，海军工程局局长塞缪尔·罗宾逊上将，极力推动在新一级的驱逐舰上采用新型引擎。考虑到靠得住的海军背景，他选择了斯塔滕岛的联合干船坞公司设计和建造这些驱逐舰。但该公司拒绝涉足自己不熟悉的技术领域，他们推荐了吉布斯 & 考克斯来接手这项工程。

“联合干船坞找到我们，问我们是否愿意担任技术监督，如果他们承建一艘驱逐舰的话，”吉布斯回忆道，“我们告诉他，如果美国海军允许一家外部公司参与的话，我们很乐意接受这项任务。”[17]

驱逐舰几乎是舰队中最苗条、最羸弱的船只了。一艘典型的驱逐舰只有350英尺长和1500吨排水量（是大型跨洋邮轮总吨位的三十分之一）。在海上，他们的职责是保护战列舰、巡洋舰和运兵船免遭敌人的攻击，这些攻击通常来自潜艇。由于它主要是为速度较慢的船只护航，驱逐舰必须有较短的转弯半径、良好的速度和操控性。

对吉布斯和考克斯来说，海军的任务订单是一个陌生的领域，他们刚刚失去了最有价值的海军顾问。在1932年完成“圣之系列”后不久，泰勒上将中风加重，医治无效宣告死亡，享年68岁。[18]失去了最挚爱的“慈父”和尚未成功的超级邮轮计划的支柱，吉布斯备受打击。“在我们合作和他病后的多年中，”他写道，“他深为我们爱戴。他不仅技能出众，而且有着敏锐的洞察力，谦恭宽容，心里总是装着他人。”“他是我和弟弟的良师益友，[19]泰勒应该再多活8年。”

吉布斯别无所选，只能独力前行。“我想那个时候我只认识一位海军军官——罗宾逊上将，后来他担任了海军工程局局长一职。”吉布斯回忆道。后来事实证明，罗宾逊恰恰是最佳人选，他和他的搭档鲍文司令殷切期望与吉布斯兄弟合作，只因为他们在新型发动机领域的深厚经验。罗宾逊的决定意味着

吉布斯 & 考克斯前程一片光明。[20]

吉布斯和考克斯获得的最后一个合同是设计一种新型驱逐舰，以美国海洋战略之父阿尔弗莱德·塞耶·马汉命名。这项任务最终变成了需建造 16 艘驱逐舰这一浩大的工程量，而大萧条时代削减员工让吉布斯 & 考克斯公司在用人上捉襟见肘。“我们的办公室非常小，”吉布斯回忆说，“我们唯一能做的是给予此类工程以技术指导。”[21]海军同意使用自己的员工负责驱逐舰建造的基础部分，而吉布斯 & 考克斯公司的员工将作为联合干船坞的技术顾问。

应鲍文司令的邀请，吉布斯搭乘火车前往华盛顿海军工程局向海军副司令埃默里·兰德上将演示高温高压蒸汽机的原理。吉布斯滔滔不绝地讲了五个小时，详细介绍了新的推进系统拥有的种种优点，如节省空间，提升燃油经济性以及增加驱逐舰的巡航半径等等。

这些优势的关键是高压高温的蒸汽推动涡轮的快速运转。随着运转速度的增加，吉布斯指出，发动机的体积就会相应减小。

“如果一个大块头的帕森斯涡轮机在这样的高温高压之下，”吉布斯解释说，“那就会很麻烦，旋转叶片将会因膨胀而摩擦外壳和轴承，最终导致发动机支离破碎。”吉布斯所青睐的小型、高速涡轮机“几乎毫无膨胀，非常可靠”。[22]

吉布斯非常肯定地说他曾与罗斯福总统探讨过他的设计。他依然保留着他和总统的一些信件。他们生活和兴趣中的共性也可圈可点，尤其是对轮船的热爱。罗斯福总统比吉布斯年长 4 岁，都曾入读过哈佛大学和哥伦比亚法学院，都曾混迹于纽约的社交圈和生意场，都有着对海军建设和海事史的浓厚兴趣。吉布斯年轻时就是一个狂热的水手，罗斯福总统同样是一个海军刊物的拥趸和轮船模型的爱好者。吉布斯 & 考克斯的一位员工小威廉·加尔克记得两人之间曾有许多次电话交流。“他们彼此认识并一起探讨轮船，”他回忆说，“只不过他们注意不留下任何记录，以免人们觉得总统拉拢私人关系。”[23]

有了兰德上将的首肯，或许也碍于罗斯福总统的情面，吉布斯把他的手下安插到马汉级驱逐舰上工作。如同建造格莱斯航运的“圣之系列”一样，吉布斯的工程师在马汉级驱逐舰上采用了二级减速齿轮，这也是在美国海军舰艇上的首次应用。吉布斯还要求采用四个锅炉为三个涡轮机提供 650 度的蒸汽和每平方英寸 700 磅的压力的方案。这将产生 49000 马力，可以让 341 英尺长的驱逐舰达到 36 节的巡航速度。[24]

鲍文仔细研究了马汉级驱逐舰的方案，认为"这将是有史以来最为坚固最为可靠的人工装置"。1935 年 5 月的时候，好消息接踵而至，鲍文上将正式接替罗宾逊上将出任海军工程局局长职务，吉布斯 & 考克斯公司也搬进了位于曼哈顿下城西 21 街的一个大办公室，在公司所在的摩天大楼里可以俯瞰哈德逊河。

当第一艘马汉级驱逐舰试水时，海军作战部部长威廉·莱西上将觉察到海军对这种新型小涡轮机狭窄的引擎舱空间满是抱怨。愤怒的莱西命令舰船主要建造者到他的办公室，质问究竟是怎么回事。

"报告将军，"鲍文回答他，"我不打算建造一支过时的海军。"[25]

与此同时，吉布斯穿梭于纽约和各造船厂之间以确保所有的驱逐舰都严格按照他的设计建造。作为质控的新方法，吉布斯 & 考克斯公司成立了一个模型车间，工人们在那里严格按照设计部门的蓝图制造出大型模型。"除非得到海军工程局的许可，哪怕一个铆钉都不会安装到船身上。"这是鲍文在考察吉布斯 & 考克斯公司后留下的谈话记录。"依葫芦画瓢要比凭空建造容易得多了。"[26]

对吉布斯来说，这个模型车间是西 21 街最神秘的地方，用最安全的防盗门和锁守护着。有一位主教，非常好奇自己能否被准许进入车间。"你知道主教都是怎样讲话。"他对一个造船工程师说。吉布斯，这位美国圣公会教徒微笑着说："我相信你的人格，但我更相信你将对所见一无所知。"[27]他对自己在这项先进技术上的"藏私"十分骄傲，这在海军史上也是前不见古人的。"人们对此一无所知。"多年后他依然吹嘘说，"到现在，一个外行是否知晓当时我们究竟做了什么依然值得推敲。政府领导人也无意透漏消息，完全和我所预期的一模一样……这有趣极了。"[28]

驱逐舰超出了所有人的预期。马汉级驱逐舰试航之后，联合干船坞的董事会主席詹姆斯·戴维森在写给吉布斯的性能评估报告上说："祝贺你和你的设计……我从未体验过如此优异的性能。当关闭了5个燃烧器和2个喷管，仍大约有44000马力。我想她能够达到40节。"[29]

在出色地完成了马汉级驱逐舰建造后，海军也践行了诺言。他们再一次给予吉布斯＆考克斯公司新的驱逐舰建造工程，这一次是在缅因州的巴斯钢铁厂和新泽西州的联邦造船厂。这一批的驱逐舰——索默斯级和贝纳姆级驱逐舰于1937年下水服役。这一次，吉布斯＆考克斯公司的工程师把两种舰艇的发动机性能成功提升到850度高温和每平方英寸600磅压力。

鉴于依然遭受来自海军方面保守势力的攻击，鲍文决定吸纳持异议者加入检查委员会。他告诉索默斯级驱逐舰的指挥官，在试航之前他可以对他的船只为所欲为地破坏。

指挥官同意了，据之后的报道说，他一点也没有得逞。随着设计的日趋成熟，这些舰艇似乎"牢不可破"。[30]

吉布斯把军舰的设计推到了前所未有的高度。20世纪30年代后期，美国军舰已经在续航里程、操控性能、燃油经济性和速度上全面超越了英国，也无须再依靠英国老旧的帕森斯涡轮机。"这些新的驱逐舰，"鲍文写道，"最终让美国得到了技术独立。"[31]

对吉布斯＆考克斯公司来说，在驱逐舰上的成功有着两方面的重要性。首先，为海军设计了最快的舰艇，公司也成功地转型：从为单个商业工程设计转向了为复杂、批量生产轮船的设计。此举也给公司带来意想不到的效益，不断刺激设计和建造技术的创新，提升商业造船的效率。

其次，海军的合同让吉布斯＆考克斯公司立足更为稳固。大萧条时代的凄惨印迹逐渐褪去，吉布斯也发觉已无法与游艇设计师丹尼尔·考克斯愉快相处，随后他买下了考克斯的全部公司股份。到了20世纪40年代，作为一家拥有1200名员工的公司，吉布斯实现了自我。[32]

吉布斯尽兴享受他对公司的绝对控制。当斯大林的苏维埃政府——1933

年美国政府承认了其政权——通过一家私人代理公司找到吉布斯的公司，他也很乐意倾听。来访者说莫斯科政府正在寻求一种中型的、结合了战列舰和驱逐舰的舰艇方案，吉布斯向代理商展示了一种军舰，其巨大的飞行甲板可以搭载60架飞机。用一位记者的话说，这种军舰“可以主宰任何海上军事冲突，如同一条鲸鱼对付一群马鲛鱼一样轻而易举”[33]。但苏联政府拒绝了。“吉布斯是一个奇特的人，”有点不知所措的代理人说，“我是说，他就像一位艺术家。他热爱他的工作。”[34]

吉布斯 & 考克斯公司也因公平对待雇员而颇负盛名。吉布斯兄弟的费城版少年时代被宗教、教育和家庭背景所限制，尤其那个年代，犹太人和其他少数民族族裔根本不被顶级公司接纳，但吉布斯雇用了“任何有才能的人，无论民族和宗教”[35]。

随着吉布斯 & 考克斯公司生意日益兴隆，他们也注意到了战争的威胁。事实上，在吉布斯意识到这一点的时候，战争已是迫在眉睫。他知道当战争来临时，军舰和商船的剧增是不可避免的。[36]

将要到来的战争预期让吉布斯的一种职业特质广为社会瞩目：对保密和安全的痴迷。在他窥探竞争对手的轮船后，他更清楚地知道哪怕一次简短的专业参观都可以获取甚多。将公司置于其他人的视线，这是他绝不允许吉布斯 & 考克斯公司犯的错误。即使毫不相干的公众也必须一无所知。“一个外行是否知晓当时我们究竟做了什么依然值得推敲。”多年后他这样写道，“政府领导人也无意透漏消息，完全和我预期的一模一样。”[37]

吉布斯依然还是那个一丝不苟、锱铢必较的老板。靠着大量的笔记和他过目不忘的本领，吉布斯整理了每一次会议和电话记录，连同他的研究，都立卷成册。一旦他的建议被无视或者哪里出了问题，他所谓的黑名单将使批评者们的日子很不好过。

吉布斯和海军的关系日益升温也招致了许多质疑，尤其因为他粗糙生硬的管理风格和在一个故步自封、声名狼藉的军事部门里一味追求创新的方法。但他的死党，鲍文上将，对海军里的这些保守派厌恶至极，并称他们为乡巴佬。

“海军不雇佣小丑，” 鲍文说，“我们需要有思想的人。”[38]

与吉布斯合作的所有船厂，都对吉布斯顽固地照章办事怨气冲天，更憎恨他抢了他们造船工程师的饭碗，毁了他们与帕森斯公司的合同。“吉布斯能够满足客户一切需要。” 纽波特纽斯船厂的一个高官抱怨说，“然后改变周围一切以随心所欲。”[39]

尽管有生意，有创新，也越来越有钱，威廉·弗朗西斯·吉布斯依然感觉不满意，依然怀揣着他的梦想：设计一艘超级邮轮。他大胆地假设，如果在一艘超级邮轮中搭载比驱逐舰上大许多的高温高压涡轮机，美国的超级邮轮将是不可战胜，蓝丝带奖更是囊中之物。

此时，大英帝国一艘新的超级邮轮占据了人们的视线，她由英国政府提供大量贷款补贴，也将要成为大英帝国新的象征。

在吉布斯眼中，英国工程师是一群“骄傲自满、目空一切的混蛋”，而丘纳德轮船公司的新旗舰——玛丽皇后号，将是下一个倒下的对手。[40]

## 注释

1. “Good, Very Good!” *Time*, August 28, 1934, http://www.time.com/time/magazine/article/0,9171,930095,00.html，访问于2008年10月7日。
2. 出处同上。
3. Gregory Norris, “The Race for the Blue Riband,” 2008年5月3日美国轮船保护协会年会上的报告，Long Beach, CA.
4. Frank O. Braynard, *The World's Greatest Ship*: *The Story of the Leviathan*, vol.6 (King's Point, NY: American Merchant Marine Academy, n.d.), p.109.
5. Harvey Ardman, “The Ship That Died of Carelessness,” *American Heritage*, December 1983, http://www.americanheritage.com/articles/magazine/ah/1983/1/1983_1_60.shtml，访问于2008年10月15日.
6. 1969年11月26日 Frank O. Braynard 对 Norman Zippler 的采访，引自 Braynard, *The World's Greatest Ship*: *The Story of the Leviathan*, vol.3 (New York: Fort Schuyler Press, 1976), p.106.
7. John Maxtone-Graham, *Normandie* (New York: Norton, 2006), p.65
8. *Investigation of the Progress of the War Effort*: *Hearings Before the Committee on Naval Affairs*, *House of Representatives*, *Seventy-Eighth Congress*, *Second Session*, *Pursuant to H. Res.30 A Resolution Authorizing and Directing an Investigation of the Progress of the War*

*Effort* (*Gibbs & Cox, Incorporated*), *Volume 5, May 8 and 9th, 1944* (Washington, DC: U.S. Government Printing Office, 1944), p.3976.

9. Alva Johnson, "The Mysterious Mr. Gibbs—II," *Saturday Evening Post*, January 27, 1945, p.98.
10. Dorothy Marckwald, as quoted in Gordon R. Ghareeb, "A Woman's Touch: The Seagoing Interiors of Dorothy Marckwald," undated article, *The Ocean Press*, Steamship Historical Association of America—South California Chapter, http://home.pacbell.net/steamer/sshsa_socal.html, 访问于2009年8月11日。
11. Frank O. Braynard, *By Their Works Ye Shall Know Them: The Life and Ships of William Francis Gibbs 1886 - 1967* (New York: Gibbs & Cox, 1968), p.190.
12. Vice Admiral Harold G. Bowen, *Ship Machinery and Mossbacks: The Autobiography of a Naval Engineer* (Princeton, NJ: Princeton University Press, 1954), p.60.
13. 出处同上, pp.32-33.
14. 出处同上, p.56.
15. 出处同上, p.58.
16. 出处同上, p.60.
17. *Investigation of the Progress of the War Effort*, p.3973.
18. William Hovgaard, "Biographical Memoir of David Watson Taylor, 1864—1940," *National Academy of Sciences of the United States of America BiographicalMemoirs*, vol. 22, 7th *memoir*, 在1941年美国国家科学院年会上的报告, p.137.
19. 出处同上, p.143.
20. 2008年3月9日对 William Garzke Jr.的采访。
21. *Investigation of the Progress of the War Effort*, pp.3973—74.
22. 出处同上, pp.3977-77.
23. Frances Perkins, *The Roosevelt I Knew* (New York: Harper Colophon, 1946), p.33.
24. Bowen, *Ship Machinery and Mossbacks*, p.60.
25. Alva Johnson, "The Mysterious Mr. Gibbs—III," *Saturday Evening Post*, February 3, 1945, p.84.
26. Bowen, *Ship Machinery and Mossbacks*, p.69.
27. Braynard, *By Their Works Ye Shall Know Them*, p.191.
28. George Home, "Designer Keeps New Superliner a Structural Mystery to the World," *New York Times*, May 13, 1949.
29. James H. Davidson to William Francis Gibbs, June 1936, 引自 Braynard, *By Their Works Ye Shall Know Them*, p.63.
30. Bowen, *Ship Machinery and Mossbacks*, p.85.
31. 出处同上, p.102.
32. Frederic C. Lane, *Ships for Victory: A History of Shipbuilding under the U.S. Maritime Commission* (Baltimore: Johns Hopkins University Press, 2001), p.99.
33. "Technological Revolutionist," *Time*, September 28, 1942, http://www.time.com/time/magazine/article/0,9171,773637,00.html, 访问于2008年12月21日。

34. 出处同上。
35. 1967年9月21日 Ellen Hanlon 写给 Vera Cravath Gibbs 的信，William Francis Gibbs Collection, Mariners' Museum, Newport News, VA.
36. *Investigation of the Progress of the War Effort*, p.3790.
37. Horne, "Designer Keeps New Superliner a Structural Mystery to the World."
38. Alva Johnson, "The Mysterious Mr. Gibbs—I," *Saturday Evening Post*, January 20, 1945, p.10.
39. Richard Austin Smith, "The Love Affair of William Francis Gibbs," *Fortune*, August 1957, p.148.
40. "Giant New Liner Gets Here in Fog," *New York Times*, November 23, 1907.

# 第 14 章

# 皇后号与美洲号

1936 年 5 月 27 日，整个英国都在为玛丽皇后号离开南安普顿的首航举行庆祝。在船桥上，一群记者围着埃德加·布里顿爵士，玛丽皇后号的第一任船长。“你有兴趣得到蓝丝带奖吗?”一位美国记者发问。

“是的，这自然是我们所想，”布里顿说，“不然我们为什么造它呢?”

丘纳德轮船公司急于向世界证明玛丽皇后号毫无疑问是世界上最快的邮轮。

作为宣传的噱头，一个花絮就是英国著名的奥运径赛选手劳德·伯利仅用了 60 秒就完成了在 400 码长的散步甲板上的冲刺跑，他没有穿运动装，而是西装革履。[1]

玛丽皇后号排水量 81000 吨，略大于诺曼底号，保守的英国设计师们并没有追求像法国邮轮那样的优美线条。尽管船头向前延展，但没有球鼻船首。她的船身饱满，甲板上面却又显得拥挤和沉闷。3 个烟囱周围布满了丑陋的、方形的通风机孔。

内部的配色方案是清一色的沉闷情调，深红色、深棕色和黄铜色。来自布罗姆斯格罗夫协会的工匠用精美加工过的毛皮和大量贵重的薄膜板装饰公共空间和特等舱，材料自然都来自大英帝国遍布全球的殖民地。洁白的灯具，在夜晚散发出暖暖的黄色灯光，点缀着头等舱休息室的每一个角落。吸烟室和长廊上摆放着厚而软的沙发和长椅。格里尔长廊——仅供预订的夜总会，俯瞰着船尾，拥有一个颇为自负的凹陷形的舞池。并不是每个人都喜欢无线城市音乐厅和白金汉宫这样奇怪的混搭风格。“每一处都透露出平庸而又炫富的俗气，”一位设计评论家对此嗤之以鼻，“精湛的工艺、华丽的用料、恶心的效果。”[2]

如果说玛丽皇后号缺少了法国船只的浪漫，她的引擎室却充满了活力。约翰·布朗的造船工程师给玛丽皇后号配备了在商业轮船上首次应用的最强劲的齿轮减速涡轮机，可产生158000马力的动力。不过，由于大部分设计完成于20世纪20年代末期，这个发动机并没有达到美国驱逐舰那样先进的水平。

尽管吉布斯已是海军炙手可热的设计师，但他仍“身在曹营心在汉”，他的眼里依然是举世瞩目的跨大西洋客运贸易。他对玛丽皇后号兴致盎然，即使他觉得玛丽皇后号的设计平庸至极。此外，他深深地厌恶英国在海洋霸权上的优越感。他也预计到玛丽皇后号庞大的船身在波涛汹涌的海面上将会举步维艰。

相对于建造一艘玛丽皇后号那样的轮船，美国的轮船公司更倾向于建造体积更小、更便宜的邮轮，他们可以无须依靠美国政府的资金。美国公众似乎也赞同这一点。

如果没有英国政府的资金支持，玛丽皇后号同样也无法完工。1931年12月，仅仅在龙骨铺设后的一年，丘纳德便遭受“重创”，公司主席波西·贝特斯爵士宣布取消建造玛丽皇后号的计划，仅仅留下代号为534的船身。整整三年，玛丽皇后号的半成品躯壳躺在船台上，顶层甲板铺满了灰尘和鸟粪。

竞争对手白星航运公司境遇更糟。国际商船队在把它重新出售给英国人之后又重新收回公司，而国际商船队却只收回出售款3400万美元的一小部分。背负着一个曾尝试放弃的负债累累的公司，菲利普·富兰克林对丘纳德公司和白星航运公司可能合并的传闻深感恐慌。他知道这两家轮船公司的联合将把国际商船队彻底清出举步维艰的英国轮船业。富兰克林起程前往英格兰以阻止这桩交易和启动534号船身的重建。

他失算了。1934年4月，两个对手合并成为丘纳德白星航运公司，原丘纳德公司主席波西·贝特斯出任新公司主席。英国政府立即资助900万英镑继续建造 534 号船身，新公司以前所未有的速度和效率立即开工。[3]

在 1936 年试航前的几天，贝茨求见国王乔治五世，乞求以国王的祖母——维多利亚皇后——命名新的邮轮。

“陛下，”贝特斯毕恭毕敬，“丘纳德公司致力于建造世界上最好、最大、最快的轮船，现在我请求您的恩准，请赐予她大英帝国最出色最美丽的皇后之名。”

乔治五世却另有想法，他说：“我太太会很乐意。”[4]

结果，这艘邮轮被命名为玛丽皇后号，而非维多利亚号。

试航的那天，乔治五世向 20 万现场观众和全世界数百万收音机听众致辞：“她的使命也是这个国家的意志，”他说，“今天我们送她起航，不再是一个数字，而是扬名世界的邮轮，充满了美丽，能量和力量。”[5]

玛丽皇后朝着船头敲了一瓶香槟，随着一声轰鸣，玛丽皇后号滑入了克莱德河。

拖船将玛丽皇后号拉去舾装坞，用乔治五世的话说，终成“当今翘楚”。

1936 年，当玛丽皇后号首航抵达纽约港时，记者们蜂拥而至，航拍的镜头留下了船头卷起激动人心的巨浪的影像。

遗憾的是，玛丽皇后号并没有在首航中从诺曼底号那里夺回蓝丝带奖。直到 1936 年 8 月，埃德加·布莱顿爵士将邮轮加速到极限，才最终以破纪录的 4 天零 27 分钟夺得蓝丝带奖，时速达到 30. 14 节。

这是玛丽皇后号和诺曼底号长达两年拉锯战的第一枪。

最终，在 1938 年，玛丽皇后号成功以 3 天 21 小时 48 分钟打破了诺曼底号在 1937 年创造的纪录，少用时 1 小时 19 分钟。平均时速 31. 69 节。

蓝丝带奖终于尘埃落定。

玛丽皇后号击败诺曼底号的不仅仅是速度。在整个 20 世纪 30 年代，在大西洋上所有的大型邮轮中，玛丽皇后号是唯一赢利的，也就由此而确立了明星船的地位，服务也远比更为华丽的诺曼底号广受好评。美国的富人们对丘纳德公司的服务精神大为赞赏，不断述说那总令人想起奢华的酒吧和英式的客舱。

玛丽皇后号也不拒绝普通乘客，宣称她的二等舱和三等舱远远好于诺曼底号。[6]大多数从未搭乘过邮轮的英国民众，视她为战胜外国对手的英雄，除了对“欧点影院”的老气装饰有些微抱怨之外，玛丽皇后号似乎是一艘有灵魂的邮轮。如玛丽皇后号之大、之快，她比其他欧洲的竞争对手更为舒适更为庄重，包含的民族主义精神让人望而生畏。所有的超级邮轮之于玛丽皇后号，犹如萤火之于日月。在玛丽皇后号上人们感到轻松舒适，皇室的名字赋予了她女性的品质，也让她紧紧地和这个国家相连。

玛丽皇后号并非一切都让人艳羡，尤其是她的颠簸。丘纳德公司曾希望玛丽皇后号的庞大体积可以减小波浪的冲击力，于是选择了不固定的笨重家具或者不在走廊上安装扶手的做法。这完全是一个错误。在一次风暴中，当邮轮几乎倾斜到 45 度的时候，二等舱休息室的一架钢琴挣脱了固定栓。一个船员回忆道，“过了两三天，钢琴只剩下架子和琴弦了，当它在惨遭损坏的房间里侧滚的时候，发出了最刺耳的声音。”[7]

丘纳德公司最终清空了玛丽皇后号的内饰，同时也发现了她的引擎过于沉重而她的上层建筑也过于高大，导致了她上重下轻，容易倾覆。船厂做了一些修复，他们把压舱石和水箱放在船体的下部，算是起到了一些效果。[8]

对玛丽皇后号的问题吉布斯有些幸灾乐祸，他收集的一篇报道上写着：“救护车赶往曼哈顿码头接走站立不稳的乘客，有些人摔断了胳膊或腿。”他的设计师也在思考，如果使用现用于驱逐舰上同类型更小、更轻的引擎来驱动，一艘超级邮轮在风高浪急的海面上将如何平稳行驶？

英法之间的竞争占据了报纸头条，但这绝非全部。尽管法西斯主义在德国和意大利日益蔓延，他们的邮轮仍定期发往纽约。意大利邮轮雷克斯号和康特迪萨沃亚号悬挂着墨索里尼的旗帜。20 世纪 30 年代中期，纳粹主义的幽灵笼罩着不来梅号和欧罗巴号，悬挂的纳粹旗帜让美国人、犹太人和异教徒们感到深深的不安，同时供犹太教旅客使用的厨房也被缩小直至关闭。1935 年 7 月 27 日，一群反纳粹暴徒袭击了停靠在曼哈顿港的欧罗巴号，降下了悬挂的纳粹旗帜。当示威者试图去踩踏纳粹旗帜的时候，船员们和他们打了起来。纽约警方随后赶到，驱散了斗殴的人群。[9] 事件发生后，被激怒的阿道夫·希特勒声明绝不允许纳粹旗帜再受到侮辱：他立法将其设为德国国旗。

当欧洲船只以打破纪录的速度和反纳粹的骚乱广受关注的时候，美国航运公司却陷入困顿，即使现在有雄厚的文森特·阿斯特财团支持。公司陷在政府合同的附加条款里苦不堪言：老旧的利维坦号必须服役到 1936 年，每年往返欧洲的航行不得少于五次。当时利维坦号的收入一落千丈，仅有平均数的四分之一——即使国会废除了禁酒令。[10] 文森特·阿斯特和富兰克林决定他们必须采取一个激进的办法，避免因一艘过时的轮船而导致公司经济困境。

1933 年，国际商船队完全不顾合同条款，把利维坦号全年停在纽约的码头。翌年，迫于政府的压力，利维坦号不得不重新服役，当年仅有的五次航行便使公司亏损了 50 万美元，直到国际商船队再次决定停驶。

不少轮船公司被老旧轮船拖了后腿。为了建造玛丽皇后号，丘纳德白星航运公司不得不处理了许多尚好的轮船，它们绝大多数都是一战前建造的。20 世纪 30 年代早期，去往巴哈马的游轮狂欢酒会减少。1935 年，锈迹斑斑的毛里塔尼亚号也驶往了苏格兰处理厂。多年来一直艳羡丘纳德公司的速度的 F. D. 罗斯福总统，哀叹说："她的钢材被重铸为弹药、枪支以及其他摧毁人类生活的东西。"[11] 其他的战前轮船，譬如奥林匹克号——泰坦尼克号的姊妹船——和丘纳德公司的伯伦加莉亚号也步其后尘。白星航运公司的庄严号得到一次缓刑，英国海军部将其转为训练船，但不久后也因一场火灾而被烧毁。

伴随着欧洲古董轮船的减少，国际商船队主席菲利普·富兰克林早已受够了超级邮轮生意的折磨。在支付给航运委员会 50 万美元违约金后，他命令利维坦号退役。1935 年，拖船将利维坦号拖到了霍博肯码头，一战后她就是在那里被修复的。利维坦号就此彻底退出了江湖。

但这个破坏合同的行为引起了政治异见者的不满，他们散布说利维坦号的退役是一场彻头彻尾的政治丑闻和腐败交易，矛头直指美国总统。商务部部长助理尤因·米切尔称 50 万美元的交易是"官员腐败的典范"、哪怕罗斯福引咎辞职也不会消失的丑闻。颇具影响力的华盛顿记者德鲁·皮尔逊，在其专栏“华盛顿旋转木马”中写道：“F. D. 罗斯福和表弟科密特以及阿斯特——两位国际商船队的高管——之间的友谊——无论关乎阿斯特的诺马哈号游艇还是利维坦号的退役——在罗斯福的授意下，无疑将左右下次竞选。”[12]

然而，皮尔逊错了。罗斯福总统，对美国的经济复苏居功至伟，轻松赢得了1936年的总统大选，并且与菲利普、阿斯特一道收紧了对美国航运公司的控制。然而，船运业并没有脱逃公众的视线和怒气。批评者抨击美国航运委员会和1928年琼斯—怀特法案，这项法案通过邮件补贴以及向在美国运营的船运公司发放贷款的形式大肆挥霍纳税人的钱。“彻头彻尾的浪费，”阿拉巴马州参议员雨果·布莱克在国会听证会后说，“极低的利率，不劳而获的所得，事关金钱的腐败，愚弄公众来销售和操纵股票……绝大部分的价值来自抢劫纳税人的希望。”[13]

事情的结果就是1936年国会通过的商船法案，废除了从前的船舶委员会和政府补贴，取而代之的是一个新的美国海事委员会和一个有针对性的补贴法案。于是罗斯福政府依然可以一如既往地支持美国造船业和美国轮船，对于工会来讲又可以解决就业，而商船队亦可以备战争的不时之需。

罗斯福任命竞选支持者约瑟夫·肯尼迪为首任海事委员会主席。肯尼迪已非第一次这样救火了。1933年，作为第一任美国证券交易委员会主席，主张极力起诉华尔街导致的1929年的经济崩溃（尽管是在其任命之前）。他的新工作是确保轮船公司不再浪费纳税人的钱。与肯尼迪一道工作的还有海军工程局局长兰德上将，以及曾给予威廉·弗朗西斯·吉布斯极大帮助的泰勒上将。

海事委员会采取的第一个行动便是反对建造超级邮轮。“这种轮船，”在相关报告中指出，“是一种经济的病态……牺牲其他更为经济的轮船的建设，超级邮轮在美国是不被准许的。”未来美国的客轮，海事委员会指出，方向是“防火，平稳，经济，有吸引力，大小与速度合理”[14]。

在国际商船队，约翰·富兰克林——1937年继任已退休父亲的职务——并不反对。因为利维坦号，国际商船队所拥有的最大的美国邮轮，以亏损而告结，富兰克林也无颜要求公司重新建造超级邮轮。的确，许多美国人也认为美国要从与欧洲的超级邮轮竞争中急流勇退。一份报纸抱怨说类似利维坦号这样的邮轮“简直是在浪费纳税人的金钱，”美国商船队应该停止铺设新的龙骨，“如有战争需要，他们可以租赁这样的轮船”[15]。

然而，尽管海事委员会有如此负面报道，美国航运公司依旧反其道而行之：正式申请建设补贴，用于建造一艘替代利维坦号的中型轮船。虽然尺寸远远小于玛丽皇后号和诺曼底号，但这艘新的轮船将是世界上最现代的、最先进的轮船之一，她将比欧洲的大块头轮船更为实用和经济，但美国航运公司需要政府的帮助。

约翰·富兰克林邀请威廉·弗朗西斯·吉布斯设计这艘新的中型轮船，船运术语称之为“定期客轮”。尽管忙于美国海军的工程，吉布斯毅然决然地投入到这艘轮船的设计中去。吉布斯 & 考克斯公司的计划是打造一艘 725 英尺长、95 英尺宽、排水量为 33000 吨的轮船。船身特征非常明显，外飘型的球形船首，一个明显的凹形截面，外悬的匙形尾，都是吉布斯从诺曼底号窥探而来的灵活应用。船身上部，两个低矮、倾斜、流线型的烟囱都有着鳍板将浓烟引离乘客甲板，这些鳍板就像给上层船舱加冕一般。邮轮被起了一个具有爱国主义色彩的名字：美洲号。

美洲号有着许多吉布斯取自驱逐舰的设计。达到 850 度的高温蒸汽可以驱动两个蒸汽涡轮机，总输出为 20000 马力，可使轮船以 22 节舒适而又经济的速度巡航，如果增加推动力，可以达到 25 节。邮轮共设有 1438 个三等舱席位。与以往大型轮船不同，美洲号的顶层建筑中并没有设计伸缩缝——考虑到相对较短的船身，设计师经过计算去除了可能没有必要的风险设计，允许轮船在波涛汹涌的海面上有轻微的颠簸。[16]

海军部长克劳德·斯旺森非常满意美洲号的设计，称之为“国家战时海军最得力的助手”。[17]但美国海事委员会弄混了吉布斯 & 考克斯公司的设计方案和一位来自纽波特纽斯船厂与干船坞公司设计师的方案。他们在论证会中所遵循的设计理念，认为无论美国航运公司还是政府资助人都将节约投资——如果独立设计没有采用吉布斯 & 考克斯公司方案的话。

威廉·弗朗西斯和助手马修·福里斯特参加了这次论证。当论证会结束时，吉布斯申请了一个较长时间的午休，和弗里斯特一道返回了下榻的酒店。当即，如同他“窃取”诺曼底号数据资料一般，吉布斯列出了其方案较之于纽斯船厂设计的所有优势。在下午 3 点钟接着开始的论证会上，吉布斯提出了一系列的优化方案。[18]

在约翰·富兰克林的支持下，吉布斯得到了轮船的设计合同，而纽波特纽斯船厂得到了轮船的建造合同。无人知晓纽斯船厂对于这样的结果是否满意，纽斯船厂的管理层只会记得完美主义的设计工程师在过去是如何榨取造船厂的大笔利润的。

1938 年，美洲号第一条龙骨开始铺设。吉布斯 & 考克斯公司再次邀请多萝西·马克瓦尔德和她的助手安妮·厄克特设计轮船内饰。马克瓦尔德创造性地为三等舱设计了 23 个公共空间，所有的设计都朴实无华。头等舱舞厅的设计采用了淡色调的木制品和织物，点缀着金属树叶作为装饰。[19]公共区域的装饰艺术品则由轻金属和石膏制成。最引人入胜的是酒吧的壁画，刻画了典型的船上生活，画上有穿着白马甲的管家，鸡尾酒调酒师和身着晚礼服的优雅乘客。

对于火灾，吉布斯有着目睹火灾深刻记忆的童年，也有经历莫罗城堡号失事后的谨慎。美洲号的隔间设计材料吉布斯没有采用传统的木头，而是一种新型的防火刨花板“马尔耐特”。为了测试效果，他新建了一个测试船舱，里面装满了木头，拉到户外后，开始点火。唯一的结果，根据新闻报道，仅仅是轻微弯曲和灼热的舱壁。试验用的木头虽然都化成了灰烬，但船舱的主体部分依然完好。[20]马尔耐特防火的原理非常简单：它是由神奇的材料——石棉构成的。此外，美洲号的安全系统也是完全自动的，轮船被防火门分成几个相对独立的防火区域。不同于莫罗城堡号，美洲号的舱壁和甲板之间没有一点空隙，以完全隔离失火区域。

当美洲号即将完工之际，另一艘大型邮轮也行将退役。“既然维护已经毫无意义，继续运营也是毫无价值。”1937 年关于国际商船队的一篇报道中引用高层人士的话说，“我们盼望立即处置利维坦号，把它作为废品来出售。”[21]

1938 年 1 月 25 日，拖船将满是灰尘和污泥的利维坦号拖离了霍博肯码头。工人们已经把她的三个烟囱拆去了 10 英尺，也切断了她的两个桅杆，以便她能够从前往苏格兰罗赛斯的轮船处理厂途中穿过福斯桥。

在即将离开之前，利维坦号接见了最后一个祝愿者。年迈、虚弱的菲利普·富兰克林站在拖船的船头上，凝望着利维坦号。他的儿子约翰·富兰克林，美国航运公司的新一任主席，站在百老汇的公司总部上，庆幸公司终于摆脱了这个“该死的残骸”。[22]除了桅杆灯和船桥灯，整个利维坦号漆黑一片。一艘拖船载着菲利普·富兰克林跟着利维坦号，直到很远。

苏格兰回收厂开始拆解利维坦号后的某一天，威廉·弗朗西斯·吉布斯在二十年前开始的剪贴簿上粘贴了最后一篇报道。“现在他们已开始扯掉哥白林挂毯厂工人花费两年时间编织的毛毯，”上面这样写道，“还有一位著名艺术家特地为她制作的镶板。痛心疾首，伤痕累累，烧毁的木头裂开在这个已然逝去的天堂。”[23]

利维坦号已成记忆中的碎片，诺曼底号和玛丽皇后号依旧在不亦乐乎地争夺蓝丝带奖，螺旋桨飞机已经在为第一次跨越大西洋制订计划。甚至哈利·曼宁，美国航运公司船运队长，也购置了一架私人飞机。与其他百万人一起，曼宁阅读了 1927 年查理斯·林德伯格独自驾机飞越大西洋的报道，他也逐渐开始怀疑，在不久将来的某一天，海上旅行和蓝丝带奖终将成为历史的回忆。

在继任美国航运公司主席后不久，约翰·富兰克林被任命为泛美航空公司的董事。公司主席胡安·特里普要求所有的新董事至少一次乘坐远程客机前往欧洲。富兰克林显得忧心忡忡。“那时的飞机并没有如今这样安全。”他回忆道。[24]他完成了这次飞行后，打定主意继续自己的船运生意。

乘坐飞机似乎为旅行打开了一扇新的、安全的门。1928 年 10 月 11 日，776 英尺长的齐柏林伯爵号飞船离开德国腓特烈港前往美国。飞船可搭载 20

名乘客，乘客们坐在悬挂在飞船腹部的珠宝盒似的船舱里。那“珠宝盒”很像威尼斯的贡多拉。四天半后，齐柏林伯爵号飞船降落在新泽西州的雷克赫斯特市，一时轰动全世界。而更大、更快、更豪华的兴登堡号飞船于1936年开始服役，它可以搭乘60名乘客，而且只服务于超级富豪。如果飞行成本可以降低而搭乘人数可以增加，飞船将可以直接与邮轮竞争。但是这梦想伴随着1937年5月6日的兴登堡空难而轰然倒塌。

其他广受欢迎的飞行员追随林德伯格的脚步。他们中的一位就是艾美利亚·埃尔哈特，在1928年一次著名的跨越大西洋的飞行后，搭乘了哈利·曼宁船长的罗斯福总统号返回美国。在途中他们成了挚友，曼宁船长对飞行的浓厚兴趣和他渊博的航行知识让他们相见恨晚。相识了九年后，曼宁成为埃尔哈特尝试人类第一次驾驶飞船环赤道飞行的不二人选。

1937年3月，曼宁离开他的轮船，与埃尔哈特从加州起程。但在第二段飞行中，埃尔哈特的洛克希德·厄勒克特拉号飞机在起飞时一个轮胎发生了爆炸，飞机不得不拉回加州修复，等待的日子里，曼宁回到船上继续担任船长。[25]

6月1日，埃尔哈特再次起飞，这次不再是曼宁，替代他的是航海家弗莱德·努南。一个月后，7月2日，他们在西太平洋上空失去踪迹，究竟发生了什么事故，直到今天仍是不解之谜。

尽管迷恋飞行，曼宁依然认为穿越大西洋最好和最安全的方式就是乘船。如同大多数人一样，他从不认为螺旋桨飞机会成为跨大西洋邮轮的有力威胁。造船业正处在一个瓶颈时期，技术的巨大进步将会不期而至。曼宁一直坚信这一点。

1939年8月31日，成千上万的记者和观众拥挤在纽波特纽斯船厂期待美洲号的命名典礼。也算得上是大张旗鼓了，第一夫人埃莉诺·罗斯福在船首上打碎了一瓶香槟，新一代的美国旗舰缓缓滑向未来。一位记者写道：“官员们在人群中张望寻找吉布斯。他似乎消失了。人们终于发现了他。也许是厌倦了无聊的演讲，他像一只秃鹰站在脚手架的顶端，用一个更好的视角俯瞰着美洲号扬波前行。”[26]

第二天，也就是 9 月 1 日，纳粹入侵波兰，第二次世界大战爆发了。整整两年美国都置身事外。但美洲号前往欧洲的首航却由于中立法案而被迫取消，法案禁止美国船只卷入跨大西洋贸易。

美洲号共花费约翰·富兰克林和美国政府超过 1700 万美元。他绝不能让她停驶。为规避中立法案，富兰克林思考着将所有美国航运公司的邮轮转移注册到巴拿马，如同其他航运公司一般。

此举激怒了全国海员工会。新的工会主席是比格·乔·库伦，他也是莫罗城堡号灾难时幸运逃出来的人之一。他是一个天生的组织者和领导者。作为一个年轻人，乔声称自己曾有一个重复的梦境，多年后他告诉《时代》杂志的记者："小乔——现在的大乔——挥舞着他毛茸茸的小手，于是纽约港、波士顿港、马赛、旧金山和安特卫普都瘫痪了。世界上所有的轮船都瘫痪了。美国总统于是打电话给乔，说：'嗨，乔，你挥了挥手就瘫痪了世界。你究竟想怎样？'（在梦里）我说：'再来一块猪排。'"[27]

在还是一个年轻水手的时候，乔就痛恨富人们把持了美国轮船工业，他们是工人的压迫者，轮船公司的老板们像奴隶一样对待船员，以利润之名剥夺他们的安全和舒适。被描述为"高谈阔论，天真而又有点困惑的年轻人，有着与生俱来的组织天分"，乔是满腹牢骚的海员代表，他们抱怨美籍轮船上长时间的工作，微薄的薪水和可怕的食物。[28]

在被问及莫罗城堡号的灾难时，乔把原因归咎为陈旧的系统导致船员们过度劳累和缺少训练。"莫罗城堡号乱成一糟也就不足为奇了。"乔说，"他们只是让我们在码头上站成一排，扫了一眼我们的简历，就说'你，你，还有你'，没有任何提问，没有一丁点疑问。"[29]

那次灾难促使乔成为羽翼未丰的全国海员工会的领导者。通过与关注劳工利益的白宫合作，乔希望新工会能为美国水手争取到更好的薪酬、福利和短一些的工作时间。

乔的最后一个愿望是美洲号能像莫罗城堡号一样运营，或者所有更换旗帜的美国航运公司都不例外。在纽约工会大厅他向 3000 名追随者发表了一场慷慨激昂的演讲。“即使（这些轮船主）……的确改旗易帜，他们的轮船一旦沉没，他们依然会乞求美国政府的保护。”他大声疾呼，紧握的拳头在空中挥舞，“旗帜的更换将导致10000名美国船员失业。”随后他向罗斯福总统和海事委员会的兰德上将宣布，他的追随者需要吃饭。“如果他们在这些船上雇用外国船员，我们将派遣10000名船员前往白宫和海事委员会，直到他们屈服。”[30]许多国会议员也认为注册到巴拿马是为了逃避雇用薪水较高的美国船员的“托词”。

约翰·富兰克林回应说这并非是欺骗美国水手，而是为了维持美国航运公司的生意不得已而为之。“如果我们现在停业，”富兰克林宣称，“我们无法保证还能东山再起，”他说，“先生们，我们非常抱歉，但我们无能为力。”[31]

较之他的愤怒和对轮船主的憎恨，乔“再来一块猪排”的要求并未丝毫减少。但乔非常敬佩约翰·富兰克林，这个严谨认真的哈佛辍学生。据富兰克林女儿劳拉讲，他们两人经常在约翰·富兰克林上东区的公寓里一边喝着苏格兰威士忌和苏打水一边解决争端。[32]在这私交中，工会主席比格·乔·库伦只是“乔”，而约翰·富兰克林只是“杰克”。

尽管美洲号不允许涉足北大西洋航线，她还是得到了广泛的赞誉。但老菲利普·富兰克林，早在1916年就邀请吉布斯建造了一艘1000英尺长的超级邮轮，却未能看到美洲号的试航。1939年8月14日，这位国际商船队前主席逝世于马里兰州的老家。

最终，美国航运公司的所有船只依然飘扬着星条旗。1940年，当美国还处于非战时期，美洲号被允许拓展至加勒比海地区，而美国航运公司的其他船只紧急驶往欧洲，接回美国公民。

随即，北大西洋地区成为杀戮之地。所有国家的远洋邮轮再次成为战时关键资产，也成了最有价值的战争目标。

整个二战期间，威廉·弗朗西斯·吉布斯的组织天赋为化解冲突做出了积极的贡献，他也赢得了和平时期不曾有过的尊重。罗斯福时代的海军部长查理斯·爱迪生（发明家爱迪生的儿子）说：“如果说我曾经为海军做过什么，那就是让威廉·弗朗西斯·吉布斯留了下来。”[33]

美国的战时工业机器——民主兵工厂——最终让吉布斯的超级邮轮梦梦想成真。

## 注释

1. “*The Queen Mary*: The Creative Years（1926—1936），” http://www.queenmary.com/1929—1936.aspx，访问于2011年3月15日。
2. *Architect Builder and News*, as quoted in John Malcolm Brinnin, *The Sway of the Grand Saloon: A Social History of the North Atlantic*（New York: Delacorte Press, 1971）, p.484.
3. “RM S Queen Mary,” http://www.ocean-liners.com/ships/qm.asp，访问时间2008年10月23日。
4. Howard Johnson, *The Cunard Story*（London: Whittet Books, 1987）, p.107.
5. 出处同上。
6. John Maxtone-Graham, *Normandie*（New York: Norton, 2007）, pp.157, 163.
7. Robert Winter，引自 Johnson, *The Cunard Story*, p.116.
8. Johnson, *The Cunard Story*, p.116.
9. “Berlin Is Angered by Ship Riot Here,” *New York Times*, July 28, 1935.
10. Frank O. Braynard, *The World's Greatest Ship: The Story of the Leviathan*, vol.6（King's Point, NY: American Merchant Marine Academy, n.d.）p.94.
11. Franklin Delano Roosevelt, “The Queen with a Fighting Heart,” 1936, published in*Sea Breezes*, 1950，引自 Mark D. Warren, ed., “The Trials of the Mauretania,” in *The Cunard Turbine-Driven Quadruple-Screw Atlantic Liner “Mauretania”*（Wellingborough, UK: Patrick Stephens, 1987）, p.v.
12. Drew Pearson, “The Washington Merry-Go-Round,” *Dover（Ohio）Reporter*, June 24, 1935，引自 Braynard, *The World's Greatest Ship*, vol.6, p.112.
13. “Saturnalia,” Time, July 1, 1935, http://www.time.com/time/magazine/article/0,9171,770043,00.html，访问于2008年9月1日。
14. United States Maritime Commission, *Economic Survey of the American Merchant Marine*, November 10, 1937, pp.22—23.
15. *St. Louis Star & Times*, March 22, 1935，引自 Braynard, *The World's Greatest Ship*, vol.6, p.105.
16. Harold F. Norton and John F. Nicholas, “The United States Liner ‘America,’” *Transactions, Volume 48, 1940, The Society of Naval Architects and Marine Engineers*（New York: Society of Naval Architects and Engineers, 1941）, p.45, collection of William duBarry Thomas.
17. 1935年11月8日 Secretary of the Navy Claude Swanson 写给 Secretary of Commerce Daniel C. Roper 的信，RG 178, Records of the U.S. Maritime Commission, File 502-2, Box 1770, HM 2005, National Archives, College Park, MD.

18. Frank Braynard and Robert Hudson Westover, *S.S. United States*: *Fastest Ship in the World* (Paducah, KY: Turner, 2002), p.28.
19. Norton and Nicholas, "The United States Liner 'America,'" p.27.
20. 出处同上, p.25.
21. *Proposed Plan for the Future Development of the United States Lines Company*, 1937, p.5, RG 178, Records of the U.S. Maritime Commission, File 130 - 29, Box 927, HM 2005, National Archives, College Park, MD.
22. 1973年3月12日 Frank O. Braynard 对 Clifford D. Mallory Jr.的采访，还有1981年11月2日的信件，引自 Braynard, *The World's Greatest Ship*, vol.6, p.291.
23. 出处同上。
24. John Merryman Franklin, *Recollections of My Life* (Baltimore: Reese Press, 1973), p.44.
25. Elgen M. Long and Marie K. Long, *Amelia Earhart*: *The Mystery Solved* (New York: Simon & Schuster, 1999), p.102.
26. "Technological Revolutionist," *Time*, September 28, 1942, http://www. time . com/time/magazine/article/0,9171,773637,00.html，访问于2008年12月21日。
27. "Politics and Pork Chops," *Time*, June 17, 1946, http://www. time. com/time/magazine/article/0,9171,793041-4,00.html，访问于2008年9月24日。
28. 出处同上。
29. 出处同上。
30. "Ethical Question," *Time*, November 20, 1939, http://www.time.com/time/magazine/article/0,9171,762795-1,00.html，访问于2009年3月5日。
31. 出处同上。
32. 2008年6月16日对 Laura Franklin Dunn 的采访。
33. Richard Austin Smith, "The Love Affair of William Francis Gibbs," *Fortune*, August 1957, p.153.

# 第 15 章

# 助力二战

战争一开始，世界上伟大的和平时期的邮轮便逐渐消失，它们要么投入战时服务，要么被毁灭。

1939 年希特勒侵入波兰的前两天，北德意志劳埃德的旗舰不来梅号与玛丽皇后号、法兰西岛号、阿基塔尼亚号和诺曼底号一起停靠在纽约。为了躲避被美国扣押的风险，柏林命令不来梅号船长阿伦斯空船全速驶回德国。

1939 年 8 月 30 日，不来梅号在夜幕掩护下，黑着灯驶出纽约，900 名船员在加班列队，给自由女神行了纳粹礼。[1] 因为怕被中途掠为战利品，德国最高指挥官命令船长火力全开。船身被涂上灰色，从头到尾绑满了油桶，不来梅号以 30 节的最高速度冲过大西洋，第一站停靠在苏联的摩尔曼斯克港，随后回到了不来梅港，与她的姊妹船、自战争爆发就在港内的欧罗巴号停在一起。

希特勒原计划在入侵英国时把两艘船用于军备运输。但是 1941 年 3 月，不来梅港的市民醒来却发现码头区燃起了冲天的火焰。一名高级船员扇了不听话的船舱服务员一个耳光。一怒之下，这个年轻人放火烧了不来梅号。变形扭曲了的不来梅号倚在码头旁，明火暗火几天后才慢慢熄灭。[2] 打捞船把残骸送进了纳粹军需工厂。欧罗巴号依旧被忽视，到战争结束时还停靠在岸边，尽管一旁已经被切了两个大门，以备入侵英国时好运送军队。

1939 年 9 月停靠在纽约的英国邮轮，在当时保持中立的美国还算安全，船长们等待着英国海军部指派服役。玛丽皇后号的新伙伴、最大的船只，在战争的历练中诞生了。1940 年 3 月 3 日，船身喷满灰色油漆的伊丽莎白皇后号从苏格兰布朗船厂的舾装码头缓缓驶出。她的内部空空如也，新家具和艺术品都还在仓库。她的骨干船员包括 400 名高级船员和工人，本以为肯定要在南安普顿试航。排水量 83673 吨、长 1031 英尺、宽 118 英尺的伊丽莎白皇后号是世界上最大的客船，也是纳粹轰炸机的首选目标。随着船驶出港湾，船长约翰·汤立拆开了一封密件"全速驶向纽约城"。

为了迷惑德国情报人员，英国人故意放出伊丽莎白皇后号将于次日停靠南安普顿的传闻。不出意料，纳粹德国空军在预计抵达那天轰炸了南安普顿市，城中硝烟四起，但是伊丽莎白皇后号已经远在几百英里外的海上。以接近最高 30 节的速度前进，黑烟从她的两个烟囱滚滚冒出。伊丽莎白皇后号成功地避开了德国潜艇和轰炸机。经过五天五夜惊心动魄的航行，伊丽莎白皇后号终于在 1940 年 3 月 7 日抵达纽约城。没有雀跃的人群或激动的消防艇迎接这艘新的丘纳德旗舰。拖船把这艘大船推进了 90 号码头的停泊处，在那里和玛丽皇后号一起等待服役。

同样在纽约避难的还有法国超级邮轮诺曼底号和比她小一点的姊妹船法兰西岛号。但到了 1940 年 6 月 25 日，法国落入纳粹手中。自由法国的同盟者英国迅速接管了法兰西岛号。这艘邮轮一直准备服从英国的战事需要，而诺曼底号则孤单地停靠在 88 号码头。

尽管肩负海军工作，威廉·弗朗西斯·吉布斯和他的公司还是抽出时间协助法兰西岛号从史坦顿岛的托德船厂出发开赴亚洲的准备工作。他发现，按美国标准来看，表面辉煌的法兰西岛号充满了火险危机。根据一名官员描述，为了战需而改装的法兰西岛号以及其他法国邮轮，"为了保证船只安全，只能彻底改装和重新设计，"且"没有一家英国公司能够以更短的时间完成这项工作。"[3]

短短几个月，两艘轮船驶离了纽约，开赴大西洋和印度洋服役。和平时期设计载客量 2500 人的两艘丘纳德超级邮轮，改装成每次航行搭载能力达 16000 名战士。这些邮轮单独航行，因为没有护卫舰队能够赶得上它们的速度。它们唯一用来抵御轰炸机的装备就是高射炮和甲板上的一些轻武器。他们用于防御潜艇的就是 30 节的速度。这样快的速度对于德国潜艇指挥官来说不好用鱼雷定位或拦截，因为潜艇速度超不过 10 节。

那时，只有几艘美国船只敢开设北大西洋的旅客航线。尽管美国保持中立，战争的阴云还是笼罩了曼哈顿以及那些停靠在码头的灰色邮轮，德国人对犹太人和波兰人的暴行，每周涌入的难民都是纳粹的罪证，表明这是一场美国无法置身事外的战争。

随着战争升级，就连具有明显标识的美国船只也成了同盟国潜艇的目标。1940 年 7 月 11 日的清晨，美国航运公司的旗舰华盛顿号塞满了 1000 多名刚刚逃离纳粹残暴迫害的难民。6 个月以来，纳粹已经占领和控制了欧洲大部分地区。法国在两周前沦陷，俄罗斯和德国签署了互不侵犯条约，使德国迅速占据了东欧。为筹备未来的陆地侵略，希特勒命令纳粹空军准备对大不列颠实施猛烈轰炸，希望借此袭击她的城市，摧毁她的工业，彻底打破人民的期望。在海上，德国潜艇指挥官对任何与英国港口结为同盟的航船进行疯狂打击——除了飘扬着美国国旗的船只。

对于那些渴望尽快抵达美国的旅客，可供选择的船只越来越少。意大利航运公司的超级邮轮雷克斯和康特迪萨沃亚号已经成为战争牺牲品，在锚地被轰炸后沉没。因为意大利还属于法律意义上的中立，美国航运公司将它的主要欧洲港口转至热那亚——尽管许多人还存有担心，对于约翰·富兰克林来说，取消未来所有商业航运只是个时间问题。

还在航行的船只已经人满为患。一次航行中，指挥家阿图罗·托斯卡尼尼和船上主治医生挤在一张床铺上，化妆品巨头赫莲娜·鲁宾斯坦则睡在吸烟室的沙发上。[4] 少数旅客随身携带了许多财产。更多的人觉得能够上船就很幸运了。一张西行跨大西洋的船票在欧洲已经成为最为值钱的商品。

7 月 11 日，当哈利·曼宁船长让华盛顿号沿葡萄牙海岸全速前进的时候，他以为邮轮能够远离潜艇的危险。为了明确显示华盛顿号是一艘中立船，公司在船身挂了巨大的横幅。横幅两边喷了两面美国国旗，中间写道“华盛顿号—美国航运公司”。但是这样的标识并没有消除船上的紧张情绪。船上载满了逃离巴黎和伦敦的海外美国移民，以及一些侥幸逃脱纳粹虎口的犹太家庭。

这位美国最优秀的船长现在不仅仅为了他的船只而活；他刚刚迎娶了近期一次航行中认识的美女旅客——弗洛伦斯·伊莎贝拉·乔布里奇·希顿。而这次给他带来一个女儿的婚姻，注定是个败笔。“我可不愿意伺候两位主子。”曼宁在解释为什么闷闷不乐时说道。[5]

曼宁也知道超载的客轮只能开到20节的速度，无法躲避纳粹的鱼雷。

早上6点，天亮前，曼宁透过双筒望远镜横扫了一遍视线范围内的情况，发现一个黑色物体涌出水面。

从潜艇控制塔发来了莫尔斯灯光信号。“停船，放慢速度。我们是潜水艇！”

发出的是英语指令。

曼宁大喊：“全部停止！”

华盛顿号缓缓停住，在潮水中漂浮。

“弃船！”潜艇指挥官用信号灯命令道。

曼宁启动全部疏散令，并鸣起警笛，将所有水手召集到救生站。听到刺耳的警报，旅客们从床上跳起，聚集到露天甲板。船员们把救生船放下来，让妇女和儿童们先登船。“水密门全部关闭，”曼宁回忆道，“通用警报已经拉响……没有一名旅客表现出狂躁或混乱……船员们表现很好，服从命令，没有出现疑问或者非议……我们保持着无线电般的寂静。”

此时，船上的通讯官狠狠地敲击华盛顿号的莫尔斯灯塔。“我们是美国华盛顿号。”

潜艇指挥官不为所动。“还有十分钟”，他用信号灯示意。

曼宁简直不敢相信发生的一切。潜艇指挥官不仅要击沉一艘中立国家的邮轮，还要击沉一艘满载着妇女和儿童的邮轮。

他命令通讯官继续示意：“美国……华盛顿号。”

“我想通过信号示意潜艇指挥官，我们并不是他认为的交战国船只，或者希望通过这样示意直到天亮，他能够亲眼看清楚。”曼宁回忆道，“情况很棘手。我不知道这种情况下‘扣扳机的冲动’将发生什么，也不知道一个激进的年轻军官为何这样急于击沉一艘如此大型，而且在昏暗天气下无疑看上去更加放大了的邮轮。”[6]

这样的信号示意持续了10分钟，数以千计的旅客泪眼模糊地在救生艇甲板上颤抖着，胸前绑着救生衣。救生艇在吊艇柱上悬着，在海浪上摇摆着。

曼宁和他的高级船员们等待着。“我们在驾驶台上屏住呼吸，”他说，“等待着对这艘最出色美国邮轮的死亡判决。”

突然，潜艇灯塔传出的信号改变了。

“我们以为你们是另一艘舰船……请继续航行，继续！”

曼宁命令道“全速前进”，华盛顿号警觉地驶离了潜艇。但是曼宁坚持让旅客们留在救生站。果然，6点53分，另一艘潜艇浮出水面。

曼宁深知旅客们已经饱受创伤，不到紧要关头不想再次惊动他们。“为了避开遭遇另一次冲突的风险，”曼宁说道，“我把船摆置在阳光下，这艘不受欢迎的潜艇就在我们正后方，随即我们赶紧驶远。潜艇一动没动，估计是阳光挡住了他的视线，后来它就在后面消失了。”[7]

华盛顿号第二天停靠在爱尔兰的戈尔韦市，曼宁在那里又接收了几百名难民。然后，他的船全速驶向纽约城，超载的邮轮终于在6月21日安全抵达。

美国航运公司的董事长震怒。“天啊，船长。”当约翰·富兰克林听到曼宁骄傲地描述他们如何逃脱第二艘潜艇后，怒吼道，“求求你，别再欺骗这些该死的潜艇了！”[8]

一年后，美国航运公司停止了所有商业航运。罗斯福总统命令海军征用华盛顿号、曼哈顿号和全新的美洲号准备服役。美国参战势不可免了。

美国航运公司停止客运时，威廉·弗朗西斯·吉布斯正在设计一艘简陋的货船，被富兰克林·罗斯福戏称为“丑小鸭”，用于补给二战时欧洲与东亚之间美国前线所需的重要战略物资。

* * *

当一群英国外交官来到西街 21 号求助时，威廉·弗朗西斯·吉布斯再高兴不过了。他从来都不喜欢英国人，也不欣赏他们居高临下的礼貌，他正好借此机会挫挫他们的傲气。

1940 年的夏天，美国官方依旧保持中立，但是托德船厂——吉布斯诸多驱逐舰的建造商——与美国海事委员会安排了这次秘密会见。英国代表团在找寻一个军舰建造师设计 20 艘一样的新货船，给还在孤军与纳粹作战、处在被封锁中的英国运送供应品和军需物资。除非皇家海军找到更好的发现潜艇的办法，只能通过建造比德国更快的船只向英国运送供给。而唯一能够实现上述目标的途径，就是跟由吉布斯 & 考克斯公司所代表的、有批量生产能力的美国大船厂协商签订一份合同。

但是威廉·弗朗西斯·吉布斯似乎并不热衷于设计这些船只。“凭这个达不到目的。”他突然说。

英国人对于吉布斯拒绝筹备方案表示震惊，并要求其对此作出解释。为何他要拒绝这样一份合同？

“如果英国能够用 20 艘船就赢得战争，”吉布斯以稍有揶揄的口吻说道，“那她早就赢了。”

“20 艘还不够么？”一名代表问道。

吉布斯想了一下，答道：“最少 60 艘。”[9]

英国代表团松了一口气，向吉布斯 & 考克斯公司提供了 30 年前制造的普通邮轮的设计规范。对于吉布斯来讲，挑战在于要把这个浴缸似的船只设计转化成美国造船厂能够使用的建造图纸。解决办法就是做一个能够便于组装且能够更换部件的船只模型。船身焊接而成，并非铆接而成。为了减少机械费用和建造时间，排水量 10000 吨、长 442 英尺的船只不采用汽轮机，因为其太过复杂且批量生产造价高，便采用了老款往复式发动机，尽管只有 11 节速度，但足以在大西洋上航行，但也使他们成为了潜艇指挥官们唾手可得之物。锅炉烧煤，因为烧油的话英国还需进口，但是煤在不列颠群岛存量很多。

美国海事委员会新任主席埃默里·兰德上将同意了该模型，并于 1940 年 12 月 10 日签署了合同。但是拥有近千名员工的吉布斯 & 考克斯公司却很快陷入了麻烦。“从英国带回来的方案缺少细节，给美国造船工程师们带来了一个大难题。”海军历史学家以及见证人弗雷德里克·莱恩回忆道。所以，美国员工们只能是“适当诠释和补充”。[10]对于像威廉·弗朗西斯·吉布斯这样坚持全面控制的人来讲，适应新方案肯定十分痛苦，也让他更厌恶英国船厂钳工和人工相配合的做法。经过长时间的劳作，他的员工们把原有模型 80 个基本工作图纸扩充到了造船厂所需的 550 张。[11]

60 艘船只由托德船厂建造——一半在加利福尼亚完成，一半在缅因州完成。第一艘先锋皇后号的龙骨于 1941 年 4 月建造完毕，10 月 27 日，由兰德上将的夫人启动下水。

设计英国船只时，兰德上将让吉布斯把设计稍作调整，以便美国使用，因为看上去美国很有可能参战。吉布斯做了些技术改进，做了一个货船模型呈交罗斯福总统批准。

罗斯福总统看过后，称它为“丑小鸭”。但是也予以通过，美国船厂为了美国战需开始建造这些船只。

公众们把它称作“自由轮”。

对这些自由轮，吉布斯采用了建造驱逐舰时的批量生产方式。他大幅度减少了部件的使用数量，而是预加工船只的主要部分。顶棚通风窗、烟囱、锅炉、引擎部件，就连船身部分都是由分包商在场外组装，运到船厂后焊接完成的。船厂不再是高级裁缝师，根据每个客户的品位来建造每艘船只，更像是服装成品店，将事先剪裁好的布料拼成通用的大路货。第一艘自由轮花了 147 天来建造；随着学习曲线的上升，自由轮从生产线下线的速度提高到了平均 42 天。

第一艘投入使用的自由轮被命名为帕特里克·亨利号，革命演说家曾宣称说“给我自由，或者死亡！”吉布斯给予了美国“自由”的轮船……接下来的四年他一口气建造了 2620 艘自由轮。

1941年9月27日第一艘自由轮下水后的两个月，吉布斯的生产速度在美国最大的太平洋海军基地珍珠港遭袭后凸现出来。二战期间，勤恳的自由轮运载了四分之三的美国战需，供给到欧洲和亚洲。[12]

随着自由轮的组装，兰德上将发现吉布斯很难共事。他对于吉布斯 & 考克斯公司“基本完全”忽视海事委员会审计分会的质询，感到十分沮丧。[13]有一段时间，上将考虑到项目紧急，决定不追究这些违纪行为。但是到了1941年6月，威廉·弗朗西斯·吉布斯和兰德上将就支付吉布斯 & 考克斯公司多少钱的问题争执起来。

跟美国海事委员会原来达成的协议是建造60艘英国自由轮需要60万美元。当被要求把英国自由轮设计修改成EC2美国自由轮后，吉布斯同意把价格降到总价75万美金。委员会随即增加订单至312艘船，总计110万美元[14]。

这个提议惹恼了吉布斯，当然还有极具商业头脑的弗雷德里克。“我们从来没有过这么低的补偿。”1941年6月24日吉布斯对兰德说。最后他还是让步了，并告诉员工完成工作计划。但是他也决定了，要结束与海事委员会和上将的交易。他将集中精力为自己忠实的海军顾客服务。

兰德上将很高兴能够摆脱威廉·弗朗西斯·吉布斯。“我觉得我们受够了，而他们觉得我们给得不够多。”兰德在国会作证时说道，“所以我们干脆不再与他们做生意，然后说‘孩子们，再见’，我们相互在脸颊上亲吻，我们该开始自己掌控一切了。”[15]

然而到了当年年底，吉布斯窥见了一个比自由轮更大的商机：建造在大西洋和太平洋与轴心国抗衡的海军舰队。

1941年12月8日，威廉·弗朗西斯给他在西街21号的1200名员工发出了一份备忘录：

致所有员工：

与日本的交战已经开始，我要提醒各位的是我们这样一个组织在国家防御中发挥着至关重要的作用。

每一个人都深知我非常欣赏你们一直以来精湛的技艺、崇高的道德品质以及良好的团队精神。

我们现在面临着一场严峻考验，是验证我们多年以来辛苦训练和组织的时候了。我有信心，我们每一个人都将全力以赴、齐心协力，尽我们的组织所能为我们的国家和海军服务。

我一直以你们为骄傲，但尤以现在这样肩负着神圣责任为骄傲。我深知，我能依靠你们而竭尽自己的全力！[16]

日本袭击珍珠港使得美国马上进入战争状态，它所有的工业现在都集中精力制造子弹、炸药、坦克和飞机来打击敌人。所有民用船只的工作都停止了：国家需要驱逐舰、巡洋舰、航空母舰和运兵船，而且要快。这正是威廉·弗朗西斯·吉布斯一直等待的，他做好了随时进入战争工厂的准备。

12 月 12 日，罗斯福总统正式征用闲置的诺曼底号用于军事运输。她的名字被改为美国海军拉斐特号。海军部长弗兰克·诺克斯下令立刻将这艘法国旗舰在原地码头改装为运兵舰，但不是由吉布斯 & 考克斯公司，而是由罗宾斯船坞和修理公司承担工作。在其后的两个月，工人们拆除了船内奢华的装饰盒式艺术品，取而代之的是数以千计的士兵铺位和能够承受大军靴的厚厚的漆布地板。

美国海军拉斐特号计划 1942 年 2 月 12 日前往波士顿，为了最后的干船坞项目和检测工作赶上搭载她的第一批军队。[17]

但在 1942 年 2 月 9 日下午，在附近的吉布斯 & 考克斯公司工人们发现：哈德逊河邮轮码头上燃起了橙色的浓烟。往北看去，他们看到这艘运兵舰着火了。

忙碌干活的工人用乙炔焊枪拆除美国海军拉斐特号一等舱豪华沙龙里面的

一个铁柱子的时候，火花落到了一堆木棉救生衣上，引发的火焰立刻直冲顶棚。在消防栓和灭火器派上用场前，大火早就烧进了前诺曼底号的软木隔热板。大火从一个大沙龙蔓延到另一个，疯狂吞噬着那些油画、碎布和木质废物。跟莫洛城堡号一样，这艘船没有自动喷水灭火装置。不到半小时，美国海军拉斐特号从船头到船尾全部起火了，给整个曼哈顿笼上了一层厚厚的烟雾。[18]

威廉·弗朗西斯·吉布斯觉得这场大火太令人震惊，却又似曾相识。火灾对于客轮来讲就好像天灾一样，而法国航运公司的船只尤其容易着火。1939年就是由于法国航运公司的巴黎号起火侧倾，使得诺曼底号被困在勒阿佛尔的干船坞达数月之久。

1942年诺曼底号（或拉斐特号）起火正好提醒了吉布斯，事实又一次证明他对船只火警安全措施设计的坚持是正确的。他一直对自己设计了世界最为强大的救火船而引以为荣，救生员号有一座55英尺高、伸缩自如的水塔，能够每分钟喷射3000加仑的水。[19]一直在纽约城水域服役的救生员号，跟其他救火船一道冲进火灾现场，向着火船只甲板喷射河水。

由美国海军阿道弗斯·安德鲁斯上将指挥的救生船把喷头对准起火船只的上层建筑。随着邮轮逐渐离开码头，连到岸上的踏板也猛地坠入哈德逊河。纽约消防局架起了一个60英尺高的梯子通往船首，随即2500名受困工人一个个逃到了岸上。这场灾难导致93人受伤，2人死亡。[20]

在纽约，那天也是诺曼底号设计师、造船工程师弗拉基米尔·亚科维奇逃离纳粹侵略法国的日子。当他看到这样惨烈的景象，亚科维奇让安德鲁斯上将告诉工人们打开拉斐特号的海水阀。这样她就能下沉几英尺，架在河底上，能够保持轮船的直立和安全。

“这是海军的事儿。”上将厉声回答而忽视了这个建议。[21]亚科维奇转身离开了还在燃烧的邮轮。他知道马上会发生什么。2月10日清晨的几个小时，已经燃尽的美国海军拉斐特号倒向一旁，沉入了哈德逊河的淤泥。

就在海军建起围栏想要把翻船阻挡在公众视线外时，新闻大亨赫斯特所拥有的《美国纽约日报》已经编写了社论，描述了法国旗舰的悲惨命运。“近距离观察——透过警方的三重警戒线，部队和海军的人如果允许的话——一股来自残骸的不可阻挡的寒意从你的脊梁骨蔓延开来。死亡的结局就像是一只来自地狱的手伸向了诺曼底号，它只能不幸地侧倒在水里，无奈地等待着未来的命运。”[22]

军方看到了这篇文章的草稿，认为太泄气，没通过审查。

海军让威廉·弗朗西斯·吉布斯评估一下怎么处理这艘前法国旗舰，因为它占据了两个码头，而且占用了宝贵的海滨空间。是拆散，还是补救重装？吉布斯 & 考克斯公司迅速回应，主张把它重建成一艘能够运载近 19000 名士兵的运兵舰。[23]

但事实并不如此。随后的两年，已经烧焦的拉斐特号被拆除了上层甲板，然后被拆卸。到了 1944 年 1 月，残骸被挪到了布鲁克林的托德船厂。之后一年，海军宣称前诺曼底号的剩余部分和残骸被拖到了新泽西的贝永，切割成废料了。

亚科维奇闻讯赶到了现场。在一片乙炔焊枪切割铁皮的声响中，他恳求废料场主，停止拆毁他心爱的船只。连铁石心肠的废料场主都被这位俄罗斯造船建筑师的绝望所打动。“我想他伤透了心。”他回忆道。[24]

吉布斯永远不会忘记诺曼底号的大火。就像莫洛城堡号一样，这是大火如何迅速吞噬一艘客轮的又一个警示。

珍珠港事件一年后发生的种种变故，使得吉布斯迅速成名，他的公司也异常繁荣。当然，也有些宣传不招待见，他自己也后悔允许不止一名记者进入他的办公室。1942 年 9 月 28 日，《时代》周刊封面登出了威廉·弗朗西斯·吉布斯的照片，照片中的他头戴棕黑色的旧呢软帽，银边眼镜，面无表情，阴沉着脸。背景是熙攘的船厂。《时代》周刊尊称他为“技术革命家”，并报道说自由轮项目把商用船只生产提高了 70% 多。战争动员达到了狂热，吉布斯的团队不仅涉及驱逐舰的建造，还有大大小小的巡洋舰和登陆艇。

“威廉·弗朗西斯·吉布斯的公司所做的事情影响力巨大，”《时代》周刊编辑写道，“在一份多艘船只订单中，他们每天能够签下 6700 份订单。公司没有一天会签署少于价值 100 万美元的材料合同。”[25]

被全国最大的新闻周刊誉为“技术革命家”，威廉·弗朗西斯·吉布斯多少有点惶恐不安。他觉得太多的宣传会产生事与愿违的影响，并有可能给公司带来灭顶之灾。尽管如斯，吉布斯 & 考克斯公司还是取得很大的进展。公司办公室现在占据着西街 21 号的 13 层整整一层。2000 名工程师和绘图员坐在一排排的办公桌前，连续几小时在刺眼的灯光前埋头苦干。曼哈顿下城的战时停电意味着所有窗户进入夜晚之后都必须拉上窗帘或者挡板，这也就进一步加深了紧张气氛。有些窗户甚至全部涂上了油漆。但这个措施确实挽救了不少生命，因为不这样，在海面之下搜寻猎物的潜艇就能借着纽约城明亮的灯光辨认出美国船只。

在漫长等待的日子里，威廉·弗朗西斯·吉布斯就会蹑手蹑脚地来到还在制图桌上工作的员工身后，突然吓他们一跳，然后再指出他不想要的设计内容。

“把它涂掉，”在看到不符合他要求的设计时，他会低声吼道，“给我拿出最好的方案来。”[26]

他的许多员工都很厌烦吉布斯这种专横的管理风格。“弗朗西斯老爷”，有些人私底下这样称呼他。[27]

公司斯巴达式的管理还延续到了威廉·弗朗西斯·吉布斯的设在楼层角落的办公室，他对别人要求像对要求自己一样严苛。他跟初级工程师一样工作，面前有放有一张简单的制图板，他的制图桌就是块廉价的木板加上绿色的铁桌腿。了无生气的灰褐色墙上挂满了他的船只模型的照片。他拒绝任何奢华的办公室装饰，认为“你的公司给人的第一印象应该是有约束的”。[28]每天工作十个或者十几个小时，三名秘书努力完成老板说的每一个字，还包括忍受他恼人的咒骂。[29]

他的工作风格，还远不止专制。他的办公室三面是玻璃，这样他能够看到主制图室的工作情况，就像动物园里透过玻璃观赏动物的情景。都不用问秘书老板有没有空，员工可以直接走进去打断他，即使他的命令才发出一半。吉布斯会听员工说什么，做出回应，然后好像什么都没发生一样继续手头的事情。“这里有时候就像是百老汇剧场的售票处，所有的男士和女士们都等着要跟他说话。”一位来访者告诉他的朋友。[30]

他的弟弟弗雷德里克·吉布斯，在百老汇一号有一间独立的办公室，在那里他可以不受打扰地处理公司业务。与“玻璃动物园”不同，弗雷德里克的办公室很安静，整洁，墙上基本是空的。一排黑色计算器就在他办公桌的左边。一位来访者竟然有了看盆栽植物的感觉，十分害羞内敛的弗雷德里克总是埋头做自己的事，但“在他自己特有的空间里——他就像是处于风头的主播一样在店里被人观看”。[31]弗雷德里克把钱看得很紧，就连办公室的家具也是从客户里面的钱抠出来的。[32]吉布斯对弟弟的吝啬非常满意。弗雷德里克的金融才智早在 40 年前父母家的阁楼上就崭露头角，现在终于派上用场了。

作为顶级的组织者、买方和采购商，威廉·弗朗西斯·吉布斯在全国奔走，用他自由轮模式的技术签下了数千个小承包商。他们当中的很多公司，如美国桥梁公司，以前从来没有建造过轮船部件。身穿工服，怀揣蓝图，他带领一组中西部承包商来到一艘停靠的轮船，大喊道：“仔细看看她，找出你们能做的部件，问问我们的向导这个部件叫什么，然后就来领订单吧。”

经营的成果十分显著。他的朋友弗兰克·布雷纳德后来写道：“全国范围内数不清的小工厂都开始造通风筒、救生筏、舱口盖，还有你能叫得上名字的各种轮船零部件。”[33]吉布斯用这个方法集结了他们能找到的所有人的技术和生产能力，形成了由遍布全国的个体工厂和办公室组成“国民军队”。

与此同时，吉布斯的政治盟友也一直在游说。就在美国参战前，威廉·弗朗西斯·吉布斯和海军部长查理斯·爱迪生一起，呈交给罗斯福总统一份惊人的“战舰—航空母舰—巡洋舰一体”设计报告书，一艘用爱迪生的话来讲是“比正在服役的任何一艘船只速度更快，装载的枪支更多，保护能力更强”，而且可以“独来独往”。[34]（这与几年前吉布斯展示给苏联的设计相似）珍珠港事件后的几周里，爱迪生，新泽西州的新任州长致信罗斯福总统，希望国会能够给予吉布斯“充分自由，那么两艘类似的船只将在战争结束前投入服役。”爱迪生还说，“这话是我自己的想法，吉布斯先生对此信件并不知情”。[35]

总统虽然赞同这个想法，但最终没有什么结果，因为国会认为不实用且造价高。[36]

随着生意越来越大，海事委员会对威廉·弗朗西斯·吉布斯的厌恶持续升温。这种情绪在1943年达到高潮，当兰德上将宣布他将用一种新设计替代原有的自由轮方案。与此同时，战时生产委员会却任命吉布斯为造船审计长。

由总统颁布命令组建的战时生产委员会是美国战需物品和服务分配的最高机构；从消费者定量配给到工业供应的分派，都是它的管辖范围。吉布斯的新职位给予了他监督诸如驱逐舰和巡洋舰在内的海军军舰生产的权力。但是他希望自己的影响力能够延伸到商业船只领域中去——这是他的激情所在，也是他这么致力于战争服务的重要原因。

就连总统和他的高级经济顾问们都无法忽视威廉·弗朗西斯·吉布斯，尽管他是一名出色的组织者和设计师，但是在他公司业务范围外的行事风格已让官僚们忍无可忍。在华盛顿待了十个月后，吉布斯被召到白宫与罗斯福总统和兰德上将会见。由于吉布斯拒绝接受自由轮的替换方案，双方争执不下，而吉布斯对此十分愤怒。[37]

会谈过后，罗斯福让著名金融家兼总统经济顾问的伯纳德·巴鲁克与吉布斯谈谈。巴鲁克建议这位造船工程师从政府岗位离职，回到纽约。愤怒的吉布斯决定彻底放弃，于1943年9月11日辞去造船审计长职务。[38]

虽然受到了羞辱，吉布斯还是对自己设计的船只感到十分骄傲。吉布斯 & 考克斯公司出品的驱逐舰和巡洋舰比海上其他船只动力更强、操控性更好、速度更快。“当我们的舰队出现在战场上时，还没有人知道顶级的后勤能够好到什么样子。”他在大西洋剧院炫耀着自己轮船的性能，“日本人惊奇地发现哈尔西（上将）的船只做到了他们都不敢想的事情。对于敌人来讲，完全就是战术突袭那样简单。”[39]

威廉·弗朗西斯·吉布斯还在想着他的这些大船和邮轮对战争的贡献。他知道，全是凭着尺寸大、速度快，英国的皇后号和美国航运公司的美洲号才在北大西洋上享有英雄般的声望。在痛失美国海军拉斐特号后，美国航运公司只有一艘大型军舰——还是吉布斯设计的美洲号，仅在投入商业运行几个月后就被美国海军于 1941 年征用。这艘船被重命名为美国海军西点号，改装后运载能力达到 9000 的运力兵力。但真正给战争作出重要贡献的还是英国超级邮轮伊丽莎白皇后号和玛丽皇后号，每次航行可以运载 16000 名士兵到英国，并参加了名垂青史的诺曼底登陆。

希特勒当然知道，使任意一艘皇后号的沉没都将是对反纳粹势力企图占领欧洲的一个重大甚至是致命的打击。随着诺曼底登陆的临近，他决定对能够击沉一艘皇后号的潜艇指挥官给予铁十字勋章和 25 万美元的现金奖励。但这个奖谁都拿不到，因为这两艘皇后号能够逃脱想用鱼雷锁定目标的潜艇的攻击。[40]

威廉·弗朗西斯·吉布斯很快就由于他威胁要破坏已经完成的工作与华盛顿起了冲突。身兼政府职位和拥有私有企业的他树了很多劲敌。1944 年的春天，海军事务委员会宣布将调查吉布斯 & 考克斯公司。控告内容是牟取暴利。

吉布斯超常的发展速度和战时的成就早就使他担忧外界的注意力。他现在必须要在国会维护他的声誉。如果被判定为牟取战争暴利，他的公司、工作还有他战后建造超级邮轮的梦想都会破灭。

从外表来看，威廉·弗朗西斯·吉布斯和薇拉·吉布斯在战时这几年富裕了起来。除了上东区的一套公寓，他们在离蝗虫谷卡拉瓦什“斯蒂尔广场”居民区不远的长岛老布鲁克韦尔有一座带 14 个房间的别墅。[41]在丈夫忙于海军工作的同时，薇拉为大都市剧院举办了内容丰富的义演，小儿子最近在麦迪逊广场花园马术表演还花 2500 美元骑了一次小马。[42]

威廉·弗朗西斯·吉布斯其实很讨厌马匹，就像厌恶宣传一样。“他总怀疑这些马要咬他。”一名家庭成员，好像是引用儿子弗朗西斯的话。[43]

这种生活方式所开销的很大一部分钱是吉布斯继承岳父保罗·卡拉瓦什的

财产，他死于1940年。这位全美最有影响力的企业律师给女儿留下了价值超过200万美元的房地产，到现在其价值超过2000万美元。[44]

但人们还是充满怨气，威廉·弗朗西斯·吉布斯比一般美国纳税人生活得好得多，国会恨不得马上打开吉布斯 & 考克斯公司这个黑匣子。

1944年5月，威廉·弗朗西斯·吉布斯抵达华盛顿，这里再也不是一座沉睡的南方小镇。战争和罗斯福新政早就使得这里人口剧增，常住居民已经超过了50万人。这座城市是灰暗的，到处都是穿着制服的军人，在国会大楼台阶上和林肯纪念堂前站岗。政府鼓励数以万计的工人们在华盛顿海军工厂拼车上下班。“你独行，就意味着与希特勒共行！”一张海报如此告诫市民。[45]

一张传召吉布斯到国家海军事务委员会作证的传票落在了吉布斯“玻璃动物园”的办公桌上。震惊过后，他决定“如果有的话，要消除一切不正当行为，并且采取令人满意的补救措施”。他知道委员会主席、来自乔治亚州的国会议员卡尔·文森曾经是一名审讯官，对面前的嫌疑人从不会心慈手软。

富兰克林·罗斯福1933年上任后，文森一直是国会里面推动海军现代化的首要倡导者。罗斯福十分热爱船只，并且需要南方民主党人的支持以便继续留在白宫执政，他积极响应文森的观点。“一个软弱且落后的海军，”文森说道，“不是一个政治问题，而是一个国家问题——换句话说，充足的国家防卫——就是一等的海军服务一等的国家。”[46]这项6亿美元（相当于2012年90亿美元）的法案，被称为文森海军计划，资助由吉布斯 & 考克斯公司设计的驱逐舰成为世界上最为现代的战舰。20世纪30年代，又有两个数以亿计的《文森法案》得以通过，进一步增加了海军建设费用。

而现在，文森被委派调查他立法下的受益者：吉布斯 & 考克斯公司。

早在珍珠港事件前，国会议员文森和其他民主党政客们已经在公众的高压之下来调查由于政府承包人可能出现的不规范行为所攫取的“战争财”。1934年海军现代化计划已经成为一个240亿美元的大买卖，由此带来的承包商竞争也日益激烈。

船厂用一些华而不实的礼品去贿赂海军高官的妻子，给为有资格给船舶命名的政客们送上贿赂。《时代》杂志注意到，“随着酒瓶一碎，每一个轮船赞助商回家时都拿着一件昂贵纪念品。一些看上去不值钱的东西都能让那些傻姑娘们眼前一亮”。海事委员会副主席霍华德·L. 维克里上将的女性亲戚们“特别喜欢去这样的仪式。五个人收到了价值 6457.65 美元的船厂礼物；而他女儿还得到了两条钻石手链”。[47]

调查战时滥用职权的工作迅速使文森这样雄心勃勃的政客处在了媒体聚焦的中心。这次领衔华盛顿“十字军”的是罗斯福总统的两名南方同盟：密苏里参议员哈里·杜鲁门和总审计长林赛·沃伦，后者直至 1940 年一直担任北卡罗来纳州的国会议员。自美国参战以来，杜鲁门的特别委员会调查了可疑防御合同，查出了 110 亿美元的巨额浪费。[48]至于总审计长，媒体把脖粗脸方的沃伦称为“财政部的看家狗”。

媒体和公众都迫切地想知道神秘的威廉·弗朗西斯·吉布斯这位所谓的“技术革命家”究竟是英雄，还是一个垄断了战时海军设计合同的投机犯，从膨胀的费用里获取巨额利润的窃贼？

1944 年 5 月 8 日，听证会在众议院佳能大楼开始，这座大楼始建于西奥多·罗斯福，由新古典主义的大理石打造而成。大楼正门，矗立着几根大柱子和若干级石梯，跟 30 年前威廉·弗朗西斯·吉布斯怀揣造船梦拜访的摩根财团大厦十分相像。而这次，他怀揣的是一沓由弟弟弗雷德里克准备的公司财务备忘录。

委员会总顾问小罗伯特·E. 克莱恩为听证会开场致辞：“他们在纽约西街 21 号建立了无疑是世界上最大的工程师组织，”他的开场白听上去对吉布斯十分不利，“这个组织的职责就是直接或间接地充当海军部外包设计和采购机构的掮客。”[49]

克莱恩和海事委员会态度十分明确，公司的工作成效没有问题，但是现有的业务关系，他们认为很可疑。作为公司的唯一股东，威廉·弗朗西斯·吉布斯和弗雷德里克·吉布斯拒绝同一类船舶同等价格的固定收费模式，而是对每一艘下水的船单独定价收费，从而导致按克莱恩的指责就是“远远超出预期、翻了几番的费用。”[50]

第一名被传召的证人是海军船只办公室主任爱德华·L. 柯克兰上将，海军部正是在他的监督下与吉布斯公司签订了协议。柯克兰清楚地解释说，与吉布斯 & 考克斯公司达成的协议“（带来了）一段时间内非常多的误解”，而他关于保留该公司为海军首席设计公司的决定得到了海军部长弗兰克·诺克斯的完全认可，而诺克斯刚于上个月去世。

“船只办公室的职责，”柯克兰辩解说，“是为海军部长和海军总委员会制定海军希望建造的船只技术规范。有时候长达百页以上的基本规范，会发给未来的投标人。投标人一旦选中，吉布斯 & 考克斯公司将把这些技术规范变成多达 8000 个供船厂使用的工作计划，同时确保船厂能够及时得到供货。”[51]

“以我们的判断，”柯克兰补充道，“这样做的费用比我们以前所做的花费少多了。”

文森主席打断了上将的话。“我明白，”他说，“但是你委派一个外人用这个国家纳税人的钱去采购供给和材料打造我们士兵要用的战船，而且还耗费巨资，因此就等于向公众承认渎职与贪污，至少我是这样认为，你们手握国家资源，但是自己却没有能力完成这项工作；所以你们就招来任何一个你们想要的人来办事。”[52]

柯克兰少将满怀挫败感地站在证人席上。

威廉·弗朗西斯·吉布斯第二天站到了证人席上。当他举起右手，宣誓如实作证时，秃顶尖脸的文森则一直透过他那圆圆的老花镜死死地盯着吉布斯。

他卓越的天赋和多年的法律训练终于派上用场，吉布斯详述了公司与海军部、海事委员会之间的业务往来。他随后声称，公司一直以最为保守和稳健的方式运行着。

“吉布斯 & 考克斯公司处于独立的定位，”他用坚定而又高昂的声音说道，“与任何船厂或仪器、设备或材料制造商都没有关系。公司从未跟政府借过钱。我坚信公司一直保持着健全、谨慎的财务政策。自 1937 年以来，公司行政管理层的工资就没有变过。股东们也没有分过红利。公司也没有进行过其他投资。全部没有扣减过的盈余，都用于公司业务需求了。”

“公司的利润，”吉布斯说道，“已经经过海军谈判委员会审核，而且委员会认为过去一年的财务状况很稳定，不需要谈判了。”[53]

“你会发现我们所做的事情确实很独特。”吉布斯告诉委员会。“换句话说，这个项目在国家最为紧急的时候为个人所构思并且由个人所倡议，为美国提供重要的服务。”他承诺说，“我所陈述给您的这个案子，十分清晰透明且有理有据，这样我回到纽约，面对 2850 名全身心为这个国家服务的公司员工时，他们不会说我没有用心地呈现这个案子。”

当质询问及吉布斯 & 考克斯公司怎样拿到本来可以由政府执行的业务时，吉布斯坚称是因为海军自己没有足够的人力资源完成所需的技术工作。“海军负责船只设计并且对它负责，”他说，“但是如果你要在船厂打造船只，那就必须有强大的技术组织来支撑船厂并对船厂负责。”

随后，吉布斯解释公司的角色与为军队打造坦克的通用汽车公司相似。“在今日的造船业，”他说，“如果一个造船商收到了一个安排详尽的造船订单以及政府的需求文件时，那么他的职责就是获取信息，并且把它变成一艘船。他所打造的舰船，每一步都需要得到海军部的认可。”[54]为了证明船厂认为公司的专业技术物有所值，他拿出了一封由缅因州巴斯钢铁厂董事长写于 1938 年的来信，而该厂是许多新驱逐舰的钢材制造商。尽管吉布斯 & 考克斯公司比其他独立造船建筑师收取的费用要高，信中写道：“但是产品的质量说明了一切。”

“每一个雇用我们的船厂都可以复制这封信。”吉布斯坚称。（但并没有说其他船厂，例如纽波特纽斯造船厂，吉布斯和那家船厂合不来，讨厌他们凡事必管。）[55]

吉布斯随后开始应对公众对他和公司所笼罩的神秘色彩的怀疑。这当中许多是来源于他承认自己太工于心机。“我从不与报刊打交道，”他说，“我从不接受访谈，我不打广告，我没有雇用任何的宣传助理，导致没有人能够得到任何消息。而结果就是他们就一直认为吉布斯 & 考克斯公司的高管肯定拥有奇怪而且神秘的力量能够拿到那么活儿干。”[56]

当委员会问到他的利润情况时，吉布斯拿出了弗雷德里克给他的数字。在过去的两年里，公司总收入 1500 万美元，但是税后利润只有 4.91%。

克莱恩以及其他 31 位海军事务委员会的成员们都吃惊了。吉布斯肯定是虚报了他的利润。

文森主席此时介入，认为吉布斯税后的毛利有 32%。

所有质疑财务记录准确性的问题惹恼了吉布斯——他和他的弟弟一直保存着细致的财务记录。他痛恨这种作假的暗示，这也令他想起了 30 年前他的父亲所受过的指责。但是吉布斯保持冷静，坚持自己的说法，也给出了他自己的分析，补充说海军谈判委员会已经检查了这些数字，并且认为 1941 年和 1942 年的账目“妥当且健全，不需要再审议了”。[57]

“我当然相信谈判委员会做出这样的评价时，他们已经调查过了，并且是正确的。”吉布斯骄傲地说。他随即说出了一长串当时委员会里声名卓著的高级海军军官名字。

文森意识到他不想挑起国会与军队中最有权威的官员之间的信誉之战。“那我要说的就是，我们要把他们关于重新议价的结论作为参考。”

威廉·弗朗西斯·吉布斯知道他已经令文森陷入困境。随后，他转守为攻，邀请这个海事委员会参观他在纽约的办公室。

“我们会去的。”文森回应道。[58]

“我如此期盼在讨论这个项目之前你们能够来参观办公室的原因是，你们会发现其实它是个非常简朴的公司，”吉布斯继续说，“你不会看到昂贵的办公室。你将看到的就是我坐在一个绘图板后面的高脚凳。你看到的只有排阵似的布局。一个简单的地方，装修得十分简陋。所以根本不存在奢华的开销。我们不搞这些。”

在文森主席认同公司自美国参战后财务账单没有问题后，吉布斯开始阐述公司如何参与美国的自由经营体系。“如果你告诉我税后利润不能支撑业务，”吉布斯说道，“那么你不自觉地限制了美国商业的规模。”

“我们不谈那个，”文森打断他，“你有每个人拥有的权利，想做多大的生意就做多大。”

“好的，”吉布斯同意了，“那您至少要让我的毛利足以维持我的业务规模。”[59]

这位曾经受过律师培训的造船工程师赢了对本案辩护的第一个回合。

第二天，文森主席又一次面对威廉·弗朗西斯·吉布斯，并宣读了关于海军与吉布斯 & 考克斯公司战时行为的审查意见。

“我的陈述将会被记录在案。”文森开始宣读，“我认为，吉布斯先生，毫无疑问，您为国家提供了卓越的服务，组织了一支既有技术，又有学识的员工队伍；您给国家的船只建造项目贡献了巨大帮助和价值……我认为，如果没有您的远见和能力来帮助海军完成这个船只建造项目，海军早已经陷入困境。”

“我想借此表扬您，也对海军部能够有雇用像您一样有能力、像贵公司一样有资质完成这一任务的视野表示赞赏。”文森以此作为结束语。[60]

然后，他让柯克兰少将按照几天前的程序站到了席前。

少将向委员会追加解释了一些关于费用结构和船只类型的问题。但是在离开证人席之前，柯克兰发问：“是否能够对吉布斯 & 考克斯公司所做的工作做一些声明。”

“在听证期间还有一点没有得到充分说明，”柯克兰说，“那就是吉布斯 & 考克斯公司是一个独特的组织，没有其他航海工程师和海军建设可以与之相比……”

“在船只办公室工作的我们，”柯克兰继续说，“认为吉布斯 & 考克斯公司完成了一个出色的任务，并且是我们国家总体战事努力必不可少的因素。他们的贡献是卓越的。我们认为那些有时间阅读这些听证会记录的人们会同意这个观点的。”

“我同意你的陈述。”文森主席说道。[61]

威廉·弗朗西斯·吉布斯以“牟取战争暴利”嫌疑人身份去的华盛顿，他回来的时候却成为一名战争英雄。在回纽约的路上，他也许记起了父亲曾经批评说工程师们往往不懂实际、不善言辞、缺乏生意头脑，而这一切今天已经证明是错的。

学法律并不是赢得人们对你尊重的唯一出路。在放弃法律工作30年后，威廉·弗朗西斯·吉布斯赢了卡尔·文森——这位在华盛顿极具影响力的人物，他与其他人一起见证了人类历史上为了与轴心国抗战所付出的巨大努力。他是个人物，不是费城的社会仲裁人或者哈佛的富家子弟。在《纽约时报》抨击他父亲商业诈骗的42年后，吉布斯向整个国家证明了他自己的诚实、高尚和爱国。与他父亲诈骗了美国碱业公司数以万计的美元不同，吉布斯在一个公众法庭证明了公司的清白。[62]

华盛顿听证会的第二天，《纽约时报》的头条写道：“审议澄清，吉布斯 & 考克斯公司获胜：摆脱超高费用指控——公司一跃成为造船业的重要支柱。”

威廉·弗朗西斯回到了位于西街21号的办公室，重新投入工作。“没有什么比逼迫一个人准备好应对任何一个与自己业务相关的问题更锤炼人的了。”他这样评价这次调查。[63]

此后不到一个月，13万名美国士兵准备突袭被纳粹占领的法国海岸。1944年6月6日早上，威廉·弗朗西斯·吉布斯让他的员工“暂停一分钟，冥思这一时刻的重要意义，并祈祷行动成功、损失降至最低”。[64]

吉布斯 & 考克斯公司的男女员工们设计了在诺曼底登陆日搭载美国士兵的全部登陆艇。

## 注释

1. William H. Miller Jr., *The Great Luxury Liners, 1927 - 1954: A Photographic Record* (Mineola, NY: Dover, 1980), p.103.

2. Peter Huchthausen, "Shadow Voyage—Escape of the German Liner S.S.*Bremen*," Maritime Network, http://www.freewebs.com/tmnarticles/bremen.htm，访问时间为2008年12月17日。
3. Frank O. Braynard, *By Their Works Ye Shall Know Them: The Life and the Ships of William Francis Gibbs 1886—1967* (New York: Gibbs & Cox, 1968), p.95.
4. Miller, *The Great Luxury Liners, 1927—1954*, p.108.
5. "Invasion, 1952," *Time*, June 23, 1952, p. 86, http://www.time.com/time/magazine/article/0,9171,859829-4,00.html.
6. Harry Manning, "Ten Minutes," *U.S. Naval Institute Proceedings* 66, no.453, (November 1940), p.1591.
7. 出处同上，p.1592.
8. John Merryman Franklin, *Recollections of My Life* (Baltimore: Reese Press, 1973), p.48.
9. Braynard, *By Their Works Ye Shall Know Them*, pp.81—83.
10. Frederic C. Lane, *Ships for Victory: A History of Shipbuilding under the U.S. Maritime Commission* (Baltimore: Johns Hopkins University Press, 2001), p.82.
11. 出处同上，p.93.
12. Braynard, *By Their Works Ye Shall Know Them*, pp.86-87.
13. Lane, *Ships for Victory*, p.79.
14. 出处同上，pp.98-99.
15. *House of Representatives, Independent Offices Appropriation Bill for 1943, Hearings, before the Subcommittee of the Committee of Appropriations, 77th Congress, 2nd Session, on the Independent Office Appropriations Bill for 1943*, December 9, 1941, p.277, as quoted in Lane, *Ships for Victory*, p.99.
16. 1941年12月8日 William Francis Gibbs 致吉布斯 & 考克斯公司员工的信，引自 Braynard, *By Their Works Ye Shall Know Them*, p.95.
17. John Maxtone-Graham, *Normandie* (New York: Norton, 2006), p.217.
18. 出处同上，pp.221-23.
19. Braynard, *By Their Works Ye Shall Know Them*, p.69.
20. Frank O. Braynard, *Picture History of the Normandie* (New York: Dover, 1987), p.93.
21. 出处同上。
22. 出处同上，p.97.
23. 出处同上，p.119.
24. 出处同上，p.123.
25. "Technological Revolutionist," *Time*, September 28, 1942, http://www.time.com/time/magazine/article/0,9171,773637,00.html，访问于2008年12月21日。
26. George Horne, "Interview of the Week: Meet William F. Gibbs, Designer of the Superliner 'United States,' to Whom One Lifetime Is Not Enough," *Senior* Scholastic, April 30, 1952.
27. Richard Austin Smith, "The Love Affair of William Francis Gibbs," *Fortune*, August 1957, p.139.

28. Braynard, *By Their Works Ye Shall Know Them*, p.194.
29. Smith, "The Love Affair of William Francis Gibbs," p.138.
30. 出处同上, p.139.
31. 出处同上。
32. 出处同上, p.158.
33. Braynard, *By Their Works Ye Shall Know Them*, p.133.
34. 1941年12月31日 Governor Charles Edison 写给 President Franklin Roosevelt 的信, 18 - Misc. Naval Building File, Franklin D. Roosevelt Library, Hyde Park, NY.
35. 出处同上。
36. 1942年1月7日 President Franklin Roosevelt 写给 Governor Charles Edison 的信, 18-Misc. Naval Building File, Franklin D. Roosevelt Library, Hyde Park, NY.
37. Lane, *Ships for Victory*, p.609.
38. 出处同上。
39. George Horne, "Designer Keeps New Superliner a Structural Mystery to the World," *New York Times*, May 13, 1949.
40. Miller, *The Great Luxury Liners, 1927 - 1954*, p.114..
41. "L.I. Properties in New Ownership," *New York Times*, March 11, 1950.
42. "Women, Children & Horses," *Time*, November 10, 1941, http://www. time . com/time/printout/0,8816,851440,00.html, 访问于2007年7月20日。
43. "Technological Revolutionist," *Time*, September 28, 1942, http://www. time. com/time/magazine/article/0,9171,773637-1,00.html, 访问于208年8月27日。
44. "Cravath Bequests Exceed $2, 000, 000," *New York Times*, July 12, 1940.
45. John G. Sharp, *History of the Washington Navy Yard Civilian Workforce, 1799—1962* (Washington, DC : Naval District Washington, Washington Navy Yard, 2005), p.72, http://www.history.navy.mil/books/sharp/WN Y_ History.pdf, 访问于2011年3月 19日。
46. "The Vinson Naval Plan," http://www.cvn70.navy.mil/vinson/vinson2.htm, 访问于2008年12月27日。
47. "Baubles," *Time*, September 23, 1946, http://www.time.com/time/magazine/article/0,9171,777097,00.html, 访问于2008年12月27日。
48. "Chronology, Harry S. Truman's Life and Presidency," Harry S. TrumanLibrary and Museum, Independence, MO , http://www.trumanlibrary.org/truman-c.htm, 访问于2008年12月27日。
49. *Investigation of the Progress of the War Effort*, p.3937.
50. 出处同上, p.3938.
51. 出处同上, pp.3940-41.
52. 出处同上, p.3955.
53. 出处同上, p.3971.
54. 出处同上, p.3974.
55. 出处同上, p.3978.
56. 出处同上, p.3978.

57. 出处同上，p.3995.
58. 出处同上，p.3997.
59. 出处同上，pp.3998–4000.
60. 出处同上，p.4027.
61. 出处同上，p.4036.
62. "New Suit Against Alkali," *Philadelphia Inquirer*, March 12, 1902.
63. Alva Johnson, "The Mysterious Mr. Gibbs—I," *Saturday Evening Post*, January 20, 1945, p.39.
64. 1944年6月 William Francis Gibbs 致吉布斯 & 考克斯公司全体员工，引自 Braynard, *By Their Works Ye Shall Know Them*, p.118.

图40：大船引擎室的控制面板。与其他邮轮不同，美国号的机械室不允许对外开放参观。——The Frank O. Braynard 藏品

图41：美国号命名前一天，吉布斯看着干船坞进水。——水手博物馆

图42：1951年6月23日，富兰克林将军在美国号命名仪式上向2万前来观礼的人群致词。——水手博物馆

图43：新命名的美国号被拖入装船码头，接下来的一年将为大船安装内饰。——水手博物馆

图44：美国号上的鸭子套房。该套房号称有两个卧室、一个起居室和三个浴室。作为船上最为奢华的套房，温莎公爵夫妇一年入住了四次。——水手博物馆

图45：美国号上头等观光厅。石膏和金箔壁画勾勒出北大西洋的地形。——Mark Perry 藏品

图46：美国号头等舱舞厅，穹顶天花板、圆形舞池、金箔墙壁以及蚀刻镶嵌玻璃刻画出海底生活。——Mark Perry 藏品

图47: 美国号头等舱餐厅, 能够一次容纳400人就餐, 中部有两层甲板高。——Mark Perry 藏品

图48: 美国号二等舱餐厅, 西摩·立顿的铝质雕塑作为装饰。——Mark Perry 藏品

图49: 美国号经济舱餐厅, 在船的前部。——Mark Perry 藏品

图50：美国号二等舱四人包房，上铺已经展开。——Mark Perry 藏品

图51：美国号头等舱餐厅里的格温·勒克斯的雕塑《自由的表达》。——Mark Perry 藏品

图52：彼得·奥斯图尼在美国号纳瓦霍人鸡尾酒餐厅绘画。——水手博物馆

图53：美国号接近完工时，纽波特纽斯船厂工人陆续离开场地。1950年2月到1952年6月，共有超过3000名工人在大船上劳作，包括油漆工、铆工、焊工、管道安装工、电工、装修工和艺术家们。威廉·弗朗西斯·吉布斯经常出现在施工现场，确保严格按照他的技术规范建造。——水手博物馆

图54：1952年5月14日，美国号试航驶出纽波特纽斯时，威廉·弗朗西斯·吉布斯（下）和弗雷德里克·吉布斯在船桥上。——The Frank O. Braynard 藏品

图55：试航时头等舱餐厅的午餐。自左向右：文森特·阿斯特、约翰·富兰克林将军、小J.B.伍德沃德、爱德华·柯克兰上将、威廉·弗朗西斯·吉布斯、小威廉·布鲁伊特以及一名不知身份的官员。——The Frank O. Braynard 藏品

图56：1952年5月14—15日，美国号试航，从海岸警卫艇看去，她稳健地行驶在大海上。——水手博物馆

图57：1952年6月23日，美国号首航抵达纽约。——The Frank O. Braynard 藏品

图58：开航日86号码头，纽约46街街角。从码头棚屋窗口能够看见美国号的上层甲板。乘客们从不同的舷梯登船，去往头等、二等和经济舱。登船行李包括乘客们能够随身携带的行李以及一个25立方英尺的扁平行李箱。乘客们的宠物要经过犬只管理员的检查。——水手博物馆

图59：头等舱舞厅的酒保在调制鸡尾酒。——British Pathé友情提供

图60：首航时乘客们在头等舱观光厅里阅读。——British Pathé 友情提供

图61：首航时经济舱乘客在甲板上打网球。——British Pathé 友情提供

图62：大船36节速度前进时，从翼台望去的景色。——British Pathé 友情提供

图63：1952年7月7日清晨，美国号急速驶过英国毕晓普岩，以比玛丽皇后号快10小时的速度打破了其掌控14年之久的记录。航行时间：3天10小时40分钟，均速35.59节。——The Frank O. Braynard 藏品

图64：1952年7月7日早上6:16，玛格丽特·杜鲁门（杜鲁门总统的女儿）和哈里·曼宁准将在美国号船桥上握手合影，此时大船已经打破了东向跨大西洋速度记录。——British Pathé 友情提供

图65：1952年7月8日，威廉·弗朗西斯·吉布斯接受英国报刊采访。“此时此刻能够在这艘船上是莫大的荣幸，”他告诉全世界，“同时，我也感受到身上肩负的希望与责任，以及同胞们对于此船所给予的期望。”——British Pathé 友情提供

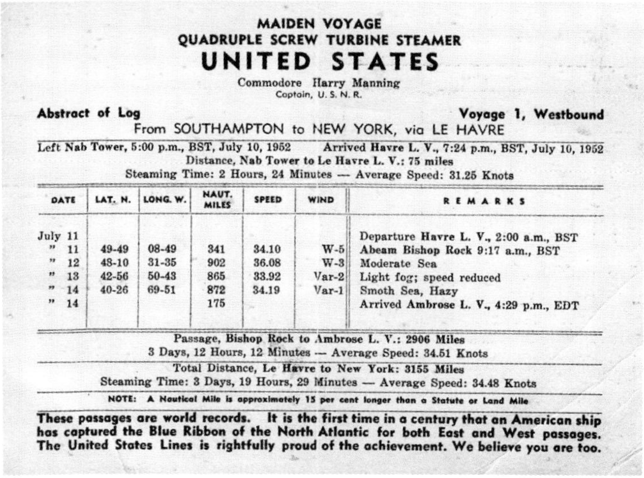

MAIDEN VOYAGE
QUADRUPLE SCREW TURBINE STEAMER
**UNITED STATES**
Commodore Harry Manning
Captain, U. S. N. R.

**Abstract of Log** — **Voyage 1, Westbound**
From SOUTHAMPTON to NEW YORK, via LE HAVRE

Left Nab Tower, 5:00 p.m., BST, July 10, 1952 — Arrived Havre L. V., 7:24 p.m., BST, July 10, 1952
Distance, Nab Tower to Le Havre L. V.: 75 miles
Steaming Time: 2 Hours, 24 Minutes — Average Speed: 31.25 Knots

| DATE | LAT. N. | LONG. W. | NAUT. MILES | SPEED | WIND | REMARKS |
|---|---|---|---|---|---|---|
| July 11 | | | | | | Departure Havre L. V., 2:00 a.m., BST |
| " 11 | 49-49 | 08-49 | 341 | 34.10 | W-5 | Abeam Bishop Rock 9:17 a.m., BST |
| " 12 | 48-10 | 31-35 | 902 | 36.08 | W-3 | Moderate Sea |
| " 13 | 42-56 | 50-43 | 865 | 33.92 | Var-2 | Light fog; speed reduced |
| " 14 | 40-26 | 69-51 | 872 | 34.19 | Var-1 | Smoth Sea, Hazy |
| " 14 | | | 175 | | | Arrived Ambrose L. V., 4:29 p.m., EDT |

Passage, Bishop Rock to Ambrose L. V.: 2906 Miles
3 Days, 12 Hours, 12 Minutes — Average Speed: 34.51 Knots

Total Distance, Le Havre to New York: 3155 Miles
Steaming Time: 3 Days, 19 Hours, 29 Minutes — Average Speed: 34.48 Knots

NOTE: A Nautical Mile is approximately 15 per cent longer than a Statute or Land Mile

**These passages are world records. It is the first time in a century that an American ship has captured the Blue Ribbon of the North Atlantic for both East and West passages. The United States Lines is rightfully proud of the achievement. We believe you are too.**

图66：西向首航日志，从英国南安普顿到纽约城。航行时间3天12小时12分钟，均速34.51节。——比尔·克鲁德纳友情提供

图67：侍者领班比尔·克鲁德纳与艺人鲍勃·霍普在头等舱餐厅的入口合影。——比尔·克鲁德纳友情提供

图68：薇拉·卡拉瓦什·吉布斯（右）与友人尤金妮亚·麦克拉里身着礼服出席头等舱晚会。薇拉经常搭乘“家庭船艇”出行，而丈夫则留在岸上。——苏珊.L.吉布斯友情提供

图69：1956年初狂风的冬季，约翰·韦恩与安德森准将在船桥上聊天。——乔·罗塔友情提供

图70：俾斯麦厨房里的厨师们。——乔·罗塔友情提供

图71：演员金·诺瓦克在船旁摆姿势照相。——乔·罗塔友情提供

图72：头等舱舞厅里的艺术家萨尔瓦多·达利（右）及夫人加拉。——乔·罗塔友情提供

图73: 美国号在刺骨的冬天抵达纽约86号港。在一次风暴中的大西洋航行后船身布满了冰。——The Frank O. Braynard 藏品

图74: 威廉·弗朗西斯·吉布斯看着自己的大船回港。——Marvin Koner/Corbis

图75：70多岁的威廉·弗朗西斯·吉布斯，从“玻璃动物园”注视着纽约港。——Marvin Koner/Corbis

图76：2011年6月的美国号，在威廉·弗朗西斯·吉布斯的出生地慢慢生锈、剥落和褪色。除去已经生锈的内饰和被忽略的40年，大船依旧保持着极好的架构，证明了她的设计者和建造者的卓越技艺。——作者藏品

图77：被毁坏的头等舱舞厅，曾经多么奢华和有名。如今只有舞池和舞台逃脱了1984年纽波特纽斯的家具拍卖以及1992年在乌克兰的石棉内饰拆除。其他地方已拆得只剩下隔板。这里也仅留下：散落的高脚凳，船员休息区“时代广场”的一个电话交换台，以及在工作人员舱发现的一个破菜单。——作者藏品

图78：2010年7月1日，五百多人聚集在美国号前，庆祝慈善家H.F.格里·蓝菲斯特捐赠580万美元给美国号保护委员会，以购买和维护大船。多年来首次，星条旗飘扬在雷达桅上。——作者藏品

# 第二部分

# 铸就梦想

# 第 16 章

# 美好的开局

随着德国和日本的全面溃败，威廉·弗朗西斯·吉布斯也达到了骄人事业的巅峰，毫无疑问，他也是美国最成功的造船工程师。各种荣誉挂满了墙壁，包括哈佛大学优等生联谊会荣誉会员与造船和轮机工程师协会颁发的大卫·泰勒奖，这个奖项是以他的导师泰勒命名的。[1]

当战争结束时，吉布斯可以自豪地说他聚集了一群最好的海军设计师和工程师，也许是海事史上最棒的。他们一起共事了五年之久，严格恪守着战时的服务意识和保密理念，他们也有骄傲的资本：吉布斯 & 考克斯公司的轮船引领了先进的设计和创新的理念，保证盟军的海上战争赢得胜利。他们设计并监制了二战时期超过 70% 的美国海军舰船。

吉布斯总是告诫员工要生于忧患死于安乐。"为了一个普通的目标，我们走到了一起共同努力，"他说，"赞美是危险的语言，它可能让我们变得自负。"[2]

如同吉布斯的事业一样蒸蒸日上，美国也似乎达到了前所未有的高度。在度过了数年的经济困难期，美国从战争中恢复并比历史上任何时期都更强大。士兵们凯旋，基础设施完备，工人们钱包也鼓了起来。大多数的欧洲国家已成废墟，美国也没有一个真正的竞争对手。随着 1945 年 8 月 15 日日本投降，美国真正成为掌控大西洋和太平洋地区的绝对霸主。

终于，吉布斯孩提时代梦想的明灯再次闪亮起来。他想现在已经是万事具备，是时候为美国航运公司和美国军队去建造一艘大型客轮了。尽管他已功成名就，但实现他建造一艘“大船”的梦想将是他一生中最为艰苦的经历。经历了40年坚持不懈地辛苦劳作，在他事业生涯的顶峰，吉布斯更加卓有远见而毫不妥协，从来不惧怕轮船业中的异议者和华盛顿的反对声音。

他曾经说过：“你在世上无所事事，是不会有人反对你，但我已习惯苦战。无论是医学还是宗教，或者其他什么，都没有区别。你会发现当一个人创造出一种新的事物，所有人都会疯掉，因为他们不得不去思考。当他们经历这一过程时，所做的无非是联合起来把这一个人敲昏。”[3]

设计有史以来最大的轮船，对他和他的团队都是前所未有的挑战，这需要一点点的动力，如他所说，“需要内心狂热的冲动”。[4]绘制这艘轮船的蓝图就像是为一首伟大的交响乐谱曲，威廉·弗朗西斯·吉布斯说，一艘伟大的豪华邮轮在海面上分开浪花的声音就像是聆听一曲伟大的管弦乐或教堂管风琴；欣赏其强壮的船身就像从放大镜中欣赏巴赫的音乐。[5]也许吉布斯将内心最喜欢的经典乐曲都谱进了工作：浪漫主义时期的英雄部分——贝多芬的第五交响曲，柴可夫斯基第六交响曲（悲怆）和瓦格纳的春之声（女武神），或者拉威尔的西班牙波列罗舞曲，他说：“轻柔的起调，越来越高越来越高以至达到天籁……以上帝的名义，美妙绝伦！”[6]

千层之台，起于累土。他所需要的不仅仅是作曲家，还需要指挥家，监工和协调轮船设计与建造的每一个方面。首先他需要会见老朋友约翰·富兰克林，美国航运公司主席，他刚从前线胜利凯旋。

其实在战争结束之前，吉布斯的心思早已从驱逐舰和登陆艇转移到他的最爱——客轮。当员工们还沉浸在战舰的设计时，吉布斯已开始设计一艘中型邮轮，这要比超级邮轮更容易取悦保守的美国海事管理者。最终的方案，代号为11811号设计，绝非一艘超级邮轮——远小于1019英尺的玛丽皇后号，仅仅比美洲号长65英尺，预计造价为3150万美元。但她仍不容小觑，她有着最先进的技术和速度，得益于吉布斯 & 考克斯公司在战争年代的收获。于是，吉布斯将11811号设计方案提交海事委员会审议。

1945 年 5 月，欧洲战事结束不久，吉布斯从小道消息得知他的设计方案是海事委员会正在考虑的四种方案之一。另外两个海军设计师提交了更小、更慢（时速 25 节）但造价更低的设计方案。第四号方案最不为詹姆斯·贝茨待见，这位海事委员会工程局局长是吉布斯方案的最大障碍。贝茨手中的第四号方案是一个彻底的超级邮轮：930 英尺长，最高时速 30 节，造价 3900 万美元，这将是一艘可以与玛丽皇后号媲美的邮轮。这也是说，吉布斯的 11811 号设计既非最大也非最廉价，而贝茨无疑会得到海事委员会主席兰德上将的支持，他对吉布斯并不友善。

吉布斯知道他必须超越 11811 号的设计。他需要"建造一艘比 11811 设计更大的轮船，而维持不超过玛丽皇后号和伊丽莎白号的速度无疑忽视了一个北大西洋竞争中最重要的筹码"。[7] 不仅如此，他必须说服正寻求政府补贴建造新船的约翰·富兰克林接受他的方案，而非一艘政府建造的邮轮。

1946 年年初的某一天，吉布斯坐在他"玻璃动物园"的制图桌旁边，绘制着草图和参数，他需要一艘真正的超级邮轮以便打败贝茨。这对他来说轻而易举，像极了 30 年前他与弟弟在父母阁楼里设计的轮船，只是现在囊括了历经多年经验的突破创新和设计提炼。最重要的是，吉布斯定义这艘船必须拥有——就像他多年后所说——"生存的力量"，尤其"在事故、撞击或者火灾中能够保持漂浮和免于烧坏。"[8]

当他感觉自己已经完美地完成了这艘上千英尺邮轮的设计，他拿着图纸离开绘图室，去找托马斯·布尔曼，一位船体科学部的年轻设计师。站在布尔曼绘图桌的对面，威廉·弗朗西斯·吉布斯讲述了这艘超级邮轮的各个参数构想，这些参数远远大于公司曾经参与过的任何轮船。当布尔曼倾听的时候，他意识到这艘船在他老板的脑海里早已千萦百绕。

吉布斯说他希望看到的初步设计是总长 988 英尺，水线 940 英尺，船身 101.5 英尺，水线到龙骨的设计方案是 31 英尺。[9]

"那是周一的早晨，"布尔曼回忆说，"老板说他希望周六下午可以看到邮轮的蓝图。”[10]

是时候为吉布斯兄弟安排一次会议了，以约见美国航运公司主席约翰·富兰克林，需要说服他不去建造其他的客轮，而是一艘有史以来最好、最快、最安全、最美丽的邮轮。

富兰克林也在寻找新的邮轮设计方案，但他仍不确定建造一艘如此巨大的邮轮是否是个好主意。

不同于威廉·弗朗西斯·吉布斯，富兰克林未能维系他的私人公司和政府主导的战争之间的关系，而暂时离开了美国航运公司主席一职，前往战场担任运输军团水务部门的指挥官。他曾远赴澳大利亚，协调盟军各条战线的行动。他知道他的工作有多么重要，从第一次世界大战开始，他就曾作为一名年轻的中士协助指挥官——德怀特·艾森豪威尔——指挥重型坦克营登上奥林匹克号。他也参与过大约5000艘各种类型轮船的设计和建造，在他的履历里，他曾帮助海事委员会建造了“5000万吨的轮船”，总造价约150亿美元。“如你所能想象，”富兰克林写道，“一切都充满了激烈的竞争。”[11]

由于他的努力，富兰克林被任命为海军准将。

在他从军期间，他的密友巴泽尔·哈里斯担任美国航运公司临时主席。战争结束后，美国航运公司只运营美国籍客轮和货轮，尽管公司注册地在英国。[12]公司最大的股东文森特·阿斯特将其财团最大的筹码都押在了轮船生意上。在富兰克林从军的日子里，哈里斯开始为公司战后的扩张拟订计划。“垄断海洋不是美国船运业的目标，”1944年在罗格斯大学的演讲中他说，“我们希望公平的份额，不是更多。随着战后不断增长的海外贸易，英国无须因为美国得到了他应有的份额而担忧，英国的份额将会缩小，但蛋糕依然足够大。”[13]在所有的轮船公司中，美国航运公司承担了最重的战争任务，贡献了三艘最大的轮船致力于军事服务。遭受了数年的战争重创，华盛顿号和曼哈顿号已不复战前的奢华，战后的华盛顿号被改造成了一艘朴实的客轮，而曼哈顿号只能退役，只有相对较新的美洲号经过大修后重新投入跨大西洋的客运业。

重建美国商船队是总统富兰克林·罗斯福在生命结束前几个月的优先战略之一。1944 年 10 月，罗斯福总统曾呼吁一个激进大胆的战略——重建美国商船队和客船队。尚在病中的总统直接命令兰德上将和海事委员会提出计划，重建一支现代、舒适的邮轮和货轮船队。

威廉·弗朗西斯·吉布斯将备忘录中保存的罗斯福总统指令的新闻报道摆在了海事委员会面前。[14]

1945 年 4 月 12 日，因大面积中风医治无效，罗斯福总统与世长辞。他的继任者哈里·杜鲁门总统决定在广岛和长崎投掷原子弹。美国终于看到了二战结束的曙光，当然也为冷战埋下了伏笔。与罗斯福完全不同，杜鲁门既不曾出海到过坎波贝洛岛，也没有在堆满了轮船模型和航海绘画的办公室工作过的经历。事实上，这个来自密苏里州失败的杂货商和水手，对海洋和邮轮压根一无所知，尽管在一战期间曾乘坐俘获的德国邮轮前往战场。在任何情况下，从事关国家荣誉和安全出发，吸引杜鲁门重建美国商船队的动力仅出于兴趣，而支持扩建客船队必须成为“国家安全的重要因素”。此外，他要求海军目前所拥有的新技术“必须吸纳”美国邮轮，“组建一支均衡的现代商船队”。[15]

1945 年 5 月 16 日，欧战胜利日后的一个星期，哈里斯写信给海事委员会的兰德上将，“我们相信现在完全有必要研究建造两艘时速 30 节的邮轮以满足每周之需的可行性、实用性和商业前景，”他写道，“美国航运公司有能力也有信心，可以在相互满意的基础上承担此项任务。”[16]

两周后，哈里斯收到了回信，信中兰德上将训斥哈里斯贪得无厌而且不经过可行性论证的做法。“从你的来信只能得出一个结论，”他在回信中说，“那就是将举证责任从美国航运公司转手给了美国海事委员会。也许还有另外一个结论，那就是美国航运公司对此并未有任何明确的承诺。”[17]兰德希望美国航运公司在充分论证政府的资金的可行性研究之前还需作出公司出资的许诺。

威廉·弗朗西斯·吉布斯知道兰德身边有一位政府资助的造船工程师，而海事委员会海军工程局局长詹姆斯·贝茨已在着手设计他自己的大型远洋邮轮。如果战后兰德依然担任海事委员会主席，吉布斯已无任何可能操刀设计新的轮船。吉布斯期望已经戎马一生的兰德上将，在战争结束后辞去海事委员会的职务，为自己的海军生涯画上一个圆满的句号。

当已荣升将军的富兰克林重新执掌美国航运公司的时候，他感觉到美国政府似乎愿意至少资助他建造一艘新的邮轮。但谨慎的海事官仍在算计着成本，而他却希望获得尽可能多的补贴以使公司继续前行。

当美国航运公司在野心勃勃地制订战后扩张计划时，吉布斯 & 考克斯公司也在不断完善超级邮轮的设计，以期待吉布斯兄弟和约翰·富兰克林将军的会商。他们决定最佳的会谈起点是关于美洲号的船身话题，美洲号的设计源于诺曼底号和不来梅号，改造后成为一艘坚固而又有大容量的中型邮轮，水线下的船身相对较小。至关重要的设计指标是菱形系数，即水下部分与整个船身的比例。这一系数被定义为水线的长度乘以横截面面积（船身最宽处）除以船身的体积。菱形系数高的轮船就像一个长方形的盒子，船首和船尾都笨重而肥大。这类轮船的装载能力优于速度，在水中的移动相对较慢。菱形系数较低的轮船，就像美洲号，有着细长的船首和船尾，中间部分较宽，以牺牲稳定性来换取速度。

而这次，吉布斯希望商讨出一个低至 0.559 的菱形系数，也就是说，这个代号为 12201 的设计将有着比美洲号更为狭窄的水下船身，船尾也更加修长。

事实上，美洲号也有设计缺陷：船头水下的船身部分几近垂直，在恶劣的海面上将会摇晃不定，也会降低船速。为解决这个问题，吉布斯要求布尔曼将新船首向前倾斜以减少阻力。[18]不同于欧洲船只巨大的球形船首，新邮轮要小得多。这是由吉布斯的导师——泰勒上将在 40 年前所开创的。

较低的菱形系数意味着轮船上部重量的减轻，即上层建筑——这几层甲板间是造价昂贵的客舱。为降低轮船重心以增加稳定性，12201 号的设计师决定其上层建筑使用轻量化材料：铝。这并不会伤及轮船整体结构，因为上层建筑下面强力甲板为脱氧钢铸成。这艘船相比于欧洲轮船有着较为低矮的船身：从强力甲板到龙骨的高度仅有 74 英尺 3 英寸，而玛丽皇后号是 92 英尺 6 英寸。[19]

玛丽皇后号也远比吉布斯 & 考克斯公司设计的轮船更为沉重，它的上层甲板全是钢铁制成，上面堆满了笨重的木制品和超大的家具。

吉布斯后来暗示他使用的模型是两艘著名德国船只，而非来自英国。其中之一便是利维坦号，对那艘船的情况他了若指掌。另一艘便是欧罗巴号，不来梅号幸存的姊妹船。吉布斯承认 12201 号设计和德国船只“长度与宽度惊人一致”，相较于利维坦号和欧罗巴号，显著的变化在于强力甲板及其上层建筑。[20]它低矮、较轻的上层建筑将是一个优势，他也设计了更浅的吃水深度：31 英尺。

吃水比较浅应该缘于铝制上层建筑和去掉了被证明是个危险因子的伸缩缝。吉布斯的首席舰船设计师——马修·福里斯特后来说，如果 12201 号设计使用传统工艺建造的话，以下五个环节必不可少——“永不止息的麻烦源……泄漏……异响……抱怨……无休止地修复。”[21] 12201 号也没有独立的上风井，当在恶劣的海面上，这种设计曾对利维坦号和庄严号造成了巨大的损害。

当时的轮船只有在少于两个舱充满海水时才能够保持漂浮，多一个便多十分危险。吉布斯告诉布尔曼和福里斯特，12201 必须是一艘“五舱”轮船，意味着当有五个舱灌满了水，依然能够漂浮并保持稳定。这远远超过了 1927 年他设计的马洛洛号，当时他躲过了相当于泰坦尼克号的撞击。远非如此，邮轮的燃料舱和压载舱构建的双夹层增加了船身高度，避免在搁浅或撞击时沉没。作为额外的安全措施，邮轮有两个独立的引擎室。如果其中之一被鱼雷击中，邮轮依然能依靠自身动力航行。

这一切的结果是一艘外观轻巧、造型优美的千尺邮轮，排水量仅为 45400 吨。相比之下，玛丽皇后号仅仅长了 30 英尺宽了 17 英尺，排水量却近乎两倍，为 77400 吨。[22]这将使 12201 号设计将远远快于老旧的英国邮轮，哪怕发动机并非最优。

实际上，在绘图室的另一侧，发动机部早已设计出了可以满足老板一切要求的图纸。其负责人便是被吉布斯称为世界上最棒的舰船工程师——沃尔特·巴赫曼。巴赫曼知道福里斯特与布尔曼追求速度的狭窄船身设计，也为发动机的设计提出了新的要求。螺旋桨引起的转矩常常会导致难以忍受的尾部摇晃。诺曼底号便深受此害。而12201号设计，布尔曼团队设计了四个蒸汽涡轮，由四组二级减速齿轮带动，可以产生60000马力/螺旋桨的推动力。美式的高温高压涡轮机比以往体积更小、功率更高，可以轻易地安装在12201号设计狭窄的船身里，操作起来同样得心应手。这些发动机已在驱逐舰服役多年，吉布斯肯定这项技术非常安全。吉布斯和巴赫曼更是笃信美式涡轮机可以轻松胜过玛丽皇后号使用的四个帕森斯式涡轮机，其在全速下可以产生158000马力。对于12201号设计来说，发动机部骄傲地嘲弄了一番模型工作室的美式蒸汽涡轮机。

周末的时候，吉布斯 & 考克斯公司的海洋工程师展示了他们的成果。初步的设计显示轮船可以达到时速34节——史上绝无仅有的速度，而引擎常态下提供200000匹的轴马力（可以全部施加到四个螺旋桨上），最大马力可达240000匹。由于高温高压蒸汽技术，动力装置非常紧凑。四个涡轮机和八个锅炉仅相当于利维坦号同样的空间，却可以产生三倍的推动力。[23]由此，即便船身较为狭窄，依然可以释放出许多空间用于储放物资和燃料、载客，而轻量化的船身，使得12201号设计的载客量等同于庞大的玛丽皇后号——拥有2000个舱位。

吉布斯兄弟知道富兰克林将军始终都是中型邮轮的支持者，而对公司的补贴资金稍显吝啬。按最初的预计，12201号设计将花费5000万美元，比贝茨的4号设计超出1100万美元。吉布斯兄弟需要卖出这更大、更昂贵的邮轮，他们决定先展示中型的11811号设计，这个相对于美洲号更为青出于蓝的设计，只能证明了吉布斯 & 考克斯公司在海军工程领域中的权威不容置疑，如果富兰克林给他们一个机会，他们就会抛出12201号设计的千尺邮轮。

既定的议案就绪之后，吉布斯准备向约翰·富兰克林将军兜售他的设计。1946年2月，他决定在下曼哈顿宽街俱乐部与这位美国航运公司主席共进午餐。时机至关重要——几周前他的“敌人”兰德上将刚刚辞去海事委员会主席职务，而吉布斯，这个机会主义者，看到了一个为自己正名的千载难逢的机会。

## 注释


1. Frank O. Braynard, *By Their Works Ye Shall Know Them: The Life and Ships of William Francis Gibbs* (New York: Gibbs & Cox, 1968), pp.145—46.
2. 出处同上，p.107.
3. *Superliner Legislation: Hearings Before the Committee on Merchant Marine and Fisheries, House of Representatives, Eight-Fifth Congress, Second Session on H.R. 9342 to Authorize the Construction and Sale of a Superliner Passenger Vessel Equivalent to the Steamship United States, Identical and Similar Bills; H.R. 9432 to Authorize the Construction and Sale by the Federal Maritime Board of a Passenger Vessel for Operation in the Pacific Ocean, and Identical Bills* (Washington, DC : U.S. Government Printing Office, 1958), p.158.
4. "Winged Victory Presentation Aboard the S. S. United States, July 1, 1952," *Compass Points*, published by Gibbs & Cox, n.d. (ca. July 10, 1952), pp.7—8, collection of Susan Caccavale.
5. Johnson, "The Mysterious Mr. Gibbs—Part I," p.10.
6. Winthrop Sergeant, "Profiles: The Best I Know How," *New Yorker*, June 6, 1964, p.62.
7. 1944年12月11日 William Francis Gibbs 写给 Frederic H. Gibbs 的备忘录，12201 SI-I (16-13400) Confidential, Subject: Design 12201—S.S. United States—Design Particulars and Information, January 24, 1950 Edition, Revised to June 27, 1950, March 19, 1951, and April 24, 1951, vol.1 of 2, pp.1—678-B, VM383 U5 G52, p.4, Mariners' Museum Library, Newport News, VA.
8. William Francis Gibbs, "S.S. United States," *Journal of the Franklin Institute*, Philadelphia, December 1953, p.549.
9. 对 Thomas Buermann 的采访，Raymond Foster Options, Ltd., *The S.S. United States: From Dream to Reality*, produced by the Mariners' Museum, Newport News, VA, 1992.
10. 出处同上。
11. John Merryman Franklin, *Recollections of My Life* (Baltimore: Reese Press, 1973), p.49.
12. *Exhibit A: Agreement of Merger Between International Mercantile Marine Company, a New Jersey Corporation and United States Lines Company, a Nevada Corporation, Merging United States Lines Company into International Mercantile Marine Company, the New Jersey Corporation (To be known as the United States Lines Company, the Surviving Corporation), Proof No.5, April 8, 1943* (New York: Bowne, 1943), p.3, RG 178, Records of the United States Maritime Commission, 130-29, Exhibit 6 to 130-29-4 (PT-1), Box 928, HM 2005, National Archives, College Park, MD .
13. Basil Harris, "Preamble to Post War Shipping: Excerpt from an address by Basil Harris President of the United States Lines Company before the faculty of Rutgers University, New Brunswick, N.J.," December 13, 1944, 出版物不详, File No.130-29, Part 7, RG 178, Records of the United States Maritime Commission, 130-29 (PT-5) to 130-29, Exhibit 5, Box 927, HM 2005, National Archives, College Park, MD .

14. "President Urges Maritime Planning," *New York Times*, October 26, 1944.
15. 1947年3月11日杜鲁门写给 Advisory Committee on the Merchant Marine 的信, from *Report of the President's Advisory Committee of the Merchant Marine*, Washington, DC , November 1947, p.(d) .
16. 1945年5月16日 Basil Harris 写给 Vice Admiral Emory S. Land 的信, File No.130-29, Part 7, RG 178, Records of the United States Maritime Commission, 130-29 (PT-5) to 130-29, Exhibit 5, Box 927, HM 2005, National Archives, College Park, MD .
17. 1945年5月30日 Vice Admiral Emory S. Land 写给 Basil Harris 的信, File No.130-29, Part 7, RG 178, Records of the United States Maritime Commission, 130-29 (PT-5) to 130-29, Exhibit 5, Box 927, HM 2005, National Archives, College Park, MD .
18. John R. Kane. "The Speed of the S.S. United States," *Marine Technology*, April 1978, p.121.
19. 1951年6月26-27日 William Francis Gibbs 写给 Frederic H. Gibbs 的备忘录, 12201 SI-I (16 - 13400) Confidential, Subject: Design 12201— S. S. United States—Design Particulars and Information, January 24, 1950 Edition, Revised to June 27, 1950, March 19, 1951, and April 24, 1951, vol.2 of 2, pp.679—1214, VM383 U5 G52, p.1232, Mariners' Museum Library, Newport News, VA.
20. 出处同上。
21. Matthew G. Forrest, *Notes on the Design of the Transatlantic Liners, Comment on the S.S. United States*, 1952年9月17日发布于 SNA & ME 会议, September 17, 1952, collection of Lawrence W. Ward.
22. John R. Kane. "The Speed of the SS United States," p.122.
23. Henry Billings, *Superliner S.S. United States* (New York: Viking Press, 1952), p.101.

# 第 17 章

# 海上霸主

1946 年 2 月 6 日，宽街俱乐部，富兰克林将军与吉布斯兄弟正在共进午餐。窗内，雍容华贵；窗外，拖船、货船和渡轮掠过灯火斑斓的纽约港。欧战胜利已经 9 个月了，满载着凯旋大兵的运兵船依然穿梭在哈德逊河上，百万士兵回到了阔别已久的家乡。“欢迎回家”，哈德逊码头上的横幅在风中舞动，轮船的汽笛声和家人的欢呼声交相呼应。

最著名的运兵船当属伟大的英国邮轮玛丽皇后号。“以从未有过的速度，”温斯顿·丘吉尔写道，“他们运送了超过一百万名捍卫文明自由的兵。”船与人俱归于和平。士兵的夜晚终能安于梦乡，不再担忧潜艇和德国空军的轰炸机，不再担忧未知的战斗，不再恐惧重回诺曼底。1946 年年初，伊丽莎白皇后号已离开军队，回到丘纳德公司，重新焕发了豪华邮轮的活力。不久的将来，玛丽皇后号与其他轮船也将紧随其后。

吉布斯知道，在接下来的几个月里，蜂拥而至的工人将会登上幸存的欧洲船只，重新安装家具和艺术品，调校饱经战火的引擎，油漆工人也会重新粉刷甲板和栏杆。船身也不再是战时单调的灰色，而会散发出和平年代黑白相间的光亮。烟囱也描画着公司的标志色：法国航运公司的黑红色，丘纳德航运公司的橙黑色，意大利航运公司的红、白、绿三色。客厅和走廊很快将流淌着音乐、笑声和香槟酒杯清脆的碰撞声，甲板上将满是欢悦的乘客。

一入座，威廉·弗朗西斯·吉布斯就相信他的梦想之船必将成为即将到来盛筵的女主角。取得二战胜利的美国此时是世界上最富有、最强大的国度，需要有一艘船来承载她的名字和颜色。

清理了餐桌，威廉·弗朗西斯·吉布斯——他苍白的脸庞和打着补丁的外衣在挤满了红润肤色和蓝色西装的餐厅里卓尔不群——庄而重之地拿出了一沓图纸。这是11811号设计，一艘漂亮的美国式邮轮，却与玛丽皇后号相去甚远。听了弗雷德里克的预算，富兰克林似乎饶有兴趣，却依然一言不发。

察觉到富兰克林的无动于衷，弗雷德里克话题一转，说“一艘更快更优秀的邮轮立等可有”。富兰克林似乎仍然无动于衷，弗雷德里克顿了顿，像一个传教士，“她将使美国航运公司荣登世界一流”。[1]

吉布斯插话说12201号设计早已成竹在胸。这是一艘远洋邮轮，他说，不仅最快，也最安全，最华丽。她足以从玛丽皇后号抢来乘客，也足以夺得蓝丝带奖，一举消灭一个世纪以来美国轮船制造业的尴尬。

下午时分，富兰克林离开了宽街俱乐部，没有留下任何承诺。吉布斯兄弟给了他考虑的时间。富兰克林清楚地知道超级邮轮会给预算带来财政紧张，当然也知道他有文森特·阿斯特的鼎力支撑，这位美国最著名的风险资本家，一直叮嘱他要高瞻远瞩，看得更远。

一个月后，3月4日，富兰克林再次约见吉布斯兄弟。他说，深思熟虑之后他决定大步向前，建造他们兄弟设计的“比玛丽皇后号和伊丽莎白皇后号更快”的邮轮，也同意支出5000万美元，相当于现在的5亿美元。[2]

“我们必须恢复客运服务。”吉布斯耳边回想起富兰克林的话，这艘超级邮轮必有一个“公众都将支持，就像一个奖杯保卫者——我们的达摩利斯之剑”的结果。

正如富兰克林一再地坚持，如果希望她能很快投入运输，新邮轮必须得到政府的认同。[3] 她必须能在48小时内从一艘豪华邮轮变成世界上最快的运兵船，将14000名士兵送到世界的每一个角落，而无须中途加油。这一点无须担心。不同于过往，和平年代的家具和配件都可以轻易地更换。至于速度和成本，他们说，“一艘设计时速33节的轮船，相较于28.5节的玛丽皇后号，完全可以只花费 5000 万美元”。[4] 这艘船与吉布斯所设想的完全一致：990 英尺长（超过一个足球场的长度），101.5 英尺宽，吃水深度 31 英尺，排水量约 50000 吨，与 80000 吨排水量的玛丽皇后号和伊丽莎白皇后号来说，有着更高的燃油效率。

他们承诺，将会应用二战验证过的所有技术，赋予她超出任何商船的功率质量比和足以摆脱潜艇的速度。尽管设计豪华，尽管服务一流，这艘新的邮轮也不同于欧洲的前辈们，她以战时使用为最重要的事情，而她的豪华与美观将使美国公众叹为观止。

富兰克林上钩了。现在他需要 5000 万美元。3 月 26 日，从百老汇大街 1 号的办公室里，他给美国海事委员会递交了申请，这个位于华盛顿的政府机构有权决定给他多少支持，如果有的话。富兰克林说他的公司正在寻求“发展和建造一艘新的跨大西洋客轮——希望能获得 50% 的政府补贴——将能够在两周内途经北大西洋往返于纽约、普利茅斯、勒阿弗尔和南安普顿”。

富兰克林还承诺说，新的邮轮将采用“二战中表现优异的高温高压蒸汽涡轮机，坚固的轻金属，完善的通风和空调系统”，以及全防火设计。她将超越时代，富兰克林相信，她将确保美国在未来 20 年对北大西洋航路的统治权。[5]

吉布斯兄弟回到了西 21 街的办公室，他们心花怒放但也知道，一个世纪以来野心勃勃的人们同样赌上了财富、名望和国家荣誉，希望拥有统治北大西洋的更大、更快、更宏伟的邮轮。一艘好船是赚钱的机器，也是战时的优势，更承载了民族的自豪感。一艘糟糕的船，是赔钱的无底洞，机械师的噩梦，也装满了国家的尴尬。

1946 年春天，吉布斯兄弟兜售给美国航运公司的邮轮，不仅是美国旗帜飘扬在公海上的骄傲，也不仅是一艘商业巨舰，在吉布斯的绘图板上，她是世界上最伟大的邮轮，更会是有史以来最伟大的邮轮。

不到一个月，吉布斯 & 考克斯公司和美国航运公司坐到了一起，他们着力于推进这个新的设计：世界上最先进、最快的超级邮轮。

*　　*　　*

当海事委员会的造船工程师，詹姆斯·贝茨得知美国航运公司接受了吉布斯&考克斯公司的设计，他的决定是拒绝接受这样的结果。最终，他撇开了所谓的“第四号方案”，贝茨决定超越“12201”而设计一艘更大的邮轮，可以媲美玛丽皇后号。4月6日，他把他的方案递交给富兰克林将军。

兰德上将几个月前已经退休了，贝茨也没有了这位好斗的上司为他幕后指挥。更重要的是，美国航运公司的老板也不打算再建一艘玛丽皇后号或者伊丽莎白皇后号，他想要的不是一艘更大的邮轮，而是一艘振奋人心、快速高效的邮轮，同样希望拥有燃油经济性，因为政府的补贴只面向船员薪水和其他劳动力成本，不包括燃料。富兰克林要求吉布斯兄弟建造成本不能超过5000万美元，远低于贝茨设计邮轮的7500万美元造价。总而言之，吉布斯&考克斯公司的12201号设计完全符合他的预期，没有任何理由改变他的初衷。

知己知彼，百战不殆。吉布斯和他的同事们也在翻阅贝茨新近发表的论文，包括造船和轮机工程师协会杂志上最近的一篇——《大型邮轮设计面面观》，吉布斯一直相信他了解他的竞争对手，这次也绝不例外。吉布斯&考克斯公司仔细研究了贝茨设计的每一个参数，而他们的模型工作室也设计出了各种船身模型。第一个是贝茨的第四号设计，长930英尺；第二个是贝茨仿玛丽皇后号设计，长1006英尺；第三个是他们自己的设计，长990英尺。

吉布斯随后要求沃尔特·巴赫曼计算每一艘轮船在每一个速度需要多少马力。1946年4月9日，仅在贝茨约见富兰克林将军后的第三天，巴赫曼提出了他的两个关键发现：

——时速30节时，贝茨的1006英尺邮轮需要124000马力，超出12201号设计4.5%，燃料消耗超出15.5%。

——时速35节时，贝茨的1006英尺邮轮需要204000马力，超出12201号设计2.9%，燃料消耗超出10.9%。

巴赫曼的数据和模型测试都验证了12201号设计更为高效。

杜鲁门总统批准海事委员会资助这艘客轮已时过一年，海军部一位朋友的来信引起了吉布斯极大的兴致。“据海军情报局的消息，”吉布斯在信中告诉他的兄弟弗雷德里克，“1938 年由古斯塔夫·鲍尔博士设计、由不来梅威悉河船厂制造的一艘德国邮轮，志在击败玛丽皇后号和伊丽莎白皇后号为德国夺回蓝丝带奖。”

吉布斯 & 考克斯公司忽然发现他们面对一艘可怕的竞争对手，每一寸都透露出 1938 年慕尼黑纳粹时代的趾高气扬。它长 1024 英尺，宽 111 英尺，从尺寸上看来似乎曲高和寡。“这艘船，”吉布斯观察到，“拥有一个电涡轮机，五个螺旋桨，常规动力为 240000 马力，设计巡航速度 34 节，最大动力 300000 马力。”[6]

这艘船可以称作是超级不来梅号，而吉布斯一直都是德国工程和设计的崇拜者。二战中止了它的建造，但吉布斯依然好奇这艘重新出世的日耳曼“超人”将如何打败 12201 号设计，他要求马修·福里斯特和沃尔特·巴赫曼必须拿出答案，在大卫·泰勒的马里兰模型基地，他俩进行了一系列的试验和测试。1947 年 5 月 3 日，巴赫曼在电话里告诉吉布斯，在保持 33 节的巡航速度时，12201 号要比德国人的设计节省 12%的马力。一个月后，福里斯特提供了另一个更为详细的数据，当达到 35 节时，12201 号需要 231000 马力，而德国船则需要 235500 马力。[7]

有了这些数据，吉布斯相信他可以自信地告诉美国航运公司和海事委员会，12201 号设计远比德国船只和贝特斯的两个方案更为高效。

吉布斯的设计理念非常明确：大未必佳，何谈速度。他以过去的 40 年中内燃机车设计的发展作了一个比喻。新型的轻质柴油机车，他说，相比于 40 年前的古老的蒸汽机车功率质量比增加了 62%。同样，12201 号设计的重量也只是她二三十年代欧洲竞争对手的一个零头。玛丽皇后号的功率质量比是 2.04，诺曼底号是 2.34，欧罗巴号是 1.68。[8]

“已成定论，”吉布斯说，“从前这些大排水量的轮船受限于过时的技术，也没有遵循高速而又经济的基本原理——较轻的质量。”

富兰克林将军在二战期间曾经负责运送美国士兵，对他来说，12201 号设计一个关键优势在于运输部队的潜力。为寻求支持，吉布斯将 12201 号设计呈送给弗雷德里克・哈贝勒上将，一位有着丰富大型海军舰艇设计经验的美国顶尖造船工程师。1947 年 4 月 27 日，这艘超级邮轮得到了上将的首肯。上将重申了丘吉尔之于皇后号重要性的论述：一艘超级邮轮可以迅速转换成运兵船，是美国军事力量必不可少的部分。建造中型邮轮是商业之道的上佳之选——这并非哈贝勒上将之意——“但如果考虑到国防和安全的分量，我相信一切反对的声音都站不住脚”。

只有一点反对的声音：两个过大的烟囱。但上将写道：“无论水上还是水下，这艘邮轮的外表令人愉快，没有一点点刺眼，线条流畅造型优美。”上将高度赞扬了吉布斯，称赞他就是为此而生的人，他对商业的理解和对海军建设的解读造就了他的伟大。他“知晓这两个领域的一切人和事，他把所知的一切建造成了一艘伟大的轮船”。[9]

1947 年 3 月 11 日，在富兰克林将军接受吉布斯的超级邮轮设计的一年后，哈里・杜鲁门总统成立了一个五人顾问委员会以制订美国战后商船队扩张计划。“任何领域的扩张，”杜鲁门坚称，“都将服务于国内经济发展和国家安全。”商船队顾问委员会的负责人由克莱斯勒公司主席 K. T. 凯勒担任，还有一位是海军船舶管理局前局长爱德华・柯克兰中将，同样是吉布斯的粉丝，在 1944 年反暴利调查中极力维护吉布斯 & 考克斯公司，也如同他的前任泰勒上将，柯克兰对 12201 号设计充满了浓厚的兴趣。

“我们仍在使用所有战前的客轮，三分之一已服役超过 20 年，”在给顾问委员会的授权书中杜鲁门这样写道，“一些已经沉没，一些严重损毁，大部分饱经战火的摧残，使它们完全复原以用于和平年代并非经济之举。”[10]

商船队从未有如此的“不均衡”。源于战争时期数量巨大的货轮数量，如今货运部门拥有数以百计的轮船和油轮用以贸易。客轮却是另一番景象。战前拥有 127 艘客轮，超过 40000 个舱位，由于战争和灾难，而今仅残存 36 艘，不到 9000 个舱位。[11]

此时的美国航运公司将剩余的客轮和货轮都回归于商业服务，而 1946 年美洲号也完成了她跨越大西洋的首航。乘客们发现船队由哈里·曼宁担任新船长，而美洲号的内饰也已经恢复到战前的奢华。美国航运公司还以高薪从欧洲轮船公司挖来厨师，并吹嘘说：“曾经担任比利时国王和法国国王的厨师现在是美洲号上的主厨。”[12]但除了简陋的华盛顿号外，美洲号备感孤单，她急需一个新的伙伴，一个更大的伙伴。

当美洲号疲于紧凑的日程，曼宁船长发现自己不知不觉地被这个国家失败的轮船政策激怒。他指责来自中西部和南部各州的政客们没有认识到美国船运工业对于国家的商业实力和国际地位是多么的重要。“我国的海运政策史如同病人的体温记录图，”有一天他说，“时而高涨，时而低迷，直至死亡。这对一家船运公司无疑是一场灾难。”[13]

此时的丘纳德公司似乎迎来了战后的第二春。1947 年 7 月 31 日，玛丽皇后号完成了运兵使命，与姊妹船伊丽莎白皇后号一道重新投入到北大西洋航线。随后的几个月里，皇后号们次次满载，运送了温斯顿·丘吉尔和艾灵顿公爵穿过大西洋；也搭载了千万人的梦想，使他们逃离哀鸿遍野的欧洲，来到美国寻求一个重新开始的梦想。丘纳德公司决心要让玛丽皇后号永久保有蓝丝带奖，而更大的伊丽莎白皇后号从未开足马力。丘纳德公司主席波西·贝特斯爵士的梦想——每周往返于南安普顿和纽约之间双船快运服务——即将终成现实。遗憾的是，这位精明的商人并未亲眼见到这一时刻，在伊丽莎白皇后号和平时期的首航之前，他离开了这个世界。

威廉·弗朗西斯·吉布斯从未错过跟踪皇后号的行程，事无巨细地记录着她们的行驶时间和平均速度。他会从每日航运新闻中剪下各种意外事件的报道放入自己的备忘录——恶劣的天气，声名狼藉的摇晃导致的骨折以及每一次的机械故障。当他的超级邮轮终于梦想成真时，他感觉是自己最幸福的人。

更多的邮轮抵达纽约港，有一些已经是老古董了。从炸弹的蹂躏中恢复了元气，1949 年法国航运公司将传奇邮轮法兰西岛号重新投入客运服务。还有荷兰，重新激活了他们的旗舰——新阿姆斯特丹号，这艘邮轮在纳粹入侵波兰前的几个月刚刚服役。还有一些新的邮轮。意大利航运公司的轮船在鱼雷和炸弹的爆炸声中早已所剩无几，他们发起了一项野心勃勃的造船计划。短短几年，他们将建成两艘大型邮轮：克里斯托弗·哥伦布号和安德烈亚·多里亚号。

短期内，美国航运公司似乎有机会给美洲号找到一个翻新的伙伴：北德意志劳埃德航运公司的欧罗巴号，这是1945年美国军队在不来梅港的战利品(除玛丽皇后号、伊丽莎白皇后号和法兰西岛号之外，战后仅存的欧洲超级邮轮)。然而这艘曾荣获蓝丝带奖的德国战舰已经过时，极易失火。她古老的电力系统使用了包裹在橡胶和棉花中的固体铜电缆，穿引在木线槽里。在运回美国大兵的航行中已经出现了几次小的电力火灾。[14]烟囱通风井的裂缝也已延伸到船身。[15]美国航运公司拒绝接受欧罗巴号，1946年美国政府把它送给了法国以赔偿损失的诺曼底号。此时的法国已无力建造新的邮轮，他们期望能把这艘德国邮轮改造成法兰西风格，于是扯掉了所有日耳曼风格的内饰，取而代之的是诺曼底号的家具和艺术品，并命名为自由号。

富兰克林将军对烧钱的欧罗巴号毫无兴致。当下应该集中公司财力建造一艘新的邮轮，而不是浪费在一艘20年船龄的德国“失败者”身上。

威廉·弗朗西斯·吉布斯鼎力支持。

当时新邮轮的建造和老邮轮的改造正如火如荼，然而有迹象表明，大西洋旅行即将迎来新的时代。吉布斯从办公室就可以看到新建的拉瓜地亚机场螺旋桨飞机的起起降降。经历了二战的严酷考验，飞机的设计有了跨越式的发展。《海洋时代》杂志警告说，1947年共有640000名乘客跨越了大西洋，其中464000人搭乘轮船，160000人搭乘飞机。专家们预言，飞机将持续蚕食跨大西洋旅行中邮轮的领地。[16]

吉布斯丝却毫不担忧。有人追求速度，他说，富有的乘客更在意享受，三等舱乘客也无力支付飞行费用。同样，许多人也担心飞行安全，而新的螺旋桨飞机拥挤、嘈杂、颠簸，尤其冬季飞越大洋的航班。飞机的确更为快捷，但对旅行者来说，在一个金属管里颠簸12个小时或者更长的时间——也没有任何在船上可以获得的享受——看起来时间似乎更为漫长。这一切都会降低飞行需求。“可以确信，飞机是轮船的补充，而非伤害。”吉布斯在写给弟弟的备忘录中说，“自从能够周三离开纽约周一就在伦敦工作的时候，普通人更愿意在两者中作出一个选择，在未来的一段时间，安全会站在轮船这边。”[17]

在百老汇美国航运公司总部，富兰克林将军认为扩大客运服务对公司的未来至关重要，而这艘新的邮轮必将不辱此命。

当这艘超级邮轮的设计已近尾声的时候，富兰克林决定将她向公司董事会和美国政府公开。1947 年 3 月 13 日，富兰克林向以文森特·阿斯特为主席的董事会展示了吉布斯 & 考克斯公司的设计方案。在那次宽街俱乐部午餐后的第十三个月，12201 设计经过了多轮答辩并脱颖而出。仅仅两天前，哈里·杜鲁门政府承诺支持建造技术先进的客轮，而哈贝勒上将也带来他对超级邮轮的强力支持，尤其是对 12201 号设计。美国航运公司董事会也持肯定态度，但坚持要求：公司不会提供超过 5000 万美元预算一半的投入，其余部分，必须由联邦政府依照 1936 年商船法案予以补贴。

第二天，富兰克林告知吉布斯 & 考克斯公司提供一个完整的建造方案，以申请海事委员会 50%的建设补贴。这几乎是难以达到的目标，因为商船法案的最高补贴额只有三分之一。只在极个别例外中才会给予 50%补贴，而富兰克林确信 12201 号设计代表的是一艘非比寻常的邮轮。

当吉布斯在监督邮轮的设计时，弗雷德里克在他百老汇 1 号中独立、简朴的办公室里忙着计算各种数据。他首要的目标是确保邮轮能为雇主带来可观的利润。其次，便是说服海事委员会给予最大的补贴额度是合理的；第三个便是表明为何美国政府需要提供一份劳务补贴——补贴轮船主付出的昂贵的劳动力成本以确保这样的超级邮轮在与欧洲的竞争中处于上风。这些计算很枯燥，但对邮轮的命运却至关重要。

美国航运公司副主席雷蒙德·希克斯上校微调了弗雷德里克的测算数据，他预计平均每两周一次的环大西洋航行将带来 464720 美元的总收入。接下来便是一张长长的费用清单，包括船员工资和加班费。年度运营补贴将支付大约50%的劳务费用，海上保险和其他杂费也大致相当。修理和维护费用，每年进干船坞的大修，可以获得大约60%的费用补贴。但最大的支出是燃料费，只能由公司来承担。弗雷德里克估计每一个往返航行将燃烧8000吨燃油，花费83000美元。

综上，无资助的轮船一年的成本大约950万美元。除去补贴，新的邮轮能为美国航运公司带来大约430万美元年收入。而公司希望每年能够得到2500万美元投资的13%的回报率。

弗雷德里克没有停止单船计算。和吉布斯一样，他一直坚信每周双船的行程对与皇后号的竞争来说至关重要。每一条理由都足以证明一个新的快速而现代的双船组合，能够从皇后号霸占的大西洋航线的虎口中分得一杯羹。[18]

似乎好日子就要到来了，政府希望支持健康发展的造船业和商船队。也有反对的声音。强硬的反对派，比如杜鲁门总统的总审计长——林赛·沃伦，坚信政府在公司盈亏中投入了太多的金钱。

对支持者来说，政府补贴在政府国防预算削减后为濒临困境的造船厂和海事供应商们创造更多的高薪工作与生意。但沃伦提出了一个公平视角，也许是一个引人注目的政治话题。纳税人的钱到底是补贴了工人的工资和国家经济，还是流向了如文森特·阿斯特一般富有的公司股东呢？

在接下来的一年里，弗雷德里克仔细地开始了新的测算，这一次他是基于12201号设计这一艘船。他试图提出稍高一些的轮船收入，但坏消息从建造前线传来。由于战后劳动力和原材料价格的上涨，建造费用估计将达到7000万美元。即使能获得最高50%的政府补贴，美国航运公司仍将支付3500万美元——比公司董事会所承诺提供的整整多出1000万美元。

1949年7月17日，弗雷德里克向约翰·富兰克林提交了新的预算，将军变得犹豫不决。3500万美元简直无法接受，利息支付的负担也足以取消这项工程。富兰克林只能希冀杜鲁门大发慈悲了，他知道总统是一个很难对付的人。

二战结束后，玛丽皇后号、伊丽莎白皇后号以及其他的大型邮轮已载回了成千上万的美国大兵回到家乡，但杜鲁门也意识到许多其他的士兵不会很快回到美国。为保持战后经济和国土都支离破碎的欧亚地区稳定，美国必须永久保留在全世界的军事基地。否则容易导致新的动乱，杜鲁门这样认为。

此外是苏联日益增长的威胁。1946 年 3 月 5 日，一位英国政治家在杜鲁门的家乡威斯敏斯特学院发表了一次演讲，杜鲁门在座。“从波罗的海的什切青到亚得里亚海边的里雅斯特，”英国前首相温斯顿 · 丘吉尔强调，“一幅横贯欧洲大陆的铁幕已经降落下来。在这条线的后面，坐落着中欧和东欧古国的都城。”[19]

早些时候，1946 年 2 月 22 日，驻苏联使馆代办乔治 · 凯南写了一封著名的 8000 字电报。“我们面对着一个政治力量，狂热地支持他的国家。”凯南写道，一个政治系统相信“如确保苏维埃政权的存续，有必要毁坏我国内部的和谐，摧毁我们的生活方式，以及损害我国在国际上的权威。”[20]

1947 年 11 月 1 日，商船咨询委员会向杜鲁门提交了一份报告。报告指出，海外的紧张局势意味着国内政治的审慎；换句话说，国家不能再让自己陷于亟须建造强大商船队的窘境。20 世纪 30 年代的衰落，源于经济大萧条、丑闻、劳动力紧缺等问题，导致国家在面对运往欧洲和太平洋战场的货物和士兵时束手无策。战后，一个强大的商船队，由改装的战时船只和新建轮船组建而成，可以满足和平时期需要，亦能以备战时之需。[21]

咨询委员会表示支持建造两艘而非一艘超级邮轮。“建造两艘快速客轮，”报告中说，“将有助于恢复战争中损失惨重的具备跨大西洋吨位水准和能解燃眉之急的轮船船队。”[22]

确切地说来，这是一个基于军事需要的理念，富兰克林将军和吉布斯兄弟期望总统能够好好读一读。

咨询委员会同样支持维系补贴政策，以鼓励航运公司投资建造客运轮船。“如果跨大西洋邮轮生意像大萧条时代那样衰落，”咨询委员会写道，“如果丧失了赚钱的能力，这样的船只的商业价值除了支离破碎……就是消失殆尽。”

然而，作为军事资产，这艘船“可以有几次超过购买价格的未付余额”。[23]玛丽皇后号和伊丽莎白皇后号，咨询委员会在字里行间提到，是一艘邮轮远比和平时期的商业能力更有价值的最佳证明。

咨询委员会的建议非常明确，却给总统出了一个难题。杜鲁门曾是一个强硬派，但战争结束后的两年，他坚持认为是时候结束军队大手大脚花钱的日子了。在二战的最后一年，年度国防预算一度达到900亿美元，杜鲁门希望能够缓缓降到150亿美元左右。[24]此外，他相信当政府和私人投资者合作时必定导致腐败的产生。作为一名美国前议员，他知道轮船公司都有着侵吞纳税人缴纳的政府补贴的不光彩过去。

作为控制军事预算的一部分，杜鲁门主张建立统一的国防部，将原来三个独立的军事机构（陆军、海军和新组建的空军）合并为一个国家军事机构。杜鲁门任命的第一任国防部长是詹姆斯·福里斯特尔，一个爱尔兰移民的儿子，努力而又勤奋，使自己跻身于国家精英。幸运的是，时任海军部长的福里斯特尔是吉布斯最铁的盟友，曾认为吉布斯在战时的设计是“一项伟大的国家成就”。[25]

战后，作为国防部长，福里斯特尔是稳定国防支出的主要推动者，包括建造一艘大型运兵船，可以运送14000名士兵到世界的每一个角落。他想这可以给共产主义广为传播的欧洲和亚洲强大的震慑。而杜鲁门希望福里斯特尔牢牢掌控军队并支持他削减国防预算。两人多次争论到底国防预算需要削减多少、哪里可以削减。福里斯特尔任国防部长的日子屈指可数，而他的健康状况也迅速恶化。

当再次讨论美国航运公司为新邮轮将如何支付以及支付多少钱的时候，富兰克林将军邀请美国海事委员会和吉布斯 & 考克斯公司一起重新审视工程的两个竞标，遗憾的是，都远远超过了富兰克林坚持的5000万美元。

纽波特纽斯造船厂给出了一个较低的竞价：6735万美元。当加上酒店用品（餐具、床品和厨房设备）、吉布斯 & 考克斯公司的设计费以及其他一些杂费，总费用达到了71081100美元。

如此之高的费用将导致订单取消，威廉·弗朗西斯·吉布斯难以接受。现在是时候发挥弗雷德里克的会计技巧了。1948 年 12 月 14 日，吉布斯兄弟在弗雷德里克的办公室约见富兰克林将军和其他美国航运公司的高管。

在会见之前，威廉·弗朗西斯·吉布斯询问纽波特纽斯船厂如果 12201 号设计是一艘普通的双螺旋桨船只——一艘“普通的船”——不附加任何国防军事色彩，比如强化甲板，海军级布线，额外的速度等时的费用将会如何。船厂的答案是 44470700 美元。[26]显而易见，这些严格的军事设计标准——防火、额外的分区和海军级镀钢——导致了轮船成本惊人地上升，政府应该弥补差额才公平。

弗雷德里克提出了一个融资方案，确保美国航运公司只需支付 2500 万美元。首先，政府需为建造一艘造价 4447 万美元的“普通的邮轮”提供 45%的补贴，即 20011815 美元，美国航运公司支付其余的 24458885 美元。其次，依照 1936 年商船法案，美国政府还需要支付所有额外的“国防”性能费用——所有 12201 号的改进设计——2661 万美元。全部费用：7108 万美元，也是纽波特纽斯船厂的报价。

1949 年 4 月 7 日，美国海事委员会四人小组与富兰克林将军和吉布斯展开了为期三天的马拉松式会商，会议议程是一艘美国超级邮轮建造的裁定。围坐在美国航运公司会议室圆形会议桌的还有美国航运公司的董事，包括文森特·阿斯特，副主席雷蒙德·希克斯，法律顾问克里特斯·基廷，纽波特纽斯船厂执行副总裁威廉·布鲁伊特。一个巨大的轮船模型（未显示水位线以下任何东西）摆放在会议室角落的一个书架上。[27]

在海事委员会的压力之下，富兰克林将军同意增加公司支付费用到 28087216 美元，包含 130 万美元的国防建设费用。

还有一个难题，合同中包含有一项自动调整条款，允许有 500 万美元的额外支出。海事委员会建议应当由美国航运公司承担这笔费用，而这将公司承担的费用提升到 3300 万美元。

美国航运公司犹豫了。公司法律顾问基廷说：“委员长先生，您提出了一个价格，在我看来，那无疑是一个天文数字。”

“家家有本难念的经，我已尽最大努力。”海事委员会委员长格伦维尔·梅隆沮丧地说，“如果你这样说，我想我应该重新考虑整件事情了。”

富兰克林将军耍了一点点的外交手腕。他认为任何的成本增加都将使公司董事犹豫不决，因为“公司有限的资金净值”。富兰克林要求美国政府提供50%的政府补贴，而美国航运公司所支付的融资额不变。

梅隆委员长举起手打断了富兰克林。“我想基廷先生的请求有些极端，将军，”他说，“我不愿意这个工程再耽搁下去。”他补充说，建议举行这项工程的第四轮投票表决。[28]

一位委员仍然反对。雷蒙德·麦克尤，他认为草率分析的令人厌恶，认为富兰克林仅仅简单匹配了2800万美元，仅此而已。这是“对需求决定有序监管的粗暴放弃，”也“无视客观、公平、公正，何谈正确的答案”。[29]

不过，麦克尤最终勉强投了赞成票，他后来说是迫于压力的结果。

这艘超级邮轮最终造价飙升到了79422469美元。[30]

会商结束后的几个小时，海事委员会给纽波特纽斯船厂拍去一封电报，告诉他们合同签妥，立即施工。

最终，美国航运公司，囊尽所有邮轮利润的私营公司，仅仅支付了35%的施工成本。美国政府将担负剩余成本和一份抵消高昂劳动力成本的运营补贴。政府同意资助轮船的国防功能也使得该项目在融资上可行，在法律上也是可行的。

吉布斯毕生的梦想又前进了一大步。他精明的谈判技巧让梦想在历经三年繁复的谈判中取得胜利。但他不是为谈判而活——他是为造船而生的。

1949年5月8日，在海事委员会总部，正式签署了新邮轮的建造合同。签署人：海事委员会委员长格伦维尔·梅隆；纽波特纽斯船厂主席J. B. 伍德沃德；美国航运公司主席约翰·富兰克林将军。

一个12201号设计的模型展示给了在场的媒体记者，全场的镁光灯闪了起来。

历经 40 年的筹划、挫折和坚持，威廉·弗朗西斯·吉布斯如此接近超级邮轮的梦想，一个 40 年前孕育在父母阁楼中的梦想。万事具备：他不但赢得了美国最大轮船公司的支持，也得到了政府财政资助承诺。他绝不会让梦想再次陷于等待，绝不。

尽管兴奋，吉布斯依然面无表情地站在模型前。《纽约时报》一位记者问他设计这艘轮船有多长时间了，“1916 年我已在为超级邮轮做了许多铺垫，”他直截了当地说，“但两场世界大战推迟了它。”

谣言四起，海事委员会和美国航运公司都未能幸免于难，但他们决定无论如何都将继续完成交易。“知情人士表示交易接近完成，”《纽约时报》在合同签署不久前报道，“分析表明，海事委员会和美国航运公司之间的分歧已越来越小。”[31]

铺天盖地的报纸也在猜测新邮轮的名字，也有文章提出一些建议，比如五月花号、哥伦比亚号，甚至美国工程师号。

5 月 8 日合同正式签署那一天，官方宣布了邮轮的名字：美国号。[32]

握着合同，吉布斯终于允诺接受采访。美国公众，尤其是富裕的旅行者，希望听到轮船设计者能现身说法。吉布斯面对着乔治·霍恩坐下来，这位《纽约时报》航运版的编辑渴望了解美国号的一切。

但吉布斯异常谨慎。当问及公布的邮轮尺寸，他说那是不准确的。当问及是否采用核动力，他避而不谈。

“我不准备向任何人说任何事情，”吉布斯说，“在这个国家，我们承载了太多的秘密。我们是有所保留，为什么要告诉他们我们发现了什么呢？为什么我们要帮助他们节省我们所经历的十年呢？”

这位造船工程师坦率地承认，霍恩写道，他“用尽一切办法保持高度神秘”。吉布斯宣称，保密的理由是双管齐下：“以防潜在的国家敌人料到革命性新技术应用到设计中，以及令‘友好’的海上对手一头雾水。”

吉布斯也知道沉默只会更加激发公众的兴趣。他说得越少，公众想知道得越多。他必须尽可能地与媒体玩玩猫鼠游戏。

但他会告诉霍恩和所有人，这是谁的邮轮。美国号，他说，将是“一个超越，对她的主人——全体美国人民”，“当人们看到她将是如何得辉煌，没有人会感到遗憾”。而吉布斯 & 考克斯公司的每一个人，他后来说，所求简单至极：“他们知道他们在为世上最伟大的邮轮奉献，他们知道他们是受美国人民委托而工作。”[33]

杜鲁门总统下属的审计长林赛·沃伦对吉布斯的言谈无动于衷。他得到一份备忘录，随后总审计局向国会递交了一份报告。

吉布斯重新装订了一本剪贴簿，收集了所有关于美国号的报道。他被捧在云端，也为媒体和公众在美洲号细节上被蒙在鼓里扬扬自得。

签署合同的那一天，数百名工人正在西街 21 号办公室内伏案工作，一个坚定的声音从播音系统传出。工程师扔掉了铅笔和尺子，秘书摘掉了电话接收器，停止了一切的工作，除了记录吉布斯先生的讲话。

“我们应该自豪，我们应该骄傲，感谢今天，1949 年 4 月 7 日，”他说，“如我所说，这是美国航海历史上伟大的一天，因为今天，世界巨人——美国，从海事史中的沉睡中醒来，决心夺回她应有的海洋霸主地位。”

他说，谈判复杂而艰难，但结果令人满意。他预计美国号将于 1952 年交付使用，“将会成为世界上最快的客轮，也将会夺得蓝丝带奖。”他提醒大家这是 100 年里美国再一次有机会领跑大西洋航行速度的纪录，然后说，“你们有能力也有责任，将这个荣誉带给美国人民。你们的每一双手，每一颗心，每一份火热，无论你身在前线还是后方，都为此贡献了许多。”

“我谨代表我自己和全体美国人民，”最后他说，“我从心底感谢你们。”[34]

麻烦也在酝酿。当吉布斯、富兰克林和海事委员会敲定合同的时候，杜鲁门决定撤换毫不妥协和麻烦缠身的国防部长——福里斯特尔，也是吉布斯最大的支持者。1948 年 3 月 28 日，身缠重病的福里斯特尔递交了辞呈。他心碎，茫然，伟大的海军战士已陷入崩溃，他住进了华盛顿郊外的贝塞斯达海军医院，1949 年 5 月 22 日，福里斯特尔从医院 16 层跳下，带着满腔遗憾结束了他的一生。

军界更多的动荡也时刻威胁着美国号的命运。就在美国号建造合同签署的两周前，杜鲁门政府已经取消了一艘军舰建造合同。

二战也许凸显了超级邮轮的军事价值，但天空正孕育着更大的革命。基于航母的远程战斗机，恰恰是未受保护舰队的克星。即使是布满了高射炮的最强大战舰，也几无还手之力，成为飞机的靶场。珍珠港事件刚过，日本的轰炸机在新加坡附近击沉了英国威尔士亲王号和反击号，盟军伤亡惨重。未来的美国海军，按照美国军方领导人的推论，将是空军和海军的完美组合，这意味着需要建造更大、更快、技术先进的航空母舰。在原子弹时代，航母的出现也略去了海外空军基地建设的必要，如果美国希望发起对苏联的核武器攻击的话。

在离开人世之前，国防部长福里斯特尔与他的海军同僚们已经致力于推动新一代超级航母的建设。他的继任者——路易斯·约翰逊，正面临着纽波特纽斯造船厂承造世界上最大航空母舰的合同，也是第一艘这一级别航母，可携带 54 架战斗机和 12 架核轰炸机，巧合的是同样命名为美国号。合同金额 1.89 亿美元，几乎相当于吉布斯超级邮轮的三倍。

威廉·弗朗西斯·吉布斯从未设计过航空母舰，也绝不会去设计。尽管他让沃尔特·巴赫曼去做调查，但他依然对海空一体化武装毫无兴趣。“他的态度？一个扫兴的家伙。”一个同事这样说。[35]但航空母舰的建造将占用纽波特纽斯船厂最大的船台，吉布斯的时间表将被打乱。1949 年 5 月 18 日，美国号邮轮建造合同签署的前几周，美国号超级航母的龙骨已经铺在 10 号船台。五天后，约翰逊部长取消了这个订单，他说，这项工程太贵了。纽波特纽斯船厂别无他法，只得拆除了已经铺好的平板龙骨。

船台现在是美国号邮轮的了。但杜鲁门政府依然陷入公关危机的灾难。海军部长约翰·沙利文宣称约翰逊对美国号航母所做的一切简直是粗暴无礼——“粗暴和断然地改变了军事方案而未经过任何磋商”。[36]在随后的“海军上将起义”中，沙利文辞去了大臣职务。紧随其后的是海军作战部长路易斯·丹菲尔德上将，海军的其他人公开宣称——反对总统支持国防部长的决定。杜鲁门总统顿感雪上加霜。

约翰逊的决定打开了进一步审查政府大额工程支出的闸门，尤其是客轮建设工程。主导审计的正是审计长林赛·沃伦，他在二战中大发战争横财而“一战成名”。现在他的大鱼是美国航运公司，他们刚刚在承建一艘超级邮轮中获得了美国政府的建设和国防补贴超过 4200 万美元。1949 年 7 月 11 日，美洲号合同签署后的三个月，正在准备龙骨铺设时，林赛·沃伦和总审计局向参议院报告说与美国航运公司签订的合同充斥着“不规范的程序，不准确的计算和无理的自由诠释法定语言的错误”。[37]沃伦认为，美国航运公司和海事委员会在 7300 万美元的标签面前正确的反应是建造一艘更小的轮船，或者完全彻底放弃这个项目。“显而易见，”他说，“支持海事委员会运算的证据远非‘令人信服的证据’，不能满足商船法案超过三分之一补贴的需求。”[38]

随后，由伊利诺伊州议员威廉·道森为首的支出委员会在秋天开始审计海事委员会。他们强硬的态度引起了委员们的强烈不满。答案也不尽如人意。签署合同的格伦维尔·梅隆委员长承认他理解“计算中或许有些模糊，他声称早已发现他们计算的错误，但未能更正的原因是‘这些数字都是他们背诵出来的，也已经记录在案’”。[39]

道森议员几乎出离愤怒了。“你不是开了一张空头支票，”他说，“说什么‘我相信这是令人信服的，所以我随心所欲地支配政府的钱。’”[40]

完全溃败的委员是雷蒙德·麦克尤，他现在反而重讲那些他之前持有的反对意见，而那时他最后投票批准了合同。麦克尤告诉道森海事委员会原定 2800 万美元的补贴以“鲁莽地放弃程序性、系统性方法而失败”。[41]

同时，杜鲁门总统考虑终止作为一个独立部门的海事委员会，取而代之的是由内阁部长直接控制的一个机构。他命令司法部长查阅白宫政府报告，提出合法的建议。

读了沃伦的报告，弗雷德里克·吉布斯抛出自己的反驳。他表示大额的国防补贴并非合同中的文字游戏，而是海军设计所必需，也是“国防需求和日常使用交织在轮船的每一部分”。他还坚持美国海军和商业规定者对于安全的严格要求，尤其防火需求，对轮船主并无益处。“轮船主并不会因为防火而多赚一分钱。”他写道。[42]

简而言之，合同中约定的价格合理合法，能够确保美国航运公司建造一艘出众的两用船，否则，几无可能。

尽管饱受争议，1950 年 2 月 8 日，一个巨大的船厂起重机轻轻地将重达 55 吨的平板钢放进干船坞，十个月前这里也安放过美国号航母的龙骨。这是 488 号船身的第一根龙骨，488 号是美国航运公司所造新旗舰的船厂代号。

干船坞中布满了木脚手架，巨大的龙骨被安置其中。有一位名叫汤姆·派里斯的工人，他的主要工作是协助安置巨大的龙骨精确到位。“当第一根龙骨安放进来的时候，它只是一块平板钢，”他回忆说，“我把它放在船坞地板上，把中心线放在肋骨线上，然后再把它固定在船坞地板上。”[43]

并没有举行龙骨安放仪式。一群船厂的高管、海军军官和记者们穿着厚厚的棉衣拥挤在一个粗糙的木质平台上，俯瞰着船坞的地板。

龙骨放下之时，便是威廉·弗朗西斯·吉布斯的邮轮诞生之日。

一旦轮船开始建造，记者和摄影师就被禁止进入施工现场了。轮船的建造方式是军事机密。吉布斯下令严格保管所有的图片和施工方案，为之工作的 3000 名工人不得泄露任何消息。如果任何一名工作人员向公众吐露了一个字而且被抓住，他将立即被解雇。

几个月后，杜鲁门总统认为解决这个问题的最好方式便是解散海事委员会，其职责权力将由新组建的联邦海事局和海事管理局继承，它们都隶属于商务部。联邦海事局主要职责是监督建造费用，而海事管理局负责建设许可和运营补贴。总统提名了爱德华·柯克兰中将，这位海军船舶管理局前局长曾为吉布斯战争暴力案辩护，柯克兰同意出任海事管理局局长一职。

吉布斯以为，美国号邮轮已顺利开工建设，已经不同于美国号航母的命运。然而，他错了。

## 注释

1. 1946年2月6日 William Francis Gibbs 写给 Frederic H. Gibbs 的备忘录，12201 SI-I（16-13400）Confidential，Subject：Design 12201— S.S. United States—Design Particulars and Information，January 24，1950 Edition，Revised to June 27，1950，March 19，1951，and April 24，1951，vol.1 of 2，pp.1 - 678-B，VM383 U5 G52，p.5，Mariners' Museum Library，Newport News，VA.
2. 出处同上。
3. "Mr. Gibbs' Baby，"*New Yorker*，November 16，1957.
4. 1946年3月4日 William Francis Gibbs 写给 Frederic H. Gibbs 的备忘录，12201 SI-I（16-13400）Confidential，Subject：Design 12201— S.S. United States—Design Particulars and Information，January 24，1950 Edition，Revised to June 27，1950，March 19，1951，and April 24，1951，vol.1 of 2，pp.1—678-B，VM383 U5 G52，p.5，Mariners' Museum Library，Newport News，VA.
5. 1946年3月26日 John M. Franklin 写给 the U.S. Maritime Commission 的备忘录，12201 SI-I（16 - 13400）Confidential，Subject：Design 12201—S. S. United States—Design Particulars and Information，January 24，1950 Edition，Revised to June 27，1950，March 19，1951，and April 24，1951，vol.1 of 2，pp.1 - 678-B，VM383 U5 G52，pp.7—8，Mariners' Museum Library，Newport News，VA.
6. 1947年3月12日 Henry C. E. Meyer 写给 William Francis Gibbs 的备忘录，Subject：Design 12201—S.S. United States—Design Particulars and Information，January 24，1950 Edition，Revised to June 27，1950，March 19，1951，and April 24，1951，vol.2 of 2，pp.679—1214，VM383 U5 G52，p.461，Mariners' Museum Library，Newport News，VA.
7. 1947年6月3日 Henry C. E. Meyer 写给 William Francis Gibbs 的备忘录，Subject：Design 12201—S.S. United States—Design Particulars and Information，January 24，1950 Edition，Revised to June 27，1950，March 19，1951，and April 24，1951，vol.2 of 2，pp.679—1214，VM383 U5 G52，p.461，Mariners' Museum Library，Newport News，VA.
8. 1947年5月12日 William Francis Gibbs 写给 Frederic Gibbs 的备忘录，Subject：Design 12201—S.S. United States—Design Particulars and Information，January 24，1950 Edition，Revised to June 27，1950，March 19，1951，and April 24，1951，vol.2 of 2，pp.679 - 1214，VM383 U5 G52，p.465，Mariners' Museum Library，Newport News，VA.
9. 1947年4月25日 Admiral Frederick E. Haeberle 写给 Admiral E. W. Mills 的备忘录，Subject：Design 12201—S.S. United States—Design Particulars and Information，January 24，1950 Edition，Revised to June 27，1950，March 19，1951，and April 24，1951，vol.2 of 2，pp.679 - 1214，VM383 U5 G52，p.384，Mariners' Museum Library，Newport News，VA.
10. 1947年3月11日杜鲁门写给商船咨询委员会的信，from *Report of the President's Advisory Committee of the Merchant Marine*，Washington，DC ，November 1947，p.（d）.
11. "Tattered Ensign，"*Time*，July 24，1950，http://www.time.com/time/magazine/article/0,9171,812855,00.html#ixzz0mXI BNzDD ，访问于2010年5月10日。

12. "American Queen," *New York Times*, November 16, 1946.
13. George Horne, "Skipper of the Blue-Ribbon Liner," *New York Times*, July 13, 1952.
14. Richard Austin Smith, "The Love Affair of William Francis Gibbs," *Fortune*, August 1957, p.153.
15. William H. Miller Jr., *The Great Luxury Liners, 1927 - 1954: A Photographic Record* (Mineola, NY: Dover, 1981), p.131.
16. "Ships Carried Major Portion of Trans-Atlantic Passengers in 1947," *Marine Age*, January 1948, 引自1948年 William Francis Gibbs 写给 Frederic H. Gibbs 的备忘录, 12201 SI-I (16-13400) Confidential, Subject: Design 12201—S.S. United States—Design Particulars and Information, January 24, 1950 Edition, Revised to June 27, 1950, March 19, 1951, and April 24, 1951, vol.1 of 2, pp.1—678-B, VM383 U5 G52, p.25, Mariners' Museum Library, Newport News, VA.
17. William Francis Gibbs 写给 Frederic H. Gibbs 的备忘录，出处同上。
18. 1946年5月11日 William Francis Gibbs 写给 Frederic H. Gibbs 的备忘录, 12201 SI-I (16 - 13400) Confidential, Subject: Design 12201— S. S. United States—Design Particulars and Information, January 24, 1950 Edition, Revised to June 27, 1950, March 19, 1951, and April 24, 1951, vol.1 of 2, pp.1—678-B, VM383 U5 G52, p.41, Mariners' Museum Library, Newport News, VA.
19. Winston Churchill, *The Sinews of Peace*, 引自 Mark A. Kishlansky, ed., *Sources of World History* (New York: HarperCollins, 1995), pp.298 - 302, 后引自 *The History Guide: Lectures on Twentieth Century Europe*, http://www.historyguide.org/europe/churchill.html, 访问于2009年1月20日。
20. George Kennan, "The Long Telegram," February 22, 1946, http://www.gwu.edu/~nsarchiv/coldwar/documents/episode-1/kennan.htm, 访问于2008年7月29日。
21. *Report of the President's Advisory Committee of the Merchant Marine*, Washington, D.C., November 1947, p.5.
22. *Report of the President's Advisory Committee of the Merchant Marine*, p.12.
23. *Report of the President's Advisory Committee of the Merchant Marine*, p.64.
24. Center for Defense Information, "U.S. Military Spending 1945 - 1996," http://www.cdi.org/issues/milspend.html, 访问于2009年11月15日。
25. 大概在1945年9月1日, James V. Forrestal 写给 William Francis Gibbs 的信, 引自 Frank O. Braynard, *By Their Works Ye Shall Know Them*, p.135.
26. "Methods of Financing US Lines' Ship Based on Newport News Bid, December 14, 1948," William Francis Gibbs 写给 Frederic H. Gibbs 的备忘录, 12201 SI-I (16-13400) Confidential, Subject: Design 12201— S.S. United States—Design Particulars and Information, January 24, 1950 Edition, Revised to June 27, 1950, March 19, 1951, and April 24, 1951, vol.1 of 2, pp.1—678-B, VM383 U5 G52, p.104.
27. Frank O. Braynard, "Captions for the illustrations for United States book, #4," ca. 1980, Frank O. Braynard Collection, Sea Cliff, NY, courtesy of Noelle Hollander.
28. 1952年12月4日 Attorney General James p.McGranery 写给 President Harry Truman 的备忘

录, p.76, from *The Case of the United States Lines Company*, vol.1, box 2, Robert L. Dennison Papers, Harry S. Truman Presidential Library, Independence, MO .

29. *Inquiry into the Operations of the Maritime Commission*, Fourth Intermediary Report of the Committee on Expenditures, 81st Congress, 1st Session, House Report No.1423, October 13, 1949, p.11, from *The Case of the United States Lines Company*, vol.1, box 2, Robert L. Dennison Papers, Harry S. Truman Presidential Library, Independence, MO .
30. George Horne, "Liner United States Is Beautiful, Fast, Powerful, and Broke," *New York Times*, September 21, 1969.
31. "Ready to Ratify Superliner Pact," *New York Times*, April 4, 1949.
32. Frank O. Braynard and Robert Hudson Westover, *S.S. United States*: *Fastest Ship in the World* (Paducah, KY: Turner, 2002), p.36.
33. William Francis Gibbs, "The SS*United States*," 1953在 Medal Day Meeting 上的讲话, October 21, 1952, in acceptance of the Franklin Medal, *Journal of the Franklin Institute*, ca. 1953, p.549, Mariners' Museum, Newport News, VA.
34. William Francis Gibbs, "The Superliner," *Compass Points* no.4 (April 1949), p.8, collection of Susan Caccavale.
35. Smith, "The Love Affair of William Francis Gibbs," p.160.
36. 引自 Kevin D. McFarland 和 David L. Roll, *Louis Johnson and the Arming of America*: *The Roosevelt and Truman Years* (Bloomington: Indiana University Press, 2005), p.178.
37. *Inquiry into the Operations of the Maritime Commission with Particular Reference to Allowances for National Defense Features and Construction-Differential Subsidies Under Title V of the Merchant Marine Act of 1936*, *as Amended*, *Based on the Special Report of the Comptroller*, *Fourth Intermediate Report of the Committee on Expenditures in the Executive Departments*(Washington, DC : U.S. Government Printing Office, 1949), p.31, Robert L. Dennison Papers, vol.1, Harry S. Truman Presidential Library, Independence, MO .
38. 出处同上, p.47.
39. 出处同上, p.11.
40. 出处同上。
41. 出处同上。
42. 1949年7月27日 William Francis Gibbs 写给 Frederic H. Gibbs 的备忘录, 12201 SI-I (16 - 13400) Confidential, Subject: Design 12201— S. S. United States—Design Particulars and Information, January 24, 1950 Edition, Revised to June 27, 1950, March 19, 1951, and April 24, 1951, vol.1 of 2, p.86, VM383 U5 G52, p.78, Mariners' Museum Library, Newport News, VA.
43. Raymond Foster Options, Ltd., *The S.S. United States*: *From Dream to Reality* (Newport News, VA: Mariners' Museum, 1992) .

# 第 18 章

# 冉冉升起的明星

1950 年的春夏两季，船只建造工作稳步推进。威廉·弗朗西斯·吉布斯频繁出入船厂，跟进进展，确保每样东西的建造都在他的预想当中。船厂工人们知道他们可不能偷懒，因为吉布斯总要“偷袭”他们。从领班到焊接工，这些头戴软帽、身穿深色工服的人们对吉布斯都心怀畏惧。“每个人都知道吉布斯就在那里，”木工汤姆·派里斯说道，“他们知道不要跟他交谈，但是他们却知道只要他过来，他就是来确认一切都是按照他的要求办的。”[1]

当他夹着设计图在现场巡视时，吉布斯肯定十分享受对项目完全控制的感觉。胸怀了 40 年的梦想，他的超级邮轮终于得以实现了。

龙骨架好后，工人们接上了大型钢拱架，延展开来以后好像是从脊梁架上生长出来一样。这些拱架被慢慢地插入到 152000 个焊接而成的钢板鞘里，而不是铆接的。焊接——一项更快捷更高级的建造技术打造出一个平滑、流线型的船身表面——在战前有时候被应用在大型邮轮上，但是规模从没有如此之大。吉布斯 & 考克斯公司改进了批量生产的自由轮的焊接技术，大部分的部件都是由分包商在场外完成的。为了打造美国号，吉布斯必须与位于 68 个不同地区的 800 个供应商协调生产和交付。[2]

船尾需要特别注意，如果打造不当，将会受螺旋桨动力的影响发生剧烈震动。为了确保船尾坚实牢固，工人们用舱壁、支架和桁架的联锁网络把整个结构搭起来。[3]

随着钢体船身缓缓升起，机械部件也开始安装。巴布科克·威尔科克斯公司的 8 个锅炉是在俄亥俄州制造的，但是吉布斯坚持在装船之前，必须在费城海军工厂对锅炉进行测试。驳船把锅炉运到了费城，在那儿通过检测后，又运到了纽波特纽斯港口。位于匹兹堡的西屋公司工厂制造了涡轮机，在安装前也经过了严格的检测。

尽管建造工作已经开始进行，少部分关键设计部分还需要改进。船的螺旋桨需要特别留意和检测。与引擎和船身水下部分设计一样，它们关乎着船的速度。[4]

而螺旋桨的设计完全掌握在一名女士手里。

尽管他一直以来只要在女性身边就不舒服，威廉·吉布斯为船只的动力系统寻得了一位至关重要的具有革命性的设计师。伊莱恩·斯克利·卡普兰在战时开始在吉布斯 & 考克斯公司工作，那时她刚从亨特学院数学专业本科毕业。1945 年，她嫁给了同为吉布斯 & 考克斯公司工程师的霍华德·卡普兰，但是霍华德后来却因重大失误被威廉·弗朗西斯·吉布斯免职了。

卡普兰一家子的工作和社交生活与吉布斯 & 考克斯公司完全交织在一起。男人和女人们一起出去跳舞，一起玩保龄球，一起听音乐。公司员工的非正式社交活动，如宣布订婚、婚礼、生子等等都登在名叫《罗经点》的月刊上。

也不是每个人都喜欢公司的社交。一名刚刚从密歇根大学毕业的年轻工程师描述公司在市中心体育协会举办的圣诞派对“就像是中学舞会一样”。[5] 但是，伊莱恩和霍华德·卡普兰却兴奋不已。比尔在公司的驱逐舰摇摆乐队玩萨克斯。两个人与那些志同道合的人交朋友，因为懂得在吉布斯 & 考克斯公司高压力、长时间工作下的需求和满足感。

伊莱恩·卡普兰慢慢升职到了首席动力工程师，她十分享受吉布斯 & 考克斯公司的开明给她带来的成功，不仅是对于女性专业人员，还有那些犹太人。同时，作为公司 55 人设计团队仅有的两名女性之一（另外一位是丽贝卡·达拉斯，公司女性员工的主管），卡普兰深知 20 世纪 50 年代把女性界定为配角的习俗。她用自己的智慧和优雅冲破了重重障碍。

“她有着低调的高雅，”卡普兰的女儿苏珊·卡卡瓦利回忆道，“你能感觉到她很聪明，但是她却非常谦逊，也不装腔作势以至于你都不知道原来她是这么有成就，这正是她的魅力所在。”作为一名年轻的工程师，她不仅通过自己的智慧赢得了尊重，而且还因为一丝不苟的工作态度。她很快引起了公司首席航海工程师瓦尔特·巴克曼的注意。“她很友善，很有耐心，同时又非常有才华，”卡卡瓦利回忆说，“她成了像她父亲一样的人物。”[6]

卡普兰的才华终于得到了威廉·弗朗西斯·吉布斯的高度赞赏，虽然他还不能完全了解这位有魅力而且十分冷静的杰出女性工程师。“卡普兰夫人对于我来说完全是一个谜。”吉布斯提到她的时候如是说，“怎么会有卡普兰夫人这样美丽的人过来跟你谈一个技术问题，这完全超出了我所能理解的范围——我到现在还没有弄明白。”[7]

吉布斯和这位年轻设计师之间唯一发生过的不愉快就是卡普兰的一次上班迟到，他扣除了她一周的假期。他们俩其实很像：跟吉布斯一样，卡普兰能够把复杂的工程概念给门外汉解释得一清二楚。[8]

吉布斯非常欣赏伊莱恩·卡普兰，并委以重任：为美国号设计动力系统。卡普兰改进一个简单的概念使得纽波特纽斯造船厂拥有了一个独特的设计，而吉布斯将此视为船只隐藏最深的秘密。

引擎和螺旋桨的震动是航海工程师在设计大型快速邮轮时面临的最大的问题之一。就吉布斯个人经验而言，强烈的震动烦扰着卢西塔尼亚号、诺曼底号以及两艘皇后号在内的旅客的睡眠和就餐。罪魁祸首就是空泡，高速旋转的螺旋桨会产生微小的气泡，妨碍桨叶打水。空泡使得震波遍及船身，磨损这些巨大昂贵的桨叶。没有任何船只像美国号一样每个螺旋轴都有60000马力的驱动。

这个挑战使得卡普兰一直投身船厂工作。她开始频繁坐火车到纽波特纽斯。原本当天来回的短途旅行变成了长达一周的马拉松会议，她在那里监督模型试验池里螺旋桨的测试，并密切关注船厂的工程师同事们。在酒店，时尚却简朴的卡普兰每天晚上都要在浴缸里洗每天的行头。

卡普兰最初为美国号设计的推进系统需要 18 英尺长的锰青铜螺旋桨，每只螺旋桨有四片叶片。四个传动轴由翼状结构的轴毂环绕而成，从船尾突出，增加了船的稳定性。[9] 尽管卡普兰十分关注螺旋桨叶片的尺寸和螺距，但是测试显示这种传统的设计在高速旋转的时候震动还是很剧烈。

卡普兰和纽波特纽斯船厂的同事们得出的解决方案是用新方式安装两组螺旋桨：两个朝外的螺旋桨有四个桨叶；两个朝内螺旋桨有五个桨叶。这样增加了表面面积，而内部，五叶的螺旋桨能够更好地控制由朝外的两个螺旋桨卷起的水涡。

1950 年 4 月，船厂用新的五叶螺旋桨设计做了一系列自航模型测试。结果显示船能够达到惊人的预测最高速度——全速 37 节，而且震动还大大降低了。[10]

一如既往地，威廉·弗朗西斯·吉布斯依旧吝惜对工程师的赞美之词。“要我说，卡普兰夫人跟我们公司任何一个技术人员同样优秀。”他在公司的晚饭时说道。他随即告诫她，“现在，看在上帝的份上，千万别自负，千万准时上班”。[11]

到了 5 月 5 日，螺旋桨测试也结束了，船的底部大部分已经完工，四周的隔板也在干船坞层支好了。一层层的木质脚手架围住了新船身。作为一个旁观者，它看上去仍像原始状态的驳船，而不是一艘造型优美的邮轮。这艘船首次展露优美外部线条就是在船的前面，优雅的船首初具雏形。

但是就在建造工作开始后的八个月，突然之间，似乎杜鲁门政府想要把邮船从威廉·弗朗西斯·吉布斯手里夺回来。原因是：军事需要。

1950 年 9 月，一通狂轰滥炸的电话之后，威廉·弗朗西斯·吉布斯和弗雷德里克·吉布斯严肃地跟他们的装修商们开了一次会。多萝西·马克瓦尔德和安妮·厄克特，几个月来一直忙碌船的内饰，也赶到了弗雷德里克位于百老汇 1 号简陋的办公室。这两位装修商得知：已经进行了三分之一建造工作的美国号，已经被五角大楼征用，将被打造成一艘运兵船。军队高层致电美国航运公司总经理约翰·富兰克林宣布了消息，然后富兰克林通知装修商们合同终止，不需要他们的服务了。两位女士大受打击——为吉布斯 & 考克斯公司做了 20 年的内饰设计，本来就要功成名就了。

但是在吉布斯 & 考克斯公司，兄弟俩一点也不显得焦虑。威廉·弗朗西斯·吉布斯已经早有预感，国防部部长路易斯·约翰逊可能要做出这样的决定。1950 年 6 月朝鲜半岛战事的爆发弄得美国措手不及。直到 9 月份道格拉斯·麦克阿瑟将军才让美国军队在仁川登陆准备发起进攻。直到那时，华盛顿的政界和军界的领导们才开始疯狂地重建由于战后军人复员和削减开支而解散了的军队。五角大楼需要船只，而且他们知道找谁要。事实上，《纽波特纽斯每日新闻》在夏天的时候就报道过“华盛顿的官僚们正在考虑一个计划……放弃在建的超级邮轮”而选择某种军舰。[12]但是直到 1950 年 9 月 16 日美国大兵还驻扎在仁川滩头堡，也没有对外公布这艘巨轮的命运。

会谈中，两兄弟一再向两位焦虑的女士保证，他们会竭尽所能把船要回来。

“这不可能。”弗雷德里克·吉布斯冷静地告诉多萝西·马克瓦尔德和安妮·厄克特。[13]威廉·弗朗西斯·吉布斯承诺会兑现内饰装修合同，并告诉他的员工继续工作。

船只被征用的消息点燃了媒体，记者们马上开始刨根问底。通讯社消息显示所谓的船只更改设计并不是表面的，而是永久的，使得它想要再重新改装成客船太困难了。1950 年 10 月 29 日，《纽约先驱论坛报》的沃尔特·哈姆舍报道称美国号的大舞池和休息室将被切割成狭小的空间和军官起居室，几乎所有的独立卫生间和淋浴室这类旅客奢侈服务将被取消。之所以要把船打造成运兵船，哈姆舍答道：“可能会比预期的 7030 万美元的建造费用减少几百万美元，但是节省的费用不会用于纳税人。”这是因为尽管减少了建造费用，节约下来的钱将被用于预计 14000 只军队所需的新装备：额外的淡水箱、冷凝器、救生船、防风设备和炮架。[14]

不管有没有节约，国防部长约翰逊和他在参谋首长联席会议的空军与军队同盟都决心要征用这艘船。但就在做出决定不到几天，约翰逊部长就被撤职了。尽管总统赞同约翰逊节约经费的做法，但是却无法忍受他那夸夸其谈的管理风格。9 月 19 日，他把约翰逊叫到总统办公室并告诉他："路，我不得不让你辞职了。"[15]

约翰逊一下子说不出话来，但很快服从了安排。几天后，新的国防部长就位——已退休的五星上将乔治·C. 马歇尔，曾是二战期间受人尊敬的陆军参谋长，被丘吉尔誉为"胜利的组织者"，近期担任了国务卿并为了重振欧洲撰写了"马歇尔计划"。

感觉机会来了，海事管理局新主席（前身是海事委员会）爱德华·柯克兰上将，决定跟新任国防部长谈谈，上将知道他十分看重效率。柯克兰认识到如果要把美国号重建成一艘战舰，已经完成的工作不可能从头再来了，不仅会耗费大笔资金，而且也不能按照现有运送士兵的紧急需求按时完成。11 月 1 日，在征用船只后的一个半月，国防部长马歇尔宣布参谋长联席会议已经"重新考虑他们之前的提议，现在建议这艘船还是打造成一艘商业邮轮"。马歇尔同日致信柯克兰，感谢他"对此事的全力配合，并希望向您保证，在国际形势允许的情况下，尽量保持我们的要求是适度的和合理的"。[16]

究竟马歇尔和柯克兰之间的会见发生了什么，无从所知。但众所周知的就是柯克兰对威廉·弗朗西斯·吉布斯由始至终的赞赏，正如他为 1944 年在牟取战争暴利案作证时表明的那样。跟他的前任大卫·W. 泰勒一样，柯克兰是打造两用豪华游轮的坚定支持者。柯克兰就像上帝一样解救了大船。

听闻此事，富兰克林将军雀跃万分。"我们十分欣喜收回了大船！"他告诉一名记者。[17]然而美国航运公司和美国政府之间的拉锯战还没有结束。

在大船命运悬而未决的一个半月时间里，船厂的活儿也没有停止。当得知大船还将按照原计划打造成一艘客轮时，工作仿佛注入了新的活力得以重新继续。铆接和焊接工作并驾齐驱。船体架起来后，组员们细心地给吃水线以下的船体涂上红色防污漆，吃水线以上的部分涂黑。看上去再也不是一大块沉闷的钢铁，现在的她沐浴在晨光下，一长溜手提工具箱和午餐盒的工人们每天早上来此开始一天的工作。

建造工作从船身转向上层建筑，大船独特的设计也给船厂带来了其他的挑战。美国号是当时运用了最多铝材的建造项目。几乎整个上层建筑都要用这种轻金属完成，还有两个烟囱、甲板层的通风系统、救生船、栏杆和吊艇架。理由很充分。在铁质的强力甲板上面用铝可以大大减少船只总体重量，造出跨大西洋邮轮里更好、更窄的船体。大船比其他同类船只稳定性更高、重心更低，不占用高等舱位和上层甲板旅客的空间。

但是纽波特纽斯船厂的工人们在完成船体、开始打造上层建筑后却止不住地垂头丧气。“这是我们在船厂造船用过的最大面积的铝材，”汤姆·派里斯回忆说，“因此我们也面临了很多问题。”[18]

铝材给建造带来了钢铁所不曾带来的窘境。与钢铁不同，铝加热后失去了硬度——所有金属板只能仔细用手敲打成型。同时，铝板不能焊接在一起，传统的铆接只会弱化金属，加速材料的老化。这就意味着为了建造上层建筑，要浇铸超过 100 万个铝铆钉然后煅烧（温度超过 1000 华氏度），使得它们冷却之后容易成型。之后，它们被冷冻至零下 40 度，这样可以减慢它们熟化过程中的硬化过程。工人们需要的时候，它们被浸入酒精，放入绝缘箱，然后被使劲儿敲进镀层。一旦到位，冰冷的铆钉在高温中慢慢硬化，把铝板稳稳地锁在应有的位置。[19]对于那些习惯跟钢铁打交道的人来讲，这个过程太冗长，进展缓慢，令人沮丧。据汤姆·派里斯说，船员们白天要先把铝材装好，等到晚上再装铆钉，然后第二天一早等铆钉也冷却好了之后才能继续。[20]不过工人们得以安慰的是：铝质的上层建筑能够反射大部分直射在这些头盔上的弗吉尼亚猛烈的阳光。

但是还有一个问题，就是当铝接触到钢的时候，会发生电化学腐蚀的电化反应。为了防止反应，必须在凡是金属接触面都插入绝缘层。美国号上，铝质上层建筑的底部与船体起居甲板的钢铁层相连接。如果两种金属直接接触并且暴露在诸如海水之类的介质中，一种电离子流将从铝质上层建筑移动到钢质船体。铝材会腐蚀然后分解，大船就会散了架子。

解决电化腐蚀的一种办法就是用铬酸锌给铝涂层。另外一种办法就是在铝和钢的连接处放入一个绝缘垫。纽波特纽斯造船厂首先选择了“氧化铝”的绝缘层。但是吉布斯不相信船厂最初的判断，决定先看看这个绝缘层能不能抵挡住周围钢构件焊接产生的高温。1950 年 12 月 14 日，他安排了一次测试作业。工人们把两块钢焊在一起，其中一块跟铝材的一部分铆接上，中间用氧化铝做的绝缘。把铆钉移除后对铝板做了检测，氧化铝熔化严重，被焊接工的焊枪发出的高温严重热损。这个办法完全不可行。

第二天，焊接工在另外一块用了新绝缘材料的铝板上进行同样的测试：杜邦 PAW 绝缘带。随着焊接工接近一块钢材的顶部，PAW 绝缘带喷射的火焰达到了两英尺长。但是没有火花，绝缘带阻挡得很漂亮，它下面的铝材没有损伤。[21]

威廉·吉布斯最看重的还是烟囱的设计。一艘船的烟囱，当然不仅是从锅炉房排烟的大筒子。它们身上还带着公司的颜色，是远洋邮轮明显的标志，几英里外都能看见。而吉布斯给美国号设计了客船上最大的两个烟囱：55 英尺高、底部 60 英尺宽，每一个都冠以签名，还有他曾经在桑塔号首次尝试、又在美洲号上用过的防烟翼片。他希望自己的船能够瞬间被认出，而他觉得翼片、泪滴状的烟囱能达到这个效果。

跟每一个关键设计元素一样，烟囱也经过了严格的测试。船厂在风洞放了一个缩小比例的船只模型，从烟囱里排出燃烧木屑的烟雾。

吉布斯最初的烟囱设计证明是有缺陷的——烟囱看上去好看又鲜艳，但是顶部倾斜的翼片并没有改变上层甲板烟雾的方向。如果烟囱按照吉布斯的要求建造，煤烟和煤渣会沾满衣服，刺激散步旅客的鼻子。

一名纽波特纽斯船厂名叫小霍华德·E. 李的学徒给了吉布斯一个简单的想法：把翼片旋转一下，跟甲板成水平线。

李希望试试他的想法，吉布斯勉强同意了。

测试开始了，吉布斯盯着从模型船修改后烟囱里排出的雾，据霍华德·李说，“（他）嘟囔了几下，然后什么也没说就走了”。

李宣称吉布斯从来没有感谢他的想法，但是这些水平翼片被纳入了最终设计。威廉·弗朗西斯从来不喜欢别人超越他，尤其这是一名年轻的船厂学徒，还不是来自吉布斯 & 考克斯公司的同事们。[22]

样品被送入纽波特纽斯金属加工车间，烟囱就成了船只建造最具挑战的部分。烟囱不再是以前邮轮那种简单的钢铁火炉烟囱了；它们是弯曲的，由不变形的铝材做成的翼状雕刻物。据纽波特纽斯造船厂出版的《船厂公告》报道，“如果用钢打造，这些金属板可能在成型过程遇到加热和绕曲的问题。但是铝质就不会出现这类问题。这些金属板都在冷却后成型”。[23]这样的建造方式意味着工人们要在模具里敲打每一个铝板，跟 80 年前法国雕塑家巴托尔迪用铜板打造自由女神像的方式差不多。

有一件事情是完全由吉布斯自己完成的。他在新泽西的梅多兰兹花费了大量时间测试大船的三个汽笛，用音叉调音。[24]他不仅希望它们的低音听上去和谐，更希望它们与现有邮轮的沙哑、粗糙、男性化的音质不同。

1951 年年初，吊车把两个巨大、精心制作成型的烟囱吊起来，然后缓缓地把它们放入船只的甲板里。一组身穿连身服、头戴防护面罩的油漆匠，爬上云梯，开始用美国航运公司亮丽的红、白、蓝三色喷漆。

随着烟囱就位，美国号终于看上去像一艘大型远洋邮轮了，高高矗立在船坞上。它优美的线条和简洁的比例使得来访者非常震惊。“这才是真正美国制造。”《纽约时报》的一名观察员说，“船首向前突出；拥有完美的线条，但是并不笨重。”[25]

在固定好烟囱、大体轮廓完成之后，现场的工人们感受到了大船的变化。那时，美国号不仅仅是一个简单的船舶建造项目了；这艘伟大的邮轮被赋予了生命，拥有了自己的灵魂。

1951 年春天，船体和上层建筑已经大部分完工，建筑工人们已经开始安装机械系统和内部隔断了。吊车在大船周围起起伏伏，小心翼翼地把船身板、舱面室、救生艇吊柱、绞盘一一放入锁定位置。随着火花四溅，一组焊工把它们连接到船只主体上。

“那噪音，”一个访客说道，“简直震耳欲聋。”[26]

随着工程一天天的推进，3000 名工人对美国号的骄傲之情与日俱增；这艘大船已经成为了他们的一部分。“她是一个万能宝贝。”纽波特纽斯船厂的装配监工普勒斯顿·希克斯说。[27]

这艘万能宝贝的命名仪式将在 6 月 23 日举行。对于美国进入跨大西洋航行的最伟大的船只，这片领土上地位最高的女士被期待着能为她命名，就像玛丽皇后为同名的邮轮命名一样，或者如威廉记忆中的，第一夫人弗郎西斯·克利夫兰 1894 年为圣路易斯号命名一样。

但是第一夫人贝丝·杜鲁门却拒绝了。考虑到政府和大船之间紧张的关系，她的丈夫觉得第一夫人没有必要出席这样的活动。

第一夫人的回绝并没有减退吉布斯的热情。对于他来说，美国号就是这个国家真正的“第一夫人”，她已经做好了登上舞台中心的准备了。

## 注释

1. Raymond Foster Options, Ltd., *The S.S. United States*: *From Dream to Reality* (Newport News, VA: Mariners' Museum, 1992).
2. C. B. Palmer, “The Building of the S.S. United States,” *New York Times Magazine*, n.d. (ca. 1951), p.15, Mariners' Museum, Newport News, VA.
3. “Design and Construction of the Superliner*United States*,” 重印于1952年9月的 issue of *Marine Engineering and Shipping* Review, p.20, collection of Lawrence W. Ward.
4. Palmer, “The Building of the S.S. United States,” p.15.
5. 2008年8月7日对 Lawrence W. Ward 的采访。
6. 2009年4月2日 Steven Ujifusa 对 Susan Caccavale 的采访。
7. Record of the Proceedings at Presentation of Medals by Mr. W. F. Gibbs to Members of the Staff at Gibbs & Cox, Inc., Whose Efforts Contributed to the Design and Construction of the S.S. United States, Making Possible a World Record-Breaking Maiden Voyage by the Ship, Ceremonies Held at Downtown Athletic Club, Monday, December 14, 1953, and in Gibbs & Cox 11th Floor Exhibition Room, 21 West Street, Monday, June 7, 1954, p.14, collection of Susan Caccavale.
8. 2009年4月2日 Steven Ujifusa 对 Susan Caccavale 的采访。
9. John R. Kane, “The Speed of the SS*United States*,” *Marine Technology* 15, no.2 (April

1978), p.123.

10. 1947年5月12日 William Francis Gibbs 写给 Frederic Gibbs 的备忘录, 12201 SI-I (16-13400) Confidential, Subject: Design 12201—S.S. United States—Design Particulars and Information, January 24, 1950 Edition, Revised to June 27, 1950, March 19, 1951, and April 24, 1951, vol.1 of 2, p.96, VM383 U5 G52, p.410, Mariners' Museum Library, Newport News, VA.
11. Record of the Proceedings at Presentation of Medals, p.14.
12. *Newport News Daily Press*, August 14, 1950, 引自 Frank Braynard and Robert Hudson Westover, *S.S. United States: Fastest Ship in the World* (Paducah, KY: Turner, 2002), p.40.
13. Braynard and Westover, *S.S. United States*, p.43.
14. Walter Hamshar, "U.S. Will Pay Building Costs on Superliner," *New York Herald Tribune*, October 29, 1950.
15. Kevin D. McFarland and David L. Roll, *Louis Johnson and the Arming of America: The Roosevelt and Truman Years* (Bloomington: Indiana University Press, 2005), p.343.
16. Braynard and Westover, *S.S. United States*, p.43.
17. W. MacDonald, "Ships Lead Marine," 出版物不详, ca. November 1950, Frank O. Braynard Collection, Sea Cliff, NY.
18. Interview of Tom Paris in Raymond Foster Options, Ltd.*The S.S. United States.*
19. "SS United States Scrapbook," *Richmond Times-Dispatch*, February 18, 1951, Mariners' Museum, Newport News, VA.
20. 对 Tom Paris 的采访, in Raymond Foster Options, Ltd. *The S.S. United States.*
21. 1950年12月14日 William Francis Gibbs 写给 Frederic H. Gibbs 的备忘录, 12201 SI-I (16-13400) Confidential, Subject: Design 12201—S.S. United States—Design Particulars and Information, January 24, 1950 Edition, Revised to June 27, 1950, March 19, 1951, and April 24, 1951, vol.1 of 2, pp.1—678-B, VM383 U5 G52, p.1091, Mariners' Museum Library, Newport News, Virginia.
22. Bill Lee, "A Lesson for Mr. Gibbs: How the Famous Naval Architect got Up-Staged on his Uptakes," Newport News Apprentice School, Northrup Grumman Shipbuilding, Newport News, VA, November 2003, http://www.nnapprentice .com/alumni/letter/Apprentice_Trivia_ 120903.pdf, 访问于2009年3月26日。
23. "World's Largest Stacks," *Shipyard Bulletin*, *S.S. United States Issue*, Newport News Shipbuilding and Dry Dock Company, vol.14, no.4 (May—June 1951), p.12, collection of Susan Caccavale.
24. 对 Tom Paris 的采访, in Raymond Foster Options, Ltd. *The S.S. United States.*
25. Palmer, "The Building of the S.S. United States," p.15.
26. *Richmond Times-Dispatch*, Sunday, February 18, 1951, and "News Release: Newport News Ship Building and Dry Dock Company, Virginia," June 21, 1952, S.S. United States Collection, Mariners' Museum, Newport News, VA.
27. 出处同上。

# 第 19 章

# 时尚现代的美国号

与以往大型邮轮戏剧性的下水不同，没有滑进河里的壮观场面，也没有滚滚浓烟从涂满油脂的路上冒出，更没有巨大的水花溅湿岸上的观众。

遵照吉布斯的指示，直到船坞充满了水，再也看不见船身，记者才被准许拍照。任何时候绝对禁止拍摄船舵和螺旋桨。“这是海军舰艇的惯例安排。”4 月 30 日，吉布斯在备忘录中写道。[1] 新客轮的一切都严格遵照美国战舰的秘密标准。

1951 年 6 月 22 日下午 4 点 30 分，纽波特纽斯船厂的工人打开闸门，河水涌进了干船坞。

吉布斯太太当然不会错过这历史性的一天。“我从未见他开心，”薇拉在日记中写道，“他穿着卡其布的工作服……坐在船坞上，静静地看着。也许我们是直到最后还盯着轮船底部的人，这看起来非常奇怪。”[2]

薇拉一直密切关注着这艘大船。每一天她都面对着高度紧张的丈夫，甚至每个周末他从纽波特纽斯船厂回到第五大道 945 号的家中。他曾走进卧室，薇拉回忆说，说他已筋疲力尽。“上帝啊，我累坏了，”他说，“我决定一睡不起了。”[3]

当詹姆斯河河水滚滚涌进干船坞的时候，《生活》杂志摄影师巧妙插入了一张老照片，时光回到了吉布斯的童年：一张吉布斯和姐姐贝莎的背影。他们坐在干船坞边上的舱口上，吉布斯身穿卡其布的外套戴着棕色的帽子，贝莎穿着长裙，一顶老式的帽子斜扣在她铁灰色的长发上。贝莎紧紧靠着吉布斯，好像是在窃窃私语；他们都目不转睛地盯着螺旋桨卷起的水花。这位造船工程师不再是吉布斯 & 考克斯公司的弗朗西斯爵士，而是纯真的少年威廉。

6 月 23 日凌晨 5 点，大船已经完全漂浮起来，静静地等待着大海的洗礼。下水仪式开始的下午，两万多人挤满了干船坞的两侧，上千英尺长的队伍兴奋地躁动着。洗礼仪式也造成了纽波特纽斯史上最严重的交通堵塞，那些来晚了的人，看不到任何东西也听不到一点声音，只能三五成群聚集在街上观望。气温大约在华氏 100 度，午后毒辣的太阳灼烤着每一个人。

机械工程师伊莱恩·卡普兰也在人群中。在卡普兰登上纽约前往下水仪式的火车前，她的丈夫给她别了一枚蓝花胸针。当火车驶出佩恩车站，她把胸针摘了下来。她希望在仪式现场，她是一名工程师，而不是谁的妻子。[4]

威廉·弗朗西斯·吉布斯，没有站在观礼台，而是远远地坐在角落里。他戴着一顶软呢帽，遮住了他稀疏花白的头发，他平静地看着命名仪式。

仪式手册上有吉布斯简短的寄语。“美国号代表了多个业界共同的努力，最好的材料、机器、装置和设备，完全由美国人民制造。”吉布斯写道，“我向他们致敬，带着我的欣赏和感激，他们用智慧、用心灵、用双手，帮助我们最终梦想成真。”[5]

富兰克林将军登上了演讲台，汗水顺着他的衬衫滴了下来。他的背后，是两架交错的船厂起重机，头顶是船头上高高飘扬的红、白、蓝三色的巨大旗帜。

富兰克林的演讲慷慨激昂。远在 19 世纪 90 年代他第一次宣布：“当圣路易斯、费城、纽约和圣保罗号加入北大西洋邮轮竞赛，将有一艘轮船足以与最优秀的外国船只竞争……美国的旗帜将会在这华丽的桅杆上迎风飘扬。”[6]

富兰克林说美国号也是父亲 1916 年时的心愿，那时候他遇到了小 J. P. 摩根和两位费城来的年轻人。

来自德州的新政民主党议员汤姆·康奈利做了总结发言，今天将由他的妻子进行命名仪式。康奈利与富兰克林身材相仿，被称为“美国国会议员中唯一穿着宽松的长袍而不像是身穿睡衣的胖子的人”。[7]

那个时候，朝鲜战争仍在白热化状态，冷战也剑拔弩张，康奈利认为美国号既不是“强大的战车”也不是“一击致命的航空母舰”，而是一艘为和平而生的邮轮；“美国爱好和平而非好战。挑起战争的人应该缴械，而美国将为世界的和平而战。”[8]

康奈利议员落座以后，第50军乐团奏响了欢快的《问候三月》。当最后一个音符杳杳逝去，传出了纽波特纽斯第一长老会的保罗·巴尔克斯教士祈福的声音。“阿门”，上万个虔诚的声音响了起来，混杂着船厂汽笛雷鸣般的咆哮声。

康奈利夫人快步向前，她穿着粉色的外衣，头戴粉色的帽子，右手拿着一瓶硕大的香槟。

“为美国号祝福！”她高喊着，把香槟敲撞碎在船弓上。

这是一个典型的得克萨斯州式的撞击。炸开的瓶子喷出泡沫，溅在她的脸上，柯克兰上将夫人也未能幸免。

满脸泡沫的康奈利夫人花容失色，引得对面的人群哄笑起来。

“真是美极了！”多萝西·马克瓦尔德说，模仿着康奈利夫人慢吞吞的德州腔调。

就在那一刻，船厂所有的汽笛一起轰鸣起来，詹姆斯河所有的号角和汽笛远远地呼应着。军乐队奏响了约翰·菲利普·苏萨的《星条旗永不落》，人群中释放出震耳欲聋的欢呼声，几千面星条旗在空中挥舞。

即刻，拖船慢慢地拉着美国号离开了干船坞。人群静静的，安静得有些庄严，看着美丽的邮轮缓缓驶向詹姆斯河，两扇烟囱的鳍板划出闪亮的红白蓝色。

与前辈们不同，美国号的船身几乎是一个整体，她的锅炉和引擎都躺在船身内，舷窗开向顶层甲板，有一些还没有油漆。即便尚未完工，仍然给世界展现出她的宏伟。

吉布斯 & 考克斯公司下水庆祝仪式是在张伯伦酒店举行的庆祝晚宴。威廉·弗朗西斯与妻子薇拉、姐姐贝莎共坐一桌，伊莱恩·卡普兰陪着吉布斯的儿子——已是一等兵的克里斯托弗，同桌的还有吉布斯的养子艾德里安·拉金和齐普勒。[9]

“我总是忍不住地想，她是一艘和平之船，”薇拉在日记中写道，“她就是美国和平的象征。”[10]

美国号将在舾装码头停泊十个月。在这里有另一群人，他们是工匠、艺术家、电工和水管工。他们把半成品的美国号打造成独一无二的邮轮，迎接世界上人种各异的乘客。或者，就像后来的笑话说，打造成世界上最豪华的运兵船。

在过去的两年多里，多萝西·马克瓦尔德和她的同事们仔细地研读了吉布斯 & 考克斯公司的每一张设计图纸，以及船内建筑师爱格斯和希金斯绘制的图纸。“我们从爱格斯和希金斯那里得到了设计草图，”她的同事安妮·厄尼特回忆说，“这样我们就可以设计出我们的初步方案、颜色并提出风格建议。”[11]纽约人已经等不及她和她的团队在钢板上和铝舱壁上自由的艺术想象了。她已经完成了 23 间公共船舱，395 间客房和 14 间别具一格的头等舱的设计图纸。

吉布斯并不允许她们天马行空。他对马克瓦尔德说他已经设计好了每一组家具、每一批帷帐和每一块地毯。他还说邮轮的每一个房间都必须宽敞、明亮、现代和整洁，配有轻质、耐用的家具。船上绝不允许有任何木质材料，“无论战争还是和平，对于邮轮来说，”威廉·弗朗西斯·吉布斯说，“都危于火患。”[12]

最终，奢华必须服从于防火与俭朴的原则。邮轮舒适无比，尤其在头等舱。但吉布斯时刻铭记着利维坦号的教训：这艘邮轮由纳税人的美元搭建而成，绝不允许出现浮华、轻佻和过火。因此，所有的艺术和装饰必须基于美国或者航海的主题，最好二者兼备。船上也没有大理石和青铜的雕像，也减轻了不必要的重量。

与陆地上房屋的装饰不同，那仅需要处理平面和立面，在邮轮上，还需要处理脊弧和拱顶。脊弧就是甲板朝向船头和船尾向上的倾斜面。拱顶就是甲板从中心线往下的倾斜面。正因如此，每一个门框、每一块镶板甚至每一组家具都与众不同。在她的工作室，马克瓦尔德开玩笑地称脊弧和拱顶为“嗯嗯”和“呼呼”。[13]

马克瓦尔德并没有感到为难。她以给她富裕的客户们繁缛的现代派的美学享受而颇负盛名，史密斯、厄克特和马克瓦尔德生意兴隆，从公园大道的奢华公寓到长岛的豪宅和私人游艇。近来她们重新装修了奢华的纽约圣瑞吉斯酒店，这是文森特·阿斯特的父亲——泰坦尼克号的殉难者——上校约翰·雅各布·阿斯特四世修建的。她为美国号所作的内部设计，因其鲜亮的色调，抛光的黄铜，华美的壁画，赢得了广泛的赞誉。为了这毕生中最大的作品，她和同伴们甚至在美国号龙骨铺设之前就已经殚精竭虑。“雷厉风行，说干就干，毫不犹豫。”她这样对记者总结说自己的风格。[14]

随之而来的是与吉布斯进行争论与妥协的拉锯战，她花费了无数的口舌，告诉吉布斯美国号拥有一个性感而美丽的外表，却使用了一个功利主义的内饰，这就是她的观点。

马克瓦尔德和厄立特着手选购家具和决定配色方案，却发现很快陷入了织物挑选的麻烦。吉布斯一直在否决她们的选择。座垫中必须没有一点海绵，以防被香烟的火星点燃。经过了多次的讨价还价，她们决定使用一种新的织物：代纳尔。为了闪亮的效果，马克瓦尔德决定使用金属线材——金线和银线。它们防水，绝对防火，此外，这薄薄的金属条可以承受高达 2300 度的高温，确保绝不会燃烧。[15]

1950 年 2 月 17 日，吉布斯对马克瓦尔德的设计进行了他觉得最为重要的测试。一个全尺寸的船舱模型在美国国家标准局建造完成。模型与实际中的用料完全相同：代纳尔包裹着的椅子，金属的抽屉和床架，阻燃的床品，铝制的舱壁包裹在灌满了石棉的马丽奈特面板。最后，工人们将船舱塞满了乘客们日常携带的行李、衣服、香水、古龙水和书籍杂志，然后点燃了一个手提箱。

透过玻璃，吉布斯看着火苗从手提箱冒了出来，蔓延到整个试验舱。火势越来越大，温度计的读数也节节攀升，最后达到1300华氏度。火光在吉布斯的眼中跳动着，最后归于灰烬。

试验舱里一片混乱。织物已被烧焦，舱壁也已乌黑。但火势得到了控制，吉布斯对马克瓦尔德的用料非常满意。“你可以走进房间，放下你的行李箱，扔下一根点燃的火柴，3个小时后你回来将会发现火势已经熄灭，”吉布斯说，“房间已经熏黑，但窗帘也不会被烧毁。”他又补充说，“试验证明，结果令人满意，但绝不能放松要求。”[16]

还有钢琴，都是从施坦威公司定制的。吉布斯最初纠缠着施坦威公司为邮轮休息室制作铝制钢琴。希欧多尔·施坦威，这位年高德劭的公司主席，坚持己见，不为所动。金属的钢琴，无论制作多么精良，都不会有木质钢琴共振的音色。在一番电话和信件沟通无果后，恼羞成怒的施坦威决心给吉布斯一点厉害瞧瞧。他跑到一家舞厅，如同头等舱所拥有的一样，浇上汽油，点燃了火柴。油尽火灭，钢琴完好如初。吉布斯钦服得五体投地，同意使用施坦威的木质钢琴。[17]

这也让轮船多了一个神话：只有厨师的案板和钢琴中才能够看到木头。但也并不尽然。“还有一些碎片，这里或者那里。”托马斯·布尔曼坦言。[18]这些碎片是说龙骨中填塞的俄勒冈松木和螺旋桨轴中的铁梨木。铁梨木产自佛罗里达州和巴哈马群岛，通常用来制作门球球棍和板球。密实，自我润滑，耐腐蚀，一直以来被用于邮轮的螺旋桨。即使二战中各种海洋技术取得了飞跃的进步，但工程师仍未找到另一种材料可以替代它。当然龙骨和螺旋桨一直浸泡在水里，所以吉布斯坚信它们不会着火。[19]

如今，家具也已经确定，工人们开始安装美国号的内饰了。每天大量的桌椅板凳和其他定制的家具运抵舾装码头，工人们把大张的马丽奈特防火材料包裹住裸露的金属舱壁和机械系统。对吉布斯来说，马丽奈特是天赐的防火材料，远不同于20年前莫罗城堡号所用的那些材料。在20世纪50年代初期，没有人知道石棉尘的致癌风险，现在工人们在加工马丽奈特的时候都不用佩戴防尘口罩了。

当邮轮的内分区完成之后，一群最优秀的艺术家开始安装他们已经创作好的艺术品。一位记者看到奥斯丁·普伟士——库伯联盟艺术学院的前任院长和为1939年纽约世界博览会创作壁画的画师们与工匠们一起工作着。普伟士负责所有265个舱壁的花鸟雕塑安装的监工，以及头等舱安装美国航运公司的标识——鹰的工序。“如果你有幸走近而未被发现，”《纽波特纽斯日报》记者大卫·佑安这样写道，“你会发现五个工匠，而非四个。第五个便是普伟士。和工匠们一样，他穿着洗褪色的蓝色工作衫，普通至极的牛仔裤。他没戴帽子，嘴上叼着香烟，聚精会神，挥汗如雨。”

为隐匿螺钉头，工人们把雕塑放在马丽奈特板前面，再从后面用螺钉固定住。由于普通的螺丝刀会破坏脆弱的雕塑，船厂使用坚硬的铝条制作了一种特殊的工具保护作品。[20]

在岸上，遍布48个州的数十家承包商也各自在赶工期，以在截止日之前可以顺利交差。例如，埃里森青铜公司承包了邮轮两个45英尺长的酒吧，以及镜子、窗框和头等舱商品展示柜。当地的报纸《詹姆斯敦邮报》将头等舱的酒吧吹嘘为“詹姆斯敦地区有史以来最大的一块全金属制品”，为在5月14日试航之前交工，埃里森的工人们每周工作60个小时。[21]

如果这些家具既现代又防火，吉布斯的客房设计可谓是彻底的传统风格。也有人说美国号可以分为两等船舱，这在当时是一个全新的概念。最终，吉布斯兄弟和富兰克林将军依然沿用了传统的三等船舱设计，吉布斯认为三等舱可以搭载入伍军人和他们的家属往返于欧洲。[22]如同以往的邮轮那样，一等舱被安置在邮轮的中部，在这里最为平稳，没有船尾螺旋桨的激荡声也没有船首的起伏颠簸；二等舱位于轮船尾部，三等舱在前端。

美国号将不同等级的船舱严格分开，这也是同级别邮轮的惯例——维多利亚时代的遗留物。唯一公用的场所是电影院和游泳池，头等舱和二等舱的乘客在一天中不同时段分别使用。专用的门禁和电梯确保不会出现差错。三等舱的乘客被隔离在邮轮最不舒服的地方，他们也绝对禁止进入健身房，不过他们有自己的影院。

登船后，头等舱的乘客可以从码头登上舷梯进入散步甲板，也就是轮船两侧用来休闲散步的区域。每一个散步甲板长约 400 英尺，封闭的玻璃以确保乘客的安全。在航行中，甲板上列着成排的红色铝制折叠躺椅。再往上的阳光甲板，有一个露天的步道，围绕着上层建筑环绕一周；在上面的船桥和甲板还有沙狐球桌和网球场。推开镶有双层玻璃的钢门，可以进入散步甲板大厅，映入眼帘的还有巨大的楼梯和电梯间。一只巨大的铝制鹰塑像，美国航运公司的标识，这是奥斯丁·普伟士的杰作，雄踞在楼梯上。

从散步甲板再往前行，乘客将进入观光休息室，因为在这里乘客可以通过 32 扇落地窗将掠过的大海一览无余。这个“工”字形的房间横跨 101 英尺的船宽，尽管面积巨大，但休息室受限于甲板的高度，因为必须符合美国海军的防火标准。老式的邮轮拥有两到三个甲板高的天花板；高高的天花板，长长的沙发，深色的镶板，让人如身置伦敦、巴黎或者柏林的豪华大酒店。即使是 1940 年代的中型邮轮美洲号，也有着两层甲板高的天花板，装饰着夸张的壁画和闪闪的铜光。

在美国号里，马克瓦尔德的设计使得较低天花板的空间同样充满温馨、宁静，而不会让人感到幽闭、恐怖。客舱是白天旅客使用最多的地方，头等舱的乘客在这里阅读从图书馆借来的书籍杂志，或者玩桥牌和纸牌游戏。为使观光休息室更吸引人，马克瓦尔德选用了奢华的绿色和宁静的蓝色，让房间看起来明亮，令人愉快。海绿色的地毯，盖着蓝色布料的椅子和沙发。她请求艺术家雷蒙德·温德尔创作了两幅大型石膏壁画，展示出大西洋的海底地形。这两个壁画，点缀着金叶子，悬挂在房间两侧曲面的舱壁上。她还要求高架的落地灯固定在地板上。在夜晚，整个房间沐浴在落地灯发出的柔和、温暖的灯光里，这时候百叶窗会被关闭。[23]为进一步拓展空间，马克瓦尔德摆放了数十个玻璃罩顶的小牌桌，还有 14 个手工制作的小圆桌穿插其中——每一个玻璃罩采用不同的蓝色玻璃，点缀着白色的小星星。[24]

在欣赏过大西洋的美景之后，乘客转过身来，穿过楼梯门厅，便会发现已经置身于舞厅之中了。为了布置这宽敞明亮的大房间，马克瓦尔德委托查利斯·吉尔伯特设计了许多大的玻璃面板，把房间分成几个部分。每一块玻璃板上都张贴着海洋动物或者植物的图片，同样点缀着金银叶子。当上下的灯光亮起时，玻璃面板就成了映照着身着晚礼服的绅士和淑女的绚丽背景。马克瓦尔德为舞厅装饰了一个闪着无数亮点、白色和金色混搭的穹顶，从上面可以投射灯光到舞池里，又给予舞厅中部一个两层甲板高的空间。单扶手沙发和红色的高背椅环绕在舞池的周围。酒吧和休息区在房间的角落里，似乎远离了音乐和舞厅的喧嚣。椭圆形的酒吧足有 45 英尺长，那是最大的海上酒吧之一。身穿白马甲的酒保一直忙碌到凌晨，为宾客们调制鸡尾酒和奉上香槟。

离开舞厅继续走向船尾，乘客会来到两个专为头等舱乘客提供的特殊的、私密的空间。第一个就是纳瓦霍人休息室，一个可以俯瞰右舵封闭长廊的小型鸡尾酒酒吧。深蓝色的基调，由艺术家彼得·奥斯图尼创作的描绘神圣的纳瓦霍人的沙画而得名，夜晚时分这里的背光打造出朦胧的韵律。奥斯图尼并未使用画布，而是在金属上面用瓷漆勾勒出一切线条。灯光、色彩和艺术给了纳瓦霍人休息室华美、绚丽的景象，尤其在晚上。

另一个位于左舷，在纳瓦霍人休息室对面，这是一个私人餐厅。这里可以容纳 55 人，邮轮上最重要的乘客常常希望避开几个设在甲板下面的公共主餐厅里熙熙攘攘的人群和索要签名的人。它们也如同纳瓦霍人休息室，深蓝色的基调，搭配着红色的窗帘和椅子。从它的七个大窗户可以俯瞰左舵封闭的长廊，墙上的水晶雕塑里透出柔和的背光。为了让这些水晶更闪耀，艺术家查尔斯·林·天梭把它们安装在高抛光的铝片上。[25]就像是那个鸡尾酒吧的副本，这个小小的空间也折射出美利坚文化的复杂和排他。

循着白兰地和烟草的味道，乘客继续走向船尾，就会来到船上最男人味的地方：头等舱吸烟室。传统的吸烟室都是一个木制的空间，塞满了皮质扶手椅，铺着绿台呢的赌桌，甚至摆放着一些动物的头骨装饰，再加上一个燃烧的壁炉或许看起来更像是吸烟室了。马克瓦尔德嘲笑传统的吸烟室为“麋鹿角”风格，不能用橡木和桃花心木装饰墙壁，也不能使用天鹅绒的窗帘，再加上她憎恶“泥泞”的颜色。美国号的吸烟室里，墙壁涂成了黑色，悬挂着格子布料的窗帘。吸烟室的中间，威廉·金创作了一个铝制的墨卡托投影，在前舱壁上映射出世界的模样，每一条子午线上都有一个小的时钟，显示出当地的时间。房间的对面是另一个酒吧，椅子和沙发铺着红色的皮革——防火的——当然看起来不是很舒适。这里不是纽约的大学俱乐部，也不是伦敦皇家汽车俱乐部，但对顾客的身份依然敏感。

针对靠近船尾散步甲板的头等舱使用的公共房间是电影院。在船尾的大房间设计上，吉布斯 & 考克斯公司并没有沿用惯常的特色餐厅或者室外咖啡厅的格局。在与室内设计师爱格斯 & 希金斯公司商议后，吉布斯认为美国旅行者更乐意欣赏首轮电影而不是感激又多了一个坐的地方。这里是最棒的船上影院，“因为邮轮将会搭乘许多演艺明星，也有欧美艺术的行家里手，”一位船厂的代理商断言，“影院所有的设备都是精挑细选，足以与全世界任何城市最好的影院媲美。”[26]与其他邮轮上的影院不同，这里几乎等同于陆地上的影院，阶梯影院有着更好的观影效果、双通道和最好的视听设备。和诺曼底号一样，美国号也有一个舞台，以供演讲和现场演出使用。

位于 A 甲板的头等舱餐厅（在头等舱公共空间的四个甲板之下）同样靠近轮船重心以尽量减少摇晃。餐厅气势恢宏，横跨整个邮轮。与其他的公共空间相比，马克瓦尔德希望这里宽敞、通风、温馨而不是堆满了装饰物。餐厅中部拱顶的部分约有两层甲板高，其他地方限于海军设计的要求则要低矮许多。餐厅的柱子和空间限制了就餐人数，每次仅能容纳 400 人，这意味着头等舱 894 位乘客不得不分成两批就餐，每个桌子可供 2 人、4 人、6 人或者 8 人就座用餐。相较于皇后号，这是最大的劣势，皇后号庞大的餐厅可以供所有头等舱乘客同时用餐。

马克瓦尔德采用了明亮、活泼的色调以使餐厅显得宽敞。她要求布置简化的古典飞檐，更多地使用非直射灯光，尤其是天花板上。没有吊灯或者传统的烛台，豪华的座椅铺着彰显活力的红色座垫，衬托着牡蛎色的墙壁和雪白色的亚麻桌布，窗帘则是由代纳尔织物编织而成，穿在其中的金线和银线经灯光照耀而闪闪发光。聚光灯被安置在角落里和飞檐中，在水晶雕塑的下方，在灯光的映射下雕塑的轮廓清晰可见。[27]第二层有一间音乐厅，晚餐时分，梅耶·戴维斯乐团的小夜曲和流行乐旋律流动在灯光与美食中间。

头等舱餐厅自然有一个巨大的中心装饰。诺曼底号上是一个高耸的镀金的装饰，象征着和平。玛丽皇后号上，是一幅描绘太平洋的大型壁画，上面是玛丽皇后号的缩微模型，随着邮轮的实际行进路线而移动。马克瓦尔德决心完成这样一件艺术品，可以聚集所有头等舱餐厅的焦点所在，她要求女艺术家格温·勒克斯创造一幅作品来摆放在餐厅的前端。勒克斯最终的作品——以自由之名，刻画了四个风格迥异的角色，象征着“四大自由女神”。每个塑像高约4英尺，如果以石膏铸成，重约200磅。

威廉·弗朗西斯·吉布斯命令她换用轻一些的材料。

勒克斯建议用“泡沫玻璃”来制作这四个塑像。用碳或者石灰石将碎玻璃组合在一起，这些原本是用作保温材料或者软木的替代品，从未用于雕塑艺术。勒克斯保证，她的作品不仅防火，而且很轻，每一个仅重40磅。它们真的是太轻了，实际上，它们完全可以漂浮在水面上。勒克斯还制作了48只泡沫玻璃的海豹模型，摆放在餐厅的周边。[28]

豪华头等舱特等客舱分布在阳光明媚的顶层主甲板上。894个头等舱几乎占全部1962个舱位的一半，富兰克林将军希望富人们能够喜欢这些顶级舱位：电影明星、社会名流、商界大亨和欧洲皇室。在战后的繁荣中，反思战争中头等舱的没落让富兰克林和吉布斯深信，将有许多住在纽约公园大道、费城梅茵莱恩和芝加哥湖滨道的富人们愿意支付585美元（相当于2012年的4800美元）来享受一个标准的室外豪华头等舱与特等舱，在这里可以在1952年的盛夏里享用盆浴和独立的更衣室。豪华头等舱的票价是370美元起，而双床高级套间是930美元起价。

尽管极力克制奢华，美国号的豪华头等舱依然空间宽敞——最大的双人套间拥有364平方英尺的生活面积。[29]墙壁采用浅色调，通常是奶油色或者天蓝色。绘有图案和色彩艳丽的窗帘和床品给质朴的墙壁增添了活泼的气息，也衬托着玻璃和铝制的家具。光滑的铝制灯具和烛台为船舱里送来淡黄的温暖光线。除了单独的温度控制器，每一个房间里都放置了调光器——这是其他邮轮上从未有过的奢华。

为取悦最富有的乘客，马克瓦尔德匠心独具地为 14 套顶层主甲板的特等客舱作了别具一格的设计方案。最大的房间包含两个卧室、两个浴室和一个巨大的会客厅，在这里哪怕是再挑剔的百万富翁也无须踏出房门一步，就可以和三五好友享受五天愉悦、私密的航行。只需一个示意，侍应生就可以直接从头等舱餐厅送来各种食物。[30]

和从前相比，美国号上的套房布局相对简单，更倾向于非正式的生活方式——这也是战后美国人所崇尚的。这种态度也体现在客舱的名字上，这些名字来源于美国自然界，而被马克瓦尔德融进装饰之中：布料被子和家具的航海装饰图，也体现在各舱的命名之中，如：贝壳船舱、蝴蝶船舱、大树船舱、还有最妙的“鸭子船舱”。

和同时代大多数跨大西洋邮轮那样，美国号上没有户外泳池——都是室内泳池，位于船尾深处，由头等舱乘客和二等舱乘客分时段使用，想游泳的乘客需要乘坐电梯下到 C 甲板。泳池不是很大，斯科特·威廉斯完成的泳池池壁装饰轻松愉快，他用瓷漆绘制的图案，拼在一起就是“快来吧，好极了！”泳池本身由蒙乃尔建成，这种耐腐蚀铜镍合金材料也应用在了纽约克莱斯勒大厦。一个大型的体育馆，配备了固定自行车、拳击沙袋、杠铃等器械，位于一个甲板之上。

二等舱位于船尾，船舱小于头等舱，但绝不廉价。1952 年夏季的航行起价 230 美元（相当于 2012 年的 1900 美元），二等舱的 524 个舱位面向中上阶层的人士和家庭，他们与头等舱乘客一样需要安静的、能保护隐私的空间。

二等舱乘客享有一个位于扇形船尾的露天散步甲板和休闲区，可以看到海水在船尾荡起的浪花。天气晴好的时候，可以在休息室的屋顶上搭建一个临时户外泳池。从顶层甲板往下，乘客可以进入二等舱休息室，这是一间侧面与两个封闭的步道相连的大厅。这里有舒适的黑红色扶手椅，方便乘客读书和玩纸牌。休息室中央有一块拱起的天花板，留作乘客跳舞之用。白天的时候，一块巨大的红色地毯铺在地板上，墙壁显现出金色的格调。

位于主甲板下一个甲板的地方是二等舱吸烟室，这是头等舱吸烟室的缩小版本。色彩斑斓的格子窗帘遮住了外面的阳光，墙壁上贴着刘易斯·约克的17、18世纪的壁画，房顶上挂着一些美式玻璃器具和陶器。两个灰绿色皮革的沙发有整个房间那么长，为吸烟的乘客提供了额外的座位。这里让人感到亲切，是午夜品尝鸡尾酒和纸牌游戏消遣的好去处，尽管不时会从下面传来螺旋桨的轰隆声，轰隆声造成的颤动会轻轻地摇晃高脚杯，扬起烟灰缸里的烟灰，但那也是一种情趣。从主楼梯再下一层，是位于A甲板的二等舱餐厅，与头等舱餐厅共用一个厨房，与头等舱餐厅一样横跨整个邮轮，深蓝色的墙壁镶嵌着铝制装饰条，勾画出季节和星座的图案，这是迈克尔·兰兹和西摩·立顿的杰作。椅子上面铺着绿色的皮革，餐桌可供2—6人用餐。大多数第一次看到二等舱餐厅的人都会觉得这是一个比头等舱餐厅“更亲切”的地方。[31]

二等舱船舱的装饰近似于头等舱，尽管房间要小许多。除了两张单人床，还可以从天花板上拉下来两张床，这样的设计方便家庭一起旅行。每一个二等舱船舱都有独立的浴室，这在玛丽皇后号和伊丽莎白皇后号上所没有的。洗手间也在客舱里面。

三等舱位于邮轮的前端，共有544个舱位，实用主义的装修显露无遗。船票起价为175美元（相当于2012年的1500美元），几乎和二等舱一样昂贵，但对于预算紧张的旅行者、学生、年轻的夫妇和欧洲的移民来说也算可以接受。美国号的三等舱远比50年前大型邮轮的统舱更为宽敞、通风。但由于位置过于靠前，在波涛汹涌的海面上颠簸起伏后来也让百万计的欧洲移民吃尽了苦头。

三等舱的公共空间包括一个位于散步甲板上的小型影院和休息室，配有灰蓝色的墙壁和明亮的窗帘。休息室的一侧是面向船舷的巨大窗户，中间有一个小型的舞池，但在这里跳舞有些不稳，源自甲板上下的颠簸。主甲板下面是三等舱的吸烟室，看起来要比休息室让人愉快，这里配备了红色皮革的椅子和酒吧高脚凳。供三等舱客人使用的餐厅位于A甲板，米色的墙壁上挂着18世纪航海主题的壁画，栗色的窗帘和椅子相互辉映。餐桌为 4—6 人座，比老式邮轮的三等舱餐厅所用的长长的公用餐桌有了不小的进步。

三等舱的步道包括船头防水板和弯曲的上层建筑中间的一小块甲板，还有船桥上的两个狭窄的通道。由于靠近船头，除了好天气，这里长年吹着海风，咸湿的味道让人有些不爽。

船运公司为适应市场的需求，计划中也设计了可以上下通行的门。这些门被称作“急救门”，当遇到紧急情况时乘客可以敲碎这扇门，使每一位乘客都能够迅速抵达救生艇。在 40 年前，迷宫般且紧锁的急救门让数百名泰坦尼克号统舱乘客困于海底，无路可逃。这样的事绝不会出现在美国号上。这些门也可以根据需要调整。在盛夏的旅游高峰期，二等舱和三等舱乘客可以升格为头等舱，以满足乘客的需求，反之，在寒冷的冬季亦然。无论哪一等舱位，每一个船舱里配备了两个战前无法想象的奢侈品。其中之一就是电话机，连接至人工中央控制总机。乘客们可以通过电话在凌晨 3 点的时候要求送来一杯马提尼，或者提醒隔壁船舱的家人别误了饭点；而船岸之间的电话，在 1929 年第一次安装在利维坦号的时候还是一种新奇的奢侈物，现在在美国号上已经是寻常的存在了。通过邮轮无线电转接，乘客可以与世界上任何一个人通话。第二件奢侈品便是独立控制空调，乘客可以通过船舱门旁边的恒温控制器来随意调整温度。在令人窒息的沉闷夏天通过天然风通风的时代已经一去不返了。然而，随之而来的是美国号的舷窗都紧紧地密封，如果乘客希望吹一吹新鲜的海风，乘务员就得前来为他打开密闭的舷窗。

当内部设计接近完工的时候，许多艺术家开始抱怨轮船的装修装饰是一个“令人头疼的问题”，对使用的非传统材料如泡沫玻璃嘀咕个没完没了。[32]许多来船上观察邮轮装饰进展的人都感觉到现代、时尚，但相比于从前的邮轮，又让人感觉到些许的单调乏味、生硬冰冷。

马克瓦尔德，尽管对自己在美国号上的成绩感到骄傲，也仍然对这个结果持有保留和审慎的态度。“美国号是一艘邮轮，而不是一个古老的有着橡木梁和灰泥墙的旅馆。”有一次她这样回应批评，“我们引以为傲的是所有的装饰都非常现代、美观、功能齐全，而色彩是不可或缺的重要部分。”[33]

在马克瓦尔德监督内饰施工的时候，吉布斯的电气工程师诺曼·齐普勒和他的团队正在紧锣密鼓地安装轮船的电力系统和导航系统。为避免火灾和电流短路，齐普勒应用了许多他在维修利维坦号时获得的经验。当邮轮被炸弹或者鱼雷击中而导致一部分电力系统瘫痪的时候，备用系统会自动降低整体的电压负荷。所有的照明和电力都配有应急系统。双电力系统的设计方式，使得“任何一个分支短路或者系统失灵的时候，能够确保轮船不会陷于黑暗”。

船桥，位于向前弯曲的上层建筑的尾部，是整个邮轮的神经中枢。与玛丽皇后号不同，这里没有木质的镶板和抛光的黄铜装饰。每一件物品都漆成了灰色，包括两个小的舵轮，按照吉布斯 & 考克斯公司格兰维尔·帕金森的要求，“操作这两个舵轮仅仅需要比操作汽车方向盘稍大一些的力气”。如果船长允许，邮轮可以由陀螺操舵系统（水手们一般称之为“金属迈克”）通过一个预定的模式自动驾驶，而无须舵手。如果轮船受损或者发生了火灾，值班船员可以通过操作驾驶室的按钮关闭部分或者全部的水密门和防火安全门，他还可以通过广播系统通知乘客和船员立即疏散。当登上美国号的时候，绝不会像乘坐泰坦尼克号、卢西塔尼亚号或者莫罗城堡号那样心有余悸，那些邮轮都不曾拥有公共通讯系统和足够的警报系统。

同样不同的是，当年卢西塔尼亚号在遭受一个鱼雷攻击后失去了电力供给，惊慌的乘客被困在电梯和黑暗的走廊里，但美国号备有应急发电系统，可以在主电力丧失后继续维持邮轮运行。“当邮轮电力服务系统崩溃后，应急柴油发电机将会自动运转，”帕金森说，“在此期间，蓄电池和交流发电机会提供临时电力。”

雷达，二战初期由英国海军发明，随后由美国海军完善，使得船长可以“引导美国号安全、准时抵达她的泊位，无论春夏和秋冬，无论浓雾与黑暗”。雷达系统由两个在单桅杆上旋转的网状天线组成。“强大的发射器和接收器，”帕金森写道，“交替操作，可以在屏幕上不间断地获取轮船周围相当大范围内所有物体的信息……驾驶员就可以知道他靠岸、距离其他船只或者其他范围内物体的准确时间。"[34]当全速航行在大西洋上的时候，泰坦尼克号的史密斯船长一定会发现雷达是一个多么有效的导航辅助设备。但话又说回来，因为缺乏这方面的知识与经验，这位资深的白星航运公司船长却无视了无线电接收到的冰山信号。1912 年的时候，轮船间的无线电通讯只是由摩斯电码中的“点”和“横”组成，而非声音传输。每到入夜时分，无线电接线员通常就关闭了无线电接收器。航行危险警告只在无线电运营商空闲的时候发出，那时候他们的主业是为付费乘客发送消息到海岸电台。到了 20 世纪 50 年代初期，无线电不再是一个新奇的东西，而是海上安全不可分割的一部分。按照国际法，无线电设备须有专人 24 小时值守，而接收到的航海危险信息优先于乘客发出的“希望你在这里”的信息。

在美国号试航前的几个月，吉布斯决定确保邮轮先进技术信息的机密成为国家安全的重要事项，哪怕是在商业航行中。他在销售合同中附加了一些条款，美国航运公司在取得轮船所有权时必须签署这些条款。其中之一是“有关这艘轮船的计划和数据都被认为是高度机密，如同战斗中的海军轮船。没有联邦海事委员会的批准，任何计划和数据都不得披露”。这种“高度机密”的信息泄露，将导致轮船的主人、代理和代表们“面临美国军事法庭的指控”。美国航运公司有义务解雇并拒绝任何联邦海事委员会和海军部认定为有“间谍、破坏和颠覆风险的人”。[35]

吉布斯的大船，现在不仅受到保护以免于苏联间谍的窥伺，也免于商业和专业竞争对手的别有企图。

## 注释

1. 1951年4月30日 William Francis Gibbs 写给 Frederic H. Gibbs 的备忘录，12201 SI-I（16-13400）Confidential，Subject：Design 12201— S.S. United States—Design Particulars and Information，January 24，1950 Edition，Revised to June 27，1950，March 19，1951，and April 24，1951，vol.1 of 2，pp.1—678-B，VM383 U5 G52，p.8A-6，Mariners' Museum Library，Newport News，VA.

2. Vera Cravath Gibbs 的日记，由 Susan Gibbs 在影片 *S.S. United States*：*Lady in Waiting* 中口述，由 Robert Radler 导演、Mark B. Perry 制片，Big Ship Films LLC，2008.
3. Richard Austin Smith，“The Love Affair of William Francis Gibbs，”*Fortune*，August 1957，p.154.
4. 2009年4月2日 Steven Ujifusa 对 Susan Caccavale 的采访。
5. *S.S. United States*：*Christening Ceremonies*，*Newport News*，*Virginia*，*June 23*，*1951*，出版物不详，collection of Susan Caccavale.
6. “Remarks by Major General John M. Franklin，President，United States Lines Company，at the Launching of the S.S. United States，Newport News，Virginia，June 23，1951，” William Francis Gibbs Collection，Mariners' Museum，Newport News，VA.
7. “Connally，Thomas Terry（1877—1963），”*The Handbook of Texas Online*，http://www.tshaonline.org/handbook/online/articles/CC /fco36.html，访问时间2009年3月24日.
8. Stanley Schill，“SS United States Christened Fleet Queen，”*Newport News Daily Press*，June 24，1951.
9. “Gibbs & Cox，Inc. Dinner Party，Fort Room—Chamberlin Hotel，Old Point Comfort，Virginia，Celebrating the Launching of the S.S. United States，Saturday，June 23，1951，6：00 P.M. E.S.T.，” collection of Susan Caccavale.
10. Vera Cravath Gibbs 的日记，由 Susan Gibbs 在影片 *S.S. United States*：*Lady in Waiting.* 中口述。
11. Frank Braynard and Robert Hudson Westover，*S.S. United States*：*Fastest Ship in the World*（Paducah，KY：Turner，2002），p.34.
12. *Superliner Legislation*：*Hearings Before the Committee on Merchant Marine and Fisheries*，*House of Representatives*，*Eight-Fifth Congress*，*Second Session on H.R. 9342 to Authorize the Construction and Sale of a Superliner Passenger Vessel Equivalent to the Steamship United States*，*Identical and Similar Bills. H.R. 9432 To Authorize the Construction and Sale by the Federal Maritime Board of a Passenger Vessel for Operation in the Pacific Ocean*，*and Identical Bills*（Washington，DC ：U.S. Government Printing Office，1958），p.153.
13. Dorothy Marckwald，引自 in Gordon R. Ghareeb，“A Woman's Touch：The Seagoing Interiors of Dorothy Marckwald，” undated article，*Ocean Press*，Steamship Historical Association of America—South California Chapter，http://home. pacbell. net/steamer/sshsa_ socal. html，访问于2009年8月11日。
14. 出处同上。
15. 1951年3月8日 Walter Jones 的宣传材料，Frank O. Brayard Collection，Sea Cliff，NY，courtesy of Noelle Hollander.
16. 1950年1月17日 William Francis Gibbs 写给 Frederic H. Gibbs 的备忘录. *12201 SI-1*（*16—13400*）*Confidential*，*Subject*：*Design 12201— S. S. United States—Design Particulars and Information*，*January 24*，*1950 Edition*，*Revised to June 27*，*1950*，*March 19*，*1951*，*and April 24*，*1951*，vol.2 of 2，pp.679—1214，VM383 U5 G52，p.1028，Mariners' Museum Library，Newport News，VA.
17. 影片 *S.S. United States*：*Lady in Waiting* 中对 Charles Anderson 的采访。

18. 对 Thomas Buermann 的采访, in Raymond Foster Options, Ltd., *The S.S. United States: From Dream to Reality*, produced by the Mariners' Museum, Newport News, VA, 1992.
19. Mark Stebbins, *Flowering Trees of Florida* (Sarasota, FL: Pineapple Press, 1999), p.80.
20. "Fireproofing All Furnishings for Liner Test of Ingenuity," *Newport News Daily Press*, February 13, 1952.
21. "S. S. United States Lounge Fittings Made Here, Ellison Workmen Proud of Job," *Jamestown Post-Journal*, April 9, 1952.
22. William H. Miller Jr.*S.S. United States: The Story of America's Greatest Ocean Liner* (New York: Norton, 1991), p.86.
23. Sanka Knox, "Rigid Safety Rules Guided Liner's Art," *New York Times*, n.d., Mariner's Museum, Newport News, VA.
24. Passenger List and Shipboard Information: List of First Class Passengers from New York, Thursday, March 21, 1968 to Havre, Southampton and Bremerhaven, MS15.19515, United States Lines, Steamship Ephemera, Mariners' Museum, Newport News, VA.
25. "Fireproofing All Furnishings for Liner Test of Ingenuity," *Newport News Daily Press*, February 13, 1952.
26. "Theater Equipment Installed on New Liner United States," *Newport News Daily Press*, September 30, 1951, Mariners' Museum, Newport News, VA.
27. Granville Parkinson, "Report on the SS. United States," *Compass Points* 10, no.6 (June 1952), p.3.
28. "Fireproofing All Furnishings for Liner Test of Ingenuity," *Newport News Daily Press*, February 13, 1952.
29. Braynard and Westover, *S.S. United States*, p.69.
30. Passenger Fares, No. 1 March 1952, MSIS 19738 - MSIS 19738, United States Lines, Steamship Ephemera Collection, United States Lines, Mariner's Museum, Newport News, VA.
31. Knox, "Rigid Safety Rules Guided Liner's Art."
32. 出处同上。
33. "A Woman's Touch: The Seagoing Interiors of Dorothy Marckwald," http://home.pacbell.net/steamer/marckwald.html, 访问时间2007年8月30日。
34. Parkinson, "Report on the SS. United States," pp.2—3.
35. 1952年4月15日 William Francis Gibbs 写给 Frederic H. Gibbs 的备忘录, 12201 SI-I (16 - 13400) Confidential, Subject: Design 12201— S. S. United States—Design Particulars and Information, January 24, 1950 Edition, Revised to June 27, 1950, March 19, 1951, and April 24, 1951, vol.1 of 2, pp.1—678-B, VM383 U5 G52, pp.81-C—81-C2, Mariners' Museum Library, Newport News, VA.

# 第 20 章

# 闪亮登场

1952 年 5 月 14 日，当太阳徐徐升过吊车，阳光洒向纽波特纽斯的时候，美国号的引擎轰隆隆地响起，烟雾从她那两个涂着红、白、蓝三色的烟囱缓缓冒出。她的内饰还没有完全完成，她的燃料和供给也只够几天，她只能空载航行。几天前，吉布斯 & 考克斯公司的总工程师瓦尔特·巴克曼监督了围绕邮轮发动机的一系列严格测试。美国号仍然停靠在船坞，她的四个铜螺旋桨全部被卸除，以防来回摇摆。现在，船上一切就绪，螺旋桨也重新装上了。她已经做好了接受检验的准备了，准备创建美国战后远洋的新荣耀。

威廉·弗朗西斯回到一等舱 U-81 套房，脱下磨旧的西装，穿上连身工作服，戴上软呢帽，走向船桥。

出发前不久，船厂董事长 J. B. 伍德沃德告诉《纽波特纽斯每日新闻》："如果这个国家的人们能够知晓这艘船的伟大之处，这艘船所蕴含的安全性和稳定性，以及这艘船承载的实力和速度对于这个国家的意义，他们会以这个属于美国的成就为豪！"[1]

公众期望值很高，尤其是这艘伟大船只的速度在试航之后一直对外界保密，使得他们更想探清虚实。在船上，海事管理局主席柯克兰上将告诉记者们，这艘船"比在运的同等尺寸船只的速度都要快"。但被问及船只速度能否达到 40 节时，柯克兰却拒绝透露更多消息。[2]

9 点整，曼宁准将发出号令"慢速后退"，装载着 1699 名旅客和船员的美国号，从码头缓缓退出，慢慢驶向詹姆斯河。在经过老地方康福特灯塔后，曼宁命令总工程师加速。船只反应迅速，连一点波动或者摇晃都没有。终于，在上午 11：45 驶过绮沙比克灯塔，曼宁命令涡轮流加大到 100000 轴马力，同时舵手操控美国号向正东航行。试航起点设在 85 英里外。大船驶过防浪堤时，一名摄影师抓拍了一张威廉·弗朗西斯和弗雷德里克·吉布斯在驾驶室的照片。这张黑白照片中，弗雷德里克倚着围栏，凝视着大海，阳光洒在他的脸上。威廉·弗朗西斯·吉布斯两腿交叉坐着。他的右胳膊和黑色软呢帽挡住了他的脸，他警惕地盯着摄影师。[3]

当美国号以 25 节的速度稳健地驶向目的地时，海上起风了，撩起波峰上的水花，朝着烟囱呼啸而去。不管天气状况如何，大船一直保持稳定，跟威廉·弗朗西斯和巴克曼在模型测试预期的一样。吉布斯兄弟，文森特·阿斯特和富兰克林将军走向船桥，跟曼宁准将站在一起。他们看着船头一路乘风破浪，浪花飞溅到前窗。为了擦干窗户，值班的高级船员们只能用手拿着雨刷清理。

表情冷峻的文森特·阿斯特探着身子，越过一堆图纸，盯着仪表的变化。

外人是不允许看仪表数据的。《纽约先驱论坛报》告诉读者们，威廉·弗朗西斯·吉布斯“整个旅程都盯着引擎，确保没有未经授权的人瞥到这些读数”。[4]

这不是一趟豪华之旅。大船的主厨奥托·俾斯麦当时在监督纽约城新兵训练营，为大船的首航预备了相当数量的厨师、糕点师和侍者。而头等和二等舱的餐厅显得一团忙乱。在头等舱餐厅，一名来自《纽约客》的记者使劲儿嚼着由绰号叫“蛤蜊浓汤杰克”的临时厨师做的炸鸡。“侍者们像是装配工，”《纽约客》记者抱怨道，“并不是大陆风格。”[5] 厨师们非常有创造力：午餐时候，吉布斯、富兰克林和其他人发现了美洲鳄形状的面包，还有一只海龟趴在他们头等舱的餐桌上。[6]

太阳照耀着波涛汹涌的大西洋，《纽约先驱论坛报》的沃尔特·哈姆舍想找一把甲板椅。但令他失望了：因为那些椅子还没装上船。想喝上一杯什么饮料也不顺心。“头等舱吸烟室和酒吧是为了让乘船旅行的宾客感到愉悦，”他在稿件中写道，“但让人意想不到的是邮轮其他公共休息室和酒吧在正常营业时间却十分拥挤。”[7]

不到下午3点，美国号就抵达了试航地点。在后来的6个小时，曼宁以低速在顺风和逆风完成5英里的航行。一切都很顺利。

在试航地点，海岸护卫队巡逻艇守护着美国号的首次通过，暮光的紫色光线射在大船雪白的上层建筑和她那两个翼状烟囱上。两个相位比较仪浮标在巡逻艇上来回摆动。一旦放入水中，这些仪器会发出电脉冲，可以从美国号船身发射的信号，精确测量她的速度。正当他们准备放浮标下水，站在摇摆不定的巡逻艇上的人们完全被冲破迷雾的大船的优美造型所折服。

夜幕降临，海风冲着船桥窗户呼啸而来，曼宁决定结束高速试航，第二天再继续：糟糕的天气状况不允许巡逻艇船员放浮标下水。与此同时，曼宁把船停泊在试验场地，保持停滞状态直到第二天黎明。大船的灯光透过狂风带起的薄雾，投射出一道诡异的光芒。船上的旅客要么早早上床休息，要么就在公共休息室的钢琴旁。当海水猛烈撞击船身，一名二等休息室的客人站起来，开始背诵马修·阿诺德的《多佛海滩》：“苍海静入夜，正潮满，长峡托孤月……”*[8]

当然，大海并不宁静，到了黎明破晓时，狂风依旧大作，而且比夜里来得更猛烈。风速已超过了45节，达到了60英里每小时，但是时不待人。曼宁决定让大船就位，准备正式的速度测试。

船桥上，富兰克林将军、伍德沃德和柯克兰上将几乎抑制不住他们孩子气般的兴奋。曼宁看上去则很平静。阿斯特依旧是一张酸楚相的苦脸。尽管越来越兴奋，威廉·弗朗西斯还是保持着沉静。柯克兰控制不住自己，强调说：“让我们赶紧看看她究竟怎么样吧！”曼宁根据建造合同，命令总工程师比

---

* 译者注：本文采用的是辜正坤教授《世界名诗鉴赏词典》（北京：北京大学出版社，1990）中的翻译。

尔·恺撒把美国号的四台西屋涡轮机降至 158000 轴马力。身高 6 尺 2 英寸的恺撒 30 年前从利维坦号上的一名低级机械师做起。他还记得 1923 年 5 月佛罗里达海岸的试航，威廉·弗朗西斯·吉布斯那时宣称利维坦号已经打破了毛里塔尼亚号的速度纪录。那只是为了掩人耳目。但这次可是来真的。现在的恺撒可是掌控着所有船只上最为强劲的一组引擎，由美国工人和工业界设计和制造，毋庸置疑是最好的。恺撒放下电话，回应船桥的指令，“全速前进”，并命令锅炉室给予全流压力。船速表的指针慢慢升高，随后四台涡轮机开始了怒吼，震得他脚下的木板“吱吱”直响。

美国号开始了她第十三次 5 英里顺风和逆风航行。她以惊人的速度从咆哮的海水中呼啸而过，浓烟滚滚，船头挡开了扑向甲板的大浪。

当大船在试航路线来回进行时，富兰克林和纽波特纽斯造船厂的行政副总裁威廉·布鲁伊特来到船长室单独密谈。

“杰克，你怎么看?”布鲁伊特问道。

“它还不属于我们。”富兰克林笑着说，脸上洋溢着兴奋之情。直到 6 月所有正式测试都完结后，美国航运公司才算真正拥有这艘船。

“该死的。”布鲁伊特抱怨说，此时大船正全速前进。曼宁让所有引擎火力全开，达到合同要求的动力，但是富兰克林知道这所要承受的反作用力更大。疾风和大浪会给全速的引擎和螺旋桨带来巨大压力。

“如果你想获取关于天气的消息，”富兰克林告诉布鲁伊特，“楼上船桥里的曼宁船长能告诉你。”

布鲁伊特派了一名船员上去船桥。

回来后，他带来了曼宁的回答。

“你把她开到最快，我会告诉你什么时候让她减速!”

曼宁随后从引擎室给恺撒去电，告诉他是时候逐渐提速到海军级别的全功率了：241000 轴马力，或每个螺旋桨轴 200 磅的推力。涡轮机的蒸汽压力可以达到每英寸 1000 磅，能加热到 875 华氏度。任何一个漏洞对于整个引擎室船员都将是致命的。

恺撒仔细地盯着油表，牙齿紧紧咬着一根雪茄。两个高压涡轮机转子上钉着数以千计的叶片，慢慢提升到每分钟 5800 转。蒸汽随即被送给两台低压涡轮机，每分钟转速才 3200 转。连接四个旋转轴和涡轮机的减速齿轮，要让 18 英尺长的螺旋桨降速至 180 每分钟转数。还没有任何一组减速齿轮能够以 30 : 1 的比率给螺旋桨降速。旋转轴一旦断裂了，螺旋桨叶片就会掉落，很多邮轮都曾遭遇过这种情况。恺撒船员慢慢提升速度，大船的船首开始震动，那是因为四个螺旋桨在狂风暴雨的海水中受到的猛烈冲击所致。

美国号以 34 节的速度破风而行。[9] 在一等舱休息厅的国会议员、高官和记者们发现鸡尾酒桌上的饮品开始颤抖。甲板上，客人们把身子探出栏杆，猜想着是不是已经达到了 35 节的速度。船桥不允许外人进入，船厂、美国航运公司或者吉布斯 & 考克斯公司也没有任何人出来解疑。

达到海军功率 15 分钟后，恺撒看到主控制板上的应急警示灯在闪烁。

他拿起电话打给船桥。

船长室内，恺撒手下的一个船员接听电话。

“后机舱室的减速齿轮灯在闪，”他告诉富兰克林和布鲁伊特，“传动轴需要更多的动力。你必须让它减速。”

慢慢地，美国号滑行至停止。它在大浪中颠簸，而曼宁、富兰克林和吉布斯在讨论下一步该怎么办。

一番讨论过后，小组决定推迟全速航行直到 6 月初的正式测试。

巡逻艇把两个浮标打捞上来，船长示意曼宁他们准备返回纽波特纽斯了。

返航路上，记者们打赌猜测大船的速度。甲板上，一名记者跟熟人开玩笑说大船速度达到了 50 节，别人反对，说“简直是不可能的壮举”。[10]

“天啊！”他只能说。

突然，一阵疾风扫过船尾。记者的笔记本从手中洒落，飞过栏杆，散落汹涌的大海，后面跟着的还有几顶帽子和一个钱包。[11]

在下层二等舱餐厅，正在吃着蛤蜊浓汤杰克做的炸鸡的《纽约时报》记者乔治·霍恩，脑子里面想的可不只是速度。放眼望去，餐厅中心有一个背光的雕塑，描述的是关于季节和星座的寓言，他一眼就发现了席摩·利普顿的杰作《金牛座》。

霍恩冲出餐厅：“利普顿的作品。”他吼道，完全不顾自己的举止。[12]

5 月 16 日晚，邮轮回到了纽波特纽斯船厂的停泊处，船身在黑夜的衬托下格外明亮。

全国上下，尤其是纽约和华盛顿的人们急切地拿起 5 月 17 日的报纸，想要看看关于试航的消息。“在过去的三天时间里，美国号经受住了严苛的检测，”霍恩在《时代》的文章里写道，“在时速 35 英里每小时的大风中，她的速度超过了 30 节。大海波涛汹涌，她几乎没有抖动，1700 多名乘客也没有人说晕船。”[13]

霍恩提问大船夺得蓝丝带奖章的概率有多大，柯克兰上将简洁答道，通过这些测试“证实了我们的猜测，美国号是世界上最快、最优良的邮轮”。[14]柯克兰也承认，“四个减速齿轮轴承中的两个显示有加热过度的迹象，这是新机器常会出现的情况，不足为虑”。[15]

随后的一周里，美国号船上的减速齿轮被重新调整。齿轮的轴承有点歪，但是也容易修理。运气好的话，6 月的正式试航天气会好一些。

船厂工人也做了另外一些非机械调整。试航后不久，霍恩在《时代》的办公桌上发现了一个包裹。打开包装后，他发现自己手里握着一个专门打造的铝质牛睾丸，它的下面还有一个红桃木小底座。这本来是金牛座的一部分，威廉·弗朗西斯·吉布斯把它当作礼物送了霍恩，以表达他对保护旅客义务和情感的感谢。[16]

“干我这行的，如果没有幽默感的话，估计我早就玩完了。”吉布斯曾经说过。[17]

正如许多跟海和船打交道的人一样，威廉·弗朗西斯·吉布斯也迷信。他从来不坐在 13 号桌。他从来不写只有 13 段文字的信。[18]他还坚信首航前如果有女士登船是不吉利的。这种根深蒂固的迷信一直带到了 5 月 14 日的建造商试航和6月9日的正式试航：妇女禁入。设计螺旋桨的造船工程师伊莱恩·卡普兰不行，他的妻子薇拉想要在出发前参观一下也不行。船上装载了超过20000名游客，大多数都是当地人，据《纽波特纽斯时代先驱导报》报道，“那是为造这艘大船做出长期贡献者们的朋友和亲戚”。[19]

薇拉的参观之旅比一般船厂工人的妻子更为私密和全面。“船上充满了活力，”她在日记中写道，“有好多人在擦地板，打亮这个或那个。大多数家具已经就位。电影院可谓是亮点，淡灰色带凹槽的墙，还有舒服的座椅。”

薇拉还偷看了一下上层甲板的餐厅，黑蓝色的墙壁，红色的窗帘，还有查尔斯·林·天梭的水晶雕塑。“其中一个房间的黑色墙上挂满了玻璃做的钻石星星，”她观察道，“看上去它们好像是绝美的雪花，但却不是，原来是天体。”随后，她看到了宽大的头等舱舞池，据她的描述是“狂欢一样”，“玻璃屏风，纯水晶并且有着精致的设计”。[20]

离开之前，她还去了头等舱餐厅。第二次试航只有500名客人，他们会发现餐厅装备比第一次试航更为精致和优美。所有桌子都摆设着耀眼的水晶杯、银器和带有美国航运公司黑色星星和鹰状标志的盘子。在格温·勒克斯《自由的表达》的雕塑下，薇拉看到一个巨大的、糖做的邮轮，3英尺长，放在自助餐桌上。[21]

6月9日早上6点38分，大船从码头驶出，第二次驶向詹姆斯河。做了一个上午的校准测试和罗盘仪调整，美国号一直到11点行驶都正常。减速齿轮没有过热，吉布斯说他很高兴，且“大船各个方面都超出了他的期待”。[22]

只有在船桥和引擎室的人才知道她的真实速度是多少。其他人只能靠看海水流过的情况来猜了。她究竟是35节、40节……还是50节？没有人知道。

哈利·曼宁准将控制着自己的高兴。第二天早上，海面平静，微风拂过，正好可以进行两次补偿性测试。第一个是“急停船试验”，就是引擎在前进时突然全速倒退行驶。这样演习的目的不仅是测试机械，而是测量大船完全停止需要多长时间。一天后，估计其他大邮轮的机械早就破烂不堪了，曼宁终于宣布他很满意，[23]感到满意的人还有吉布斯。

当美国号晚上回到专用锚位时，她被欢呼的船厂工人们包围着。船上，人们在铝质雷达桅杆上甩动着喷了银色漆的大刷子，标志着“全胜”。这意味着美国号在第二次试航中已经打破所有海上航行速度的纪录。记者们再次探究大船的速度，但是设计师和圈内人一点儿口风都不透露。

薇拉·吉布斯在安全线外等着丈夫。夜幕降临，大船被照亮，对薇拉而言这不是一堆钢铁和铝，而是“一个梦幻般的宫殿……一个刚刚诞生的夺目存在，优美的造型，被吊车环绕着，身后是船厂的点点灯光”。[24]

薇拉发现身旁有一个小男孩一直盯着邮轮。“这是我见到最美的东西！”这个6岁小孩大喊道。

随着舷梯打开，薇拉看到人们走下大船。“我看到的第一个走下来的人，”薇拉写道，“是李上将，然后是威廉·弗朗西斯·吉布斯的秘书们，凯里先生和康纳利先生，然后过了一会儿是威廉·弗朗西斯·吉布斯和弗雷德里克·吉布斯。下来的每个人都很兴奋。”

“威廉·弗朗西斯·吉布斯下来的时候，似乎他在等什么人。”薇拉写道，“他倚在船的一旁，屈膝坐在那里，下巴放在膝盖上，就这样看着他的船——他在安全线里面，我们跟他说不上话。就这样，他安静地坐着，看着他创造的这个大型而又优美的事物。”[25]

这就是吉布斯一直期待的时刻，自从他儿时在克朗普船厂凝望着圣路易斯号开始。“自那天起，我就致力于为船只而奋斗，”他说，“我从未后悔。”

“我们就像孩子盯着圣诞树一样，看着她，”薇拉写道，“心中充满了惊叹。”[26]

## 注释

1. George Horne, “United States, 990 Foot Long Superliner, Will Start 3 Day Sea Trials Today,” *New York Times*, May 14, 1952, Mariners' Museum, Newport News, VA.
2. 出处同上。
3. Frank O. Braynard, “Captions for illustrations for *United States* book, #27,” ca. 1980, Frank O. Braynard Collection, Sea Cliff, NY, courtesy of Noelle Hollander.

4. Walter Hamshar, "Aboard the Liner United States," *New York Herald Tribune*, May 14, 1952.
5. John McCarten, "Talk of the Town: Trial by Raydist," *New Yorker*, May 31, 1952, p.18.
6. Photo-request No.52-274/24, First Trial Run, from the Frank O. Braynard Collection, Sea Cliff, NY.
7. Hamshar, "Aboard the Liner United States."
8. McCarten, "Talk of the Town: Trial by Raydist," p.18.
9. John R. Kane, "The Speed of the S.S. United States," *Marine Technology* 15, no.2 (April 1978), pp.119 - 43.
10. McCarten, "Talk of the Town: Trial by Raydist," p.18.
11. 出处同上, p.19.
12. "A Woman's Touch: The Seagoing Interiors of Dorothy Marckwald," http://home.pacbell.net/steamer/marckwald.html, 访问于2007年8月30日。
13. George Horne, "Superliner Ends Successful Test," *New York Times*, May 17, 1952.
14. 出处同上。
15. George Horne, "Superliner Mishap Delays Speed Run," *New York Times*, May 16, 1952.
16. "A Woman's Touch: The Seagoing Interiors of Dorothy Marckwald."
17. Frank O. Braynard, *By Their Works Ye Shall Know Them: The Life and Ships of William Francis Gibbs 1886—1967* (New York: Gibbs & Cox, 1968), p.192.
18. Geoffrey T. Hellman, "Talk of the Town: And the Big Ship," *New Yorker*, June 14, 1952, p.24.
19. "Many Travel to Area to View Great Liner," *Newport News Times-Herald*, June 20, 1952.
20. Vera Cravath Larkin Gibbs 的日记, 被 Susan L. Gibbs 引用在 Frank Braynard 和 Robert Hudson Westover 的影片 *S.S. United States: Fastest Ship in the World* 的前言(Paducah, KY: Turner, 2002), p.4.
21. 出处同上。
22. Kane, "The Speed of the SS United States," p.137.
23. "Design and Construction of the Superliner United States," 重印于1952年9月 issue of *Marine Engineering and Shipping Review*, p.75, collection of Lawrence W. Ward.
24. Vera Cravath Larkin Gibbs 的日记, 被 Gibbs in foreword 引用在 Braynard 和 Westover 的影片 *S.S. United States* 的前言 p.4.
25. 出处同上, p.5.
26. 出处同上。

# 第 21 章

# 招兵买马

像美国号这样的远洋邮轮，威廉·弗朗西斯·吉布斯曾经说过，就是一个巨大的乐器，“需要一千个人，每个人负责完成一部分音符的演奏。”

随着邮轮建造接近尾声，美国航运公司开始为这艘超级邮轮的首航招兵买马。

一共需要三个部门：甲板、引擎和乘务员。为前两个部门找到合适的人比较容易。因为有许多合格且正失业的水手在找工作，他们当中的许多人在战时为商船和海军服务过。

乘务员部门，旅客们常接触的最大群体，却遇到了问题。美国航运公司从来就不以服务著称；它的客轮几乎都是中等型号，服务能力低下，因此也不太受大众欢迎。就连利维坦号的旅客也抱怨邮轮服务跟船的壮丽难以匹配。丘纳德的玛丽皇后号和伊丽莎白皇后号吹嘘自己的员工将成为公司过去传奇邮轮的新尝试，当然是跟已经消逝的毛里塔尼亚号、伯伦加莉亚号和阿基塔尼亚号相比。法国航运公司也是如此。因此，许多美国人更愿意搭乘欧洲邮轮，因为他们认为自己国家的人没有英国、法国和德国伙伴们的那种举止。或许是因为现有旅客的偏见，美国航运公司在 20 世纪 30 年代决定雇用一大批从德国迁入的乘务员和厨师并给予他们美国国籍。但是在 1940 年却事与愿违，有几个人在美洲号服务的时候，因为盗取该船炮架位置的图纸当场被抓。出事之后，公司停止雇用德裔美国人，但是在 1952 年乘务员部门又重新开始招聘他们。由于美国劳工合同提供的高薪和更长的假期，还有一些欧洲人也被招进来。

这其中就有一名令人害怕的奥托·俾斯麦（只有姓氏相同，其实跟那个以铁血著称的德国首相无关）主厨，他30年前从利维坦号上从洗碗做起。在他手下干活儿的厨师们特别惧怕看到他戴着主厨帽在美洲号的头等舱厨房里穿梭。人如其名，俾斯麦也以普鲁士训练士兵的方式管理厨房，该清理架子的时候会吹哨子。这样做效果还是显著的：由这名德国主厨厨房创造的高级料理无人可比，就连法国时尚邮轮法兰西号也不行。

为了提高品质，公司还跟专门为东海岸社交活动提供乐手的梅耶·戴维斯签署了三支乐队的外包合同（每个舱位配备一支）。当然，最大最好的合奏是为头等舱旅客准备的，这些旅客大多数都非常熟悉他那令人热血沸腾的舞曲。"我们营造的是一个管弦乐曲所造就的氛围，能调动人们的潜意识。"戴维斯这样评价自己的音乐，"在这样的氛围下，我曾经看到害羞的少女和严肃的贵妇脱掉鞋子、大吵大闹。"[1]

人手招齐后，无论老人还是新人都将接受为期6周的紧张培训。他们将学会如何用欧洲方式经营美国号，但又不失美国人的友善。员工们将用一种"细心但又不刻意"[2]的方式服务旅客。[2]

对于这服务于800多名旅客的乘务员、侍者、酒保、服务员、厨师、乐手还有美国号上的其他职员们，在超级邮轮上工作意味着能从有钱客人（也叫作纨绔子弟）那里得到更多的小费。新船预期的航行时间也将从三周缩短成两周，能够带来更频繁的探亲访友和登岸假期。船员起居舱还将配备空调，在夏季运行来讲是个超级优厚的待遇。美洲号只有部分航位有空调，夏季旅游高峰的时候船员起居舱则是热得难耐。

有些东西还是变不了的。工作时间长，乘务员部门必须每天24小时待岗，无论是给矫揉造作的明星半夜送餐饮，还是在旅程中无休止地刷地毯、擦亮金属工艺品、给雕塑擦灰、抹玻璃，抑或是运行电梯。最糟的就是还可能会面对那些晕船的、醉酒的，还有暴脾气的旅客。

尽管如此，吉布斯坚持他的船只必须比其他欧洲邮轮要干净。唯一实用的词汇是清新。船员起居舱比其他在运的船只空间更大、更舒适。在造船时，全国海员工会的头儿大乔就对富兰克林将军说，大船的船员起居舱“对比之前所有船只的起居舱来讲都是明显的进步，”还有，“我可以向你保证会令人满意，美国号将成为一艘快乐的邮船。”[3]

被幸运雇用到美国号工作的一名叫比尔·克鲁德纳的助理领班，他的舅舅哈里·泰特曾经帮助大乔建立全国海员工会。出生于 1928 年的克鲁德纳在宾夕法尼亚州的德雷克赛尔城长大。高中毕业后，他接受了舅舅的安排到海船上工作。1949 年拿到工会证书后，他得到了一个新职位：在翻新后的美国航运公司旗舰美洲号上当侍者。矮壮肤黑的克鲁德纳，有着迷人的笑容和举止，很受旅客欢迎。他曾经服侍过杜鲁门时期的国务卿迪安·艾奇逊，而后者教给他所要的马丁尼酒该怎么调。航行过程中，克鲁德纳帮助艾奇逊在他的套间里举办了派对。埃莉诺·罗斯福也是他的客人，还有其他的几名国会议员。客人们之间快节奏、充满机智的对话令克鲁德纳佩服不已。

克鲁德纳享受着海上生活。当美洲号停泊在勒阿弗尔港口时，他和赫尔曼·缪勒管事则站在走廊上，为一群准备去纽约游玩的女大学生们送行。一个月后，她们又上船了。

“哦，比尔，真高兴又见到你了！”女孩子们叽叽喳喳地喊道，“这是我们的客舱号，你知道在哪里的。我们请你喝香槟。”

“这是我的表妹们。”克鲁德纳笑着对管事说，女孩们蹦蹦跳跳地走开了。

“你到底有几个表妹？”缪勒问道，“这船上的每个人都好像是你的表兄妹！”

船员和旅客之间严禁交往。但是缪勒不能开除克鲁德纳，他工作勤奋，与旅客关系良好，而且又是哈里·泰特的外甥。

1952 年，克鲁德纳和其他几名美洲号的乘务员收到美国航运公司的通知：只要他们愿意，可以调到公司的新旗舰美国号去。作为美国号的助理领班，克鲁德纳将在缪勒——这名以精准和铁腕著称的德裔美国人——大管事的眼皮底下干活儿。马虎的服务将毁了大船的声誉，尤其是对于已经习惯了任何时候、想要什么有什么，十分挑剔的头等舱客人来说。

选择调动的是原来美洲号的助理行政管家，高个儿、总是板着脸的瑞典人安德鲁·马姆齐，曾经在布鲁克林羊头湾的美国海事服务站监督过为期六周的“新人训练营”。该营地的厨房号称设施齐全，有模拟主餐厅、模拟客舱，还有教室。上船的新人攸关整体利益。尤其是首航备受关注，不能听到任何邋遢、混乱或无序的抱怨。除了富兰克林将军和文森特·阿斯特，头等舱旅客还有总统的女儿玛格丽特·杜鲁门。

克鲁德纳可不喜欢在训练营的宿舍里面一住就是六周。“我们知道该怎么做，”他说，比如怎么好好铺床等等，“他们已经解释清楚了希望我们怎么做。”至少他还能去看看就在附近弗拉特布什的亲戚们。他还非常喜欢新制服：精心剪裁的海军军官服样式灰色翻领大衣，配有肩章、金穗，贴身的蓝灰色长裤，裤子侧面有两条红裤线，还有一件挺实的白色衬衣，带有黑色领结。[4]

1952年6月6日，新闻界的朋友们来到羊头湾，要感受一下模拟的美国号的旅客生活。一名《纽约时报》的记者对此印象深刻。除了食物很棒，他还写道：“只要一拿出香烟，火柴马上就给你递到面前，水杯里面装满了水，细心的乘务员随时送上黄油。”受过训练的服务员能够正确地把俾斯麦主厨精心烹制的餐食递送给旅客，侍者们学过如何调酒，“甚至知道如何给旅客打领结。”[5]

餐厅员工知道怎么操作新式烹饪装置——微波炉，“这是家庭主妇的梦想”，据报纸说，最原始的微波炉可以在几分钟内做出一个全熟的牛排。但这个装置也往往会发生一些小故障。“奥托·俾斯麦主厨发明了一种酱汁，能让牛排看上去好像是炭烧过的，”一名船员回忆道，因为“没有它，牛排看上去可不怎么好吃。”[6]

最后，克鲁德纳还接受了额外的培训，但是他却受不了马姆齐了。大管家缪勒的助手总是管侍者叫“干活的”，连他们的名字都不叫。“势利眼，”克鲁德纳说，“他让人看上去就想踹他一脚。”

曼宁准将没有出现在训练营——这是惯例，在每次航行前都要对乘务员部门进行检查。裤子要有裤线并且熨过，指甲要干净，领结要端正。克鲁德纳三年前在美洲号当领班助理的时候就认识了曼宁。“他有点像小拿破仑，”他这样描述准将，“他是那种连小事都要过问的人。”

6月17日，克鲁德纳跟另外500个羊头湾毕业生一起来到宾夕法尼亚车站，登上开往纽波特纽斯的专列。“那就是一个大的狂欢派对！”克鲁德纳回忆起那次旅行时说，“我们下车后，他们还得‘重建’车厢。”[7]

列车直接开到了舾装码头。当船员们看到高耸在船顶、在6月的阳光下闪闪发光的两个翼状烟囱时，顿时惊呆了。

“它太大了，让人难以置信。”甲板乘务员吉姆·格林记得，“跟美国号相比，美洲号简直就像是艘拖船。”[8]

下了火车，克鲁德纳以及其他的乘务员登上舷梯，把行李放在舱内，然后准备开始为期两天的纽约交付航行。食物要运到船上，床单和抹布要清洗干净，垫衬物和地毯要吸尘，酒柜要装满。

克鲁德纳相信全国海事工会待非裔美国人还算好，他在船上没有感受到紧张的种族关系。但是船上更多的非裔美国人觉得还是待在美国号上比晚上去纽波特纽斯要好得多。在舾装码头有两个喷泉，一个叫作“白色”，另一个叫“彩色”，很明显在暗示乔治亚镇曾经是种族分离的南方一部分。

在过去的几周里，当工人们把最后的外部喷漆完成了之后，美国航运公司为了首航把旅客区全部装备好，工作量可以跟装修华道夫·阿斯多里亚酒店相比。乘务员的工作任务清单包括2200条围裙、900顶厨师帽、3000个洗衣袋、7000名旅客和3000名船员使用的床罩、125000个盘子、57000件玻璃器皿、170380张餐巾、10000个挂衣架、6000个枕头、44000张床单，还有七个所有现代跨大西洋邮轮必须设置的的垃圾间。[9] 所有旅客用到的物品都已经标志上美国航运公司的黑色鹰标志，该标志从1890年代首次由克雷孟特·格里斯康为其接管的美洲航运所采用。

根据克鲁德纳回忆，从纽波特纽斯到纽约这段交付航行上，大概有1200

名“不速之客”是为了大派对而来的：上将、将军、国会议员、参议院、船厂的主管们，还有那些求着哄着要上来的人，个个都要求住进头等舱。美国号的宣传总监沃尔特·琼斯还邀请了160多名记者，这一邀请对于新闻界的任何一员来讲都难以拒绝。由于吉布斯的迷信，这趟先于首航的航行也没有邀请女性。事实上，连女性旅客也没有；仅有的两名女性还是船员。直到邮轮的正式首航，才出现女性旅客。

“这还真是像派对。”领班助理克鲁德纳不屑道。[10]

6月21日上午10点左右，满载着客人的两列火车离开了纽约的宾夕法尼亚车站，晚上抵达纽波特纽斯。这些要登上驶往纽约的美国号的乘客中，有一位是哈里·杜鲁门的商务部长，看上去很憔悴的查理斯·索耶。

索耶很高兴终于能够远离办公室。尽管公众们非常期待这次首航，但他还在与杜鲁门总统就如何维持大船的紧张财务安排展开着博弈。至于这种安排能不能撑得住还待商榷。

## 注释

1. Meyer Davis, *Saturday Evening Post*, April 20, 1963, http://www.parabrisas.com/d_davism.php，访问于2007年8月30日。
2. “Liner's Stewards Near Shipshape,” *New York Times*, June 6, 1952.
3. 1949年1月5日 Joe Curran 写给 General John Franklin 的信，引自 Frank Braynard and Robert Hudson Westover, *S.S. United States*: *Fastest Ship in the World* (Paducah, KY: Turner, 2002), p.35.
4. 2008年3月4日 Steven Ujifusa 对 William Krudener 的采访。
5. “Liner's Stewards Near Shipshape,” *New York Times*, June 6, 1952.
6. Charles W. Puffenbarger, “Neptune's Queen Rushing to Keep her May 14 Date,” *Norfolk Virginian-Pilot*, April 27, 1952.
7. 2008年3月4日 Steven Ujifusa 对 William Krudener 的采访。
8. 出处同上。
9. Braynard and Westover, *S.S. United States*, pp.46—47.
10. 2008年3月4日 Steven Ujifusa 对 William Krudener 的采访。

# 第 22 章

# 杜鲁门的非难

1952 年 6 月，这艘新型超级邮轮完成她的测试运行后，美国海事管理局和美国航运公司之间的合同已经执行了两年了。杜鲁门总统和他的总审计长林赛·沃伦仍然坚持认为美国号的所有者骗取了美国纳税人数百万美元。沃伦坚持，原有的协议是“用词不当的谜语”。[1] 更有甚者，总统首席海事顾问警告杜鲁门，如果政府以 2800 万美元的原始价格把大船卖给公司，那将给政府带来公众的“严厉批评”。[2]

但是到了 1952 年 6 月，杜鲁门政府由于受到关于腐败问题的指控和朝鲜战争僵局的双重压力摇摇欲坠。杜鲁门罢免道格拉斯·麦克阿瑟将军职务之举后来被证明是个政治错误，尽管总统正确地坚持了宪法中关于对军队的民权原则。民主党人在国会选举中损失惨重。另外，富兰克林的老指挥官、来自第 301 坦克营的艾森豪威尔将军，将要入主白宫。

鉴于糟糕的选票数量，杜鲁门想从美国航运公司要回这几百万美元的想法更为迫切。

对于商务部长索耶来讲，他担心如果杜鲁门和总审计长得逞的话，美国航运公司只能放弃这艘新超级邮轮，政府则会陷入运营她的困境。索耶觉得这两个人想把美国号——一艘已经引起巨大公众关注的邮轮变成一个政治游戏。经过了一年麦卡锡主义和冷战忧思的公众混乱，美国号的完工对于整个国家来说都是个好消息。为什么就不能放过这艘邮轮呢？

试航的三个月前，商务部和海事管理局的顾问们得出结论：“法庭不支持政府关于撤销销售合同的案件或政府所做的违法行为辩护。”索耶写信给林赛·沃伦，“上述政府和美国航运公司之间的合同对双方来说都是有效和有约束力的”，而且，“也没有证据表明美国航运公司给委员会委员施加过不正当影响从而导致虚假陈述”。[3] 这位商务部长希望沃伦不再追究此事。

但事实并非如此。4 月，沃伦给索耶回信：“我将尽我所能，避免补贴拨款和国防补贴超出法定范围。”[4]

索耶再次尝试说服沃伦过去的事就过去了，而且公众非常喜欢这艘船。5 月 6 日，索耶再次致信沃伦：“我认为，对于美国来讲更重要的是履行生效的合同，而不是政府背负上运行一艘它根本不会运作的邮船的责任，陷入一场旷日持久而且最终赢不了的官司。”[5]

尽管这样，林赛·沃伦为了取悦总统，还是提出了一系列法律论证。他说只有审计总署而非商务部，对此事拥有最终法律裁定权。2500 万美元国防补贴中的大部分，他认为，没有用在美国军队的利益上，而是为了美国航运公司夺取蓝丝带奖章的商业诉求上。[6] 沃伦希望审计总署与美国航运公司重新谈判合同。沃伦坚信新的采购价，应该是 3800 万美元，相当于邮轮总造价的一半，比原来的合同价格多了 1000 万美元。

索耶随即向总统直接呼吁要制止沃伦的作为。他引用海事委员会主席爱德华·柯克兰上将的话说，通过削减补助来对付美国航运公司对于政府来讲展现的是“不道德和没有诚信的一面”，跟美国秉承的“公平竞争精神，或者合众国成立伊始就建立的政府与公民之间的优良传统不符”。[7]

柯克兰把杜鲁门和沃伦的想法透露给了富兰克林将军，他随后马上取道华盛顿跟上将和联邦海事局见面。“我们不同意重开合同，也不会付更多的钱，”他在 6 月 6 日写给柯克兰上将的一封信中说，“这个决定已经征得美国航运公司董事会的同意。”

富兰克林深受这场争论的困扰。这不仅仅是多支付 1000 万美元给政府的问题。“非常遗憾，她只能在一片争论声中登场，”他在给柯克兰的信中写道，

“从我们高扬国威的任何一个角度来说，这艘船都应该按照合同交付给我们。”[8]

三天后，商务部长索耶可能在阅读完富兰克林将军写给柯克兰上将的信后，写给总统一封信：“柯克兰上将没有别路可选，除非在 6 月 20 日根据条款把合同再过一遍。”[9]

杜鲁门总统拒绝了。“你知道的，”他写给索耶，“维护一艘强大的商船对我来讲一直非常重要……我一直非常关注美国号的建造。”然后他开始要求美国航运公司最好按照他认为正确的方向去做，否则将要承担后果。“我坚信，”他继续写道，“美国航运公司的主管们在不损害合同双方任意一方的权利下，应立即接受听证会的请求。”[10]

6 月 20 日，美国号从纽波特纽斯至纽约的交付航行前一天，商务部长索耶公然反抗总统，直接忽视沃伦的管辖要求：他根据合同原有条款把船移交给了美国航运公司。威廉 · 弗朗西斯 · 吉布斯和曼宁准将出席了正式移交仪式。索耶事后马上打好行李，到华盛顿联合车站，登上了开往纽波特纽斯的火车。去往纽约的两天航程并没有让他紧张的神经得以休息。这里有新鲜的空气、鸡尾酒、沙狐球，可以坐在甲板椅上休息。他本来想忽略掉总审计长发来的电报和电话。

就在上火车前，索耶给众议院商船和渔业委员会主席约翰 · F. 谢利发了一封信。信中，索耶谴责沃伦试图给公众造成他是一个“身披白甲的骑士，参与了一场跟海事委员会一起防止纳税人免遭邪恶的阴谋。”* 事实上，沃伦不过实施了是“四分卫游戏”，一个“体育记者常有的消遣，但是不能成为美国政府的官方行为规则”。[11]

“沃伦先生实际上通过他的声明在挑衅合同中关于把船移交给美国航运公司的规定，”信中总结道，“那么，我就把她移交了。他宣称他将用他的权力告诉我不能履行这个好合同。‘究竟恺撒是吃什么肉长大的？’”[12]

---

* 译者注：身披白甲的骑士最早出现在《爱丽丝漫游仙境》，故事里白骑士从红骑士手中救出了爱丽丝并成为了她的好伙伴，后常用来比喻在危难时刻人们盼望出现的神奇救世主。

谢利主席同意信中的内容，并回应说，沃伦对商务部长的攻击完全是无理取闹。”[13]

杜鲁门听闻之后大怒。他在索耶移交船只给富兰克林的当天致信司法部长詹姆斯·P. 麦格雷纳里。这封信被披露给了新闻界，并抄送给了沃伦、柯克兰和索耶本人。

总统坚称自己是美国号建造的坚定支持者，致力于推动国际商业和国家防卫，但是美国航运公司，他争论道，一直从“建造补贴、税收和商船法案规定的其他特权”获利，有必要通过立法修订过多的补助使得公司变得顺从。[14]

他随后告诉新闻界：“我谴责公司的态度……也谴责政府对此无能为力。”[15]

开心的沃伦在读完总统来信后，马上回信。“我非常高兴并且非常同意您1952年6月20日信件中的意见。”他附和道，“只要他愿意，我随时可以跟司法部长商谈。”[16]

索耶并没有予以回复。21日，他登上了美国号，驶往纽约。回包房前，他再一次对一位纽波特纽斯记者说，这份合同是“有约束力和不可更改的，”并补充，“没有其他任何客船被打造得如此美丽、迅速、安全和实用。”[17]

争论并没有结束。6月底，司法部长麦格雷纳里将起草司法部的意见：政府将撤回两个不超过1000万美元的补助款项，作为对美国航运公司的惩罚。而这个数字据白宫说是美国航运公司欠政府的。杜鲁门非常赞同麦格雷纳里的观点。[18]

富兰克林将军告诉新闻界轮船公司将迎接质询，并且希望美国航运公司“做好准备，配合司法部的工作。”[19]但是他不肯让步。他知道没有了这些写在原始合同里的补助协议，公司承担不起受到海军期待和变化无常的旅客影响的船只运营。

1952年6月21日，大船驶出了汉普顿水道，威廉·弗朗西斯·吉布斯把自己关在了套房里。他把名字从旅客名单里删除了，打算避开那些想要祝贺他的陌生人。对他来说，交付航行不是喝鸡尾酒庆祝的时候，而是要再次确认船只的机械系统，并让少数高官参观。一直在纽波特纽斯陪伴他的薇拉，坐火车回到了纽约。她将于7月3日跟丈夫会合，参加首航。庆典是属于她的，她期待着鸡尾酒会，在明亮的纳瓦霍休息室与人谈笑风生。她知道丈夫和曼宁准将整个首航都会待在船桥。吉布斯会待在那里，因为他怕曼宁把船开得太快，违反公司的明文规定。

还有一个重要角色决定不参加即将举行的首航以及一系列的社交活动和媒体围观：弗雷德里克·吉布斯。他决定待在自己的单身公寓，关注新闻报道；而且，还得有人管着公司，弗雷德里克是他哥哥唯一相信的人。

## 注释

1. 1952年5月27日 Lindsay Warren 写给 Charles Sawyer 的信，p.40，Case of the United States Lines，vol.2，Robert L. Denison Papers，Harry S. Truman Presidential Library，Independence，MO . Correspondence cited in this chapter is from the same volume of the Denison Papers at the Truman Library.
2. 1952年5月23日 Admiral Robert L. Dennison 写给 President Harry Truman 的信，"Memorandum for the President: Maritime Board Construction Subsidy Redeterminations,".
3. 1952年3月31日 Charles Sawyer 写给 Lindsay Warren 的信。
4. 1952年4月21日 Lindsay Warren 写给 Charles Sawyer 的信。
5. 1952年5月6日 Charles Sawyer 写给 Lindsay Warren 的信。
6. 1952年5月27日 Lindsay Warren 写给 Charles Sawyer 的信，p.7.
7. 1952年6月7日 Charles Sawyer 写给杜鲁门总统的信，p.2.
8. 1952年7月10日 General John Franklin 写给 Admiral Edmund Cochrane 的信。
9. 1952年6月13日 Charles Sawyer 写给杜鲁门总统的信。
10. 1952年6月13日杜鲁门总统写给 Charles Sawyer 的信。
11. 1952年6月20日 Charles Sawyer 写给 John F. Shelley 的信。
12. 出处同上。
13. 出处同上。
14. 1952年6月20日杜鲁门总统写给 James p.McGranery 的信。
15. Luther Huston, "U.S. Delivers Superliner; Truman Challenges Costs," *New York Times*, June 21, 1952.
16. 1952年6月23日 Lindsay Warren 写给杜鲁门总统的信。
17. "Big Liner Delivered to U.S. Lines, Probe of Cost is Ordered," *Newport News Times-Herald*, June 20, 1952.
18. 1952年6月27日 James p.McGranery 写给杜鲁门总统的信。
19. Luther Huston, "U.S. Delivers Superliner; Truman Challenges Costs," *New York Times*, June 21, 1952.

# 第 23 章

# 海上新皇后

1952 年 6 月 23 日，美国号首次进入纽约港，迎接她的是凌乱的轰鸣的拖船和喷水的救生船。搭载着新闻摄影师的飞机和直升机在她的烟囱和雷达桅上方盘旋着。

西街 21 号的摩天大楼上，玻璃墙外面挂着一幅巨大的标语："欢迎美国号，吉布斯 & 考克斯公司。"[1] 在 1946 年两艘皇后号之后，港口就再没有出现过这样数以千计的欢迎队伍，纽约人民成群结队地来此迎接这艘远洋邮轮。

来此的人们并不满足于远观美国号——他们要上船，哪怕只有短短的几小时。

6 月 28 日上午 9 点整，船只对外开放。收费是 1 美元，将捐赠给旅行者救助协会。人群中一个十几岁的孩子在贩卖拍摄的船只照片，10 美分一张。队伍旁边还有卖热狗和冰淇淋的商贩，人行道变成了"夏日娱乐场"。[2]

在船的上层甲板，威廉·弗朗西斯·吉布斯高兴地看着人群。"人们一早涌来，一直到晚上。"他回忆道，"数以千计的人们赶来，导致巡视员把骑警叫来分在三个不同的预留区域。那天，86 号码头前面看上去好像是第五大道的游行……"[3]

在西侧高速公路，路上的车慢吞吞地往前挪着，人们低声细语，充满着期盼。"我想看那艘船，"站在 25000 人、长达八个街道的队伍中的米尔德里德·特罗斯说道，"我想看它，我只有这样才能看到它。"队伍慢慢前挪到了 46

街，此时的太阳正暴晒着行走的人群，人们抬头望去，看到了赫然耸立在码头通道上方的红、白、蓝三色烟囱。“中西部的人们从来没有穿越过海洋，”《纽约时报》报道，“各地的人们被这艘伟大的邮轮激起了热情，于昨天汇集到 86 号码头。”[4]

一名路过邮轮的出租车司机指着她，骄傲地对乘客说：“这就是美国号，就在美国造的，是我们自己的船。”[5]

副总监威廉·麦奎德，管制群众的纽约警官，他简直不知所措。豪华游轮的首航经常会吸引好奇的人们。但是之前的情景跟现在涌来看大船的游客相比就是小巫见大巫。迂回前进的男人、女人和孩子们就是活生生的证明。《时代》称之为“新一代海上皇后的吸引力”。[6] 飘扬在船尾柱上的美国国旗让爱国人士的心情澎湃，吉布斯创造的神话在公众中引起了预期的效果，他们对于富兰克林将军和杜鲁门总统之间 1000 万美元补助的纠纷一点都不感兴趣。

站在舷梯上的助理领班克鲁德纳知道参观日将给船员们带来额外的清洁工作，但是他很高兴来到了纽约，不用再理会那些不速之客了。从纽波特纽斯造船厂一路过来的两天简直就是一片混乱。“那些人，”他说，“想喝什么就喝什么。”在他那个年代，人们走出客舱必须要穿上大衣和领带，不戴帽子不得出现在公共场合，克鲁德纳发现他负责的头等舱，人们穿着 T 恤和短裤在公共区域走来走去。路途中，头等舱的电梯还发生了几次故障，几名喝醉了的旅客被困在里面。为了让他们高兴，克鲁德纳只能在船员们修理电梯的时候往里面再扔了三瓶威士忌。

“他们可不介意究竟能不能出来。”他回忆说。[7]

邮轮抵达纽约那天，船上的人们并不吵闹。但是，呆呆的人们鞋子下的泥土弄脏了观光厅的海绿色地毯，还有船员们使劲儿擦洗和打过蜡的服务仓的黑色油毡。也不知道谁踢掉了后甲板上的主水管，浇湿了许多游客。船员重新装上水管、不再漏水的时候，移动缓慢的队伍才暂停了一下。尽管有所延迟，仍有超过 19000 人在那天参观了大船。

下午 5：30，美国航运公司的约翰·布伦南对 3000 个还在街道上等候登船的人说，船只停止对外开放。人群中爆发出巨大的抱怨声。

布伦南对失望的人们承诺，已经交过费的他们可以退款。当他们离开码头的时候，都回头望望耸立在身后的伟大邮轮。[8]

尽管很精彩，但并不是每件东西都对外展示。一整天，引擎室和船桥的门都是紧闭着，还有守卫站岗。吉布斯不想那些俄罗斯间谍，或者更糟的——竞争对手的造船工程师对他使出之前他在诺曼底首航抵达纽约时用的奸计。

船上的派对持续了近两个星期，装载和供给也是。“我们每天都在干活，”克鲁德纳回忆说，“他们向所有的名人炫耀这艘船。”尽管每天晚上都累倒在床铺上，助理领班依然觉得那是一段“很疯狂的美好时光”。

甲板管家吉姆·格林对船上的纽约和华盛顿精英们深含敬畏。每天船厂高管们、银行家和政客们都重复着午宴和晚宴。一个庆典活动前，格林经过头等舱餐厅，看到一只老鹰形状的巨型冰雕，立在摆满了鱼子酱、肉冻和芝士的自助餐架前。

派对一直开到深夜，大船就停靠在86号码头，闪亮的灯光映射在哈德逊河上。公共舱室回荡着笑声和碰杯的声音，这个国家的有钱人和有权人正在里面享受。

威廉·弗朗西斯·吉布斯依旧厌恶这些活动，难以捉摸、嘈杂，还有那些他没有耐心应对的对话。他喜欢在办公室里享受知识的沐浴，或者在专业人士参加的晚餐桌上聊天，他厌烦成为其他场合的中心，尽管是在他梦想的大船上。

吉布斯 & 考克斯公司的职员们都了解这点，所以他们决定给他准备一个他能喜欢的派对。7月1日下午4点，美国号设计团队涌入经济舱的剧场。这个团队，也包括伊莱恩·卡普兰，大家凑钱给他准备了一份特别的礼物。

自1927年就和威廉·弗朗西斯·吉布斯在马洛洛号工作的船体设计师马修·福里斯特，在台上致开幕词。

用绸布包装、系了条纹丝带的礼物就放在底座上。接受礼物的人就站在舞台左侧，双手紧扣在黑色西装外套前。

“吉布斯先生，”福里斯特开始讲话，“我们希望这不会令您吃惊。这次聚会并不是要把您的光辉藏在起来，而是跟您在一起工作了十几甚至三十几年的老熟人的一番心意，想和您在一起，没有报道，没有记者，只有我们聚集于此，代表着整个员工以及那些已经逝去，或者今天不能与我们在一起的人们。”[9]

塑像终于揭去面纱，是一件按比例缩小的古希腊“萨莫特拉斯的胜利女神”雕像。为了纪念古代雅典民主城邦在海上的胜利，一位女神降落在一艘战舰的船首。

“这是成就的象征，”员工们觉得，“在这个场合再适合不过了。”

福里斯特还给老板送上了由每个参与过美国号设计到竣工的员工签字卷轴：

造船建筑师、轮机工程师、有才华的行政主管们，每一个人都推动了船只设计和建造的创造性艺术时代的来临……

这些年，他一直关注海上灾难历史，致力于学习船只设计，提高海上旅行的安全性……

致威廉·弗朗西斯·吉布斯，我们对他的成就满怀敬意……

我们，作为他的伙伴，呈上这份象征，以表达我们对他在专业领域的成就，对我们之间伙伴关系的珍视，以及他作为领导者给予我们的激励，带领我们一起迎接未来更大的冒险。

在震耳欲聋的掌声中，吉布斯走上领奖台，他还邀请自己的老搭档弗雷德里克一起上台。几百双眼睛聚焦在他瘦弱的身躯上。他的员工们好奇，这位沉默寡言的人将要说些什么。

“事实上，”吉布斯说，“这艘船汇集了许多人的思想和热情，在这个项目一同思考、一起奋斗，今天我们才能向同胞们展现一直被他们否定了近一百年的事物。”

他随后致歉，给所有的“夫人们和心上人，因为我每天和周六都让员工们加班，也为我总抱怨他们的愚昧，而他们并不愚蠢——工头为了赶着让埃及人建造金字塔所做的一切致歉。”[10]

同日，富兰克林将军在百老汇 1 号召集了一次董事会特别会议，而此时距离起航只有 48 小时。文森特·阿斯特作为董事代表。“气氛很紧张，因为我们脑子里面想的全是蓝丝带奖。”富兰克林回忆说。他让自己的秘书和一名公证人员记录会议内容。

两位客人来到了会议室，坐在了又长又亮的会议桌前。第一位是曼宁准将，身穿蓝色制服，修身整齐，铜青色的眼镜警觉且明亮。第二位是总工程师比尔·恺撒，略显呆板，脸色微红。

曼宁最讨厌别人把他从船上叫下来，也担心这些人将要告诉他的事情。他保持沉默。

富兰克林让大家保持会议秩序。“我想这是一艘速度非常快的邮轮，”他说，“她能打破东部和西部的纪录。曼宁船长，你怎么看？”

“我同意阁下说的。”曼宁答道。

“那你需要多少转数？”

“165，先生。”曼宁应道。

富兰克林的声音变得十分坚定。“我必须要说明一点，旅客和船只的安全是首位的。如果遇到恶劣天气或者大雾，你必须让它停下来。”

曼宁注意到秘书忙着打字，公证员准备着给协议写公证文书。

“如果发生了沉船事故，我命令这份成为正式记录在案的文件公布于世。”富兰克林在回忆录中写道，“不管能不能拿到奖杯，我不能允许美国航运公司处于不负责任的位置。”[11]阿斯特和富兰克林无法忘记发生在 40 年前的泰坦尼克号灾难。

虽然威廉·弗朗西斯·吉布斯十分尊重作为水手的曼宁，但是他也有自己的忧虑。早些时候，他敦促公司澄清自己的立场。“我警告他们，依我看来，还没有在中速运行几次、船员们还没有训练有素的情况下，没有必要冒险去高速运行。”

船只和旅客的安全是吉布斯不愿意在短时间内打破纪录的唯一原因。作为美国号口风极紧的创造者，一切都关乎国家安全：没有人需要知道大船能走多快。在去年与美国航运公司副董事长约翰·布伦南共用午餐时，吉布斯就清楚表明不想在首航时做的事情，“我说他们可以在合理的速度航行，或者保持每小时 32 节的速度，” 吉布斯写道，“但在任何情况下他们都不能向英国人透露这艘船的实力和性能。”[12]

排除万难，大船的速度一直是个谜。报纸一直在猜测，公众也在猜疑。一旦曼宁准将担任指挥，吉布斯有些担心这位以独立著称的船长会为所欲为。

尽管紧张，吉布斯尽量保持少言。从公司角度出发，威廉·弗朗西斯·吉布斯说：“我跟船只的运行没有任何关系，尤其是征求我的建议时。”[13]

终于，在长达两周的派对、参观和拍照之后，大船做好了准备，迎接首批翘首以盼的付费旅客来体验大西洋航行史上的兴奋之旅。

## 注释

1. Frank O. Braynard and Robert Hudson Westover, *S. S. United States*: *Fastest Ship in the World* (Paducah, KY: Turner, 2002), p.66.
2. "Thousands Line Up to Visit Sea Queen," *New York Times*, June 29, 1952.
3. "Christoffersen Appointed Field Marshall," *Compass Points*, July 1952, p.11, collection of Lawrence W. Ward.
4. "Thousands Line Up to Visit Sea Queen," *New York Times*, June 29, 1952.
5. "Christoffersen Appointed Field Marshal," *Compass Points*, July 1952.
6. "Thousands Line Up to Visit Sea Queen," *New York Times*, June 29, 1952.
7. 2008年3月4日 Steven Ujifusa 对 William Krudener 的采访。
8. "Thousands Line Up to Visit Sea Queen," *New York Times*, June 29, 1952.
9. 1952年6月24日 Gibbs & Cox 公司给 Elaine Kaplan 的秘密书信, collection of Susan Caccavale.
10. "Winged Victory Presentation Aboard the S.S. United States, July 1, 1952," *Compass Points*, July 1952, pp.7—8, collection of Susan Caccavale.
11. "Thousands Line Up to Visit Sea Queen," *New York Times*, June 29, 1952.
12. 1951年9月18日 William Francis Gibbs 写给 Frederic H. Gibbs 的备忘录，12201 SI-I

(16 - 13400) Confidential, Subject: Design 12201— S. S. United States—Design Particulars and Information, January 24, 1950 Edition, Revised to June 27, 1950, March 19, 1951, and April 24, 1951, vol.1 of 2, p.40(6), VM383 U5 G52, p.34, Mariners' Museum Library, Newport News, VA.

13. Records of Proceedings at the Presentation of Medals by W. F. Gibbs to Crew Members of the S.S. United States Who Served Aboard the Vessel During Its Record Breaking Maiden Voyage, July 13—15, 1952, Ceremony Held in First Class Theatre, S.S. United States, 11: 00 AM, Wednesday, July 22, 1953, MS 179, Gibbs Awards, William Francis Gibbs Collection, Mariners' Museum, Newport News, VA.

# 第 24 章

# 风驰电掣

7 月 3 日上午 9 点整，旅客们正式开始登船。86 号码头前，出租车的喇叭声此起彼伏。早些时候，装卸工人已搭好了三个舷梯——头等舱、二等舱和三等舱。传送带把大批的行李送进货舱；每位乘客允许携带不超过 25 立方英尺的行李，这已经是相当慷慨的了，尤其对比与时下新型的涡轮螺旋桨飞机，几乎不允许携带多少东西。

俾斯麦的面包师们，每天的工作始于凌晨 4 点钟，他们要准备成百上千公斤的面团用于制作烤面包和蛋糕卷。在甲板下方，恺撒的工程师们开始点燃 8 个锅炉以获取足够的蒸汽，一缕缕的烟懒洋洋地从排气管飘了出来。在船桥上，舵手开始填写航海日志，记录所有的航行数据。船上一共有四名这样的人员。同样也有官方的记录单，包括乘客清单、船员和货物，这些需要向美国海岸警卫队登记备案。车钟记录簿记录了所有从船桥下达到引擎室的命令。最后，还有高度机密的工程师日志，记录了所有发动机的性能数据。[1]

从窗户望出去，曼宁可以看到清晨第一缕的晨曦给曼哈顿的摩天大楼抹上了淡淡的粉色和橙色。一杯热气腾腾的咖啡放在航海日志本旁边，他用铅笔写下了："风力：西南风 3 级；天气：晴朗；装载工人：重新装载 3、4、5 号货舱。"

当记者问及此次首航最大的愿望是什么，曼宁平静地说："我一直被教导要照章行事。毕竟，安全才是最重要的事情。"[2]

不知道会不会有人在最后一分钟取消行程，这时有 50 个人带着行李和护照出现在86号码头。但他们都被拒绝了。

在乘客开始登船之前，轮船所有管理人员列队在头等舱外的封闭长廊上自我检查。肩章、金带和铜纽扣在清晨的阳光中闪耀着光芒。轮船的执行官弗雷德里克·芬德，从船桥上走下来检查每个人领结是否整齐，鞋子是否破旧。随后，他再次提醒所有的船员要记住这次航行在历史中的重要意义，美国航运公司希望每一个人都竭尽所能。

约翰将军和艾米丽·富兰克林使用的是U92-94号套房。他们22岁的女儿劳拉使用U90号房间。还是小女孩的时候，她就跟随父亲搭乘过曼哈顿号和华盛顿号，有一次还在文森特·阿斯特的腿上睡着了。“在船上，他总是戴一顶蓝色的帽子。”她回忆说。[3]

当她登上新船的时候，她知道这绝不同于乏味的曼哈顿号或者华盛顿号。美国号时尚、现代、新奇。她穿过公共船舱，扑面而来的是果篮的清香，香奈儿5号的芬芳和香槟的甜甜味道。梅耶·戴维斯乐队的旋律若隐若现，似近似远。周围，衣着考究的人们在高谈阔论，爽朗大笑。劳拉听到最多的四个字就是：蓝丝带奖。

“当你一踏上她的时候，唯一的感觉就是兴奋，”她回忆说，“好像从一开始我们就知道她必定会打破纪录……”[4]

她推开父母套间的门，映入眼帘的是两个大卧室，一个大的客厅和三个私人浴室，甚至还有一个独立的行李间。不同于皇后号昏暗、木镶板的套间，这里空灵、宽敞而明亮。走进去之后，劳拉扫了一眼头等舱乘客名单。有弗里兹·莱纳，大都会歌剧院最著名的指挥家；莎拉·罗斯福，罗斯福总统的孙女、阿斯特的表妹；大卫·萨尔诺夫，美国无线电公司主席。富兰克林将军的隔壁是文森特·阿斯特和他的妻子明妮。* 他们占据了U87-89号套房，即早

---

* 在首航后不久，文森特夫妇便离婚了。1953年，文森特娶了布鲁克·拉塞尔，布鲁克继承了他的大部分财富，成为世界著名的慈善家，为世界文化产业和人道主义事业捐资了数百万美元。布鲁克·阿斯特于2007年逝世，享年105岁。两年后，她的儿子安东尼·马歇尔因掠夺她1.98亿美元的遗产而被判刑。

负盛名的鸭子套房，名字源于墙上装饰的粉红珍珠壁画。

玛格丽特·杜鲁门（杜鲁门总统的女儿，彼时她仍然反对政府在邮轮建设和运营所扮演的角色）住在甲板下方的 M-55 号房间，她和朋友德露西·霍顿共用一个房间，后者是财政部长约翰·斯奈德的已婚女儿。玛格丽特告诉记者说，她将要去欧洲度过一个六周的假期，乘坐美国号但并非以总统女儿的身份，而使用的是记者身份。

富兰克林将军担心他最重要的乘客是否舒适，他问女儿是否可以下去看看杜鲁门小姐在做些什么。

“我走到二等舱，那里站满了兴奋的人群。”劳拉回忆她前往 M-55 号房间的时候说。她向玛格丽特作了自我介绍，玛格丽特不拘小节，可爱美丽。

喧闹的人群中有一位谦逊的中年女士，穿着一件风雨衣，独自一个人站在那里，拿着一杯饮料。

劳拉走过去说：“我叫劳拉·富兰克林。”

“我是贝丝·杜鲁门。”中年女士回答。

“简直不可思议，”劳拉回忆道，“我在同第一夫人讲话，而周围没有特工人员。她非常甜美、时尚，与她谈话让人非常愉快。”

劳拉询问第一夫人是否需要些什么。

“不用了，我有波旁威士忌就够了，非常感谢你。”杜鲁门夫人回答她。[5]

贝丝和她的秘书斯奈德前来为女儿送行。她们四人站在栏杆旁，《纽约先驱论坛报》的记者用照相机留住了这一时刻，照片中的每个人脸上都满是灿烂的笑容。这个时候，特工人员站了出来。乔治·霍恩看到“蜂拥而来的业余摄影师和女人们，急切地渴望一睹第一夫人和她女儿的容貌”。[6]

玛格丽特·杜鲁门还与头等舱乐团的几个音乐家聊了一些话题。“她走过来告诉我她是多么的热爱音乐，”其中一人回忆说，“她是一个非常可爱的人。”[7]

不同于试航和交付航行，吉布斯邀请了许多对美国号装饰举足轻重的女性：多萝西·马科瓦尔德，安妮·厄克特，还有女雕塑家格温·勒克斯。伊莱恩·卡普兰并没有同行——她的丈夫先前预订了去加拿大的旅行，尽管懊恼，她还是放弃了美国号的首航而陪同丈夫前往加拿大。爱德华·柯克兰上将同样不在此列。

在富兰克林的船舱之下，是伦敦《每日邮报》驻纽约专栏作家唐·伊登，他住在U甲板的一个头等舱，并被允许可以自由通行。"一个朴素的小角落，"他有点揶揄，"不过对于单人旅行者来说足够了，况且还配有空调，整条船都有。"[8]

被称为"英国的沃尔特·温切尔"的伊登讨好他英国读者的法门是"大杂烩的八卦、新闻快报和政治讽刺"，一切都以"规则，大不列颠"的名义。伊登自诩为"了不起的利己主义者"，也是大批英国公众的美国消息源。"他带给英国人的是，"《时代》杂志说，"大多数的美国人靠占星术来预测生活，狼吞虎咽厚厚的牛排以果腹，在女儿成人礼的时候会给她10000美元，在第一次听到原子弹袭击的时候都准备穿上铝制睡衣裤和戴上贴着铝箔的胸罩。"[9]

伊登对头等舱的乘客并不感冒——他很失望地发现里面没有"大牌"，却有很多富商巨贾。他说，也有政界名流和海军军官。玛格丽特是一位迷人的女士，是一位才华横溢的作家和音乐家。但哪里有电影明星和欧洲皇室的人来满足一个八卦专栏作家的胃口呢？

他在公共船舱里游荡。"有点超现代，"他这样形容，"一个巨大的、有空调的、简化了的花园大道洋房在漂浮着。"他又补充说，"皇后号更华丽，更富有、更宽敞、更亲切、更庄严，也许就是有一点点过时。"[10]

看着乘客们鱼贯而入，吉布斯的兴奋与焦虑一并增长。当离开码头后，美国号就只由曼宁来掌控了，而曼宁不是一位喜欢咨询建议的人。

上午10点45分，所有的行李和货物都已经装载完毕，港口领航员也来到了船桥。他将指挥美国号直到安布罗斯灯塔，然后再乘坐小艇返回岸上。11点50分，最后一名乘客登上邮轮，船员们也劝走了最后送行的8000名狂欢人群。

吉布斯 & 考克斯公司的工程师西德尼·马姆奎斯特在美国号将要离开港口的时候最后一次检查了引擎室。工程师们穿着白色的工作服，聚精会神地站在那里，盯着仪表盘的读数，随时准备着最后的微调。旁边，消防员也已经就位。当船桥上发出“预备”的信号时，所有的船员迅速各就各位。

刚过中午，曼宁船长就听到汽笛中传来三声沉闷的轰鸣声，随后是一声长长的吼叫，他立即下令“后退”！下到引擎室之后，马姆奎斯特注意到“流向推动装置的蒸汽发出的轰鸣声十分清晰。警觉的气氛开始蔓延，尽管好事者也许可以发现一点笑容，一些操作人员也渐渐展开了舒缓的神经。”[11]

芭芭拉·莫兰号和南希·莫兰号拖船开始把美国号拖向哈德逊河。美国号的四个螺旋桨缓缓搅动着河水，卷起了水底的淤泥。20分钟后，美国号的船头抵达下游，拖船解开了缆绳，美国号“自由”了。

五彩纸屑继续从顶层甲板洒落，五彩纸带依然在高高飘扬，1660名乘客倚着栏杆，向码头上的朋友和亲人们欢呼着告别，岸上的人群挥舞着红色、白色和蓝色的旗子，高喊着“一路平安”、“一路顺风”。[12]

梅耶·戴维斯乐队站在甲板上，演奏着《起锚歌》，但被淹没在港口和哈德逊河嘈杂的汽笛声中。午后12点45分，甲板和栏杆上依然飘扬着纸带，美国号掠过下曼哈顿闪闪发光的摩天大楼，告别了自由女神像。站在甲板上的人们可以看到远远的西21街上吉布斯的办公室窗外悬挂了三个巨大的横幅：

**GOOD LUCK　UNITED STATES　GIBBS&COX**

（祝你好运　美国号　吉布斯&考克斯公司）

下午2点20分，美国号抵达安布罗斯灯塔，港口领航员离开了美国号。曼宁下令：“全速前进！”引擎室里，恺撒打开蒸汽阀门，加速涡轮机旋转。马姆奎斯特看着他的上司，叼着雪茄的嘴里不停地指挥着他的下属。“在这些沉闷的声音里”，他注意到，“发动机静静运转的节奏也清晰可闻”。[13]

甲板主管吉姆·格林，从黎明时分就一直在走动着，突然感觉到甲板下传来隆隆的声音，船速也慢慢地加快。“它就像一条灰狗。”他说。

有人为打破纪录的期待而兴奋不已，也有人忧心忡忡，担心一艘崭新的邮轮全力驶往欧洲，如此的速度天知道会发生些什么！

下午3点30分，曼宁要求所有船员在邮轮应急中心集合。在泰坦尼克号灾难之后，轮船海上演习已成为标准流程，并鼓励乘客参加。数百名乘客穿上明亮橙色的梅·韦斯特救生衣（水手们开玩笑说穿上救生衣让他们感觉像是某位丰满的电影明星）列队站在甲板上。船员们被要求必须参加演习。曼宁船长从船桥下来开始检查，却一言未发。

下午5点，美国号时速达到30节。曼宁告诉记者："计划就是逐渐提升速度。"

夜幕降临时，邮轮的四个螺旋桨达到每分钟160转，推动美国号以皇后号的常规速度穿越大西洋。但除了船尾传来的一点点震动，乘客几乎感觉不到任何机械运转的声音。傍晚7点，头等舱餐厅传来银器、水晶器皿和瓷器碰撞的声音，交谈的"嗡嗡"声中不时传来一阵阵欢快的笑声。乘客们必须选择是早一些或者晚一些用餐，除了贵宾们，比如玛格丽特·杜鲁门；他们可以选择在50人私人餐厅用餐，也可以在头等舱餐厅的中央部位用餐，在那里有两层甲板高的天花板，还有24小时开放的座位。"准百万富翁们"，侍者领班助理克鲁德纳这样描述"普通的"头等舱乘客，而把他们安排到主餐厅的边缘座位用餐，那里没有如餐厅中央那样高高的甲板。

按照英国管家方式服务，侍者领班马姆西亚通常依照乘客的身份地位给他们安排座位。克鲁德纳说，如果一名乘客希望得到一张"高端"的餐桌，往往会塞给马姆西亚20美元或者50美元以帮助他作出安排。[14]

打开菜单，头等舱乘客对丰富的主菜赞叹不已：福里斯特尔红烧牛肉卷、香菇纽堡酱龙虾、加州芦笋拌荷兰酸辣酱、长岛鸭、小牛排拌伯纳斯沙司以及煎蘑菇。[15]如果乘客不喜欢菜单上的食物，可以自由定制（包括犹太餐），只需要预先通知厨房准备。

晚饭后，唐·伊登注意到几十位乘客聚集在头等舱餐厅的鸡尾酒吧，酒吧的架子上排放着高高的水晶杯。梅耶·戴维斯管弦乐队开始演节目单子上的乐曲，作品中出现最多的音乐家有：科尔·波特，乔治·格什温和杰罗姆·科恩。当节拍变得急促，笑声变得更响；当乐队将节奏由快转慢，从大调转为小调，人们在明暗交替的灯光里翩翩起舞。[16]邮轮的装饰和公园大道的风格逐渐引起伊登的兴趣。舞厅里富丽堂皇，靠墙站着舞蹈演员；其他的地方比如奢华的夜总会，就像是“纽约的彩虹厅和星光厅，也像是萨伏伊的美国酒吧。”[17]

曼宁身着黑色的外套走进舞厅。他和几位绅士聊了会儿天，又去邀请了几位女士共舞。内向的曼宁最擅长的是探戈。[18]随后，他悄悄地回到了船桥。[19]

不愿意跳舞的人们退到了角落里，掩映在闪亮的、雕着花纹的玻璃鱼缸后面，鱼缸里是漂亮的海洋鱼类和水藻；那些希望更安静的乘客，可以到吸烟室，那里可以品尝到小杯咖啡和雪莉酒。

尽管已经接受了为期数周的训练，船员们还是疲于奔命。午夜时分，一位服务员不得不擦亮所有扔在走廊上的鞋子；洗衣工人每天接到几百名乘客的洗衣单，还有几千床床品和船员的外套；紧张忙碌的厨房里，数十名厨师站在炉灶前，每天需要烹饪 8000 份食物，当厨房关闭时，未用完的牛排、鱼肉和其他美食堆满了厨房的操作台和自助餐桌。俾斯麦吹响了哨子，告诉每个人现在该清理操作台了。但在他们清理之前，几十名克鲁德纳的手下们像是饿鬼一样地冲了进来。他们拿起鱼片和牛肉片，连同米饭一起塞进盆子里，跑回船员休息室慢慢享用。除了龙虾尾禁止取用，因为他们是第二天午餐龙虾沙拉的原材料。船员管理部的人还可以品尝到吃剩的蛙腿，它们来自于头等舱吸烟室自助餐桌。[20]

经过几个小时的忙碌，服务员们回到他们的休息室和船舱，解下围裙，脱掉外套，摘掉厨师帽，松开领结，在睡前通常会玩一会儿纸牌。船员的菜单简单而不失丰盛：奶油番茄汤，煎平鱼片和烤羊腿。他们还可以用便携式点唱机看电影或者听音乐。赌博是船员中根深蒂固的问题，因为是日夜换班赌博也就轮流上阵。大部分的船员需要在凌晨 5 点钟起床，而一些工程师则需要彻夜值班。

在第一天就要结束的时候，甲板主管吉姆·格林已经非常疲惫，几乎不能站起来。他满腔怒火，因为船长认为他在救生演习的时候睡觉而克扣了他第一天的工资。“作为甲板主管，我每周要工作 7 天，每天 13 个小时。”他这样回忆说，“从早上 8 点你就不得不一直工作，除了自己的分内事，还有许多额外的事情要做。”

梅耶·戴维斯乐团的时间表也是满满当当，尤其是为头等舱服务的时候。“通常需要演奏一场音乐会，”一位乐师回忆说，“然后是 6：30 的晚餐时间演奏……通常要一直到 9 点钟。你需要在晚上 10 点钟的时候继续演奏，无论多长时间的演奏都不得马虎，通常需要 2 个小时。”[21]

尽管已经尽了最大的努力，至少还是有一位乘客抱怨服务不够好。“最快的邮轮却没有提供最快的服务，”伊登有些不屑，“丘纳德公司就做到了。邮轮服务呼叫系统似乎还不够好，一些船员们在高峰时段需要做的事情太多了。”[22]

7 月 4 日，星期五，寒冷和浓雾在清晨不期而至。在夏季最繁忙的航线（C 线，最北面也是最短的航线）中曼宁船长并没有下令降速，事实上，他命令恺撒加大马力。

早起的乘客在房间里看到了《海洋新闻报》的影印件，这是几个小时前通过无线电传送到邮轮上的。他们喝着咖啡，读着新闻：联合国秘书长特吕格韦·赖伊在维也纳声称“朝鲜战争并非一场事关小片领土的战争……而是为了联合国基本原则的战争”；在芝加哥，俄亥俄州共和党议员罗伯特·塔夫特——杜鲁门总统尖锐的批评者——正在积极谋求党内总统提名，尽管艾森豪威尔将军深得人心；在棒球比赛中，纽约巨人队以 4∶3 的比分击败了布鲁克林道奇队。《海洋新闻报》还报道了美国航运公司收到了 6000 份申请，以获取在 7 月 8 日预计抵达南安普顿时可以登船参观的 1000 名资格，另外两个港口的 2500 个参观申请也在半小时内一抢而空。

对于那些想要运动的乘客来说，《海洋新闻报》上告知头等舱乘客健身房和游泳池将在早晨 7 点钟开放，其他户外运动，比如沙狐球和甲板网球，如果天气允许，会在上午 10 点钟开始。“轮船告知”部分还敦促乘客“在穿过大厅、公共船舱或者在餐厅里的时候一定要抓住安全绳、栏杆或者固定的家具以确保安全”。它还敦促乘客“为避免手指受伤，切勿试图打开或者关闭舱门”，还建议女士乘客“尽量穿低跟的鞋子”。[23]

中午 12 点的时候，记者团走进观光休息室，拿出他们的笔记本。曼宁、富兰克林将军和威廉·弗朗西斯·吉布斯鱼贯而入，坐在绿色的皮椅上。

伊登写道，船长是一位英俊、十分警觉的人，应该也是一个坚强的人。伊登几乎没有注意到“红脸、魁梧”的富兰克林将军，只写道“他并没有讲太多邮轮的东西，而只是说：‘我们做得很好，我可以说我们做得不错。’”

曼宁说在第一天的航行里，美国号的时速为 34.11 节，航行距离 696 海里。

虽然他对船员或者乘客不太礼貌，曼宁却喜欢与记者高谈阔论。“他喜欢通过温和的讽刺和尖锐的评论驳倒记者，”伊登写道，“但我发现他非常和蔼可亲，无疑他对这艘船引以为傲。”[24]

当被问到是怎样看待这艘船的时候，吉布斯依然面无表情，但无法掩盖他的热情。“这艘船是动力的突破——划时代的美国工业的产品，”他说，“美国号如同喷气式推动一样前进。她的确是一个非常迅速的女士。”[25]

风稍有些大，不适合户外运动。许多头等舱的乘客坐在封闭的散步甲板的椅子上，小声地聊着天，或者阅读从图书馆借来的书，抑或透过窗户静静地看着大海。下午 3 点 30 分在景观休息室有一场聚会。希望听音乐的乘客可以前往舞厅，下午茶时间梅耶·戴维斯乐团的几名乐师正在演奏古典轻音乐。下午 1 点 45 分影院将上演故事片《喜闻乐见》，由霍华德·基尔和凯瑟琳·格雷森主演。在晚餐之前，乘客们还可以在黑红相间的吸烟室里小酌一杯鸡尾酒，或者两杯。

其他船舱的乘客在阅读《海洋新闻报》时试图寻找一些乐子的时候不免大失所望，“规则不允许你离开你所预订的船舱。你应该知道，这也是员工们的责任”。[26]

“请从这边回到您的船舱。”克鲁德纳总是这样告诉他认为是从二等舱偷偷溜出来的乘客。[27]

毫不理会船员的警告，唐·伊登走进了三等舱，在那里他询问一名年轻的英国女士对美国号邮轮的看法。“完全不一样，”她有些嗤之以鼻，“皇后号尊贵，皇室的尊贵，你可能会这样说。她们豪华、很英国而又庄严，你可能会这样说，伊登先生。”[28]

然而，也有一些头等舱乘客并不满意。大量的舱位给了公司的高管和吉布斯 & 考克斯公司的员工，还有导致舞伴不足的问题：头等舱的女士太少了。相反，二等舱的女士又太多了。《先驱论坛报》的沃尔特·哈姆舍写道：“两级船舱舞伴短缺的问题将在独立日庆祝活动的时候有所调整。”也许这意味着一些幸运的二等舱单身女性会得到梦寐以求的邀请，前往头等舱舞厅跳舞。[29]

独立日晚宴在轮船第一个完整海上日进行，要求每一个人都必须身着晚礼服：在头等舱，必须是黑色的领带和礼服。随船的美发师和美甲师也竭尽所能满足一切需求。每一个人都洋溢着节日的气氛，尽管天气阴沉。

在穿上晚礼服前往头等舱餐厅之前，《纽约时报》记者乔治·霍恩向报社采编部发了一个电报，他说邮轮已经达到了时速 39.8 节，“有记录以来从未有过商船能够长时间保持这一速度”。尽管速度飞快，乘客们仍无法相信“在邮轮飞驰穿越大西洋的时候，没有一丝的震动，也无法感知任何的速度”。[30]

曼宁船长依然十分自信。当被问及第二天他期望的速度时，他只是说：“明天又是崭新的一天。”[31]

许多人下注赌美国号是否可以打破 1938 年皇后号创下的单日 738 海里的航程或者平均时速超过 32.08 节的纪录。

第二天，7 月 5 日，星期六，大雾仍未散去。尽管如此，美国号的平均时速也达到了每小时 35.6 海里，单日航程达到了 801 海里，刷新了英国竞争对手的第一个纪录。她是如此迅速，以致由船桥控制的船上时钟在当晚向前拨快了 90 分钟，而非以往的 60 分钟，这是按规则将乘客的作息时间调整到目的地时区。但许多乘客并未留意到这一速度。霍恩报道说许多乘客在独立日晚上吃喝玩乐到很晚，因为宿醉他们第二天一直睡到中午。[32]

严重缺少睡眠的曼宁船长，开始有了大大的黑眼圈。但他拒绝离开船桥，为保持清醒他不断地喝着咖啡。他希望第二天浓雾可以散去，因为他知道美国号仍储存了更多的动力。

那一天，驶往纽约的玛丽皇后号船长哈里·格拉蒂奇给曼宁船长发了一封电报："欢迎来到大西洋超级邮轮大家庭!" 曼宁仅仅瞥了一眼电报，就重新把视线转回到波涛汹涌的灰色海平线上。[33]

7月6日的清晨，海天同是灰色，逆风，风力时速20节。但浓雾已经散去。曼宁要求恺撒加大马力。美国号那天将会遇到几艘相反航向的外国大型邮轮，包括法国航运公司的自由号（即曾经的欧罗巴号）以及美洲号。

船舱下面的引擎室里，恺撒看着压力表的读数越来越高，四个涡轮的声音也越发响亮，几乎达到刺耳的程度。"这不仅是对逆风中的美国号抱有信心，"他说，"也是我们坚定的自信。在这个领域，外国人已经垄断了太长的时间了。我们可以建造出更棒的轮船击败他们，我们也有足够聪明的人去驾驶她们。每一个在引擎室的人所盼望的是争取些什么，正像曼宁在船桥上曾经奋争过和正在奋争的一样。"[34]

早起的乘客感觉到轮船在加速的时候有些震动。"这艘轮船才刚刚起飞，"音乐家沃尔特·斯科特回忆说，当浓雾散去的时候，"简直不可思议，轮船以难以置信的速度航行着。"

有人猜测她以超过40英里的时速穿过中等海浪。

二副阿斯特里奥·阿莱桑德利拿出他16毫米口径的相机，走出船桥，靠在左翼的栏杆上，俯身抓拍邮轮后面扬起的浪花。随后他把镜头对准了船头：当美国号破浪前进的时候，灰蓝色的大西洋溅起雪白的泡沫扑上了前甲板。[35]

上午11点钟，服务生们推着手推车从甲板上成排的椅子前走过，里面是新鲜的鸡汤。在浓雾消逝后，一些胆大的乘客站在顶层甲板上迎面吹着呼啸的海风，此时仍不能玩沙狐球、掷铁环或者甲板网球，只有一些人在封闭长廊中打乒乓球。

在中午的新闻发布会上，记者们试图从吉布斯那里得到一些评论。"我的期望非常高，而轮船在艰难前行。" 说完他就和曼宁船长回到了船桥。[36]

美洲号出现在远远的海平线上，时速保持在22节。当她们相遇的时候，发出相互致敬的汽笛声。几分钟后，美洲号消失在船尾。

但另一艘逆向行驶的邮轮在迅速接近美国号，从雷达上看，这是一个大家伙。7月6日下午晚些时候，三个红黑相间的烟囱出现在视线中，喷出浓浓的黑烟。再近一些的时候，乘客可以看到她的船头扬起高高的浪花。

当玛丽皇后号的公共广播系统发出消息，说他们即将经过美国号的时候，头等舱里正在看电影的乘客们纷纷离开座位，跑到右舷。[37]

下午5点，玛丽皇后号扫过美国号，此时她的速度是29节。两艘船的相对速度超过70节。

曼宁命令拉响一声长长的汽笛，玛丽皇后号的船长格拉蒂奇作出了回应，两艘邮轮的汽笛声形成不可思议的低音和弦，在广袤的大西洋上远远地传了出去。玛丽皇后号从主桅杆上降下了英国国旗以示敬意，随后美国的星条旗也从美国号的雷达桅杆上缓缓降落。短短的几分钟后，玛丽皇后号已经在船尾杳无踪迹，乘客们离开桅杆回到船舱，已经到了更衣就餐的时间了。

这是美国号的船长晚宴时间，这也是航行在大西洋上的最后一个夜晚。所有的三个餐厅张灯结彩喜气洋洋，乘客们精心着装容光焕发。公共广播系统发出通知说在第二天早晨6点钟的时候将通过毕晓普岩礁。大部分乘客盘算着彻夜狂欢，这也成了早已身心疲惫的船员的噩梦。

外面，阴暗的天空变得更加黑暗。地平线上的雷雨云越来越大，东北风呼啸地刮过。美国号驶进了一个风暴的中心，风速达到每小时60英里。能见度逐渐降低，雪上加霜的是雷达也坏掉了。曼宁十分沮丧，他把维修技师推到一边，自己动手去修理设备。一阵猛烈地撞击把曼宁撞向舱壁，很幸运他没有受伤。[38]

当站在船桥上看着船头上下起伏，威廉·弗朗西斯也许回想起了1907年毛里塔尼亚号赢得蓝丝带奖的首航也是同样的天气。曼宁突破浓雾与狂风的决心也许让吉布斯热血沸腾，不仅如此，他还违反公司不准大幅度打破纪录的规定。除非意外，这个幅度看起来将非常大。

在轮船左摇右摆的时候，侍者领班助理克鲁德纳穿着礼服挂着肩章，像一个哨兵一样站在通向头等舱餐厅的门旁，当看到结伴而来的乘客他都会毕恭毕敬地打开大门。在音乐长廊上，身着白礼服的演奏家在为宾客演奏着小夜曲。

曼宁船长走进餐厅坐在船长餐桌旁。他的右手边是尊贵的客人玛格丽特·杜鲁门。船长有足够的理由骄傲：他宣布，7 月 6 日美国号打破了前一天的纪录，单日航程 814 英里，在波涛汹涌的大西洋上时速达到 36. 17 节。

坐在船长餐桌的还有吉布斯夫妇、女雕塑家格温·勒克斯、纽波特纽斯船厂的威廉·布鲁伊特，还有吉布斯 & 考克斯公司首席工程师沃尔特·巴赫曼。"由于吉布斯先生要我坐在他的夫人和同行的一位年轻女士旁边，"巴赫曼在写给伊莱恩·卡普兰的信中说，"许多人误以为我也是一号人物。结果呢，是我在船上遇到了许多名人。"[39]

晚餐时，吉布斯问布鲁伊特是否知道悬挂在上方的勒克斯小姐的作品代表着什么。布鲁伊特，知道机械甚多，知道艺术甚少，摇了摇头说"不知道"。吉布斯解释了这几个雕像的德国名字的含义，随后详细解释了这四个塑像所代表意义的理由。

吉布斯的博闻强识给宾客们留下了深刻的印象，尤其是布鲁伊特。

勒克斯几乎不能掩饰她的笑声。"吉布斯先生简直无所不知，"这位艺术家告诉同桌的人说，"这四个塑像代表着四种自由，他一清二楚。"[40]

在写给卡普兰的信里，巴克曼引用了一些唐·伊登所写的话，但从未发表过："这是一次首航，但美国号的表现绝不像一个处女。她是一位非常娴熟的女士，一位世界级的女性，华丽、高贵，还有点冷艳。"[41]

巴克曼的信在抵达勒阿弗尔的时候就寄出去了，航空信。

晚会转移到休息室和舞厅继续进行。赛马赌博在晚上 9 点 15 分开始，小马驹是铝做的，由侍者按照骰子的滚动搬运，最后决出哪一匹马最快。希望看电影的乘客也可一饱眼福，电影院里正在上演《她在大学工作》，主演是弗吉尼亚·梅奥和罗纳德·里根。[42]

庆典于10点30分开始。狂欢的宾客抛洒着香槟，在管弦乐队的曲子中舞动着身体，曲调中也许包含了科尔·波特充满活力的《空中表演》。凌晨时分，劳拉·富兰克林已经喝了太多的香槟，领着许多人跳起了康茄舞，一起起舞的有玛格丽特·杜鲁门、德露西·斯奈德和一些年轻的记者。在围着舞厅跳了一周之后，他们列队走下封闭的散步甲板，再向上走到船桥。

这两位女士，无视了倾盆大雨也无视了“乘客止步”的告示，她们发现哈里·曼宁船长、威廉·弗朗西斯·吉布斯和许多邮轮指挥官们站在船桥中，他们的脸上闪耀着邮轮罗盘的微光。

当曼宁看到康茄舞队来到了船桥，他大吼：“你们到这里来做什么?!”

随后他看到了玛格丽特·杜鲁门。

“杜鲁门小姐，我们就要打破纪录了，”他平静地说，“你愿意来掌一下舵吗?”

玛格丽特的手在舵盘上抚摸了一会儿。

“让劳拉来吧。”玛格丽特说，眼睛望着曼宁船长。她放开船舵，站到了一边。劳拉把她的手放在了舵盘上。

几秒钟对曼宁船长来说也很漫长，哪怕是富兰克林将军的女儿。

“请回吧!”他的声音在劳拉的耳边响起。

这两位年轻的女士带着一队狂欢者回到了舞厅。劳拉随即回到父母的套房，去叫醒父亲。

“爸爸，我们就要打破纪录了!”她喊道。

富兰克林揉了揉眼睛，透过舷窗向外看去，海洋正在飞速地后退，邮轮正在飞速前进。“太快了。”他喃喃自语。随后他开始小声地骂起来，因为曼宁无视公司的规定，并未在恶劣的天气放缓速度。[43]

那个时候，数百名乘客挤满了头等舱舞厅，手里拿着香槟，神情紧张。曼宁船长承诺说如果打破纪录，邮轮将会拉响汽笛。清晨6点16分，曼宁等人发现了毕晓普岩礁闪烁的灯塔，透过浓雾，坐落在一块岩石上。当她掠过灯塔的时候，意味着她创造了东向行驶的蓝丝带纪录，她的三个汽笛同时响起，长长的汽笛声震撼了整艘邮轮。几秒钟之后，响起了开启香槟的“砰砰”声，乐队的演奏声，1660 名乘客的欢呼声和歌声。晚会涌到了步道上，人们在甲板上载歌载舞，一起高唱《星条旗永不落》。

“服务生们并没有一起大声欢呼，船员们似乎更不关心，”甲板主管吉姆·格林回忆说，“他们实在是太累了。”[44]

玛格丽特陪伴着曼宁船长待在船桥上，他们的眼睛盯在时钟上。“恭喜你！”玛格丽特说，脸上挂满了笑容。他们握了握手，随后曼宁走了出去，疲惫不堪地走了出去。

美国号的东向航程用时 3 天 10 小时 42 分钟，比玛丽皇后号少了惊人的 10 个小时。在这次首航中，美国号的平均时速达到了 35.59 节，足足比玛丽皇后号的上一个纪录快了 4 节。[45]

当邮轮接近她的第一站勒阿弗尔港时，吉布斯敦促他的同僚们：“应该让美国号自己不言而喻，而不是带着虚荣心告诉英国和法国我们做到了什么。”[46]

当美国号驶进英吉利海峡，曼宁将轮船的速度放慢到 20 节。这里一向繁忙而且危险，但天气晴好，各式各样的船只主动接近这艘新的蓝丝带奖获得者。

当美国号驶过勒阿弗尔防波堤的时候，劳拉倚在栏杆上，看到几十艘悬挂着星条旗的船只，横幅上写着“恭喜美国号”。美国号回应他们的是“几声一点也不淑女的汽笛声。”劳拉说。[47]

7 月 7 日下午 1 点 24 分，法国拖船将美国号拖到码头。欧洲大陆的乘客登岸后便又乘上前往巴黎的海陆联运列车。有超过 500 名法国人在第二天早晨来到船上吃早餐，富兰克林将军也无言以对。在离开充满强烈嫉妒心的法国之后，富兰克林来到了吸烟室，要了两袋苏格兰鼻烟。

侍者告诉富兰克林这是他做的最好的演讲：“法国人不能理解你，美国人也不能。”[48]

第二天午后 12 点 46 分，美国号在离开勒阿弗尔防波堤后经历了 2 个小时跨海峡的航行，来到了南安普顿，它属于英格兰。

“我们在一个阳光明媚的日子里穿过了英吉利海峡，”马修·福里斯特写道，“轻快的海风吹着轮船上飘扬的国际海运协会旗帜……我们速度很快，岸上的观众可能从未想到一艘大船能如此之快。”当美国号经过纳布灯塔进入南安普顿水域的时候，福里斯特和其他靠在栏杆边的人一样惊呆了，“我从未同时见过如此多的轮船……风帆、游艇、巡洋舰、游船，甚至小艇。所有的船只都挤满了人。所有的船只都装饰着五颜六色的旗子，所有的船只都拉响了汽笛和号角，发出一切他们能发出有的声音。”[49]

当美国号渐渐靠近，远洋邮轮码头的窗户中飘出了彩带和五彩纸屑，成千上万的人们拥挤在码头。这些英格兰人，曾经制造了让吉布斯羡慕不已的邮轮，现在，带着敬佩的心情看着这艘崭新的美国邮轮。

乔治·霍恩向纽约时代杂志发了一封电报，描述了当美国号抵达南安普顿的盛况。“南安普顿是一个热爱轮船的港口，英格兰是一个热爱轮船的国度，”他写道，“人们在他们的公众视线中会抛弃个人的成见，不再计较过去。沿着索伦特海峡，在汉普郡的乡村，沿着海滩，在拥挤的码头，在开放的绿地上，众多的人站在那里，对美国号说，‘欢迎，欢迎’。”[50]

电报全文在收音机里播出。温斯顿·丘吉尔首相也向美国号发来贺电：“祝贺你们取得伟大的成就。”

虽败犹荣，玛丽皇后号船长格拉蒂奇写信给曼宁说：“祝贺成功。欢迎来到大西洋。我该解雇我的首席工程师了。”

曼宁在回信中说：“我还可以更快——这次我只是在巡航。”[51]

当邮轮驶入港口，南安普顿的工人们热情洋溢地迎接着她，美国号甲板上的人们有些惊讶于英国人的热情，尤其是美国号刚刚击败他们的玛丽皇后号获得了蓝丝带奖。不仅如此，伊丽莎白皇后号也不得不提前一天离开港口，为美国号腾出空间。

“当我们抵达时，”福里斯特写道，“我们可以看到每一个角落都站满了人。他们甚至站在沿河岸的楼顶上面，绵延了500多米。有一条巨大的横幅写着：“欢迎！”另一条上面写着“祝美国号好运！”

詹姆斯·布莱克，一位在吉布斯 & 考克斯公司模型部工作的工人，走出舱口，胳膊下夹着一架风笛。“这时候，”福里斯特说，“港口上的人群发出震耳欲聋的欢呼声，乐队也开始演奏起来，邮轮上的管弦乐队在演奏着，风笛在演奏着，每个人都在欢呼着，用混成一片的噪音在欢迎美国号。”[52]

此时此刻，在他一生中最伟大的时刻，威廉·弗朗西斯·吉布斯站在无数的照相机面前。“我非常荣幸在今天早晨来到这里，在这艘船上，”他告诉全世界，“也给了我一种谦卑的感觉和责任，带着我的同胞们所有的期望和愿景，都在这艘船中展现得淋漓尽致。”[53]

从费城一名失意的律师，到现在被公认为美国最伟大的造船工程师，这一刻未必全是甜蜜。当他站在世界上最好的邮轮的船桥中，威廉·弗朗西斯·吉布斯看着下面码头上欢呼的英国人群，他再回过头看向甲板，那里是数以百计的疯狂地挥舞着手臂的乘客和船员。最后，他抬头看着头顶巨大的红、白、蓝三色的烟囱，还有高高飘扬在雷达桅杆上的星条旗。在 1952 年 7 月 8 日，这位保守、内向、魄力十足的人终于可以向欢呼的人群挥舞他的帽子，沐浴着无限的赞美、荣耀和光辉。

## 注释


1. Henry Billings, *Superliner S.S. United States* (New York: Viking Press, 1952), p.65.
2. George Horne, "Superliner Begins Her First Crossing," *New York Times*, July 4, 1952.
3. 2009年2月18日 Laura Franklin Dunn 写给 Steven Ujifusa 的信。
4. 出处同上。
5. 出处同上。
6. George Horne, "Superliner Begins Her First Crossing," *New York Times*, July 4, 1952.
7. 对 Walter Scott 的采访, Raymond Foster Options, Ltd. *The S.S. United States: From Dream to Reality* (Newport News, VA: Mariners' Museum, 1992).
8. Don Iddon, "Don Iddon's Blue Riband Diary," *London Daily Mail*, July 8, 1952, Mariners' Museum, Newport News, VA.
9. "Report from Rainbow Land," *Time*, May 28, 1951, http://www.time.com/time/magazine/article/0,9171,890088,00.html?promoid=googlep, 访问于2009年3月17日。
10. Iddon, "Don Iddon's Blue Riband Diary."
11. Sidney Malmquist, "A Visit to the Machinery Spaces of the S.S. United States as the Ship

Leaves New York," *Compass Points*, n.d.（ca. July 10, 1952）, p.1, collection of Susan Caccavale.

12. 出处同上。
13. Malmquist, "A Visit to the Machinery Spaces."
14. 2008年3月4日 Steven Ujifusa 对 William Krudener 和 Joseph Rota 的采访。
15. First Class Menus, July 4, 5, and 6, 1952, collection of Susan L. Gibbs, Washington, DC.
16. Granville Parkinson, "Report on the SS. United States," *Compass Points*, June 1952, p.3, collection of Lawrence W. Ward.
17. Iddon, "Don Iddon's Blue Riband Diary."
18. "Invasion, 1952," *Time*, June 23, 1952, http://www.time.com/time/magazine/article/0,9171,859829-6,00.html, 访问于2008年12月12日。
19. Iddon, "Don Iddon's Blue Riband Diary."
20. Joe Rota, Crew Recollections, S.S. United States Conservancy Annual Meeting, Independence Seaport Museum, Philadelphia, June 9, 2007.
21. 对 Walter Scott 的采访, Raymond Foster Options, Ltd. *The S.S. United States: From Dream to Reality*（Newport News, VA: Mariners' Museum, 1992）.
22. Iddon, "Don Iddon's Blue Riband Diary."
23. *The Ocean Press: World Wide News of United Press, Transmitted by Radiomarine Corporation of America*, Friday, July 4, 1952, collection of Susan L. Gibbs.
24. Iddon, "Don Iddon's Blue Riband Diary."
25. 出处同上。
26. *The Ocean Press: World Wide News of United Press, Transmitted by Radiomarine Corporation of America*, Saturday, July 5, 1952, collection of Susan L. Gibbs.
27. 2008年3月4日 Steven Ujifusa 对 Bill Krudener 和 Joseph Rota 的采访。
28. Iddon, "Don Iddon's Blue Riband Diary."
29. Frank O. Braynard and Robert Hudson Westover, *S.S. United States: Fastest Ship in the World*（Paducah, KY: Turner, 2002）, p.70.
30. Horne, "Superliner Begins Her Crossing."
31. George Horne, "Liner United States Breaks Speed Record First Day Out," *New York Times*, July 5, 1952.
32. George Horne, "35-Knot Mark Hit by American Liner," *New York Times*, July 6, 1952.
33. Captain Harry Grattidge, 引自 Braynard and Westover, *S.S. United States*, p.70.
34. Larry Driscoll, "The Race for the Blue Riband," http://united-states-lines.org/luxury%20liner%20row.htm, compiled from *New York Times* articles and magazine article by W. Kaiser, "Power for a Winner," and edited by Fay Richards, 访问于2010年6月9日。
35. *S.S. United States: Lady in Waiting*, 由 Robert Radler 导演、Mark B. Perry 制片, Big Ship Films LLC, 2008.
36. Horne, "Liner United States Breaks Speed Record First Day Out."
37. North American Newspaper Alliance, "The Queen Mary Seas Her," July 6, 1952.
38. Larry Driscoll, "Captain of the Line: An Interview with Captain John S. Tucker," *Steamboat*

*Bill* 268 (Summer 2008), p.8.

39. 1952年7月7-8日 Walter Bachman 写给 Elaine Kaplan 的信，collection of Susan Caccavale.
40. Braynard and Westover, *S.S. United States*, p.71.
41. 1952年7月7-8日 Walter Bachman 写给 Elaine Kaplan 的信，collection of Susan Caccavale.
42. *The Ocean Press: World Wide News of United Press, Transmitted by Radiomarine Corporation of America*, Sunday, July 6, 1952, collection of Susan L. Gibbs.
43. 2009年6月29日 Steven Ujifusa 对 Laura Franklin Dunn 的采访。
44. 2008年5月4日 Steven Ujifusa 对 Jim 和 Frieda Green 的采访。
45. S.S. United States Foundation, http://www.ssunitedstates.org/theship.htm.
46. Wilfred F. Slocum, "Top Secret," *Compass Points*, July 1952, p.9, collection of Lawrence W. Ward.
47. Laura Franklin Dunn, 引自 Braynard and Westover; *S.S. United States*, p.154.
48. John Merryman Franklin, *Recollections of My Life* (Baltimore: Reese Press, 1973), p.78.
49. "Arrival Soton," *Compass Points*, n.d. (ca. July 16, 1952), p.7, collection of Lawrence W. Ward.
50. "Britain Outdoes U.S. In Hailing Sea Queen," *New York Times*, July 6, 1952.
51. "Queen of the Seas," *Time*, July 14, 1952, http://www.time.com/time/magazine/article/0,9171,822294,00.html, 访问于2009年6月6日.
52. "Arrival Soton," p.11.
53. "Selected originals (offcuts, selected scenes, out-takes, rushes) for story 'Blue Riband First Try,'" newsreel, British Pathe Limited, 1952, http://www.britishpathe.com/record.php?id=29991, 访问于2010年7月28日。

# 第25章

# 胜利之师

7月10日美国号离开南开普敦的时候，船上所有人都信心满满，认为大船能打破西向的速度纪录。所以，包括幽默大师弥尔顿·伯雷在内的新一批旅客，都很平静。有人试图说服富兰克林将军在雷达桅捆上两把银扫帚，意味着“完胜”，但遭到了拒绝。但他同意在大船驶进纽约港的时候升起一条40英尺长的奖旗，象征着蓝丝带。

薇拉·克拉瓦什·吉布斯在首航中有时候会在派对中离开一会儿，回到包房享受一下片刻的宁静。从一个年轻离了婚，而且是全纽约最有实力律师的女儿到在鸡尾酒会上看到这个笨拙又严肃的男人，已经过去了25年。薇拉一开始觉得他很怪异，过了不久就发现这个男人的人生中就想做一件事情：设计世界上最好最快的邮轮。从此，她陪着丈夫一起经历每一次失败与成功：利维坦号的解体、1944年牟取战争暴利的控告、改进12201号设计的岁月、与杜鲁门政府的争论，船只下水还有这个历史性的壮观首航。

“旅途中的日子是时候结束了，”薇拉在日记中写道，“回过头来看威廉在美国航运公司度过的岁月，我也感到惊奇，为什么他的热情从未减退。那一次次的失望，跟政府的每一次抗争，好像过去了很久。这些令人恼火的事情总是反复发生，虽然每次都有所不同。我总好奇，为什么威廉总有源源不断的热情。我想起了埃德蒙·伯克写的：‘从不松弛的神经，从不徘徊的思想，从不动摇的意志，这才是胜利之师。’”[1]

美国号在7月14日下午4：29通过了通往纽约港的安布罗斯灯塔。虽然大风和水流使得西向的航行比东向要困难和缓慢，美国号还能保持34.51节的匀速，耗时3天12小时12分——比玛丽皇后号最好的西向航行时间快了整整9小时36分钟。

但是旅客们还得在船上多待一天。曼宁下令在斯塔滕岛附近抛锚。港口引航员要在第二天凌晨带她穿过韦拉扎诺海峡，然后在纽约城苏醒时抵达86号码头。

7月15日早上7点，貌似整个纽约都出来欢迎美国号回家。在那个炎热有雾的夏日早晨，数以万计的人们站在炮台和哈德逊河两旁，在大船缓缓驶过时欢呼、挥舞着。“几十艘小船、拖船，还有两艘火警船——每艘都射出15条水柱，渡船也都鸣笛，欢迎海上女皇的归来，”《先驱论坛报》的弥尔顿·刘易斯写道，“每个人都向美国号的归来致敬。”大船120响礼花的低吼震得旅客们直捂耳朵。[2]

一名站在码头的摄影师抓拍了一张曼宁准将身穿笔挺白色夏季制服、站在船桥右舷向入坞领航员发号施令的照片。曼宁正对着摄影师，举着左右手，食指向上——意味着入坞领航员要“微速前进”或“停”，这样大船才能根据码头标记停船入位。[3]身穿黑色西服、头戴巴拿马凉帽的富兰克林将军，站在曼宁旁边，倚着船桥的栏杆，眼睛一直盯着准将。吉布斯站在他俩的身后，靠近驾驶室。他好像话说到一半，嘴巴微张，表情很焦虑。直到她停稳，舷梯放稳当了，她的设计师才放松下来。

上午9：12，美国号停进86号码头的泊位，船身也停稳了。首航终于结束了。1650名旅客准备拿起行李下船。船员们也期盼着下一次航行前能休息几天。

“100年以来，我们只成功了这一次，”曼宁对着聚在客舱里的记者说。“她能让我们的人民觉醒，并且认识到这艘大船尤其是作为运兵船品质的意义。”

总工程师比尔·恺撒从动力舱出来，告诉新闻界这艘大船有足够的实力面对任何竞争，但是未来航行速度将被控制在比较经济的 30 节。[4]

7 月 18 日举行了盛大游行——纽约有向战时与和平时代英雄致敬的传统。彩带从百老汇的高楼办公室抛下来，15 万观众朝坐在敞篷豪华轿车里的船长和船员们欢呼。派对安排在华道夫·阿斯多里亚酒店的星光厅，曼宁一直处于中心地位。“对我来说，她是我见过最美的事物，”他说，“比我认识的女士还要美丽。”[5]

这位准将，除了明显的自信，精神方面看上去并不好。他一下子瘦了 10 磅。[6]

威廉·弗朗西斯·吉布斯也非常疲惫。回到西街 21 号“玻璃动物园”之后，他还有一件事要做。他坐下来，给薇拉留了张纸条，表达了他的感谢之情和愧疚。

“我想你给这趟旅行的欢乐情绪做了应该做的事情，真高兴能够与你一起共同经历这样一个重要场合。”他写道，“我知道自己没有令你感到愉快，好像每次有时间歇下来，总会有事情让我重新把思绪放到工作上。感谢你对本次旅途一直的耐心和热情。我经常想你肯定会厌倦我这样一个脑子里面只装了一件事的人。不管怎样，如果你同意，这毕竟是件大事儿。”[7]

1952 年 7 月 22 日上午 11 点，美国号的船员们聚集在头等舱客厅开全体职工会。近 1000 名官员、工程师、甲板水手、厨师、会计、乘务员和侍者挤在只能容纳 300 人的空间里。威廉·弗朗西斯·吉布斯从台上看着他们，双手抓在铝质讲台的边上。灯光渐渐暗下来，吉布斯宣布他将给每个人颁发一枚奖章，以纪念这次破纪录的旅行：“并不是那种佩戴在胸前的奖章，是更大一些的，你们能够装进盒子里的纪念品，上面写着我想要说的话。”[8]

每一枚大奖章上面都有美国号的浮雕，还有一张标志着从西到东航线的大西洋地图，写着每一次航行的时间：

东向航道　安布罗斯到毕晓普岩

2942 英里，3 天 10 小时 40 分钟

平均速度：35. 59 节

西向航道　毕晓普岩到安布罗斯

2906 英里　3 天 12 小时 12 分钟

平均速度：34. 51 节

在颁发大奖章之前，吉布斯引用了他最喜欢的一个类比来形容说："一艘伟大的邮轮并非一个大型机械，她是有生命的。"

"我很幸运，喜爱音乐的我曾经看过一只伟大交响乐队的彩排，"他说，"我认真地看着，这些指挥家们十分关注乐队的整体。他们知道每一件乐器应该如何演奏，以及它发出的每一个强音和弱音。"

"这就是我们的乐器——这艘大船——1000 个人都有份参与；让我们想象一下，这艘船第一次——作为一件乐器——被船员在首航中操作——从头天下午驶离纽波特纽斯，第二天早上抵达纽约。下一次再出海，她还是以新的面貌出航。"[9]

随后，他的声音软了下来。"我必须向你们承认，"吉布斯继续说，"我十分喜爱这艘船。她是个大东西，我想我对她的喜爱与她的尺寸有关。同样的，我也非常欣赏每一位为了大船成功辛勤付出的人。"[10]

他从西装口袋里拿出一把木尺，握紧它。知道船上没有木头可以敲，船员们用笑声发出轰鸣。"好像有些伤感，我也不以此著称，但是今天，我觉得我需要向你们致以感谢。我希望你们一切都好，上帝与我们同在，上帝与船同在。"[11]

1000 名船员起立鼓掌欢呼。吉布斯收起演说词的稿子，走下讲台，坐了下来。

第二天中午，美国号从 86 号码头的停泊位驶出，开始了第二次航行。站在码头的创始人，一直看着五只拖船把她引入哈德逊河。

曼宁准将和领航员把船首调向纽约湾海峡，大船渐渐消失在夏日的薄雾中。转身离开空荡的码头，威廉·弗朗西斯·吉布斯坐进早已等候的车，回到西街21号。

曼宁跟他国大船间的关系很值玩味。他又一次做得稍稍过火。在第二次航行的返程途中，美国号在丘纳德的伊丽莎白号离开几分钟后也驶离法国。两艘邮轮已经满载。曼宁看到皇后号刚刚离开毕晓普岩。水手的自尊促使曼宁一定要超过英国邮轮，他必须让两艘邮轮保持一定距离，以免看上去真像是比赛一样。但他没有这样做。他以31节的速度直线向英国邮轮驶去，十分接近皇后号，后来就在她旁边驶过。

美国号于1952年8月4日凌晨2：55抵达纽约，伊丽莎白号11个小时后到达，保持着计划的28节操作速度。

记者们围着曼宁，询问这是不是一场比赛。“不是，”准将讥讽道，“我们只是从她身边疾驶而过。”

伊丽莎白号的指挥官，乔治·E. 科夫准将声称该船的抵达时间早在数个月前就已经订好了。“我并不知道什么比赛，”科夫冷言说，“曼宁准将和我在毕晓普岩都没打招呼。”[12]

入坞不久，也就是第二次航行完毕后的几个小时，曼宁在船上就接到了美国航运公司办公室打来的电话，他被解雇了。早就有传言，吉布斯对曼宁指挥大船一直有些不满。

船桥上举行了简短的仪式，船只的高级船员把船上的钟表送给曼宁作为退休礼物，这位暴躁的水手回到了新泽西的老家。除了指挥美国号的几次救援之旅，他的海上生涯算是结束了。

取代曼宁的是美洲号的前任船长约翰·安德森，他很受船员欢迎，也深受吉布斯和美国航运公司的信赖。

1952年的夏季高峰期，美国号满载航行，成为了大西洋上最受欢迎的邮轮。然而杜鲁门固执地坚持要修改合同原来的条款，并威胁要中断船只的运行补助。最终，1952年11月德怀特·艾森豪威尔的当选，使得杜鲁门的特别海军助理罗伯特·丹尼森只能把《美国航运公司案》的文件转给下一届政府。一直到 1954 年 5 月，美国航运公司同意以 3485 万美元重新估值的价钱购买美国号时，维护大船的运营资金问题也没有得到解决。新的估值价格比 1952 年的购买价格高出了 700 万美元，但万幸比杜鲁门的总审计长林赛·沃伦要求的 1000 万美元还是少了一大块，总算也可以令双方都满意了。除此之外，政府也表态不再拖延船只的运行补助。公司的现金流暂时得到了保障。[13]

对于威廉·弗朗西斯·吉布斯来说，大船从来都不是私企和政府合作的产物。从他的立场看，美国号的建造得益于它的设计和施工，而并非金钱；对他来说，创造力得益于他的团队，绝非是官僚机构。"停泊在 86 号码头的大船，"回到办公室后他说，"是有着个人主动性的自由人们力量的化身，他们聚在一起，共同合作创造出了任何一个机构或者个人都不能独立完成的成果。"[14]被问到为何美国号如此完美，他直截了当地回答，"我们之所以能够成功建造大船，是因为政府完全交给了我们，没有干预。所以我们设计了理想中的船。"[15]

事实上也是·威廉·弗朗西斯·吉布斯的"理想之船"在后来的十年时间里一直风靡全球，她是有钱和有权人的首选，并被誉为最漂亮和现代的在航邮轮，从而成为美国人的偶像。大船的成功使得她的设计师受到百般宠爱，他们也因此更加执着于这个最好的作品，确保她投入服务的状态跟在图纸上的一样完美。美国号已经成为他的延伸，他的梦想，也是他与其他人联系的媒介。

美国号的成就是不可复制的；20 世纪 50 年代，由于科学发展，公众对这艘超级邮轮作为技术典范的痴迷也接近尾声，当然这也是吉布斯尽量避免又不得已面对的重大转折。

## 注释

1. Vera Cravath Gibbs (ca. July 1952) 的日记，引自 Susan L. Gibbs in foreword to Frank O. Braynard and Robert Hudson Westover, *S. S. United States*: *Fastest Ship in the World* (Paducah, KY: Turner, 2002), p.95.
2. Milton Lewis, "SS United States Docks to Cry of Welcome Home," *New York Herald – Tribune*, July 16, 1952, S. S. United States Scrapbook, Mariners' Museum, Newport

News, VA.

3. Larry Driscoll, "Captain of the Line: An Interview with Captain John S.Tucker," *Steamboat Bill* 266 (Summer 2008), p.8.
4. "New Speed Dashes for Liner Barred," *New York Times*, July 16, 1952, S.S. United States Scrapbook, Mariners' Museum, Newport News, VA.
5. Meyer Berger, "Manning and Crew Get Rainy Greeting," *New York Times*, July 19, 1952.
6. "Manning Quits Superliner's Bridge; Master of America Takes Command," *New York Times*, August 5, 1952.
7. William Francis Gibbs 写给 Vera Cravath Gibbs 的信(ca. 1952), 引自 Susan L. Gibbs in foreword to Braynard and Westover, *S.S. United States*, p.95.
8. Records of Proceedings at the Presentation of Medals by W. F. Gibbs to Crew Members of the S.S. United States Who Served Aboard the Vessel During its Record Breaking Maiden Voyage, July 13—15, 1952, Ceremony Held in First Class Theatre, S.S. United States, 11: 00 AM, Wednesday, July 22, 1953, William Francis Gibbs Collection, Mariners' Museum, Newport News, VA.
9. 出处同上。
10. 出处同上。
11. 出处同上。
12. "Manning Quits Superliner's Bridge; Master of America Takes Command," *New York Times*, August 5, 1952.
13. Braynard and Westover, *S.S. United States*, p.95; George Horne, "Liner United States Is Beautiful, Fast, Powerful, and Broke," *New York Times*, September 21, 1969.
14. Wilfred F. Slocum, "Top Secret," *Compass Points*, July 1952, p.9, collection of Lawrence W. Ward.
15. Winthrop Sergeant, "Profiles: The Best I Know How," *New Yorker*, June 6, 1964, p.50.

# 第 26 章

# 风平浪静的日子

每两周一次，威廉·弗朗西斯·吉布斯都会在某个早晨去办公室之前进行远足。他 6 点钟在 945 街的公寓喝杯咖啡，吃点尤尼塔饼干，开着黑色凯迪拉克的司机在公寓前面等候。等吉布斯一上车，这只镀铬的钢铁野兽随即在第五大道呼啸而过去，中央公园的树叶扫过挡风玻璃。轿车朝着西边的市政厅驶去，横渡布鲁克林大桥，穿过仍在睡梦中的布鲁克林区。在韦拉扎诺海峡边上，司机靠边停车，威廉·弗朗西斯·吉布斯下了车。

在他身边，都是单调的两层楼的连排房子，窗户都是深色的。瘦长的身影从它们旁边走过，朝着下纽约湾的嬉水区走去。他那棕色的双眼，透过金边眼镜在雾气中极目张望。带着咸味的海风刮过他的灰色防雨衣，四周环绕着雾气、航标以及海鸥的叫声。

他的耳朵在搜寻一个非常特别的声响。

随后，一个厚重、柔和、低沉的低音音符穿透了清晨的空气。半英里外，美国号从薄雾中缓缓出现，闪烁着信号灯，烟雾从她那两个翼状烟囱徐徐排出。被早晨的雾气笼罩着，她慢慢滑过海峡，朝着朦胧的曼哈顿摩天大楼驶去。

大多数旅客还在客舱睡觉。远望过去，只有几个人站在栏杆旁，观赏这个即将登上的新世界。某个船员从船首的栏杆探出身子，手里有根点着的香烟。如果他把它弹出船外，吉布斯就会看见一个橙黄色的小圆弧熄灭在海水中。朝船桥窗户望去，他能看见灯还亮着。美国号穿过晨雾驶向哈德逊河的码头，船尾柱上飘扬着美国国旗。几个小时后，她将停靠在86号码头。吉布斯转身回到凯迪拉克车上，鞋底带着碎石。早上的太阳从海平面冉冉升起。威廉·弗朗西斯·吉布斯已经看到了大船的归来。

到了7点，新煮的咖啡和饼干已经准备好，放在吉布斯西街21号的办公室桌上。他在这里浏览《纽约时报》的船运信息，挑出那些他感兴趣的文章。有一篇1954年3月12日的文章，这样写道："83000吨重的丘纳德邮轮伊丽莎白皇后号今日抵达，在轮船经历了狂风暴雨的大西洋之旅后，船上有两名旅客不幸骨折，当夜邮轮上所有的社交活动被取消，一些客舱的内饰也遭损坏。"[1]

威廉·弗朗西斯·吉布斯依旧魅力十足，他的不朽之作仍是下属们的参照基准。尽管他们觉得吉布斯很难相处或者要求严苛，但是他们没人能说他懒惰。总工程师瓦尔特·巴克曼写道，尽管他岁数大了，吉布斯是一名"天生的领袖，能够激发员工对他的忠诚和信心，以及跟他一起做生意的伙伴之间的合作"。[2]

那些几十年来受到工作场所限制的女性们，发现吉布斯 & 考克斯公司非常开明。面对他不认识的女性，吉布斯勇敢而又冷漠。面颊上的一个亲吻都会让他叫喊："天啊，快停下！"[3] 他对自己认为没有能力的女性毫无耐心，不管她们多迷人。

但是对于他相信已经做出成绩的女性，他非常大方和开朗。当伊莱恩·卡普兰告诉吉布斯她和丈夫决定组建一个家庭时，吉布斯为他们提供了一个保姆和一辆轿车，以及所有能够让她集中精力工作的保障。但卡普兰也重视自己家庭生活，有了孩子后，卡普兰还是委婉地拒绝了所有的优厚条件，离开了吉布斯。然而对卡普兰来说，美国号仍然是她的"第一个宝贝"。一只邮轮模型一直摆放在她的家里。

"除了生小孩，"卡普兰的女儿苏珊·卡卡瓦利回忆道，"她在吉布斯 & 考克斯公司的时光是她人生中最为快乐的。"卡普兰创新设计了大船的螺旋桨，这将是她职业生涯中的骄傲。"在那时，一个女人就应该待在家里，生儿育女，”苏珊说道，“如果你问我该如何界定我母亲的身份，她会告诉你她是一名航海机械工程师，然后才是一位母亲。”[4]

吉布斯对员工忠诚的关注不分男女都是一样的。跟那时众多的雇主明显不同，威廉·弗朗西斯·吉布斯雇用人的标准不是有背景，而是看能力，比如非裔美国人跟白人同事一起工作，毫无区别。[5] 巴克曼说吉布斯，“对员工十分关注，经常私底下偷偷地帮助他们”。如果有孤寡的员工去世，老板就会悄悄地支付葬礼费用。[6] 如果吉布斯无意中听到一名员工需要新自行车或者西装，一件顶级的礼物就会出现在他或她的制图桌旁。员工或者员工配偶生病了，就会有鲜花送到病床边，上面插着吉布斯亲手写的卡片，祝他或她早日康复。[7]

威廉·弗朗西斯·吉布斯曾经出席过许多婚礼和葬礼。他会突然出现在纽约城的教堂或犹太教会堂，而且总是不事张声地坐在后排。生活中很少有事情能让他开心，只有给员工婚宴或者生日派对当司仪是例外。举起酒杯，他的致酒词都是标志性的：“希望你们心随所愿。加倍努力，身体好，致大船！”然后他会把杯中酒倒给旁边的人。[8]

吉布斯完全有权利向他的大船敬酒，他对搭乘美国号的旅客名单感到很满意，因为这当中总是能看到诸如希腊女皇弗雷德里卡、温莎公爵夫妇这样的皇室成员，还有电影明星玛丽莲·梦露、杰克·本尼、毕兰·卡斯特、加里·格兰特、马龙·白兰度、朱迪·加兰等等；还有商业大亨沃特·迪士尼、萨尔瓦多·达利和马哈丽亚·杰克逊也是邮船的常客。一次航行中，艾灵顿公爵和他的乐队为头等舱的舞会献上了一场演出，百老汇明星、乘客之一的艾索尔·摩曼也参加了。大船给沃特·迪士尼留下了深刻印象，他甚至让她在喜剧《一路顺风》中出镜。影片讲述的是住在印第安纳州的一家人的欧洲之旅，由弗雷德·麦克默里和珍·惠曼主演，大多数船上的镜头都是在西向航行中拍摄的。[9]

在港内，船员们能看见吉布斯漫步在走廊上，一路走到机械室。他摸摸装置，看看仪表，盯着传动轴，擦擦铝质栏杆，甚至还会闻闻空调风管出来的空气。他会详细记录大船的所有性能。

当被问到他为何如此着迷，吉布斯反击道："我就是感兴趣。老天，谁不会呢？"[10]

他密切关注大船的运行，即使邮轮已经出海。纽约时间上午 8 点，无一例外地，总工程师比尔·恺撒办公室的电话会准时响起。安德森准将会从船桥下来，跟恺撒一起，听着那熟悉而又粗哑的声音开始询问：

"她前方看上去如何？"

"你感觉一切正常吗？"

"旅客们还满意吗？"[11]

恺撒桌前是犹如迷宫般的旋转拨盘，闪烁的亮光显示着四个螺旋桨每只每分钟的转数，还有其他显示船只性能的数据，如耗油量等等。但是吉布斯拒绝在电话里讨论耗油量。他怕被人窃听。

事实上，联邦通信委员会确实在窃听，并且警告吉布斯，如果再不改进他那航海的行话，他们将把电话没收。[12]

自首航以后，吉布斯就再也没有正式地乘船旅行过。但至少有一名船员不这么认为。"那肯定不是真的！"吉姆·格林坚称，"我曾经看到他突然出现在许多航行中。他不知道从什么地方来的，总会出现在奇怪的地方，经常是船员起居室。他会问大船运行得怎么样。"[13]

除了她出众的船体设计，美国号跟其他跨大西洋邮轮一样，遇到大浪时也会摇晃。船员们会惧怕冬天的北大西洋，就连最坚强的几个也会晕船。"不可思议的大浪，"侍者领班比尔·克鲁德纳说。"人们都想不到浪有多大。"[14]最糟糕的暴风雨会让船只剧烈摇晃，本来在船前部的船员会从床铺上甩出去。跟皇后号们不同，她们采用的是 20 世纪 50 年代最流行的丹尼—布朗减摇鳍，美国号完全依靠她的船体形状和舭龙骨在恶劣天气下保持稳定。两艘英国邮轮在遇到大浪时会发生恐怖的倾斜，而美国号一般会直接穿过大浪，激起的浪花飞溅到前甲板上。

当然，大船还需要舵手在恶劣天气下的精细操作。虽然看上去很美，吉布斯心爱大船的大个儿翼状烟囱像帆一样，弄得船尾左右摇摆。舵手莱斯利·巴顿负责掌舵，他这样形容大船："像一匹小马……活泼、轻快，经常不受控制，但是她会听话。"[15]

对于那些不晕船的旅客，结果还是可控的。"撒木屑，凯里！"有旅客从餐厅冲向盥洗室要吐的时候，克鲁德纳会大声朝着一个英国服务生喊话。服务生马上朝着呕吐物撒上木屑，然后把油毡地面清理干净。

在一次庆典晚宴上，正当克鲁德纳站在头等舱餐厅门口时，他觉得大船"歪了一下。"他看了看围坐在 300 多桌旁、身穿燕尾服和晚礼服的人们，他们正在享用菲列牛排，品尝着昂贵的酒水。

克鲁德纳知道将会发生什么：巨浪！他赶紧抓住一根柱子，双脚牢牢地站稳。

一声低吼，一个大浪袭来。克鲁德纳还能在美国号侧倾的时候抗住。他看到人们从椅子上跌落，盘子在空中飞过，服务员的银托盘滑落，摔到了地上。

大船随即猛地回到水平位置，人们又滚到了另一个方向。呼喊声、尖叫声混杂着陶器和水晶器皿的破碎声。

"一片混乱！"克鲁德纳回忆道，"那些衣着鲜亮的人们，满身都是肉汁、番茄酱和红酒。"但神奇的是，没有人受伤。

那次旅行之后，美国航运公司在餐厅椅子上都装了"安全带"，把椅子固定在地板上。[16]

1956 年 9 月一次风雨交加的旅行中，薇拉·卡拉瓦什·吉布斯坐在她头等舱的包房里，在日记中写道："我现在独自坐在房间，我们的船还在摇晃。""外面波涛汹涌，我在祈祷。每次我搭乘美国号旅行，海水都非常平静。周日的晚上非常难过……到处都是绳子，人们左右滑动。"[17]

薇拉打开了通往阳光甲板的门，海风吹袭着她的脸颊，双脚都无法站稳。但是无论天气如何，她都会在每次航行中去朝拜一个特殊的地方。"我于风中漫步在甲板，"她写道，"当然，还有每次旅行必定会去看的吉布斯 & 考克斯匾。"[18]

那块铝质造船商的匾就挂在船桥下面，并没有过多的装饰，上面黑色的字体十分简洁，也没有重量、长度和打破纪录的速度。上面写着：

美国号

设计者：吉布斯 & 考克斯公司

建筑商：1952　纽波特纽斯造船厂　NO. 488

海事委员会 NO. 2917

丈夫没有陪伴自己去欧洲旅游，薇拉叫上了自己的朋友，其中一位是尤金妮亚·麦克拉里。"好几次，薇拉和我一起坐上'家庭船艇'，经过 18 小时的航行到巴黎去，她说，然后再搭乘她返回纽约。停留期间，我们会在极好的餐厅吃饭，然后购物，主要买些香水和丝巾，然后再去看一场最新最受欢迎的法国演出。我要说，能够与密友一同搭乘美国号去巴黎吃顿晚饭是我人生中最具魅力和宝贵的时刻。"[19]

快捷的欧洲之旅对于头等舱旅客再平常不过了，薇拉也只是众多把美国号当成一艘斯塔滕岛渡船的纽约社交界中的一员。他们经常会带上自己的车，每次旅行前，吊车会把大约 40 辆轿车从码头吊起，然后放进船舱，这当中不乏好车：凯迪拉克、克莱斯勒、梅赛德斯-奔驰，还有劳斯莱斯。

费城艺术家茜茜·利维还记得为了准备在美国号上的五天蜜月之旅，她得装上好几大箱子的衣服，里面有头等舱旅客每天需要更换好几次的正式礼服。利维的游伴有《电视指南》的媒体巨头沃特·安恩伯格和莉奥诺·安恩伯格，都是丈夫家族的朋友。[20]鸭子套房可得提前预订，尤其是在这对时运不济、饱受争议的温莎公爵夫妇旅行之后。

温莎夫妇一上船，会随身携带 150 个 LV 行李箱和手提箱。（他们的秘书会在旅途中两次详细登记里面的内容，其中有许多精致的珠宝。）乘务员会把美国航运公司提供的亚麻制品换成带有温莎字样的高级包特豪浴巾和床单。标配的墙灯和顶灯灯泡都被换成粉红色调的灯泡，可能是为让公爵夫人的脸色看上去更好一些。房间挂上了窗帘，地面铺上美洲豹皮的地毯，镶有宝石的画框放在了桌子上。房间的内饰需要全换，不能只是为防火而做的配置，一切却要按照皇室的水准来准备，于是，看上去好像温莎夫妇已经在里面住了三年。不仅如此，他们的两只哈巴狗也被允许白天在套房里面玩耍。[21]

事儿多的沃利斯拒绝了安德森准将的晚餐邀请。“船长们让我头疼！”她曾经抱怨道。[22]

尽管这样，美国航运公司给温莎夫妇的鸭子套房还打了半价，就怕他们选择回到皇后号。当然，这样的优惠对彼此都有利：温莎夫妇省了钱，美国航运公司则给自己的船做了宣传——公爵和公爵夫人每次上船前都会举行记者招待会——尽管夫妇俩的要求对于乘务员部门来说都很刁钻。所有人都想跟温莎夫妇坐一样的船。公爵是唯一一位允许随时参观船桥的人，他穿着整洁的花呢外套，格子袜子和图案花哨的裤子。在船桥上，他喝着苏格兰威士忌，用一些奇闻异事取悦船上的高级船员们。虽然温莎公爵出身并不高贵，但他能用自己的高尔夫比赛经历让船员们捧腹大笑。[23]

吉布斯明白温莎夫妇对大船忠实度的重要性。每次温莎夫妇搭乘美国号到纽约，他们都能收到来自吉布斯的礼物。“谢谢你美丽的玫瑰花，”1957 年在一次旅行后，公爵夫人写给造船工程师，“谢谢你还惦记着我们……这是一艘优美的邮轮，你应该以她为自豪。公爵跟我再次感谢你的鲜花，我们祝你拥有一个美好的夏日。”[24]

然而，也有些名人觉得船上的讲究很恼人。一次旅行中，马龙·白兰度坐在餐桌旁，瞥了一眼放在面前的一排闪亮的银器。他向晚餐同伴——美国航运公司董事长的女儿，劳拉·富兰克林求助。

“劳拉，”他不好意思低声问道，“哪个是用来吃鱼子酱的叉子？”

饭后，白兰度问侍者领班比尔·克鲁德纳他能不能借一把吉他，找一个远离媒体和会有人扰他签名的地方。

“可是据我所知，”克鲁德纳回忆，“我的屋子里面和外面有着 500 个人，跟马龙·白兰度一起玩耍歌唱。”[25]

船员们知道哪些乘客尊重他们，哪些直接忽视他们。1955 年，乔·罗塔第一次出海，被安排去管理主甲板和游泳池之间的电梯。第一天下来，罗塔打开电梯门，演员伯特·兰克斯特和他的两个小儿子正站在外面。兰卡斯特要去巴黎拍摄电影《空中飞人》。

罗塔看这位演员太眼熟了，直接就喊出了他的名字：“伯特！”

兰卡斯特见状，按罗塔的话形容，好像是要“走进蛇洞一样”。他保护性地搂着儿子的肩膀，犹豫要不要进电梯。

把儿子带到游泳池后，兰卡斯特警惕地看着电梯，决定还是走楼梯。

“兰卡斯特先生，我能跟您谈一谈吗？”罗塔隔着游泳池喊着。

兰卡斯特停下了脚步，朝着电梯走去。

“这是我第二次出海，”罗塔说，“电梯门打开的时候，我就好像见到了一位老朋友，我是看着您的电影长大的。我向您道歉。”

兰卡斯特脸上浮现出他标志性的笑容。“那就对了，我明白。带我上去吧。”

大船停靠在勒哈弗尔港后，兰卡斯特把罗塔从侍者队伍里面叫出来，让他把行李从码头帮他拎到巴黎海陆联运车站。这位演员慷慨地给了电梯员 5 美元小费。[26]

无独有偶，在另外一次旅途中，比尔·克鲁德纳认出艺术家萨尔瓦多·达利和他的夫人加拉，他对艺术家夫妇格外彬彬有礼。后来，达利拿出一张纸并塞到了克鲁德纳的手里。

“这是给你的。”他说。

这是一幅铅笔素描，画中艾佛尔铁塔和自由女神像越过大西洋在握手。克鲁德纳把画拿到了办公室，放在办公桌上，继续工作。当他回来的时候，发现办公室被清扫过，那幅素描却不见了。[27]

船员被明令禁止与所有旅客“拉关系”，但是至少有个人破了这条规矩。1957 年的一次横渡，甲板管家吉姆·格林在阳光甲板上散步，一个女士的方头巾从上面的经济舱起居甲板落下。他抬头一看，一位年轻的女士说：“那是我的。”

格林爬了上去，把方头巾递给了 27 岁年轻漂亮的弗里达・科尔斯特根斯。5 年前，弗里达和她的家人在美洲号的围栏上看着全新的美国号在那次破纪录的航行中从身边驶过。当她看着这艘优美的大船消失在视野里，她暗暗地发誓，某天一定要坐上那艘超级邮轮。

吉姆・格林和弗里达・科尔斯特根斯就这样相恋了，不久之后结成了夫妻。

事后多年，被问到是不是故意掉了方头巾的时候，吉姆・格林回答说：“她肯定不承认。”而她则说：“不，我才不会呢。”[28]

尽管很受名人欢迎，美国号还吸引了许多普通游客，对于许多人来说这是一生中难忘的旅行。二等舱受到了成功专业人士以及经济条件还不错但又希望保持低调的人士欢迎。来自纽约新罗谢尔的富尔曼夫妇约瑟夫和朱迪，就是美国号上很典型的家境不错，但又不是超级阔绰的客人。20 世纪 50 年代去巴黎的旅行中，这对夫妇搭乘了头等舱去欧洲，返程坐二等舱。对朱迪斯来说，头等舱太高档了，光看看香槟和鱼子酱都够她回味一阵子了。

返程的二等舱让他们觉得更舒服一些。“我们在跨越大西洋的时候一路都在玩桥牌。”她回忆说。[29]

在经济舱，美国大学生与欧洲讲求节约的旅行者和移民混在一起。公用舱室是空着的，而客舱里面全是人，也没有独立的浴室，整个经济舱更像是大学宿舍。但是对于船上的年轻人来说，经济舱是大船最具活力的地方，比那些穿着西装和燕尾服的老人家们玩抽奖有趣多了。

19 岁美国圣母大学学生弗兰克・诺兰订了个经济舱的卧铺，准备去奥地利因斯布鲁克大学完成海外留学计划。跟他同行的还有 30 多个同龄的大学生，都想着“期待旅途中的美好时光”。船上的日子也没有什么计划，他们大多数时间都在吸烟室喝啤酒，直到身上没有钱了。有时候，有钱老男人会走到吧台，给年轻女学生们买酒喝。旅客们围坐在钢琴旁，手里拿着烟酒，一直唱到半夜。就连经济舱的凌晨 3 点，诺兰也能让服务员送来俱乐部三明治和啤酒。

他生日那天的庆祝晚餐超出了他的期望：蟹肉沙拉、鹅肝块、腌制小母鸡。他用飞镖试了试手气——陶制靶子挂在船尾的位置，旅客们从围栏处投镖。虽然有风，但是诺兰还是在甲板上漫步了几个小时，凝望着北大西洋。“我们总能遇到新事物，结交新朋友，”诺兰说，“在旅途中，我们总是忘了时间。”[30]

对于经济舱的移民们，美国号是他们第一次体验美国。10 岁的柯尔特·维希，跟随着家人逃离了被战争毁坏的德国，前往费城开始新生活。1953 年旅行中的庆祝晚餐上，移民们和学生们一样，戴上节日的礼帽一起欢庆。柯尔特的父亲曾经在战俘营服役过，他指着经济舱的非裔美国服务员们告诉维希：“他们正在庆祝总统的生日，是他给了他们自由。”[31]

一个曾赫赫有名，不亚于林肯的总统三年前几乎身无分文地离开了他的政治舞台，如果不是有一笔意外之财的话，估计他也只能订经济舱了。离开白宫之后，非常不得人心的哈里·杜鲁门回到了密苏里的独立城，住进了夫人贝丝的那间维多利亚式的老房子。没有个人财产，杜鲁门只能靠着每个月微不足道的 111.96 美元的军队抚恤金生活，连付水电费都不够，更何况美国号最便宜的客舱了。但是，这位前总统接到《生活杂志》邀请，以 67 万美元的酬金邀他撰写回忆录。

回忆录出版后，哈里·杜鲁门和贝丝决定也时髦一把，去欧洲旅行。他们还有别的事情要庆祝：他们的女儿刚刚嫁给了《纽约时报》的编辑小克利夫顿·丹尼尔。

1956 年 5 月 11 日，美国号搭载着杜鲁门一家驶离纽约。距离上一次杜鲁门出海已经有 11 年了，那时他搭乘美国军舰奥古斯塔号出席波茨坦会议。这次旅行则完全不同。海水十分平静，他的衣着非常宽松舒适，整洁得无可挑剔。

出海的第一天早晨，负责无线电的侍者乔·罗塔敲响了杜鲁门的房门。

贝丝·杜鲁门开的门。“进来吧。”她告诉罗塔。

他看到这位前总统在套房的客厅享用早餐，于是认出了他。

“我是乔·罗塔，”他说，“我是无线电侍者。我负责所有的无线电报，我很高兴能够在早上把电报给您送来。”

“你从哪里来的，约瑟夫？”杜鲁门透过他那厚厚的眼镜问道。

“新泽西。”罗塔回答。

杜鲁门靠近了一点儿，问：“你是民主党人还是共和党人？”

“总统先生，”罗塔说，“这间房里的每一个人都是民主党人。”

杜鲁门笑了。“那你应该在华盛顿上班。”

在他每天来送电报的时候，罗塔看见这位前总统与夫人手挽着手在甲板上散步，他的眼睛一直看着窗外那灰色的海洋。

当他看到罗塔时，总会问同样的问题：“新泽西一切都好吗，约瑟夫？”

“还是老样子，总统先生，”他答道，“很遗憾还是老样子。”[32]

杜鲁门的旅行对于美国航运公司来说是一个公关的妙计。当这位前总统从勒阿弗尔下船后，新闻摄影师记录了他走下踏板，接见法国仪仗队的瞬间。他摘下帽子放在胸前，走下码头的时候，大船就矗立在他的身后。那曾经发生过的关于大船建造的争议早已随风而去——连杜鲁门都认识到美国号是一个国家级别的成就，以及她在美国人民心中的位置。

20 世纪 50 年代中期是美国号的平稳时代，她一直以接近满员或者满载的状态航行着。但是在 1956 年高水位线时出现了一次不祥事故，这也进一步加深了吉布斯对安全性的执着，同时也给美国公众一个在电视上看到沉船的机会。危险的大西洋一如既往地惩罚着人们的粗心大意。

1956 年 7 月 25 日，三年船龄的意大利航运邮轮安德烈亚 · 多里亚号搭载着 1706 名旅客和船员，准备完成热那亚到纽约之间的最后航行。尽管与美国号和皇后号们不在同一个等级，这艘漂亮的 697 英尺长的意大利邮轮公司旗舰象征着战后意大利的重生，一流的餐饮和服务深受美国有钱人的吹捧。

当安德烈亚 · 多里亚号接近横渡的尾声楠塔吉特岛时，皮耶罗 · 卡拉马伊船长发现了一片雾区，他下令船只放慢速度。尽管有雷达领路，卡拉马伊还是很紧张。这是一片危险海域。30 年前，在同样的地点和天气状况，一艘挪威货船撞向了美森轮船公司的新船马洛洛号，而她的设计师威廉·弗朗西斯·吉布斯就在船上。

安德烈亚·多里亚号的船长完全有理由担心发生碰撞。除去她华丽的外表和受欢迎程度，安德烈亚·多里亚号在恶劣海况不够稳定，不是设计不行，而是公司强制要求的压舱物不尽合理。比美国号晚一年建成的，安德烈亚·多里亚号，它设计是保证11个舱中有2个进水后，船依旧能够保持漂浮。大一些的美国号，则可以保证20个舱中的5个进水后，可以保持漂浮。1956年年初，就有美国造船商和运营商联盟游说美国政府，希望降低对舱室的要求。如果意大利人都能接受“2个舱的船”，为什么美国人不能呢？[33]

中午11：15，安德烈亚·多里亚号的卡拉马伊船长发现了有一片奇异的眩光正晃动在船的右舷。他知道不妙，命令舵手转向港口，准备躲避，但为时已晚。

一艘船首专门打造成可以打破波罗的海冰层的小型瑞典邮轮斯德哥尔摩号，撞向了安德烈亚·多里亚号的右舷侧面。两艘船都装有先进的雷达系统，但是它们的指挥官们好像都曲解了对方的航向，都朝着对方直行而不是绕行。钢铁破裂和木材粉碎的声音，夹杂着旅客们惨烈的尖叫声。斯德哥尔摩号还能在后边漂流，而受到重创的安德烈亚·多里亚号立刻朝着右舷侧倾，所有的灯都渐渐熄灭。由于达到20度的倾斜，大多数的救生艇都放不下来。

安德烈亚·多里亚号船上的旅客和船员立刻知道劫数难逃了。“他们从客舱和低层甲板纷纷涌出，”一名《纽约时报》记者写道，“他们根本没有时间恐慌，倾斜的角度使得立足都很难。在救生艇甲板的旅客抱着上层建筑高一点的地方，等待着救援。”

撞船后的11个小时，带着电视摄影记者的直升机在空中盘旋，安德烈亚·多里亚号终于倒向一边，沉没了。这次灾难导致安德烈亚·多里亚号有46人死亡，斯德哥尔摩号5人死亡，漂在水上的船首变形严重。但幸好，安德烈亚·多里亚号上包括费城市长理查德森·蒂尔沃斯在内的1661名旅客和船员奇迹般地使用救生艇逃脱了灾难。大多数幸存者被法国航运公司的法兰西号营救。[34]

灾难过后，那些希望降低美国海运安全标准的说客中名叫威廉·弗朗西斯·吉布斯的人拒绝再支持他们。

“吉布斯，”他感叹道，“你一直是对的。”[35]

但是对于几百万在电视上眼看着安德烈亚·多里亚号沉没的美国家庭来说，教训是强烈的。这是他们第一次在电视上看到一艘大邮轮的沉船灾难。他们知道泰坦尼克号和卢西塔尼亚号的沉船，他们也许想象过发生在这些船上的故事，以及他们从摄影记者那里看到过20年前莫罗城堡号着起大火的情景。

但那些都是历史了，这才是现实。安德烈亚·多里亚号的灾难对美国号和其他大型邮轮是个很大的打击。新媒体上那一幕幕恐怖的影像加剧了对粗心航海、不妥善维护船只的公司的谴责。突然间，豪华邮轮看上去不比那些满载的且噪音大、飞行颠簸的涡轮螺旋桨飞机安全。一种新型、速度更快的喷气式飞机，很快将会在空中留下它的轨迹。

## 注释

1. 1952年3月12日《纽约时报》无标题的剪报，William Francis Gibbs Collection，Mariners' Museum，Newport News，VA.
2. Walter C. Bachman，“William Francis Gibbs，1886—1967，”*Memorial Tributes：National Academy of Engineering*（Washington，DC：National Academies Press，1979），p.83.
3. Winthrop Sergeant，“Profiles：The Best I Know How，”*New Yorker*，June 6，1964，p.56.
4. 2009年4月2日 Steven Ujifusa 对 Susan Caccavale 的采访。
5. Richard Goldrick，“Ventilation and Hull Machinery Section，”*Compass Points*，May 1952，p.7.
6. 2008年8月7日 Steven Ujifusa 对 Lawrence W. Ward 的采访。
7. Frank O. Braynard，*By Their Works Ye Shall Know Them：The Life and Ships of William Francis Gibbs 1886—1967*（New York：Gibbs & Cox，1968），pp.195—96.
8. Geoffrey T. Hellman，“Talk of the Town：And the Big Ship，”*New Yorker*，June 14，1952，p.23.
9. Frank O. Braynard and Robert Hudson Westover，*S.S. United States：Fastest Ship in the World*（Paducah，KY：Turner，2002），p.122.
10. George Horne，“His Fair Lady：After four years，the superliner United States is still a consuming passion with the Pygmalion who created her，”*New York Times*，June 22，1956.

11. 引自 Braynard, *By Their Works Ye Shall Know Them*, p.194.
12. Larry Driscoll, "Captain of the Line: An Interview with Captain John S. Tucker," *Steamboat Bill* 266 (Summer 2008), p.8.
13. 2008年5月4日 Steven Ujifusa 对 Jim 和 Frieda Green 的采访。
14. William Krudener 在影片 *S.S. United States: Lady in Waiting* 中的访问，由 Robert Radler 导演、Mark B. Perry 制片，Big Ship Films LLC，2008.
15. William H. Miller Jr., *S.S. United States: The Story of America's Greatest Ocean Liner* (New York: Norton, 1991), p.116.
16. William Krudener，在影片 *S.S. United States: Lady in Waiting* 中的访问。
17. 1955年9月 Vera Cravath Gibbs 的日记节选，引自2006 S.S. United States Conservancy Calendar (Raleigh, NC : SS United States Conservancy, 2006).
18. 出处同上。
19. Eugenia McCrary，引自2006 S.S. United States Conservancy Calendar.
20. 2008年9月22日 Steven Ujifusa 对 Cissy Levy 的采访。
21. Miller, *S.S. United States*, p.142.
22. Lauren E. Landers - Kirk, "The Windsors Are Aboard," http://uncommonjourneys.com/pages/windsors.htm，访问于2007年9月1日。
23. John S. Tucker, as quoted in Driscoll, "Captain of the Line," p.8.
24. 引自 Braynard, *By Their Works Ye Shall Know Them*, p.175.
25. 2008年3月4日 Steven Ujifusa 对 William Krudener 和 Joseph Rota 的采访。
26. 出处同上。
27. 出处同上。
28. Jim and Frieda Green 在影片 *S.S. United States: Lady in Waiting* 中的访问。
29. 作者祖母 Judith Follmann 的回忆，ca.2005.
30. 2010年8月24日 Steven Ujifusa 对 Frank X. Nolan III 的采访。
31. 2010年10月3日 Steven Ujifusa 对 Kurt Wich 的采访。
32. 2008年1月28日 Steven Ujifusa 对 Joseph Rota 的采访。
33. Richard Austin Smith, "The Love Affair of William Francis Gibbs," *Fortune*, August 1957, p.148.
34. "Andrea Doria," *Lost Liners*, PBS, http://www.pbs.org/lostliners/andrea.html，访问于2009年6月14日。
35. Smith, "The Love Affair of William Francis Gibbs," p.148.

# 第 27 章

# 麻烦来临

20 世纪 50 年代逐渐过去，大船也日益成功，70 多岁的威廉·弗朗西斯·吉布斯一直在加班工作，为美国号设计一艘姊妹船——“美好前景”。[1]

抛去外界繁华的表象，拥有 1000 名员工的吉布斯 & 考克斯公司并没有因为设计了美国号的荣誉而有所懈怠。《财富》杂志记者理查德·奥斯丁·史密斯——在 1957 年报道过吉布斯——曾经参观过这个伟大的工程公司，那时公司刚刚为格雷斯轮船公司完成两艘中型邮轮的设计：14000 吨重的圣保拉号和圣罗莎号。除了只有一个烟囱，两艘看上去像是美国号的缩小版。吉布斯 & 考克斯公司从两艘船那里分别能赚取 700 万和 800 万美元，每年跟海军的合同又能够净赚 40 万美元。[2]

然而史密斯注意到员工也有抱怨，尤其是那些觉得公司过于保守的年轻设计师们，海军当中也有人有同感。尽管吉布斯 & 考克斯公司在设计新驱逐舰，但是却远远落后那些正在制作新型潜水艇和航空母舰的竞争对手们。这时候，海军正盯着那些能够应用核能驱动的新型船只和潜水艇。处于先锋位置的是那些大型船厂；纽波特纽斯造船厂正在设计核动力航空母舰与核动力巡洋舰。海军高级军官们开始觉得吉布斯 & 考克斯公司“还处于仿造状态，只有一个与通用电气的核能联合合约在手”。[3]

通商航运也同时经历着变革。直到 20 世纪 50 年代中期，货物必须从火车或者卡车上卸下来，拖到码头，然后装进货舱。海运企业家马尔科姆·麦克莱恩的海陆公司通过开发了集装箱化给物流领域带来了重大突破——通过从卡车和火车上直接把封好的集装箱吊起来，慢慢放到船的甲板上，反之亦然。集装箱化给货主节省了大量的时间与费用，很大程度上是因为它简化了对大量码头工人的需求。弗雷德里克·吉布斯在1915年革命式地打造一个集成海陆终端的想法在50年后变成了现实。但不是在蒙托克，而是从新泽西纽约港的曼哈顿，让港口的道路一直穿过广阔的土地，连接到新的州际公路。

集装箱化迟早将淘汰老旧的货船，像纽约这样有狭窄指状码头、没有地方停卡车的老港口也难逃厄运。吉布斯 & 考克斯公司没有设计集装箱船。公司最大的商业客户——美国航运公司和格莱斯航运公司，还经营着传统的货船。竞争对手、同样位于西街21号的J. J. 亨利公司，则获得了海陆联运设计合同。曾经以激进思想著称，并设计出高压高温蒸汽的吉布斯 & 考克斯公司却越来越保守。

随之而来的还有美国号伙伴的问题。吉布斯 & 考克斯公司的许多年轻人都希望新的美洲号与她的姊妹船完全不同——正如他们告诉《财富》杂志的史密斯："全新的，而不是复制的。"[4]

大西洋的那边也预见到了竞争。法国航运公司刚刚制造好新邮轮龙骨，以取代已经运行30年的法兰西岛号和自由号。预计排水量66000吨，时髦、流线型的法兰西号长1035英尺，是世界上最长的船，比美国号还大。她借用了一些亚科维奇诺曼底号的设计细节，法兰西号将是一条全新的邮轮。她只有两种舱位：头等舱和经济舱。法国航运公司暗示说他们的新型超级邮轮将从美国号手中夺走蓝丝带奖。

关于美国号伙伴的设计成为了西街21号争论的焦点。吉布斯立场坚定：为什么在完美的基础上还做改进？新的美洲号基本上跟美国号一样。

公司的所有权结构也存在问题。这是一家完全由威廉·弗朗西斯·吉布斯和弗雷德里克·吉布斯所有的公司，他们拥有公司所有股份。相比之下，他们给自己的薪水不多，也没有要过分红。一些高级工程师想分一杯羹，因为他们确信吉布斯兄弟肯定有猫腻，他们让老板分出一部分股份和索取按照权益没有分给高级员工的红利。[5]

威廉·弗朗西斯·吉布斯什么也没做，公司还是他们哥儿俩的。当被问到谁将是下一个退休的人，他低头看着大衣中间的扣子，嘟囔说："委员会正在研究。"[6]

私底下他对自己的未来其实很坦诚。"只有我死了，我才会退休。"他告诉一个朋友。[7]

既不用设计，也不用招揽客户，吉布斯带着朋友去戏院和百老汇的歌剧院，他还喜欢马戏团。每次巴纳姆和贝利马戏团来纽约演出，他一定会在麦迪逊广场公园预订一个包厢，叫上朋友一起去看荡秋千、变戏法和驯狮。有活动要去市里的时候，吉布斯会脱下他那破旧的西装和鞋子，换上全套的晚礼服：白色领带、燕尾服、锃亮漆皮鞋和红条披肩。他尤其喜欢根据乔治·萧伯纳《卖花女》改编的音乐剧《窈窕淑女》，先后看了有 18 次之多。[8]

吉布斯并不是戏剧世界的旁观者。妻子薇拉在大都会歌剧协会董事会担任职务时，他还担任了社区剧场剧院的主席。同在董事会的温·汉德曼陪着吉布斯出席董事会会议，这位造船建筑师说话"很有权威，还很有幽默感"。这位演员很快与建筑师成为了好朋友。

更早一点的剧场友谊是威廉·弗朗西斯·吉布斯和女演员凯瑟琳·康奈尔之间建立的。自他们认识的第一天起，两人马上建立起了联系。跟这位造船建筑师一样，康奈尔对自己工作要求尽善尽美，据《纽约时报》说，从来不会忘记"自己完美表现的那天或者那个城市"。[9]

康奈尔慢慢才了解吉布斯。20 世纪 50 年代初，他们定下了规矩，只要吉布斯有空需要休息，他们就会共进午餐。她陪着他去看洋基队的主场比赛，在那里吉布斯看到纽约队队员打出全垒打才会放松下来。"他变得很热情，"她笑道，"他爱这个比赛。"

这位女演员意识到吉布斯在掩饰。她认为，吉布斯用自己的不愉快的方式来获取他想要的结果。"他那绝妙的严肃表情——他只是在装模作样，"她说，

“我不知道这是不是因为他的害羞；但确实挺神的……只要看到他笑容的人都会着迷的。”

除去他的家庭背景和那些有影响力的朋友，她所认识的威廉·弗朗西斯·吉布斯是一个可爱的人。“他追求完美，这就是为什么他把自己与外界隔绝，”康奈尔这样描述吉布斯，“他对朋友很节省。他富有争议，他总是全神贯注地一心工作，很少有时间闲聊。如果他喜欢你，他会尽力在你需要的方面帮助你，而且他非常慷慨。”[10]

他陶醉于舞台上其他女主角的赞美。“亲爱的弗朗西斯——你是我的偶像！”安妮·杰克逊写在她的签名照上，被吉布斯挂在纽约公寓的显著位置上。[11]

尽管不擅长鸡尾酒会，但是这名孤寂的哈佛毕业生发现自己有着公共演说家的天赋。他面无表情的神态和急中生智的讲话赢得了纽约城晚宴的观众们。1960年托马斯·爱迪生基金会大众传媒奖晚宴上，包括伊丽莎白·泰勒在内的数以千计的客人，坐在华道夫·阿斯多里亚酒店的宴会大厅，过程很枯燥，而他们还得忍受到最后的颁奖。

介绍完毕后，吉布斯离开他的桌子，走上讲台，看着台下一张张空虚的脸。

“女士们，先生们，”他大声道，“我有过很糟糕的经历，但是今晚，是最糟的一次。”

大厅里所有人都笑了，笑声越来越大，然后掌声响了起来。

“我尊重科学家，”颁奖之前他对观众说，“我也尊重教育家们，因为我不想立志成为他们中的任何一个。我仅有的特征就是，万事皆通却一无所长。”[12]

除了他在专业领域的成功和对艺术的热爱，公众们一直在猜想他的个人生活。

“我想你肯定爱美国号比爱您的夫人多。”一名记者对威廉·弗朗西斯·吉布斯说。

“你百分之一千正确。”他答道。[13]

薇拉·吉布斯也在问答现场，没有表现出受伤的模样。她自始至终都面带笑容地承认丈夫对工作的执迷，而且从不表露出任何自己的想法，尤其是在媒体面前。但是到了 20 世纪 50 年代中期，两个人的分离变得比较明显：他在办公室，而她往返于大西洋的“家庭邮船”。在她的日记中，她写到丈夫每天都会给她发来信息：“我能收到威廉·弗朗西斯发来的电报。”她也没有坐等，“每天我通过船长或者总工程师收到他的来电，我总会给他回一个，告诉他大船唯一的不足就是社交太多了。我总是发现自己分身无术，难以同时参加一个或者几个鸡尾酒会。”[14]

那个时候，他们三个孩子都已经长大成人。朋友们都知道她是一个有着“无限耐心”的女性，超级有幽默感。薇拉·吉布斯的生活非常独立，只是在关心自己固执的丈夫时才会生气。[15]她会在第五大道的 945 公寓招待私人朋友，她的客厅有两个面对面的巨大肖像艺术品：一幅是薇拉父亲保罗·卡拉瓦什律师的油画，另外一个是丈夫威廉·弗朗西斯·吉布斯的半身铜像。

已经步入 70 岁的吉布斯，早已经被社会所接受，但不是通过薇拉。尽管他看上去不容易亲近，数不清的文化、社交和商业领袖都把他当作朋友。他曾经是大学、世纪、宽街、印度大楼、摇滚俱乐部、纽约游艇等众多俱乐部的成员。[16]一天，他突然心血来潮地决定要建一栋海边寓所。20 世纪 50 年代末，他的驱逐舰在洛克波特和马萨诸塞州试航的时候，吉布斯看到了一块优美的露岩，大概有一英亩，在大西洋的上方凸起。1960 年，威廉·弗朗西斯和薇拉·吉布斯把它买了下来，准备建一栋避暑别墅。

一栋灰色花岗岩的外装饰的别墅草稿出现在这位造船建筑师的制图版上，它牢牢地扎在土地中。跟大船一样，这栋建筑没有用任何木材。《马太福音》中的一段诗凿在壁炉台上：“所以凡听见我的这些话，行，我将把他比作一个聪明的人，把房子盖在磐石上，水冲、风吹、吹打房子，房子总不倒塌，因为根基立在磐石上。”[17]

房子本身也验证了此话：“在最恶劣的天气下仍然是温暖和舒适的。”[18]

吉布斯还买了一艘大机动游艇，四四方方、朴实而又稳健。

薇拉激发了他对新房子的热情。远离了纽约和蝗虫谷的社交，吉布斯耳边传来的是海鸥的叫声和海浪的涛声。

但是这样的日子并不长。几年以后，夏天只有薇拉自己待在洛克波特，吉布斯偶尔才来一次。[19]她只能靠读书和在长时间游泳来打发时间。

她的丈夫也避免出席纽约的剧前派对。“威尔不怎么喜欢歌剧。”她对儿子艾德里安的朋友说。

尽管听力退化，听歌剧时要戴上助听器，她还是很有主见的。“我受不了那个女高音！”她有一次大喊到整个剧院都听到了。中场休息时，她跟友人说要去剧场客人存包柜来一大口威士忌。[20]

在纽约的时候，这两夫妻只有在早餐或者晚上很晚的时候才能见上一面。威廉·弗朗西斯·吉布斯中午从不出去，都在办公室桌前吃午餐。要是出去吃饭的话，他总点同样的东西：猪排、桃子罐头和巧克力香草冰淇淋。他喝饮料也从来就是一种：老式威士忌。他不在意吃什么，按他朋友富兰克林·布雷纳德的说法：“更在意服务的质量和就餐的环境。”[21]

他平时一般不熬夜，总是在晚上 9：30 回家上床睡觉。这个岁数的夫妇，一般都会分房睡。薇拉痴迷于读书。丈夫则陷入回忆之中：跟弟弟弗雷德里克一起赢的网球奖杯、早期的船只设计图纸、一幅裱好的林肯名言：“平静过去的黑暗对于暴风雨般的未来微不足道。”还有一幅他儿时位于沃纳街 1733 号、曾经是费城最为壮观的别墅照片。[22]

“他入睡之前，我会进来，他正躺在床上看照片，”薇拉说，“要么看他的消防车模型，要不就是美国号。”[23]他还固执地保留着另外一个机械模型。在他们长岛房产的车库里，他还留着一台 1903 年的奔驰车——他和弗雷德里克年少时曾经风驰过的车，那时它象征着现代、速度和地位。

吉布斯觉得自己孤僻的弟弟应该找点乐子，于是怂恿他买一辆升级版的轿车——红色法拉利。

“法拉利昂贵引擎发动机的声音，”吉布斯说，“简直太吵了。”[24]

吉布斯对自己的孩子们可没有对他的机器们这么上心。他的两个儿子对成为造船建筑师一点都没有兴趣。

他的继子，曾经在二战当过陆军中尉的艾德里安·拉金，现在在纽约国际教育学院就职，在离洛克波特不远的马萨诸塞州上流社区普莱德路口有一栋房子。他可能希望离母亲近一些。

大儿子弗朗西斯（也叫弗兰克），搬到了科罗拉多州，精通歌唱、打鼓和播音。最终他还是回到了洛克波特，然后搬去了缅因州。

也许是对父亲热衷于大船的不满，弗兰克没有让出生于 1962 年的女儿知道祖父的成就。“我根本不知道他这么出名。”苏珊·吉布斯提到儿时只见过几面的祖父时如是说。[25]祖父母对于苏珊来说太遥远而且是拘谨的人，代表着正在下降、守旧的东海岸人物。

据他的夫人宝拉说，弗兰克·吉布斯会骄傲地指着《马萨诸塞州洛克波特游客指南》，说上面有母亲那条凶狠的卢瑟狗的条目，但是却没有关于父亲威廉·弗朗西斯·吉布斯的任何记录。据宝拉所知，他是一名“设计了世界上最快的美国号邮轮的轮船设计师”。[26]

吉布斯的另外一个儿子克里斯托弗，也远离了父母的社交圈子，在加州的苹果谷当了一名教师。父亲有一次为了拉近跟他的关系，给他寄了一个镶好框的诗卷，是鲁德亚德·吉卜林的《如果》。“我觉得理解起来太复杂，但是他的信息还有诗的暗示又很明确。”克里斯托弗给母亲的信中说到了这份礼物。诗中的一节表明了威廉·弗朗西斯·吉布斯对儿子的期望，或者也是对他自己的期望：

如果你跟村夫交谈而不离谦恭之态
和王侯散步而不露谄媚之颜
如果他人的爱憎左右不了你的正气
如果你与任何人为伍都能卓然独立
那么你的修养就会如天地般博大——

而你，就是个真正的男子汉了。

我的儿子！*

克里斯托弗把这首诗挂在了壁炉上，“这样我能经常看见它，作为提醒”。

1966年，克里斯托弗回到纽约探望父亲，结果成为了父子之间最后的一次见面。“我看过也听过有人说他‘伟大’，”他在给母亲的信中讲述了这次见面，“我想，去年夏天我去看望他的时候，我感受到了‘伟大’的意义。我可是说这是一个新感觉。”[27]

尽管威廉·弗朗西斯·吉布斯和薇拉·吉布斯在专业领域和社交生活中具有开拓性，但是在养儿育女方面却是很传统的维多利亚式。也因于此，孩子们都与父亲和他的世界与成就保持着一定距离，也没有成为母亲的纽约世界的一部分。

孩子们都长大了，夫人也很忙，威廉·弗朗西斯·吉布斯觉得自己除了工作也应该做点其他事情。随着自己慢慢变老，这位清心寡欲的工程师花更多的时间去第五大街的圣·托马斯圣公会。这所高德教堂的教友们都是高德教派的，威廉·弗朗西斯·吉布斯抱怨说像他这样“粗俗”的人学习这些仪式还挺费事。尽管如此，教会生活已经成为了他生活中的主要消遣，他也很乐意在每个周日脱下身上正式的条纹裤、晨礼服和小礼帽。[28]作为圣·托马斯郊区的代表，他坚持要取消昂贵的座位费，用玻璃取代了原来的木门，这样让路人也能看见里面的情况。[29]

也正是通过圣公会，吉布斯留下来另外一笔遗产，他希望能够跟大船一样永存。1960年，吉布斯的老朋友、演员温·汉德曼带着建立一个演艺界新圣会的想法找到了威廉·弗朗西斯·吉布斯。这不仅是一个活跃的教堂，而且它将成为汉德曼所说的美国城市剧院——一个新的演艺场地。威廉·弗朗西

* 译者注：本文采用的是吉小红《追求真理之路——对吉卜林〈如果〉的解读》中的翻译，《考试周刊》，2009，（35）：PP. 31-32。

斯·吉布斯积极投入到这个计划中，随之而来的是翻新了距离 86 号码头仅几个街区外的圣·克莱门特教堂，并于 1962 年重新开放了它。它的指导信念是“没有人会被抛弃”。[30]

仅次于为美国号设计姊妹船，吉布斯对圣公会的投入为他的晚年带来了极大的满足感。但随着又一个十年的来临，他不禁发现人们更多地选择搭乘飞机往返于欧洲，而这是他一直所不愿面对的。

逐渐的，美国号很明显不会再象征美国海上的支配地位，而成为北大西洋生活方式的绝唱，一个威廉·弗朗西斯·吉布斯为之奋斗一生的绝唱。

威廉·弗朗西斯呕心沥血，花了半个世纪的时间用在船只的设计上，尽管世界在变，他不得不坚持下去。

“一旦像威廉·弗朗西斯·吉布斯这样创造了杰作的人，”一名旁观者说道，“他就成为了它的俘虏。”[31]

美国号的姊妹船不可能有机会建造了。随着 20 世纪 50 年代结束，大船遭到了船员工会的抨击和喷气式飞机的挑战。这是一场威廉·弗朗西斯·吉布斯无法战胜的斗争。

## 注释


1. Richard Austin Smith, “The Love Affair of William Francis Gibbs,” *Fortune*, August 1957, p.160.
2. 出处同上。
3. 出处同上, p.158.
4. 出处同上。
5. 出处同上。
6. 出处同上。
7. Frank O. Braynard, *By Their Works Ye Shall Know Them: The Life and Ships of William Francis Gibbs 1886—1967* (New York: Gibbs & Cox, 1968), p.197.
8. 出处同上。
9. “A Decade and Miss Cornell,” *New York Times*, March 1, 1936.
10. Frank O. Braynard 对 Katharine Cornell 的采访, in Braynard, *By Their Works Ye Shall Know Them*, pp.189—90.
11. Braynard, *By Their Works Ye Shall Know Them*, p.1977.

12. William Francis Gibbs 演讲稿, at the Thomas Alva Edison Foundation Mass Media Awards Dinner, Waldorf-Astoria Hotel, January 27, 1960, William Francis Gibbs Collection, Mariners' Museum, Newport News, VA.
13. Smith, "The Love Affair of William Francis Gibbs," pp.138—39.
14. 1955年9月 Vera Cravath Gibbs 的日记节选, 引自2006 S.S. United States Conservancy Calendar (Raleigh, NC : SS United States Conservancy, 2006).
15. Winthrop Sergeant, "Profiles: The Best I Know How," *New Yorker*, June 6, 1964, p.62.
16. *New Yorker*, November 16, 1957, 引自 Braynard, *By Their Works Ye Shall Know Them*, p.177.
17. Sergeant, "Profiles: The Best I Know How," *New Yorker*, June 6, 1964, p.66.
18. Edna Herman, "Vacation Ho!" *Compass Points*, July—August 1952, p.9, collection of Lawrence W. Ward.
19. Sergeant, "Profiles: The Best I Know How," *New Yorker*, June 6, 1964, p.68.
20. 2009年8月18日和24日 Steven Ujifusa 对 Lindsay Falck 的采访。
21. Smith, "The Love Affair of William Francis Gibbs," p.154.
22. Sergeant, "Profiles: The Best I Know How," p.66.
23. Smith, "The Love Affair of William Francis Gibbs," p.154.
24. Sergeant, "Profiles: The Best I Know How," p.64.
25. Susan Gibbs 在影片 *S.S. United States: Lady in Waiting* 中的访问。
26. Paula Gibbs, "Dogs I Have Known and the People They Have Loved," *Wiscasset Newspaper*, January 15, 2004.
27. 1967年9月11日日 Christoper Gibbs 写给 Vera Cravath Gibbs 的信, William Francis Gibbs Collection, Mariners' Museum, Newport News, VA.
28. Sergeant, "Profiles: The Best I Know How," p.58.
29. 出处同上。
30. St. Clement's Episcopal Church, Parish Profile, August 2004, p.1, www.stclementsnyc.org/profile04.doc, 访问于2009年6月23日。
31. Smith, "The Love Affair of William Francis Gibbs," p.160.

# 第 28 章

# 来不及说再见

20 世纪 50 年代末的一个冬天，寒风凛冽，侍者领班助理克鲁德纳一路上都在照顾一对晕船的蜜月夫妇。他们从未离开过船舱，也从未停止过呕吐。克鲁德纳尽职尽责地清理他们的呕吐物。当这对夫妇跌跌撞撞地爬上甲板，先生已经面如菜色，体重也减轻了 15 磅，恶狠狠地瞪着他。

“下一次，我们一定坐飞机!”他凶巴巴地说。[1]

男人的话预示着一个崭新的、不可阻挡的趋势——1958 年 10 月 4 日，一架商用喷气式飞机离开伦敦希思罗机场前往纽约，仅仅 6 个小时就降落在爱德怀德机场。喷气式飞机的到来，旅行作家约翰·马尔科姆·布朗宁注意到，“海上旅行并没有大幅减少或者下降——肯定没有淡出人们视线。”

1958 年秋天的那次飞行之后的几年里，美国号依然保有可观的载客量，也包括为数众多的前往西德军事基地的美国大兵们。“美国号依然有良好的客源，尤其在夏季，”轮船摄影师乔·罗塔回忆说，“但秋天天气开始恶化的时候，我们可以看到乘客量显著地下降。”[2]

邮轮运输似乎一夜回到了从前，在大萧条时代惨淡的日子里，那时，诸如利维坦号、毛里塔尼亚号和奥林匹克号的巨轮们载客量都不足一半。但现在却截然不同。世界欣欣向荣，股市蒸蒸日上，美国人民也腰缠万贯。

为了应对危机，轮船公司开始清理老旧的邮轮。1959 年，法国航运公司的法兰西岛号邮轮被送往废品处理厂，紧随其后的是曾经的旗舰自由号，即

1929 年德国建造的快速邮轮欧罗巴号。[3] 取而代之的是 1962 年庞大的法兰西号，法兰西号长 1035 英尺，巡航速度达到 35 节。即便如此，法国航运公司也承认他们无力从美国号手中夺回蓝丝带奖。

“飞行大大缩短了跨越大西洋的时间，海平面上的速度纪录已经毫无意义，”公司主席简·玛丽告诉记者说，“关闭了 120 年以来来之不易的创新之门，也结束了一代又一代的轮船设计者们不断竞逐蓝丝带奖的年代。”[4]

意大利航运公司仍然保持乐观，在 60 年代初他们又投放了三艘新的邮轮：达芬奇号，米开朗琪罗号和拉斐尔号。每一艘都散发着意大利式的魅力和风采，也享受有巨额的政府补贴，但一投入运行便背负起沉重的赤字。

事实证明，没有人能够阻止跨大西洋旅行的巨大转变。甚至丘纳德公司，哪怕是伊丽莎白皇后号和玛丽皇后号一周双船的“二重奏”，也不能阻止营运收入的萎缩。在 60 年代早期的时候，这两艘巨轮每年都会亏损数百万美元。巨额的维护费用让她们不堪重负，当年浮动的利兹·卡尔顿酒店也变成了死要面子的旅馆。船身开始锈迹斑斑，铜器也已暗淡无光，豪华的休息室和船舱昏暗肮脏。菜单变短了，服务变坏了，“在她们的最后十年直到结束，皇后号几乎成为地球上最大的幽灵船。”约翰·马尔科姆·布朗宁写道，“一个可能的场景是，一位孤独的旅客坐在昏暗的酒吧里，无边的寂寞，十几位穿着白制服的侍者像哨兵一样站在周围，警觉地听他的吩咐……”船长的招待会上，乐队尽是一些老态龙钟的男人和富孀，“让人禁不住地感到绝望和凄凉。”[5]

乘客数量在不断减少，劳资矛盾在不断升级，越来越多的航行因为罢工被迫取消或推迟。乔·库伦的全国海员工会拒绝美国航运公司解雇员工，即使订单减少，尤其在冬季。“工会成员认为航运公司对工人们无所不用其极，”一个侍者回忆说，“他们从中得到了好处，如果轮船并非因为工会而无法出航。行李员们通常无所事事，而我们不得不待在那里。”[6]

1958 年 6 月，轮船的工程师们，所有海洋工程师互助互益协会的成员都离开了美国号，此时美国号搭载着几乎满员的乘客即将起航。《纽约时报》报道说工会要求“大幅加薪，更好的工作保障，更长的假期，更高的养老金以及最小的工作规则变化”。上午10点，谈判在轮船会议室举行，在美国航运公司有条件的承诺之后，争议才算得以解决。此时距离原定起航时间已经不足两个小时，美国号前往欧洲的时间也不得不推迟了八个小时，无聊的乘客只能在甲板上晒日光浴。[7]

同年10月1日，国际技师协会开始罢工，大副和领航员开始罢工，要求更长的假期。罢工一直在持续，而工会拒绝让步。

10月3日，七窍生烟的富兰克林将军召开记者招待会，有史以来第一次宣布公司将取消美国号的任何航行。

富兰克林宣布谈判失败，原因是“不可能的要求，包括限员与加薪”。

“我们决定抗争到底。”他发誓说，尽管按照公司的估计，罢工将带来50万美元的收入损失和70万美元的船员工资上涨。富兰克林，从前善用苏格兰威士忌和苏打水同乔·库伦解决与全国海员工会的纷争，但如今，他发现他所有的说服力在面对其他工会领导人时却消失得无影无踪。[8]

罢工终于结束，美国号也开始了她的下一次航行。但工会认为他们胜利了，如果乘客的行程一再被打乱，他们指出，美国航运公司别无选择，只能让步。

得益于每年1200万美元的营运补贴和作为海军储备舰船的优势，美国号依然整洁如新，维护良好。尽管客运收入不断下降，但公司在华盛顿影响力的开始减弱，则缘于1959年公司最有权势的股东和董事文森特·阿斯特不幸死于心脏病，而他所有的财产都留给了第三任妻子布鲁克。

1960年，公司又一次遭受打击，商务部决定不再由美国航运公司运送士兵们到世界各地，更多的士兵将通过飞机前往美国海外军事基地。[9]美国号作为非官方运兵船的历史结束了，尽管仍享受联邦运营补贴。为弥补军队运输合同取消带来的收入损失，美国航运公司大幅调整了航期表。公司在夏季航班里加入了不来梅号和德意志号，希望能够招徕更多的乘客，特别是欧洲移民。1965年林登·约翰逊总统签署的移民法案，为更多的东欧人和亚洲人打开了美国国门，扭转了自从20年代开始法律中的歧视性规定。

这一年，公司失去了军事运输合同的大订单，富兰克林将军也辞去了总裁职务，转任董事会主席一职，他任命女婿威廉·兰德担任总裁。但兰德的任期非常短暂。美国航运公司王朝始于克莱门特·格里斯康和 J. P. 摩根，繁荣于菲利普·富兰克林、文森特·阿斯特和约翰·富兰克林，终结于 1967 年，沃尔特·基德集团公司以国际商船队的名义购买了公司大部分股票。[10]集团没有任何兴趣让美国号持续运营，如果她持续亏损的话。

1964 年，美国航运公司决定必须处理掉两艘亏损的邮轮中的一艘。美洲号被出售给了希腊所有的尚德里航运公司，售价仅 450 万美元。（尚德里公司将美洲号变成了只有一级船舱的移民船，往返于欧洲和澳大利亚。）这次出售让美国号变得形单影只，美国航运公司所能做的仅仅是缩减航期表。同一年，安德森船长从美国号退休了，接替他的是大副勒罗伊·亚历山德森，也是一位纽约海事学院的毕业生。大多数的船员在不久之后发现，亚历山德森是一位独裁主义者。

随着 20 世纪 60 年代一天天的流逝，劳资争议也越发频繁。1965 年 1 月，纽约码头的工人开始罢工。为了让美国号按期启航，美国航运公司的员工们开赴 86 号码头，从勤杂工到高级主管，概莫能外。在凛冽的寒风中，气温也降到了 20 华氏度，习惯了办公室工作的人们一共用 32 辆汽车装载了 13 吨啤酒、19 吨蔬菜、3 吨冰激凌、490 件沉重的行李和 3500 件手提箱。当然，温莎公爵和夫人一如既往地按照他们的方式旅行，携带着他们的 83 件行李。[11]

不过，随着 20 世纪 60 年代股市的暴涨，人们变得越来越富有，航运公司相信除了欧洲之外乘客们也许更喜欢异国情调的目的地。邮轮上的愉快经历将会成为旅行的重要因象，快乐度假必然会渐渐盛行。美国航运公司开始游说海事委员会同意他们在冬天的时候将美国号变成一艘游艇，丘纳德公司早就这样做了。在费了无数唇舌之后，海事委员会作出了让步。60 年代中叶，在冬季，美国号开始了前往百慕大、加勒比海和里约热内卢的短途航行。

此举受到了公众的欢迎，但仍不足以使美国航运公司摆脱赤字。与此同时，随着乘客数量的减少，每天的运营费用尤其是每天 600 吨的燃油费用依然高昂。1966 年，美国航运公司共亏损了惊人的 800 万美元。在一次东向航行中，美国号离开欧洲时仅搭载了 202 名头等舱乘客、263 名二等舱乘客和 296 名三等舱乘客；941 名船员服务 761 名乘客。[12]

这样的数字开始变成常态。美国号、皇后号还有其他硕果仅存的大型邮轮，发现他们只在竞争从前的二十五分之一的客源。尽管每年仍然可以获得 1200 万美元的政府补贴，在 60 年代后期，美国号依然每年亏损 400 万美元。政府补贴意味着给每张船票补贴 400 美元。[13]

公司甚至尝试推出更悲情的销售口号“优哉游哉去旅行”，而不是“乘坐世界上最快的邮轮”。[14]

美国号的政府补贴原计划一直执行到 1977 年，那时候她将 25 岁了。然而，有传言说无论美国航运公司抑或海事委员会都不希望那个时候才让美国号退役。“我是一个浪漫主义者，也是美国号的超级崇拜者。”美国航运公司新任总裁约翰·麦克伦对海事委员会的头儿这样说道，“但我也是一位实用主义的轮船人。”[15]

1967 年春天，丘纳德公司宣布伊丽莎白皇后号和玛丽皇后号退役，并出售给竞标价高者。取代她们的是一艘现代化的邮轮，一半时间在大西洋运行，另一半时间将作为游艇。许多人都猜测曾经象征着大英帝国海事辉煌的皇后号，将被卖给中国台湾或者日本的邮轮回收公司。

就在这个时候，80 岁的威廉·弗朗西斯·吉布斯突然染上重病，随后病情急剧恶化，8 月份的时候他只能躺在圣·卢克–罗斯福医院的病床上。在西 21 街空空的办公室里，沉寂的电话便再也没有响过。

此后不久，1967 年 9 月 7 日下午，美国号第 353 次航行开始起程，在经过西 21 街的时候，亚历山德森船长举起他的右手敬礼。其他的邮轮官员们，列队站在船桥上，美国号三声汽笛声显得格外凄凉。

威廉·弗朗西斯·吉布斯，在前一天永远地离开了人世，死于充血性心力衰竭。那时，他刚刚满 81 岁。

当美国号驶过自由女神像的时候，一艘同样出港的邮轮超越了她。这是希腊轮船公司的弗雷德里卡皇后号，一艘战前的古董，处处显得老旧不堪。当她经过西21街的时候，曾经是马洛洛号邮轮的船长也拉响了连续不断的短促而有力的汽笛声，向1927年设计她的人致以崇高的敬意。

9月11日，葬礼在麦迪逊大道长老会教堂举行，40年前，威廉·弗朗西斯与薇拉·吉布斯正是在这里举行了婚礼。年高德劭的主教弗雷德里克·莫里斯写信给薇拉·吉布斯说，“大家对威廉·弗朗西斯最后的态度和决定备感失望和伤痛。但我们都已决定忘记，并将此归因于懦弱和疾病。我们中的绝大多数都将参加葬礼，一起参加。”[16]

教堂里挤满了人。威廉·弗朗西斯·吉布斯的朋友，约翰·梅林牧师致悼词，赞扬了吉布斯“展现给身边的人以完美的忠诚”。[17]

薇拉以固有的亲切和镇定接受宾客们的哀悼和同情。儿子弗朗西斯·吉布斯参加了葬礼，但弟弟克里斯托弗决定待在加州。他写信给母亲说繁重的教学任务和对飞行的恐惧让他不得不留在加州。“这个借口，如果可以算作借口，听起来非常奇怪而又冷酷至极，但是，经过我的深思和这几年我去看望父亲，我得出一个结论，父亲希望我继续‘全力前进’，套用他的话说。”尽管在信中有所暗示与父亲的和解，克里斯托弗·梅策尔德的信中仍旧道出了他们之间的紧张关系。“尽管父亲的离开给了我不一样的影响，”他写道，“但我仍然感觉我们最好继续我们各自认为最好的、最合适的生活。我们应该坚持自己的决定，无论对方认为这是对还是错。”[18]

许多人也写信给薇拉进行慰问。刘易斯·拉法姆，格莱斯航运公司的前总裁（《哈珀》杂志总编的父亲），这样称赞吉布斯的贡献：“他所做的一切和所代表的一切都在那里，坚忍不拔，卓有成效。”[19]

一张便条——来自曾被认为世界上最伟大的水手——用潦草的字迹写着，“世界失去了一位伟大的人，”已退休的曼宁船长写道，“我非常钦佩他。他无可替代。”

多愁善感的首席工程师比尔·恺撒不乏赞美之词。“我怀念这个老家伙，”

他说，“每天早晨都会问我们干得怎么样与我们都干了些什么。”[20]

9 月 22 日，约翰·麦克罗伊站在窗前看着美国号驶向大海，后面跟着最后一次离开纽约的玛丽皇后号，这位曾经的费城穷小子，现在的大通曼哈顿银行的总裁最后一次写信给薇拉·吉布斯：“你的父亲是法律界的泰斗，你的丈夫是轮船界的佼佼者，你曾经与如此品质优秀的男人密不可分……我们都知道邮轮在他的生命里占据了多少位置。当美国号从我眼前驶过，就唤起了我无尽的回忆。”[21]

威廉·弗朗西斯·吉布斯沉睡在新泽西普林斯顿，紧紧挨着他的母亲弗朗西斯。父亲威廉·沃伦·吉布斯的遗体，躺在遥远的哈克特斯镇。葬礼后不久，吉布斯“玻璃动物园”办公桌上的一切物品——荣誉学位证书、剪报集、护照、儿时的圣咏集、钥匙，甚至一包打开的口香糖——都被打包运往弗吉尼亚州纽波特纽斯水手博物馆的地下室。

威廉·弗朗西斯·吉布斯去世的那个月，玛丽皇后号完成了她最后一次的跨大西洋航行。在服役了 31 年之后，这艘伟大的邮轮将会到南安普顿，再到她最终的栖息地：加利福尼亚的长岛，她被这座城市买来作为永久的轮船会议中心的标志。伊丽莎白皇后号也将在几个月后步其后尘，先到佛罗里达州的埃弗格莱兹港，然后到香港被翻新作为一所漂浮的大学。但 1972 年，在翻修接近完成的时候，已经更名为海上学府号的伊丽莎白号突然起火并倾覆在港口。翌年，残骸被彻底清理。

1969 年 11 月 7 日，美国号在完成了 400 次航行之后停靠在了纽约港。等待她的是一条不祥的消息：即将到来的 55 天太平洋巡游被取消了，而这次计划的航行中她将第一次穿过巴拿马运河。

即便如此，亚历山德森船长依然将她送往纽波特纽斯船厂进行年度检修。当她抵达船厂的时候，工人们蜂拥上船，就像他们过去 17 年做的那样。他们检查了发动机和绞盘，为船舱吸尘，更换电线和灯泡，抛光栏杆和把手。还有两个团队架起梯子去重新绘制烟囱上的标志性图案。

但一位船厂的监工来到船上，命令工人们停下一切，马上离开。几百位困惑的工人放下画笔和工具箱，慢吞吞地走过甲板。渐渐的，声音消失在大厅、船舱、走廊和引擎室里，整个轮船陷入了沉寂。

也许明天就可以回来继续了吧，工人们这样想。

第二天，他们发现跳板的门紧锁着。

亚历山德森船长接到了工厂负责人的一个电话。“他说，‘我命令所有的工人立即停止工作’，”亚历山德森回忆说，“一些船员们绝不相信美国号会就此退役，因此他们在船上放了一些个人物品……就是说他们仍将会回来。然而他们再也没有回来过。”[22]

## 注释

1. 2008年3月4日 Steven Ujifusa 对 Joseph Rota 和 William Krudener 的采访。
2. 2008年1月27日 Steven Ujifusa 对 Joseph Rota 的采访。
3. Dwight D. Eisenhower, “Statement by the President Upon Signing Bill Authorizing theConstruction of Two Superliners,” July 15, 1958, in John T. Woolley and Gerhard Peters, eds., *The American Presidency Project*, http://www.presidency.ucsb.edu/ws/index.php?pid=11130, 访问于2009年4月15日。
4. Jean Marie, 引自 Frank O. Braynard and Robert Hudson Westover, *S.S. United States: Fastest Ship in the World* (Paducah, KY: Turner, 2002), p.115.
5. John Malcolm Brinnin, *The Sway of the Grand Saloon: A Social History of the North Atlantic* (New York: Delacorte Press, 1971), p.539.
6. 2008年1月27日 Steven Ujifusa 对 Joseph Rota 的采访。
7. Werner Bamberger, “Walkout Delays S.S. United States,” *New York Times*, June 13, 1958.
8. Edward A. Morrow, “Deadlock Stands in Shipping Strike,” *New York Times*, October 3, 1958.
9. William H. Miller Jr., *S.S. United States: The Story of America's Greatest Ocean Liner* (New York: Norton, 1991), p.171.
10. Braynard and Westover, *S.S. United States*, p.139.
11. McCandlish Phillips, “Superliner Gets Landlubber Help,” *New York Times*, January 31, 1965.
12. 出处同上。
13. Braynard and Westover, *S.S. United States*, p.142.
14. Mark B. Perry, “Liner Memorabilia—Highlights from My Collection,” http://www.shipgeek.com/linercollection.htm, 访问于2007年8月30日。

15. George Horne, "Liner United States Is Beautiful, Fast, Powerful, and Broke," *New York Times*, September 21, 1969.
16. 1969年9月9日 Reverend Frederick M. Morris 写给 Vera Cravath Gibbs 的信, September 18, 1967, William Francis Gibbs Collection, Mariners' Museum, Newport News, VA.
17. 1967年9月11日 Lewis Lapham 写给 Vera Cravath Gibbs 的信, William Francis Gibbs Collection, Mariners' Museum, Newport News, VA.
18. 1969年9月11日 hristopher Gibbs 写给 Vera Cravath Gibbs 的信, William Francis Gibbs Collection, Mariners' Museum, Newport News, VA.
19. 1967年9月11日 Lewis Lapham 写给 Vera Cravath Gibbs 的信, William Francis Gibbs Collection, Mariners' Museum, Newport News, VA.
20. George Horne, "A Sea Dog Making His Last Voyage," *New York Times*, May 19, 1968, Mariners' Museum, Newport News, VA.
21. 1967年9月22日 John J. McCloy 写给 Vera Cravath Gibbs 的信, William Francis Gibbs Collection, Mariners' Museum, Newport News, VA.
22. Leroy R. Alexanderson, WGAL-TV, Lancaster, PA, 1997, 在影片 *S.S. United States: Lady in Waiting* 中的访问, 由 Robert Radler 导演、Mark B. Perry 制片, Big Ship Films LLC, 2008.

# 第 29 章

# 解　密

当国会无法在 1970 财政年度继续对美国号的运营进行补助时，美国航运公司只能被迫让美国号退休了。“美国号现在的总收入也就是 1800 万美元，跟 1953 年首航时候的收入一样。”一名美国航运公司高管说，“与此同时我们的开销还在剧增，薪水和补助在上涨，船只维护费用也在增加。在高开销和航空公司的竞争之下，我们无法继续了。”[1]

因为大船和国家防务之间过往和现在的潜在联系，海军把她雪藏起来了，安装了一套防潮系统来保护内饰和机器。状况不济的公司已经停止支付政府的未偿贷款了，美国海事委员会只能是对此负责。美国号从詹姆斯河拖到了弗吉尼亚州的诺福克，静静地待在那里，再后来的十年渐渐被人们遗忘。1976 年，挪威邮轮公司希望为自己高盈利的加勒比邮轮舰队增添一艘新船，提出希望购买美国号并把她重建成一艘现代邮轮。海事委员会以该船的设计是高度机密为由拒绝了。作为替代，挪威公司购买并重修了闲置的跨大西洋邮轮法兰西号。重命名后的挪威号，成为一时最为成功的邮轮。

直到 1977 年海军才决定解密大船的设计特征。让这些公之于世的是约翰·R. 凯恩，他曾经差点因为拒绝向海曼·里科弗透露大船的最快速度而失掉饭碗。现在能够自由谈论的他，在 1977 年 11 月 3 日给造船和轮机工程师协会的“汉普顿锚地专栏”写了篇文章。

首先揭露的是视觉内容。船体形状和螺旋桨配置被首次刊登出来。凯恩用之前大船在干船坞厂的机密照片，以及模型测试的图表作为配图。曾被吉布斯死守的水位线以下的独特船体轮廓，不让公众知晓的防震螺旋桨设计，还有关键工程规范现在都已经成为了公开资料。

凯恩继续发表对于新披露信息的想法。从整体来说，他写道，大船的设计是“那个年代比较常见的，但是却十分简洁和精良”。然而，大船优美的形态与排水量之间的巧妙平衡使得她性能卓越——不仅是速度，还有耗油率和恶劣天气下的稳定性。这就是一位设计大师的成就，“杰出的造船艺术与技艺”。[2]

凯恩是这样总结威廉·弗朗西斯·吉布斯的简约设计理念的：“结合了最大驱动力以及大船工作时的排水量，她船身修长、配置优良、设计最为简洁，且有着健全的适航性能。”

但是作为读者的海军建筑师、工程师和记者们，脑子里只有一个问题：究竟美国号的最快速度是多少？

答案是惊人的 38.32 节，在 1952 年 6 月的测试航行达到的——几乎是 45 英里每小时的地面速度。但要弄明白美国号所以能够如此快速，38.32 节的表现要归功于西屋的涡轮机，能够产生 241785 的轴马力。最大的引擎输出量预计是 247785 马力。新披露的船只动力数据还能解释更多。众所周知她首航的时候西向平均速度是 35.59 节，并以此获得了蓝丝带奖章。凯恩指出，在那次航行中曼宁准将并没有让美国号的功率发挥超过设计值的三分之二。大船以相当富裕的速度打破了原有的速度纪录，“而且还是以比玛丽皇后和伊丽莎白皇后更少的马力实现的”。这两艘英国大船，每艘排水量 80000 吨，最大功率能够达到 158000 轴马力。而美国号排水量仅 53329 吨，由此也证明了自己是当时历史上主要商业邮轮中功率与排水量比是最好的。[3] 实质上，吉布斯比任何一个造船建筑师做得更多：将一艘远洋邮轮的尺寸、奢华程度与驱逐舰的轻巧和速度完美结合在一起。美国号在商运时没有全速运行还有更要的经济因素：为了实现首航（35.59 节）和最高测试速度（38.32 节）之间那额外的 2 节速度，引擎需要多产生 50%的马力。[4]

美国号军事秘密的解密也同时向世界宣布当时最为先进的邮轮对于美国军方已经没有多大用处了。他们的船只依旧会主宰国际军事和民用货运。但是飞机使得美国军队从越南飞往伊拉克和阿富汗的速度提高更快，同时商业航空公司能够让美国人想去到哪里就去哪里。

到了1980年，美国号的解密使得军方认为未来已经不需要它了。美国海洋管理局要把已经生了锈的大船卖掉。30年前，威廉·弗朗西斯·吉布斯曾经宣称："斯大林很想知道这艘船能做些什么。"大船的要价只有500万美元，相当于1952年7800万美元造价的7%。[5]因此又展开了一轮冗长的谈判，买卖、谈判、停滞，然后再买卖。

一开始，西雅图的房地产商理查德·哈德利把船买到手，他计划做成海上公寓，但事实上行不通。为了还债，哈德利命令把船上所有的家具、设备和艺术品都搬出去。纽约根西拍卖公司主持了这场史上最大的拍卖——鸭子套房的壁画，纳瓦霍休息室的奥斯图尼绘画，舞厅的心形酒吧，以蝴蝶和树为图案的床单，带有美国航运公司标识的瓷器，厨房里的锅和盘子，准将船舱的桌子，连大船的方向舵盘都被卸下来放在了拍卖台上。

哈德利倔犟地抓着已经是被洗劫一空、发霉的大船不放——风雨渗透舱口，从舷窗渗入内舱。[6]1991年，来自弗吉尼亚的厄尔·斯威夫特登上大船看了看，十分震惊。"巨大的黑色船体里面全是锈，"他写道，"锅炉全毁了；水泵、马达和涡轮机变形了。客舱被掏空了，遍地都是垃圾和被浸泡的寝具、纸张。浴室里面都是破碎的瓷器。液压液渍浸透了机舱。露天甲板的鸽子粪都有几英寸厚。上层建筑长满了野草。"引用一位愤怒的船只主管的话说："船主掠夺了原来的国家纪念物，船只被洗劫了。"[7]

20世纪90年代早期，哈德利破产了，美国号被迅速拉到了垃圾场。但是1992年，大船又被拍卖给了马拉马公司。公司负责人弗莱德·迈尔于1963年曾搭乘美国号从土耳其移民到美国，现在却在纽波特纽斯的法院门前买下了大船，此时价钱已经跌到了260万美元。新船主希望把美国号作为丘纳德伊丽莎白皇后2号的姊妹船，而后者是唯一一艘还在经营跨大西洋服务的邮轮。他把大船拖到了土耳其，然后到了乌克兰，在那里把所有的石棉内饰拆除，只剩下金属。到处都是有毒材料：壁板上、地砖上还有绝缘导管上。

1996 年，曾经锈迹斑斑、现在焕然一新的美国号被牵引到了费城，停靠在特拉华河畔。迈尔和丘纳德的交易没成交，他的财团破产了，而大船再一次陷入绝望。新泽西的开发商爱德华·坎托随后买下了大船并承诺不做任何改动。

然而费城的许多人并不希望看到大船停在他们的海滨区。“来看看咱们的美国号，被遗弃的交通工具之母。”《费城每日新闻》抱怨道。[8]

坎托 2002 年逝世后，他的继承人要把美国号卖了，希望能够彻底地把她送到垃圾场去。25 年前要购买大船的挪威邮轮公司在最后一刻出现了，仅以比印度收废品的高一点点的价格收购了美国号。“当我们得知这个曾经的美国偶像正处于危险，我们觉得这是一个难得的机会，必须马上行动，”挪威邮轮公司首席执行官科林·维奇 2003 年说，“这艘船是个经典，在美国制造，在现有法律法规要求下能够保证在国内运行。”[9]

挪威邮轮公司美国分公司定下的目标是运营一艘现代的美国号，往返于西海岸和檀香山。1920 年经国会通过、至今仍然有效的商船法案，规定只有美国船只才能在美国港口之间直接搭载乘客和运载货物。但是按照现在旅客希望的标准改装美国号——海景房、室外大游泳池、船上购物中心——要花费 5 亿美元，跟造一艘新邮轮差不多。最后挪威邮轮公司决定还是让大船自生自灭。2009 年年初，由于金融危机导致的美国经济大衰退也严重打击了邮轮业。2010 年 3 月，公司宣布要卖美国号，也接受垃圾处理商的出价。

如果 40 年后等着被垃圾处理商拉走，美国号肯定会从设计师出生所在地拖到墨西哥湾的海滩上停留。在那里，这艘伟大的美国船只将被切成碎片，熔化成剃须刀片和弹簧床。

她是怎么建成的，将被拆成什么样。清理工作从切割她的铝质上层建筑开始，然后再放倒雷达桅杆和烟囱，再就是船首和船尾；随着火花四起，优美的钢铁船体成块地坠落，“砰”地落在沙滩上。随着拆除工作推进，堆在岸上的东西越来越高。最终，威猛的引擎和铜质螺旋桨从残骸上卸下来，等着拖走后熔化。一年多以后，曾经于1950年2月早晨躺在纽波特纽斯10号船坞的龙骨将被运走。

2010年春天，美国号在费城82号码头等待着自己的最终命运，四周围绕着保安摄像头和铁丝网。曾经繁荣的特拉华河海滨，1894年威廉·吉布斯还在此观看圣路易斯号命名的地方，早已不复存在。取而代之的是商业街、超级广场、停车场和高速路。每天都有数以千计的车飞速从美国号旁边的哥伦比亚大街、95号州际公路和沃尔特·惠特曼大桥驶过，几乎没有人留意到耸立在南费城那已经褪色的红、白蓝烟囱。

但是走近看，船只的巨大体积还是势不可当。因为里面是空的，她比预计水位要高。曾经光辉的内部装饰早已破损，裂成碎片；水位线上的红色防污漆也褪色成吓人的灰色。黑色外壳锈迹斑驳。码头上落满了红白蓝烟囱上掉落的碎片。海风吹得邮轮来回晃动，引起了“吱嘎”声，拴船的绳子“嘶嘶”直响。

船上，一名游客走在甲板上踩得破碎玻璃“吱嘎”直响。四个螺旋桨躺在船尾；近处一块船尾栏杆是在一次起重机吊螺旋桨起落的时候砸断的。几个沙狐球盘掉落在头等舱运动甲板上，上面的白色线条早已经模糊，表面凹凸不平。曾经替运动甲板挡风躲避北大西洋海浪的铝救生艇，早就被挪走当废品卖了。

而在里面，多萝西·马克瓦尔德轻快、经典的内饰只剩下一堆废铁了。船员们曾经擦得铿亮的玻璃窗，满是尘垢。还有些零星的东西：船员的告示板、船员休息室的转椅、图表室的乒乓球桌，还有头等舱菜单的一个个脏碎片粘在带锁储物柜上。船桥上原来所有的仪器，包括方向盘、导航设备、引擎室电报机全都没有了，只剩下突出来的残端和切断了的电线从甲板上探出来。曾经代表着20世纪50年代战后时尚缩影的头等舱舞厅，空荡荡的，十分寂静。杜克·艾灵顿、艾索尔·摩曼和梅耶·戴维斯都在舞台上表演过，而现今的舞台积着一池子水。圆形舞池还在，黑色地面都翘起来了。舱壁上凌乱的字迹像影子一样提醒人们要记住那些半个世纪以前建造大船的工人们。甲板上的分区槽和管道布局还能看出些鸭子套房楼面布置图的影子。黑暗发霉的二等舱餐厅的柱子上还残留着一点深蓝色油漆。

已经被拆卸一空、泛出牡蛎白的电影院里，舞台还在，而就在那里，威廉·弗朗西斯·吉布斯在首航之后告诉船员们："我十分喜爱这艘船。它是个大东西，我想我对它的喜爱与它的尺寸有关。同样的，我也非常欣赏每一位为了大船成功而每日辛勤付出的人。"[10]两扇铝质对开门，上面还有着 20 世纪 50 年代风格"推"的字样，一直连接头等舱宏伟的大门和封闭的散步甲板。这两条海上街道曾经两旁都是躺椅，穿着制服的服务员会呈上茶水和热汤。而现在这上面全是羽毛和骨头，这是因为鸽子能从破碎的窗户飞进来，但是却找不到出去的路，只能在里面活活饿死。

原来只能通过跨大西洋邮轮横渡、享受旅途的日子已经一去不复返。几乎所有的大型邮轮现在要么已经沉入海底，要么都已经熔化成废铁了。

但是客船本身并没有消失。今天的邮轮比吉布斯的大师之作更大更奢华，但是对速度和航行目的却再也没有往日那般的理解。它们并不适合于寒冷天气下的横渡，只适合挥洒温暖的假期。丘纳德的玛丽皇后 2 号和维多利亚皇后号与嘉年华奇迹号、狂想曲号还有海洋绿洲号共享着这片大洋。只在港口短暂停留的假日旅行邮轮不需要速度；它们就是为了最大化的娱乐而定制的，还有海景阳台，看上去更像是街区公寓，有些头重脚轻的恶劣感觉。糟糕天气下，向外伸出的稳定鳍几乎完全消除摇摆。原来给船只提供稳定动力的引擎已经被淘汰，取而代之的是在船体外面的推进装置，绝缘材料几乎可以完全抑制震动。除此之外，设计和建造的标准化和预加工使得这些船看上去都一样。跨大西洋邮轮原有的不同轮廓设计让船员和小学生们一眼就能够区分，现在可不行了。

美国号跟她的继承者们一点都不一样，但这艘伟大的邮轮还有着恒久的标志意义。她的建造技术和标准依旧是船只设计的标杆。她是第一艘打造的大型邮轮，从干船坞码头试水，而不是从滑道滑入水里的，这也成为了现在船只建造的规范。她采用了预先在场外制造好的部件——一项吉布斯在自由轮上最先尝试的技术，随后又用在了美国号上——已经成为了惯例。美国号创新性的铝质建造也使得现代邮轮变得更高，而且能够带有阳台。

不幸的是，邮轮采用的安全标准远不如美国号，没采用严格的海军防火规范。近期一些船只的火灾事故再一次证明了威廉·弗朗西斯·吉布斯在脆弱的旅客区域使用不易燃烧建造材料和家具方面的智慧。在防止船只碰撞沉船的安全方面，2010 年新海上人命安全公约（SOLAS）标准比以前更严，但仍不如吉布斯对美国号的要求。SOLAS 要求现在每一艘新造船只都必须在三个船舱进水的情况下还能保持漂浮状态；而设计美国号的时候是要求五个。事实上，在大船 17 年的生涯中，它实现了零事故和零火灾。

大船汇集了吉布斯所有的设计突破：跟利维坦号一样的军队载量；跟 1927 年马洛洛号一样免于沉船的额外区域划分；跟 20 世纪 30 年代马汉驱逐舰同等级的高压高温蒸汽轮机；跟美洲号同样的流线和防火措施；跟自由轮一样的预加工部件。威廉·弗朗西斯·吉布斯发现商业创新也可以用于军方，并且应获得同样的支持和保密。

但是吉布斯梦想成真的大船并不只是他 40 年职业生涯所有经验的总结，更不仅仅是一部机器。她是他的杰作，是他艺术修养的至高表现，是展现给全世界的完美的标志。这艘有史以来最快最优美的远洋邮轮有着自己的灵魂——这是她的创造者和曾经为她命名的整个国家的灵魂。没有其他远洋邮轮，或许应该说历史上不会有别的邮轮，会有像如此沉迷于她的设计者。

在生活和工作中，吉布斯藐视传统，巧妙地在传统权利的走廊中茁壮成长并奋起推动自己的梦想。但是对于他来讲，人生最大的满足感就在于工作和创造。为了生活，他必须重塑自己，从一个曾经躲在大学寝室里的害羞年轻人，到一位有信心赢得持久战去打造大船的、富有魅力和自信的领导者，并且创造一个能够充分反映美国战后的荣誉、繁荣、军事实力和工业的至高地位。“这艘大船是美国工业界实力井喷的产物。”吉布斯骄傲地说，并指出那些建造她的工人们“是值得美国人民信任的一群人。”[11]

吉布斯把他的创造之旅看得比自己还重。“谦逊，相信神的指引；相信你的同伴，”这是他晚年坚信的，“他们为你所做的，以及你自己能做的，都是我们所有人应该接受并且借鉴的。”[12]

当美国号接近完工的一个专有时刻，威廉·弗朗西斯·吉布斯在紧张的巡视中忙里偷闲。他在甲板上发现一个僻静的地方，躺了下来。白云从头上飘过，海鸥在四周盘旋。船厂嘈杂喧闹充斥在耳边，春日的阳光沐浴在他消瘦的身上。

他咧着嘴大笑，朝着朋友说：“老兄！”他大喊，“我们玩得多开心！”[13]

## 注释

1. Bernard Weinraub, "Liner United States Laid Up; Competition from Jets a Factor," *New York Times*, November 15, 1969.
2. John R. Kane, "The Speed of the SS United States," *Marine Technology* 15, no.2 (April 1978), p.123.
3. 出处同上，p.121.
4. 出处同上，pp.119-43.
5. Richard Austin Smith, "The Love Affair of William Francis Gibbs," *Fortune*, August 1957, p.160.
6. SS United States Conservancy—History," http://www.ssunitedstatesconservancy.org/History.html，访问于2007年9月1日。
7. 出处同上。
8. "Owner of the SS United States is a real skipper: Rusting hulk? Hey, ship happens," *Philadelphia Daily News*, February 9, 2000, http://www.ssunitedstatesconservancy.org/History.html.
9. Norwegian Cruise Line Acquires U.S. Flagship S/S United States," http://philadelphia.about.com/cs/travel/a/norwegiancruise.htm，访问于2007年9月1日。
10. Records of Proceedings at the Presentation of Medals by W. F. Gibbs to Crew Members of the S.S. United States Who Served Aboard the Vessel During its Record Breaking Maiden Voyage, July 13—15, 1952. Ceremony Held in First Class Theatre, S.S. United States, 11:00 AM, Wednesday, July 22, 1953, William Francis Gibbs Collection, Mariners' Museum, Newport News, VA.
11. William Francis Gibbs, "The SS United States," 1952年10月21日在 the 1953 Medal Day Meeting 上的讲话, in acceptance of the Franklin Medal, *Journal of the Franklin Institute*,

ca. 1953, p.549, collection of the Mariners' Museum, Newport News, VA; Don Iddon, "Life Aboard the Aluminum Anne," publication unknown, date approximately July 5, 1952, from the collection of the Mariners' Museum, Newport News, VA.

12. William Francis Gibbs, "S.S. United States," *Journal of the Franklin Institute*, Philadelphia, December 1953, p.549.
13. Smith, "The Love Affair of William Francis Gibbs," p.160.

# 后　记

伟大邮轮美国号依然命运未卜，但她一直吸引着成千上万的人。那些帮助建造她的人，为她工作的人，乘她旅行的人，都知道美国号的故事不仅仅是一艘邮轮，而是被她感动、改变和启发的生活。

在生命的最后几年里，弗雷德里克·吉布斯把生命都用来保护哥哥的遗产。1978 年，在邮轮的设计被解密之后，他向弗吉尼亚州纽波特纽斯水手博物馆捐赠了两大卷文件。数以百计的备忘录和图表，记载了邮轮设计和建造的每一个细节，冠以 12201 号设计之名，“美国号邮轮——设计参数与信息”标注以“保密”。他及时完成了他的工作。在弗雷德里克去世后不久，新的吉布斯 & 考克斯公司的管理层销毁了绝大多数吉布斯的个人档案，包括利维坦号的剪报和没有捐赠给水手博物馆的信件。弗雷德里克也将马萨诸塞州斯特拉茅斯岛的洛克波特部分捐赠给了奥杜邦协会作为一个野生鸟类保护区。正是在这里，他和他的哥哥也是最好的朋友，在大海边一坐就是几个小时。弗雷德里克逝世于 1980 年。

薇拉·卡拉瓦什·吉布斯，比丈夫年轻 11 岁，在吉布斯死后依然活跃在纽约社会和艺术生活圈中。她依然投身于女高音歌唱家的母亲所钟爱的歌剧事业，一直都是大都会歌剧院的支持者。70 年代，她搬到洛克波特永久居住，直到 1985 年死于心脏病，享年 89 岁。[1] 在父母去世之后，大儿子弗朗西斯·吉布斯回到东北部地区，搬到了缅因州，在那里他可以利用业余时间驾驶大浅滩机动游艇徜徉在大西洋上。[2] 孙女苏珊·吉布斯，出生于 1962 年，虽然对美国号和弗朗西斯的成就一无所知，但她却成为一个热情的美国号保护者。苏珊现任美国号保护委员会执行主管，一个致力于保护和维护美国号的非营利组织。[3]

1960 年，约翰·富兰克林将军从美国航运公司退休，满怀遗憾。据他女儿劳拉·富兰克林·邓恩说，这位精力充沛的轮船管理者很快就对在海尔菲德庄园的生活感到厌倦，桥牌成为他唯一的消遣。“美国号停驶的时候他伤心至极，”劳拉回忆说，“未来的世界也不再一样。”[4] 富兰克林死于 1975 年 6 月 2 日，享年 79 岁。

在 1952 年 8 月被强制退休后，哈里·曼宁船长定居在新泽西州马鞍河。他伤感于美国航运公司没有为美国号建造一艘姊妹船。“她应该有一艘姊妹船，”1967 年他被任命为美国海运服务局上将的时候说，“这个生意彻底让位于飞机，完全是无稽之谈。”[5] 他死于 1974 年。

1973 年，在第十三届主席任职期满后，比格·乔伊·库伦离开了全国海员工会，在奢华生活作风、各工会联盟中最高的薪水和腐败指控的批评声中黯然下台。如今，很少有悬挂着美国国旗的轮船，曾经多达十万人的船员工会也几乎不复存在。1981 年，在库伦死于佛罗里达州博卡拉顿前不久，一家法院裁定并不存在“有关全国海员工会基金不当行为的证据”。[6]

在长岛的一所高中教授了多年的数学之后，80 年代伊莱恩·卡普兰回到了吉布斯 & 考克斯公司，职务是海洋工程师。她死于 1996 年，一直都为“第一个孩子”的命运骄傲。一艘邮轮的模型摆在她的女儿苏珊·卡卡瓦利在纽约史密斯镇的家中。

美国号备用的一个五翼螺旋桨曾经安放在纽波特纽斯水手博物馆的入口处，吉布斯所有的物品几乎都收藏在那里。这只螺旋桨竖立在一个黄冈岩喷泉的上方，当日落之后，18 英尺长的锰铜螺旋桨在灯光的照射下熠熠生辉。

美国号的停驶并没有解救美国航运公司于水火之中。在 70 年代，公司陷于挣扎，在过时的吨位水平和高昂的运营成本中不能自拔。曾经的辉煌可以追溯到 1871 年，经历了克莱门特·格里斯康、J. P. 摩根、富兰克林父子时代，也经历了文森特·阿斯特的破产，1986 年，公司出售了剩余的船只。在最后的一年，公司每年亏损 6700 万美元，负债 1.4 亿美元。[7]

吉布斯 & 考克斯公司，尽管规模已经远非威廉·弗朗西斯·吉布斯时代，却依然运营着。他的客户不仅包括美国海军，也包括西班牙、挪威的海军部门，只是公司已经不再设计客轮。

纽波特纽斯造船厂作为国防承包商诺斯罗普·格鲁曼公司的一个部门依然繁荣，依然建造舰艇和服务于海军部门，包括核动力航母，但也如同吉布斯 & 考克斯公司一样，不再建造客轮。

鲜有威廉·弗朗西斯·吉布斯设计的轮船仍旧在航行。在成功地为澳大利亚服务了 14 年之后，美洲号（更名为南极光号）停放在了希腊的比雷埃夫斯港。在经历了 10 年的生锈经历后，于 1993 年被卖作了泰国海滩上的一家漂浮的酒店。在拖运的航行中，一场飓风拧断了缆绳，将邮轮吹到了加纳利群岛，搁浅在沙滩上。在巨浪的冲击下，衰老的美洲号——曾经由埃莉诺·罗斯福在二战前夕亲自洗礼——断裂成两半，慢慢地沉入了大西洋。今天，只有一些扭曲的金属碎片散落在沙滩上。

圣罗莎号，吉布斯设计的最后一艘远洋邮轮，1958 年由格莱斯航运公司制造，多萝西·马克瓦尔德装饰设计，一直作为"绿宝石"存在，经常被描述成微型美国号。近些年经历了多次的大修，在成功航行了几十年之后，2009 年她终于退役，静静等待着她的命运。

华丽的萨瓦罗纳号游艇，1929 年由吉布斯 & 考克斯公司为卡德瓦拉德家族设计，现如今隶属于土耳其政府。在修缮和现代化改造之后，依然作为豪华游艇租赁。[8]

高桅游艇海云号，1931 年为玛荷丽·梅莉薇德·波斯特建造的私人游艇，继续作为高端游艇航行于海上。

二战中建造的 2700 艘自由之船，如今只有 2 艘硕果仅存：约翰·布朗号，停泊在巴尔的摩港；耶利米·奥布莱恩号，停泊在旧金山港。她们依然还在运营，为二战中的老兵寻找战时的记忆。其余的船只或者被分解，或者被沉入海底作为人工鱼礁。

2001年9月11日，一艘威廉·弗朗西斯·吉布斯的轮船再次创造了历史。在那天，纽约消防局消防员号轮船，这艘建造于1938年的轮船依然是世界上最强大的消防船之一，被派往世贸中心的废墟，帮助扑灭双子塔崩塌之后的大火。

而美国号，迄今建造的最大的邮轮，再一次好运降临。

H. F. 格里·蓝菲斯特，一位在有线电视生意中发了大财的费城亿万富翁慈善家，在他80岁的时候，对轮船有着更多的偏爱。他的父亲，曾经是一位造船建筑师，拥有一家机械制造厂，在1952年时曾为美国号建造水密门和船桥设备。成长于纽约斯卡斯代尔的蓝菲斯特，年轻时就在父亲的研究室里翻阅轮船期刊，与父亲一起摆弄轮船模型。在大学毕业后，他投身海军，曾经担任过驱逐舰舰长。

在向他求助时，蓝菲斯特说他无意资助来维护这艘邮轮，但他可以调配30万美元基金来购买她。由于没有任何其他基金介入，因此，在2010年年初，挪威邮轮公司开始拍卖美国号。竞标估价从300万美元飙升到600万美元。似乎，美国号的命运走到了尽头。

竞标报价截止的前一天，2010年3月10日，船员和保护委员会董事会前成员乔·罗塔在纽约的家中接到了一个电话。

“我是格里·蓝菲斯特，”电话中说，“购买美国号需要多少钱？”

几个月后，2010年7月1日，大约有1000人聚集在南费城美国号停泊的地方，就在特拉华河克朗普船厂的旧址下游的地方。夕阳的光辉照耀着美国号的庆典，记者和摄影师们拥挤在甲板上，美国国旗高高飘扬在雷达桅杆上，在风中招展着。58年前的今天，美国号离开纽约开始了她的首航。在拥挤的人群中，有曾经的船员——比尔·克鲁德纳、吉姆·格林和乔·罗塔。

那一天，挪威轮船公司和美国号保护委员会签署了独家购买权。多亏了蓝菲斯特580万美元的礼物，委员会如今有足够的资金直接购买美国号，并可以维持两年的保养。

计划是从私人募捐者和希望赢利者那里获取足够的资金，将美国号打造成一个固定的酒店和会议中心，停泊在吉布斯称之为家的两个城市之一。如果计划成功，邮轮的外表将一如从前，两个大烟囱也被重新漆成红、白、蓝三色。按照最初的计划，邮轮内部将分成会议区、餐厅、零售和精品酒店，还有一个展示美国号和跨大西洋航行历史的博物馆。有一些地方，比如头等舱舞厅和船桥，将保持原貌，让人们有一种身在全世界最快的邮轮中旅行的感觉。

如果美国号停泊在纽约，很有可能她仍然停靠在曾经的 86 号码头，紧挨着无畏号航空母舰。如果最终她留在了费城，美国号将成为重建的南费城海滨中心，一个河岸边的旅游热点和视觉盛宴，在那里他的设计者第一次爱上了轮船。

“我们有很大的机会，” 7 月 1 日，蓝菲斯特告诉挥舞着旗帜的人群说，“我们坐在历史上最伟大的邮轮旁边，她值得保留，她值得拯救。如果你看看她，至少从远处看着她，她依然是世界上最雄伟、最漂亮的邮轮。”[9]

一声邮轮汽笛的录音咆哮地穿过特拉华河，闪亮的灯光照在她的烟囱上，雷达桅杆上和船桥上，散发出金色的光芒。

一瞬间，人们似乎可以想象威廉·弗朗西斯·吉布斯的心爱的邮轮——她的甲板站满了欢呼的人群，栏杆上彩旗飘扬——缓缓地离开了她的码头，再一次驶向北大西洋，直到永远。

## 注释

1. “Vera Cravath Gibbs, 89, Dies; Was Active in Opera Groups,” *New York Times*, July 30, 1985.
2. Paula Gibbs, “Dogs I Have Known and the People They Have Loved,” *Wiscasset Newspaper*, January 15, 2004.
3. “About the Conservancy,” SS United States Conservancy, http://www .ssunited statesconservancy.org/SSUS/About.html, 访问于2009年6月29日。
4. Laura Franklin Dunn 在影片 *S.S. United States*: *Lady in Waiting* 中的访问，由 Robert Radler 导演、Mark B. Perry 制片，Big Ship Films LLC, 2008.

5. Harry Manning，引自 Frank O. Braynard and Robert Hudson Westover，*S.S. United States：Fastest Ship in the World*（Paducah，KY：Turner，2002），p.138.
6. Josh Barnabel，"Joseph Curran，75，Founder of National Maritime Union，"*New York Times*，August 15，1981.
7. William H. Miller Jr.，*Picture History of the SS United States*（Mineola，NY：Dover，2003），p.30.
8. M/Y*Savarona*，http://www.mysavarona.com/history.php，访问于2009年6月30日。
9. Steven B. Ujifusa，"Lenfest Keeps Big U Alive，"*PlanPhilly.com*，July 2，2010，http://planphilly.com/lenfest-keeps-big-u-alive，访问于2010年8月15日。

# 致谢

从儿时起，我就对历史、轮船和海洋十分着迷，而西蒙 & 舒斯特（Simon & Schuster）出版社的编辑乔纳森·卡普授权我写一本关于威廉·弗朗西斯·吉布斯和美国轮船的书，并对此项目信心十足。

从乔纳森那里，我懂得了要完成一部通俗历史，应该如何摸索和思考。同时我还要感谢凯伦·汤姆森和科林·谢博德宝贵的编辑指导。薇薇安·拉乌丁有着极为卓越的英语语言辨别能力，她让我在叙事流畅性方面长了很多知识，并且给我讲述了许多关于里顿豪斯广场的故事，而过去几年我一直住在那里，距离吉布斯儿时的家只有一步之遥。

我在库恩项目的代理人大卫·库恩和比利·金斯兰德帮助我再三确认这份计划书在递交给出版商之前得到了充分的润色。感谢他们在过去的五年里一直没有倦怠地推销这本书。

我的书需要巨大的文献研究，在此我要感谢弗吉尼亚州纽波特纽斯航海博物馆的员工们；密苏里独立城哈里·S. 杜鲁门博物馆和图书馆；纽约布朗克斯斯凯勒堡的 SUNY 海事学院；费城博物馆；华盛顿的美国海军档案馆。特别感谢航海博物馆的克劳迪娅·朱，她帮助我查找大量馆藏的美国号轮船资料。

还有几位特别人物为我专门开放了个人收藏，让我能够接触到极其罕见的材料：拉里和格蕾斯·华德、劳拉·富兰克林·邓恩、比尔和蒂莉·克鲁德纳、吉姆和弗里达·格林、苏珊·卡卡维尔、约瑟夫·罗塔和邦尼·戴维斯、诺艾尔·布雷纳德·霍兰德、威廉·T. 弗雷哈特三世博士，还有威廉·迪巴里·托马斯。

我尤其要感谢已故的海事历史学家弗兰克·O. 布雷纳德对我的恩情，他的一生都致力于记述伟大的轮船和保护威廉·弗朗西斯·吉布斯留下的遗产。没有他，我们将永远地失去许多珍贵的材料。

我要感激 PlanPhilly. com 编辑马修·格拉斯，是他 2007 年 4 月邀请我担任网站的自由撰稿人，并写下了我的首个关于美国号轮船的稿子《德拉瓦河的宝藏》。也正是从这篇文章衍生了本书的计划书，还有我与他及其夫人的美好友谊。还要多谢 *Philly* History. org 的罗伯特和蕾切尔·奇塔姆，以及 WHYY 广播电视网的克里斯·萨土罗。

特别感谢费城奥菲斯俱乐部的会员们，感谢他们自 2006 年开始给予我的支持与鼓励。*Ecce quam bonum!*

还要感谢西费城 Green Line 咖啡馆，这本书的大部分内容都是在那里写作和编辑的。

还要感谢我的朋友们，感谢你们抽出时间反复阅读和批判部分原稿：特拉维斯·洛根、安德鲁·凯利、肖恩·马伦牧师、格雷戈里·尼尔森、布莱恩·菲尔茨和安德鲁·芬克，谢谢你们的校对和编辑建议。

感谢哈佛学院和宾夕法尼亚设计学院的教授们，他们教会我如何思考和记述建筑环境历史：威廉·吉纳普（已故）、史蒂芬·瑟思特洛姆、布莱恩·多米卓维克、兰德尔·梅森、约翰·C. 基恩、弗兰克·马特洛和多诺万·雷普科玛。

美国轮船保护协会董事会已经成为了我的大家庭。2010 年 7 月，慈善家 H. F. 格里·蓝菲斯特拨了一笔 580 万美元的款项以保护轮船避免受损。我要向丹·麦克斯威尼、苏珊·吉布斯（威廉·吉布斯的孙女）、杰夫·亨利、马克·佩里、乔·罗塔、格雷格·诺里斯，以及董事会的其他成员致敬，感谢他们为了保护不可替代的美国财富所迎接的巨大挑战。托马斯·沃特金斯法官的决心和格里·蓝菲斯特的远见使得美国号焕然新生。保护协会现在面临着当今美国最大、最具挑战的历史保护项目。

我必须感谢马萨诸塞州南海岸的一群海边社区的特殊居民们，那里是我过去几个夏天写作（还有拖稿）的避风港。尤其要多谢彼特·B. 亚当斯船长和他的姐妹拉梅莱·亚当斯——他们是约翰·亚当斯总统、美国海军创始人的直系后裔。彼特和拉梅莱对原稿的认真审读大大提升了文章的明晰度和流畅性。

我的父亲和母亲，格兰特和艾美·氏房，一直都支持着我对轮船和大海的兴趣。正是有了他们的爱，这本书才得以成型。我非常遗憾，一直生活在怀俄明州的祖父母玛丽和汤姆·氏房，不能够亲眼看到我的原稿完成；我要感谢他们对我的谆谆教诲，告诉我要有职业道德。同样，我也要感谢我已故的外祖父杰瑞·布鲁克斯和继外祖父乔·福尔曼，他们对历史、音乐和艺术的浓厚兴趣也深深地感染着我。我的记者兄弟安德鲁给了我很多出色的建议，告诉我如何能让句子传递准确的意义。我的小弟弟约翰是家里唯一一名建筑师，他继承了美国打造伟大事物的传统。我的叔叔杰弗里·布鲁克斯是约翰·霍普金斯大学的历史学教授，一直是我创作灵感的来源。

我谨以此书献给我的外祖母朱迪斯·福尔曼，她喜欢周游世界、博览众多文化，1996 年也是她在我 6 岁的时候把我带进了泰坦尼克号的世界。也正是因为她老人家，我们在飞速驶过沃尔特·惠特曼大桥时，我才第一次发现正在消逝的美国轮船。我的外祖母已经 95 岁高龄了，我非常爱她。我以走过外祖母半个世纪前踏上的甲板为荣，那时，她就是这艘史上最好、最快、最为优美的大船上的乘客之一。

# 索 引

**图书在版编目（CIP）数据**

一个男人和他的船／（美）氏房（Ujifusa，S.）著；朱雅兰，刘大鹏 译. —北京：东方出版社，2014. 11

书名原文：A man and his ship

ISBN 978-7-5060-7824-5

Ⅰ. ①一…　Ⅱ. ①氏…②朱…③刘…　Ⅲ. ①吉布斯，W. F.（1886-1967）—传记　Ⅳ. ①K837. 125. 38

中国版本图书馆 CIP 数据核字（2014）第 290384 号



**一个男人和他的船**

(YIGE NANREN HE TADECHUAN)

作　　者：［美］史蒂文·氏房

译　　者：朱雅兰　刘大鹏

责任编辑：高　冉

出　　版：东方出版社

发　　行：人民东方出版传媒有限公司

地　　址：北京市东城区朝阳门内大街 166 号

邮政编码：100706

印　　刷：三河市金泰源印务有限公司

版　　次：2015 年 2 月第 1 版

印　　次：2015 年 2 月第 1 次印刷

印　　数：1—6000 册

开　　本：710 毫米×1000 毫米　1/16

印　　张：25. 75

字　　数：350 千字

书　　号：ISBN 978-7-5060-7824-5

定　　价：49. 80 元

发行电话：(010) 64258117　64258115　64258112